U0417616

汽车技术创新与研发系列丛书

汽车静态感知质量设计与评价

主　编　曹　渡
副主编　徐世伟　王如德　韩　月　胡继龙
参　编　宋　航　郭晓强　宣春雪　周世博
　　　　胡群林　卞庭元　王子齐　林绿珺
　　　　朱　淼　笪　琦　宋迪祥　袁磊磊
　　　　李　景　李俊贤

机械工业出版社
CHINA MACHINE PRESS

本书为整车开发建立了一整套完善的静态感知质量设计技术路径和实车评价方法，尤其是能够在产品开发前期，从结构设计集成、精致工程等角度对造型或数据进行评价和设计优化。

本书是专门为汽车行业编写的适合整车开发及相关零部件设计制造的工程与质量技术人员、媒体评价人员以及高等院校汽车相关专业师生阅读的专业书籍。

图书在版编目（CIP）数据

汽车静态感知质量设计与评价 / 曹渡主编 . —北京：机械工业出版社，2018.9
（汽车技术创新与研发系列丛书）
ISBN 978-7-111-61141-7

Ⅰ.①汽⋯ Ⅱ.①曹⋯ Ⅲ.①汽车 - 产品质量 - 研究 Ⅳ.① F426.471

中国版本图书馆 CIP 数据核字 (2018) 第 234271 号

机械工业出版社（北京市百万庄大街 22 号　邮政编码 100037）
策划编辑：赵海青　责任编辑：赵海青　王海霞
责任校对：肖　琳　责任印制：孙　炜
保定市中画美凯印刷有限公司印刷
2019 年 1 月第 1 版第 1 次印刷
184mm×260mm・20.25 印张・2 插页・493 千字
0 001—4 000 册
标准书号：ISBN 978-7-111-61141-7
定价：188.00 元

凡购本书，如有缺页、倒页、脱页，由本社发行部调换

电话服务	网络服务
服务咨询热线：010-88361066	机 工 官 网：www.cmpbook.com
读者购书热线：010-68326294	机 工 官 博：weibo.com/cmp1952
010-88379203	金 书 网：www.golden-book.com
封面无防伪标均为盗版	教育服务网：www.cmpedu.com

01 序
PREFACE

　　汽车产业是国民经济的重要支柱产业，具有产业链长，关联度高，消费拉动大，资金、技术和人才密集度高等特点。从 2009 年开始，中国已连续 9 年成为世界上最大的汽车产销国。因此，中国汽车工业未来的发展不但将对中国经济产生重要作用，而且将对全球汽车行业未来的格局产生巨大的影响。而近几年来，中国汽车市场进入了"微增长"新常态，由于宏观经济放缓、一、二线市场日趋饱和以及消费者心态改变等原因，中国汽车产业面临着由产能规模扩张向产品力提升转变的局面，将不可避免地面临激烈的竞争与挑战。2017 年，党的十九大和中央经济工作会议面向世界宣告了一个"高质量"发展的中国经济新时代正在到来，这必将推动中国汽车工业全面走向创新转型升级和高质量发展的道路。

　　汽车产品力提升是一个复杂的系统工程，涵盖品牌、造型、可靠性、感知质量、性能、配置及价格等多个方面。其中，汽车感知质量是直接面对用户的重要一环，用户在不同场景接触车辆的过程中，通过"视、听、触、嗅、用"等感知手段，做出自发性评价，最终形成了对汽车的综合印象，而该印象直接决定用户下一步是否还会继续体验或购车。据统计，中国正处于人均年收入从 8000 多美元向 10000 美元以及更高水平迈进的历史阶段，用户的购车需求已从基础的功能、性能向感知质量升级。多年前，北京汽车成功收购萨博核心技术，北京汽车自主品牌已完成了 1.0 时代的产品布局，其设计、制造、销售和服务全价值链的体系能力取得了长足进步，近年来已强势开启感官设计、品质设计、情感设计的 2.0 时代。北京汽车始终践行"以用户为中心、以质量为魂"的造车理念，洞察用户需求，提升产品质量。在此过程中，感知质量专项能力的升级和引领已经成为北京汽车品牌产品力提升的关键一环，对整车品质的迅速升级进化具有重要意义。

  历史一再证明,制造业强则国家强,而制造业的兴衰往往与汽车产业紧密相连。北京汽车作为国内先进汽车制造业的代表,将肩负起"中国制造2025"战略新使命,努力达成具有创新引领能力和明显竞争优势,建成全球领先的技术体系的目标要求。因此,得知曹渡先生与北汽股份汽车研究院的工程师们,怀着高度的责任感和使命感,将多年工作积累下来的技术成果和项目经验汇集成了中国第一本关于汽车感知质量的专业书籍——《汽车静态感知质量设计与评价》,我非常高兴。曹渡先生曾在美国负责主持福特、通用及丰田等汽车内外饰以及车身精致工程的开发设计、制造与评价工作近20年。回国后,他首次提出了静态感知质量的理念,并在任职的几家主机厂主持建立了完整的静态感知质量设计与评价体系,取得了显著的成绩。希望以此书为平台,与更多为中国汽车工业发展而奋斗的同仁们进行交流和讨论,共同进步;并以我们的微薄之力,共同推动中国汽车工业由大变强,实现民族工业的强国梦。

北京汽车股份有限公司副总裁

前言 PREFACE

"静态感知质量"直接关系到顾客买车时第一眼、第一触、第一嗅等的感受,这"第一感受"将决定其下一步是否还会继续体验或购车。中国品牌汽车整车产品开发过程中,在造型、总布置或人机工程、动态性能等方面已接近合资品牌水平,但针对静态感知质量却没有明确的目标、技术路径和系统评价方法。在整车装配完成之后,往往会产生大量设计变更,仍然达不到造型预期或令顾客满意的效果。因此,主机厂急需建立一套完善的静态感知质量目标、正向设计开发技术路径和评价体系,并作为一项重点工作应用于车型开发的全过程。但至今行业内却找不到一本与其相关的专业书籍,致使很多从事该领域工作的相关人员无法系统地学习和掌握该项技术。

本书以静态感知质量在整车项目开发过程中的应用为主线,提出了一整套汽车静态感知质量设计与评价的技术路线和评价方法。全书共分为 8 章,第 1 章介绍了感知质量的发展历程,汽车感知质量的基本概念、作用和意义;第 2 章介绍静态感知质量的来源、评价体系、评价方法以及目标的设定与管控;第 3 章从造型视觉效果的角度,详细介绍了造型感知设计元素,即姿态、风格、比例、颜色等对营造安全感、舒适感、空间感、豪华感及科技感的影响;第 4 章则是结合实例围绕舒适感知、安全感知、空间感知及方便感知等方面,阐述了感知人机工程的设计要求与评价方法;第 5 章着重介绍了整车 DTS、车身精致工程设计与制造的管控和评价方法;第 6 章通过大量实例,围绕品质、设计、制造三个方面详细阐述了内外饰精致工程设计方法与评价内容;第 7 章介绍了车内绿色环境的设计要素、正向开发设计方法及管控体系;第 8 章对汽车静态感知质量的发展趋势进行了展望。

本书为汽车产品的开发建立了一整套完善的静态感知质量工作思路、技术路径和评价体系,尤其是能够在设计前期,从感知结构集成设计、精致工程等角度对造型与工程数据提前进行评价和设计优化,大幅度减少了实车零部件生产装配后的设计变更,缩短了整车开发周期。更重要的是,本书首次针对产品开发前期造型和数据阶段提出了一整套静态感知质量客观评价方法,即整车 DTS 精致工程指数,可在造型阶段就量化衡量整车 DTS 达成的难易程度,使得造型的工程可行性在设计前期就能得到客观的评价。同时,鉴于市场对车内绿色环境的要求越来越高，本书通过详细分析车内绿色环境设计要素，创造性地提出了车内绿色环境正向设计及其管控与评价方法。

感谢以下人员在本书编写过程中给予的大力支持和帮助：马仿列、吕霞彪、王水利、王好希、于子秋、孙瑞波、吉长辉、吕弘男、史如坤、宋艳岭、闫彦彬、卞成国、杨磊、高佳作、贾毅超、蒋志军、陈新、姜浙、王星、王捷、韦玮、姚庆伟、刘玉科、马思允。

在编写本书的过程中借鉴了大量业内从事静态感知质量设计与评价相关领域专家的论文、报告以及微信公众号文章等相关资料，在此表示衷心的感谢。

由于企业技术机密的限制和编者水平有限，书中难免有值得商榷甚至错误之处，恳请广大读者不吝赐教、共同探讨，一起进步。

《汽车静态感知质量设计与评价》编写组

如果您需要与本书编者进行沟通可扫码添加编辑微信，备注："静态感知质量"。

目 录
CONTENT

序
前言

第1章　感知质量概述 …………… 1
1.1 感知质量的发展历程 ………… 1
1.2 汽车感知质量 ………………… 3
1.2.1 背景 ………………… 3
1.2.2 质量认知过程的变化 ……… 3
1.2.3 汽车感知质量的概念和分类 …………… 5
1.2.4 汽车静态感知质量的作用和意义 …………… 8
1.3 本章小结 ………………… 10
参考文献 ………………… 10

第2章　静态感知质量的评价和管控 ………… 11
2.1 静态感知质量评价和管控体系介绍 ………… 11
2.1.1 静态感知质量评价和管控体系总体情况介绍 …… 11
2.1.2 静态感知质量数据库介绍 ……… 12
2.2 静态感知质量评价方法介绍 …… 12
2.2.1 静态感知质量评价内容的来源 ………… 12
2.2.2 静态感知质量评价标准、检查清单及高频问题清单介绍 ……… 14
2.3 静态感知质量目标的建立和管控流程 ………… 26
2.3.1 静态感知质量目标建立的原则和方法 ……… 26
2.3.2 产品开发过程中静态感知质量的管控流程 ……… 27
2.4 产品开发过程中的静态感知质量控制工具 ………… 30
2.4.1 设计阶段的静态感知质量控制工具 ………… 30
2.4.2 实车阶段的静态感知质量控制工具 ………… 32
2.5 本章小结 ………………… 34
参考文献 ………………… 35

第3章　造型的静态感知质量 …… 36
3.1 汽车造型设计概述 …………… 36
3.1.1 汽车造型设计的概念 ……… 36
3.1.2 汽车造型设计与静态感知质量的关系 ……… 36
3.1.3 汽车造型的影响因素 … 38
3.2 汽车造型静态感知元素及其评价 ………… 47

3.2.1 姿态 …………………… 48
3.2.2 风格 …………………… 52
3.2.3 比例 …………………… 53
3.2.4 颜色 …………………… 59
3.3 汽车造型静态感知的整体体验 …………………… 63
3.3.1 安全感 ………………… 63
3.3.2 舒适感 ………………… 68
3.3.3 空间感 ………………… 70
3.3.4 豪华感 ………………… 73
3.3.5 科技感 ………………… 82
3.4 本章小结 …………………… 85
参考文献 ………………………… 85

第 4 章 整车感知人机工程设计 … 86

4.1 感知人机工程概述 …………… 86
4.1.1 感知人机工程简介 …… 86
4.1.2 感知人体舒适状态 …… 87
4.1.3 感知人机工程评价方法 …………………… 89
4.2 舒适感知人机工程设计 ……… 90
4.2.1 人体坐姿舒适性设计 … 90
4.2.2 功能操作舒适性设计 … 91
4.2.3 接触舒适性设计 ……… 94
4.3 安全感知人机工程设计 ……… 94
4.3.1 视野压迫感知 ………… 94
4.3.2 视野安全感知 ………… 97
4.3.3 实用安全感知 ………… 99
4.4 空间感知人机工程设计 …… 101
4.4.1 乘坐空间感知 ………… 101
4.4.2 操作空间感知 ………… 103
4.5 方便感知人机工程设计 …… 104
4.5.1 乘车方便感知 ………… 104
4.5.2 使用方便感知 ………… 107
4.5.3 操作方便感知 ………… 110
4.5.4 维修方便感知 ………… 111
4.6 智能化人机交互感知设计 … 112
4.6.1 人机交互安全方便感知 …………………… 114

4.6.2 人机交互科技感知 …… 116
4.7 本章小结 …………………… 118
参考文献 ………………………… 118

第 5 章 整车尺寸工程及车身精致工程设计 ……… 119

5.1 整车尺寸工程技术与感知质量 …………………… 119
5.1.1 整车尺寸工程技术关键要素 …………… 119
5.1.2 整车尺寸工程技术设计 …………………… 124
5.1.3 整车尺寸工程技术达成 …………………… 127
5.2 整车 DTS 管控与评价方法 … 137
5.2.1 零部件及系统检具 …… 137
5.2.2 综合匹配 ……………… 140
5.2.3 奥迪特评审 …………… 142
5.3 整车开发前期 DTS 精致工程评价方法 ……………… 146
5.3.1 视觉关注度 …………… 146
5.3.2 视觉敏感度 …………… 148
5.3.3 整车 DTS 精致工程指数 …………………… 150
5.3.4 关键 DTS 评价点的选取 …………………… 151
5.3.5 评价方法 ……………… 152
5.4 车身精致工程设计及评价方法 …………………… 154
5.4.1 车身 A 级曲面设计及评价方法 …………… 154
5.4.2 车身结构数据设计 …… 167
5.4.3 车身精致工艺设计 …… 179
5.5 本章小结 …………………… 188
参考文献 ………………………… 188

第 6 章 内外饰精致工程设计 …………………… 189

6.1 内外饰精致工程概述 ……… 189

         6.1.1 内外饰精致工程的发展
               与现状 ……………… 190
         6.1.2 内外饰精致工程的影响
               因素 ………………… 190
    6.2 设计精致工程 ……………… 193
         6.2.1 视觉元素精致设计 …… 193
         6.2.2 听觉元素精致设计 …… 204
         6.2.3 触觉元素精致设计 …… 209
         6.2.4 使用方便性设计 ……… 214
         6.2.5 内外饰精致设计案例 … 218
    6.3 品质精致工程 ……………… 227
         6.3.1 色彩的精致设计 ……… 228
         6.3.2 材质与纹理的精致
               设计 ………………… 231
         6.3.3 整体搭配的精致设计 … 244
    6.4 制造精致工程 ……………… 248
         6.4.1 工艺选择对感知质量的
               影响 ………………… 249
         6.4.2 新工艺对感知质量的
               提升 ………………… 268
    6.5 本章小结 …………………… 270
    参考文献 ………………………… 270

第7章 车内绿色环境设计 …… 271
    7.1 车内绿色环境概述 ………… 271
         7.1.1 车内绿色环境设计
               因素 ………………… 271
         7.1.2 我国车内绿色设计技
               术水平现状 ………… 273
         7.1.3 车内绿色环境设计需求
               及相关法规解析 …… 275

    7.2 车内绿色环境设计要素分析 … 278
         7.2.1 车内绿色环境的影响因
               素及其提升思路 …… 278
         7.2.2 绿色材料技术 ………… 279
         7.2.3 绿色工艺技术 ………… 283
         7.2.4 绿色后处理技术 ……… 285
         7.2.5 绿色设计应用案例 …… 286
    7.3 车内绿色环境正向设计方法 … 291
         7.3.1 车内绿色环境品质整体
               设计思路 …………… 291
         7.3.2 零部件用材及工艺方案
               正向设计方法 ……… 292
         7.3.3 车内环境品质全流程链
               管控方法 …………… 294
         7.3.4 新型气味性能评价
               方法 ………………… 296
    7.4 本章小结 …………………… 299
    参考文献 ………………………… 299

第8章 汽车静态感知质量发展
         理念与趋势 ………… 300
    8.1 造型 ………………………… 301
    8.2 车联网与人工智能 ………… 303
    8.3 绿色与生态环境 …………… 304
    8.4 听觉感知 …………………… 306
    8.5 视觉感知 …………………… 307
    8.6 迎宾与仪式感 ……………… 308
    8.7 个性化与定制化 …………… 310
    8.8 本章小结 …………………… 310
    参考文献 ………………………… 311

第1章

感知质量概述

1.1 感知质量的发展历程

感知质量(Perceptual Quality)最初是从服务行业中发展而来的,经过几十年的发展,已经从传统的服务行业延伸到实体产品行业,针对感知质量的评价是用户或者厂家对产品和服务进行衡量的有效方法。感知质量的发展经历了几个重要的阶段。

"顾客感知服务质量模型"最初是在1983年由芬兰市场学家克里斯琴·格罗路斯(Christian Grönroos)提出的。他认为如果企业提供的质量满足了用户的期望,即期望质量,那么感知质量就是优秀的;如果用户期望未能实现,那么即使以客观的标准衡量质量是不错的,整体可感知质量仍然是不好的。实际上用户对质量的评价过程是将其在接受服务或使用产品过程中的实际感受与他在接受服务或购买产品之前的心理预期进行比较的结果,感知质量是由期望质量和经验质量组成的,如图1-1所示。

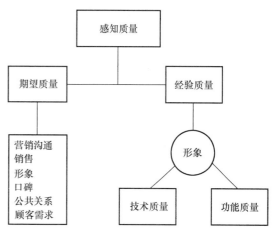

图1-1 感知质量的组成

期望质量是指用户在接受服务或购买产品之前,综合外界的信息在头脑中所描绘的或期待的服务质量水平。它是众多因素综合作用的结果,而且是随着所接收信息的增多而不断变化或者提高的。影响用户期望质量的因素一般包括:

1)营销沟通,如广告、公共关系、营销手段等。

2)对比参考,用户以往接受的相同或类似服务的经历,作为参考对用户的期望产生影响。

3）企业的形象，提供服务的企业形象越好，用户对其服务的期望值越高。

4）第三方的评价，其他用户接受类似服务后做出的评论影响用户的服务期待。

5）需求程度，用户对服务的需求越强烈，对服务质量的期望值越低。

经验质量是指用户在接受服务的过程中，通过对服务的技术质量和功能质量的体验和评价而得到的印象。

格罗路斯的"顾客感知服务质量模型"的核心是"质量是由用户来评价的"，实际上是要求服务厂商从用户的角度来评价和管理服务质量，综合考虑各行业多年来的发展，可以说顺应了"以客户为中心"的现代市场营销潮流，不仅对服务市场营销有特别重要的指导意义，也为传统产品质量管理开拓了新的研究和发展方向。

帕拉休拉曼（Parasuraman）在 1988 年定义了消费者感知质量：消费者基于期望与对产品性能感知之间的对比并进行评估的一种主观判断。即消费者感知质量是消费者对一个产品整体卓越度的判断。随着感知质量理论的不断发展，消费者感知质量评估已不单纯是对产品整体的评价，它可以产生于各个层次，从较具象化的消费者对产品特定属性的评估层次，到较抽象化的涉及消费者对整体或局部或过程的感受的评估层次，前者更贴近于对实物质量的评价，后者则贴近于对服务的评价，即消费者在购买产品或服务时的主观感受。可以认为感知质量贯穿于用户购买产品、使用产品、维修保养、废弃等各个阶段。

瓦拉瑞尔 A·泽丝曼尔（Valarie A. Zeithaml）在 1988 年界定了感知质量是产品的不同属性的集合（有形与无形的、内在与外在的等），并在涉及一个特定的购买与使用情形时生效。即感知质量是消费者对产品的不同属性的评价的总体反馈，消费者的主观认知已经成为购买过程中对产品进行衡量的基础工具，消费者可以用该工具对产品或服务的吸引力进行评价。实际上，越来越多的实例已经验证了感知服务质量是影响消费者认知，并表现出更多的接受服务的意愿的最重要的变量。也就是说产品的感知质量越高，消费者表现出的重复购买欲望越强。

罗列（Rowley J.）在 1998 年提出消费者感知质量是指消费者对一个产品（或服务）的整体卓越性或优越性的主观判断。它与客观质量不同，感知质量不仅包含了产品的客观质量，同时也涵盖产品的客观方面或特点以外的主观特点。消费者感知质量来源于消费者的期望与消费者认知的绩效这两者之间的对比。

比尔敦（Bearden W. O.）在 1998 年定义服务行业的感知质量为消费者在购买过程中通过人际交往沟通这样一种服务情景对服务质量的感知。这种以人际交往沟通为主的人际型的服务情境为企业完善其服务质量管理提供了最佳的机会。随着消费者对消费过程的质量要求的提高，人际交往不仅是影响服务型产品感知质量的关键要素，传统的实体产品企业也在不断地提高消费者购买和使用产品期间的人际沟通服务质量。让·查尔斯切巴特（Chebat. Jean. Charles）认为，销售经理与消费者在购买过程中的人际关系决定着消费者是否对服务感到满意，是影响消费者感知质量的重要因素。

感知质量是消费者对产品或者服务的整体主观评价，既包含具体的客观质量，也包含抽象的过程感受。同时它是产品的不同属性的集合，可以是有形的或者无形的属性，也可以是内在的或者外在的属性。在购买或者使用过程中，感知质量受消费者与企业的人际交往质量的影响，能够体现产品或者服务的吸引力。

1.2 汽车感知质量

1.2.1 背景

欧美和日本车企把对汽车感知质量的评价称为商品性评价,已有 30 年左右的发展历史。应用方式除了企业单独建立感知质量团队外,还发展出了借助第三方评价的方式。欧美、日本等世界老牌车企相互竞争,在传统汽车质量水平上不分上下;新兴车企也不断地提升自身的制造技术和质量管理水平,持续地缩短与主流品牌的差距。老牌车企与新兴车企同场竞技,使得汽车市场的竞争愈加激烈。主流车企在经过传统技术质量提升后,已经升级到感知质量和精致工艺管理阶段,同时更加注重设计阶段感知质量的提升,减少前期设计质量问题,避免后期设计变更,提高自身产品的产品力和愉悦性,从而提升用户的购买欲望。

中国品牌汽车感知质量的概念和评价方法最初是在 2007 年由曹渡在安徽芜湖召开的汽车品质研讨会上提出的,并首先在奇瑞汽车公司推行和实施,之后逐渐被国内的其他自主品牌车企所认知。随着生活水平的迅速提高,中国消费者对汽车性能和感知质量提出了更高的要求。即从基本需求上升到了尊重需求阶段,汽车已经从传统的交通工具演变为代表自身地位、彰显独特个性的象征。根据马斯洛需求层次理论,如图 1-2 所示,用户的需求从低到高可以划分为生理需求、安全需求、社交需求、尊重需求和自我实现需求,用户在某一需求层级得到满足以后就会上升到更高的需求层级。也就是说对于汽车产品,在主要功能、使用质量等基本需求得到满足以后,消费者会有更高的社交需求和尊重需求,以求能够通过汽车来体现自身的社会价值,被认可、被尊重等。因此,汽车产品开发要顺应时代发展,紧跟消费者需求,不断地提升产品的愉悦性,提高自身的竞争力。

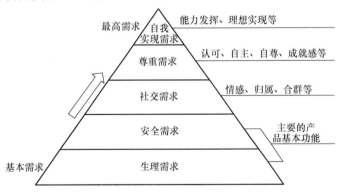

图 1-2 马斯洛需求层次理论

1.2.2 质量认知过程的变化

1. 消费者对质量认知的变化

从汽车的发展过程可以看出,传统观念中用户购买汽车时主要的关注点是外形、油耗、空间以及安全性等;对于汽车质量的要求,更多的是关注产品的使用质量。使用质量是在用户购买汽车后,伴随着对汽车的使用而逐渐被感受到的。用户只有在长期使用一件或者几件不同的产品后，通过横向的对比和纵向的评价才能得出对质量好坏的判断。在相当长的时期内，很多品牌都是凭借过硬的质量赢得消费者的青睐、享誉全球。

纵观汽车的发展史，从最初人们把汽车仅定义为基本的交通工具，到现在把汽车作为人们追求美和展现个人审美品位的重要承载工具，整个过程不仅能够在实用性上满足人们在物质生活上的需求，还兼顾了人们在精神层面的审美需求。据统计，消费者对汽车的需求是与收入水平直接相关的，如图1-3所示。随着人均GDP的增加，消费者的关注点已经不再是基本的可靠性需求，而是向着品质、性能方面转移。因为人们对汽车所寄予的期待，不仅仅是一种交通工具的实用性，更加强调其在精神层面上带来的满足。

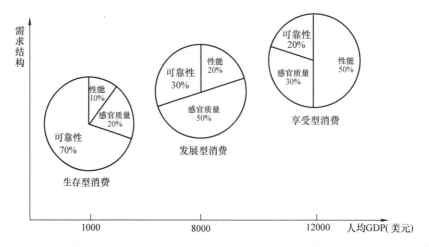

图1-3　现阶段中国人均GDP与汽车产品需求结构的关系

2. 企业对质量认知的变化

传统上，技术指标的达成能力是衡量制造质量的关键因素，这对于高精尖技术厂商是较为适用的。如果厂商能够在技术上大大领先于其他厂商，那么采用技术质量战略可以使其稳操胜券。但是在今天的汽车领域，大多数汽车制造厂商在技术上不存在太大的差别，而且确立技术优势也极为困难，大多数竞争对手可以轻而易举地仿造某项技术。所以一味地追求制造质量的提升，已不再是提升产品竞争力的第一要素。而且消费者可以通过公开的、权威的调查机构轻而易举地得到汽车质量报告。例如，由 J. D. Power 公司发布的新车质量研究（Initial Quality Study，IQS），是基于用户的反馈来定量新车质量信息，一方面为消费者提供可信的新车质量信息，另一方面也帮助车企了解自身在行业中所处的竞争定位，以及相比于竞争者有哪些优势，为车企提供需要优先关注的方面的信息。

20世纪90年代汽车制造业的发展再次升级，整车集成技术和零部件质量管理水平大幅度提升，有效地延长了车辆的耐久使用寿命，各大车企在激烈的竞争中不断探寻提升工艺制造水平的方法，实现从做产品向做精品的转型。其中以大众集团为代表的先进汽车企业，在汽车精致工艺技术上取得了巨大的进步，从内、外饰的精致设计到整车的紧凑布置，甚至是发动机舱的精致工艺，都体现出汽车工艺水平的提升。近年来，中国品牌车企也意识到了精致工艺的重要性，纷纷效仿，力图以此来提升各自产品的竞争力。精致工艺已经成为全球汽车品牌提升其在各自市场竞争力的关键技术工具。

但是用户无法识别哪些是精致工艺而哪些不是精致工艺，他们只能通过自己的主观感觉来判断产品是否是一个高质量的产品,这类主观的质量评价就是"感知质量",也可以叫作魅力质量。如图1-4所示,通过第一印象就能直观地判断出哪个仪表板的感知质量更好。

图1-4 仪表板感知质量对比

1.2.3 汽车感知质量的概念和分类

1. 汽车感知质量的概念

感知质量是指用户根据自身对产品的需求与应用目的,对市场上产品的各类信息进行综合分析,对产品或服务做出的非全面、主观及抽象的评价。即"产品所提供给用户的感受正是用户想要的"。对于汽车行业而言,感知质量是指从用户与市场的角度看待产品与服务;用户通过视觉、触觉、听觉、嗅觉以及驾乘过程中对性能、舒适性、便利性、安全性、交互性、操控性、可靠性等的感受对汽车进行评价,形成的对汽车的主观整体印象。广义的汽车感知质量可以认为是整车品质,如图1-5所示,不但包括驾乘感受,还包括在车辆的购买、维修、保养过程中,用户对产品本身及企业提供的服务的综合体验,同时也包括维修、保养乃至报废的整个生命周期中的成本体验。

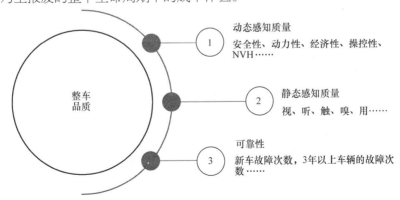

图1-5 广义感知质量

汽车最初的感知质量不一定需要一个长期的使用过程来获得,而是在用户近距离观察和体验之后得到的对于汽车质量的主观感受。一款感知质量表现优秀的汽车产品,在用户看到它的第一眼,就会给用户以高档次、高质量的主观体验,从而促使用户做出购买决定。

感知质量的主要特性是用户的主观性,不同于通常认知的过程一致性质量和设计可靠性质量。过程质量和设计质量是理性的、客观的、可度量的,侧重的是工程严谨性及数据客观性;而感知质量是感性的、主观的、相对的、难以度量的。一般情况下,研发人员会将自身的工程经验与用户调研结果相结合,对目标设定与过程控制等进行评分,在过程中对产品进行评估并阶段性地从用户角度进行评分。因此,只有将用户的主观评价转化为可度量的工程化语言,将单个专业的问题明确到跨专业的整车问题中,才能实现在汽车产品开发中感知质量的提升。

2. 用户对汽车的感知过程

由感知质量的定义可以发现,用户通过"视、听、触、嗅、用"等感知手段对汽车产品的质量、功能、特性等进行评价,这个过程是短暂的,如图1-6所示。用户在接触汽车的过程中,敏感度最高、最先起作用的是视觉感知,结合用户的心理感受在前10min的接触中起决定性作用,但是视觉感知会随着时间的推移而迅速衰减,在用户购买产品后第10个月时基本上不再起作用。相反地,触觉和听觉感知在用户接触产品的短时间内敏感度很低,在用户长期的使用过程中逐渐增强,并取代视觉和嗅觉感知,对产品的评价起主要作用。所以影响用户购买欲望的主要时机是接触产品的前10min,即感知质量起了决定性作用,只有在第一时间就吸引住用户,才能有机会让产品的其他功能被用户进一步了解。所以好的感知质量对提升产品的竞争力和吸引力有关键作用。怎样才能第一时间抓住用户的眼球,提升用户的兴趣,需要从用户的感知过程入手进行研究。

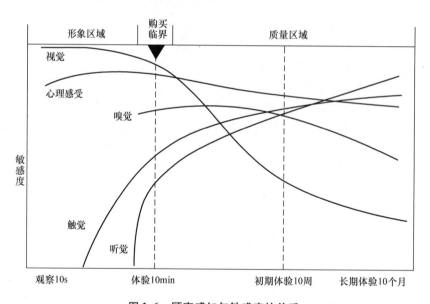

图1-6 顾客感知与敏感度的关系

用户对汽车的认知过程,根据时间周期划分,主要可以分为视觉感知、触觉感知、动态感知、多功能实用性感知、安全感知和成本感知六个阶段。

(1)视觉感知 即造型感知。绝大多数用户被汽车吸引是从视觉感知开始的。无论是在路上还是在网络、电视、平面广告中看到的画面,都是用户对产品的第一印象。这也是汽车发展过程中独特的造型能够风靡一时的原因。造型感知可以细化到整体外观和内饰、内外装饰材质与效果、颜色搭配、软触或纹理的质感等多方面。

(2)触觉感知 当用户看过产品之后,可能会进一步近距离地接触产品,希望能够获得更多的信息。去展厅参观实车,在没有进入驾驶过程前,通过乘坐或触摸实车的各个部分,如座椅、转向盘、变速杆、各种按键等,重点是对车辆静止状态下的材质、触感、做工、触控反馈等进行评价,简称静态感知。

(3) 动态感知　动态感知主要是指用户在近距离接触过车辆后,试驾车辆过程中的感受。这时用户重点关注的是车辆的各项动态性能,包括动力性、操控性、制动性、NVH等,同时也会关注驾驶过程中的视野、仪表与面板的指示,以及人机互动的便利性。没有特定的驾驶偏好的初次购车用户对于动态感知的关注比较少,但是二次购车用户对以上特性的关注度会比较高。对于成熟的汽车品牌,同系列车型的动态感知特征应该是相似的、有品牌传承性的。

(4) 多功能实用性感知　这主要是指用户上下车和乘坐时,对存储空间和车载配置的便利性评价。此类评价都是在进行过动态感知后所关注的内容,包括上下车的容易程度、储物盒大小、杯托设置位置、行李舱的容积以及取放行李的便利性、备胎和随车工具的使用方便性等。高品质的车型设计会给用户以体贴的设计,空间感和便利性是提高用户满意度的加分项。

(5) 安全感知　安全感知侧重于评价安全性。车辆安全是成熟的用户购车时的必然考虑因素,在经历过远观、近看、试驾、体验之后,如果用户还对该产品感兴趣就会进一步对此类因素进行了解,主要包括车载的主动安全配置、被动安全配置、车辆异常报警提示系统、儿童保护措施等。越是成熟的用户,对安全性因素的考虑就会越多。

(6) 成本感知　狭义的成本感知是指用户的购车价格;广义的成本感知除了购车价格之外,还包括车辆购置税、保险费用、维修费用、保养费用、燃油费用,以及车辆的保值性等。各种感知的详细内容见表 1-1。

表 1-1 感知认知的细分内容

	区分	细分内容	
感知过程	视觉感知	1. 整体外形感觉 3. 内外常规设计 5. 内外饰视觉质量	2. 内外电子配置 4. 内外饰装饰效果 6. 创新的储物空间
	触觉感知	1. 整体静态感觉 3. 内外饰操作质量 5. 整体材质	2. 内外饰材质感 4. 内外饰第二表面 6. 前发动机舱质量
	动态感知	1. 整体动态感觉 3. 乘坐舒适性 5. 制动性 7. NVH 9. 灯光视野	2. 动力加速性 4. 操控性 6. 主要操作质量 8. 座椅舒适性 10. 娱乐系统
	多功能实用性感知	1. 整体储存空间 3. 后排储物及方便性 5. 家庭实用空间	2. 前排储物及方便性 4. 行李舱空间及便利性 6. 随车工具
	安全感知	1. 整体安全感 3. 被动保护 5. 主动安全 7. 事后安全	2. 驾乘信息 4. 儿童保护 6. 预防安全 8. 私密性
	成本感知	1. 销售价格 3. 耐久性 5. 保险 7. 保值性	2. 燃油经济性 4. 税收 6. 售后维修费用

以上六个阶段在用户对产品的熟悉过程中是具有普遍性的，但是相互之间没有绝对的界限，有些阶段是跳跃式的，或者是同时发生的。

3. 汽车感知质量的分类

感知质量是汽车产品所有特性的一部分，只有对感知质量这一特性做充分的分析，才能做出高感知质量的汽车产品。从不同的角度，汽车感知质量的划分也有所不同，但是从汽车用户的角度，可以将感知质量划分为动态感知质量和静态感知质量两类。

动态感知质量是指用户在汽车动态行驶过程中，对车辆动态特性的感知体验，体会这些属性令自己满意的程度，包括制动品质、换档品质、转向品质和悬架减振回弹等。

静态感知质量是指用户在汽车静止状态下，通过视、听、触、嗅、用等手段对汽车的感知体验，一般可以划分为造型设计感知、人机交互操作感知、车身精致性感知、内外饰精致性感知以及绿色环境感知。静态感知质量涵盖了汽车外观、内外部装饰的视觉质量，外观及内饰功能件的人机交互操作反馈，细节配合的特殊要求，一般性面差间隙匹配质量，内饰件材质质感，开闭件品质音以及车内环境气味感知等。

在汽车设计开发过程中，只有从专业方向区分出不同感知角度，才能够有的放矢，设计出符合用户的功能需求和审美需求的高品质汽车产品，同时感知质量分类的详尽程度决定了产品感知质量管理水平的高低。各大车企都在大力实施感知质量管理，但因为实施方法、贯彻力度、执行力的不同，得到的效果也是大相径庭，上市产品的感知质量水平也参差不齐。

1.2.4 汽车静态感知质量的作用和意义

对于汽车研发企业，静态感知质量的作用就是要在产品开发的全过程，从用户的角度出发进行汽车产品设计和制造，第一时间抓住用户的眼球，增加用户的愉悦感受，提高用户对产品的满意度，从而提升自身品牌的产品力。

静态感知质量的作用可以用产品力理论加以论证，产品力是产品对目标人群的吸引能力。它由三个独立的要素组成，分别是驱动力、想象力和影响力。驱动力通过价值的回归和引导，顺应人的惯性，对目标消费群体产生吸引；想象力通过角色的定位和提醒，挑战人的惯性，对目标消费群体产生额外吸引；影响力通过情感的寄托和转移，形成新的惯性，对目标消费群体产生持续吸引。它们都能够独立地对消费群体起作用，从不同的角度对目标消费群体产生吸引。针对汽车产品，可以将产品力要素细分为品牌、造型创意、成本、配置、性能、可靠耐久以及静态感知质量，如图1-7所示。静态感知质量属于想象力要素，通过精致设计、精致品质和精致制造，不断刷新消费者对汽车产品"质量"的认知，增加额外的愉悦感和满意度，即对消费者产生额外吸引。这也与现在汽车行业普遍认同的新车魅力指数相一致。新车魅力指数是汽车性能、运行和设计调研（Automotive Performance, Execution and Layout Study，APEAL）整车魅力指数的简称，是消费者对汽车设计、表现和功能的满意程度，用来衡量对消费者最具有吸引力的产品属性和特征。

但是，无论是IQS还是APEAL都侧重于消费后期，即消费者在购车后2~6个月的感受。各大车企为了提高APEAL得分，也会在新车开发前期预测上市之后APEAL得分的市场表现，作为整车感知质量目标。本书的重点研究方向就是从汽车研发和制造过程角度，阐述提高感知质量的工程实践方法。

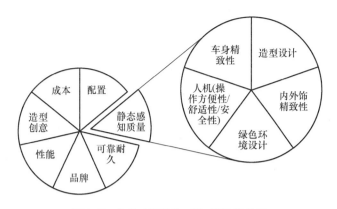

图 1-7 产品力要素与感知质量的关系

日本式质量管理大师、QCC（Quality Control Circles）之父石川馨（Kaoru Ishikawa）有一句名言："规格标准不是决策的最终来源，用户满意才是。"他强调对于现代企业，仅仅符合标准、规范，达到合格水平，只是对产品质量的最低要求。最大限度地满足用户要求、实现用户满意，并遵守法律法规，实现绿色环保，才是现代质量管理的使命。静态感知质量强调，除了满足基本的产品和服务要求外，还要给用户一种美好的体验，一般来说这种体验是超越用户期望的，即愉悦感受。

这就很好地解释了当产品已经满足了用户的规格要求，但用户好像还是没有满意的现象。美国心理学大师赫兹伯格（Fredrick Herzberg）的"双因素理论"为这一现象建立了理论基础。赫兹伯格认为员工"满意"和"不满意"不是一个渐进维度的两个极端，而是两个不同的维度：与"满意"相反的是"没有满意"；与"不满意"相反的是"没有不满意"。他认为影响人们行为的因素有两类："保健因素"和"激励因素"。

保健因素是指其本身并不能带来或者提高积极满足，但如果得不到充分满足，就会引起对工作不满情绪的产生；相反，如果处理得好，可以预防或消除这种不满。但是这类因素并不能对员工起到激励的作用。

激励因素是指能给人带来积极满足的东西。与激励因素有关的工作处理得好，能够使人们产生满意情绪；如果处理不当，其不利效果大多只是没有满意情绪，而不会导致不满。但是随着产品或者服务的更新升级，激励因素也会变成保健因素。

汽车行业被人们普遍熟知的卡诺模型就是在"双因素理论"的基础上发展起来的。它是在 1984 年由日本东京理工大学教授狩野纪昭（Noriaki Kano）提出的，是一种对用户需求进行分类和优先排序的工具，以分析用户需求对用户满意度的影响为基础，体现了产品性能和用户满意度之间的非线性关系，如图 1-8 所示。

汽车静态感知质量的作用可以用双因素理论或者卡诺模型来解释。就汽车

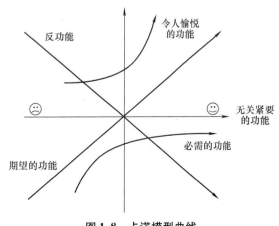

图 1-8 卡诺模型曲线

产品来说，满足产品规格要求是"质量保健因素"，是"必需的功能"，这些被用户认为是理所当然的。只有能够引起用户愉悦感受的功能才能提高用户的满意度，才是"质量激励因素"，与之对应的就是卡诺模型中的"令人愉悦的功能"，或者产品力要素中的想象力要素。拥有质量激励因素的产品和服务更容易引起用户的注意，提升用户的愉悦感，甚至超越用户期望。

例如，2008年广州本田公司推出的新雅阁的国内销量位于轿车前列，它首次搭载了30GB大存储量硬盘，大大方便了音乐爱好者储存海量电子音频的习惯，从而避免了携带大量的CD光盘，这种30GB的硬盘就是质量激励因素。现在大容量硬盘已经成为中高级汽车的标准配置，已经成为质量保健因素，而不再是质量激励因素。

综上所述，汽车静态感知质量是整车质量管理中重要的组成部分，影响着用户对车辆购买决策的第一印象，对用户的主观感知有很大的积极影响，能够引起用户的愉悦感受，属于质量激励因素。具备高感知质量的汽车产品更容易吸引用户，超出用户的期望值，发生交易的概率就越大。

1.3 本章小结

"没有第二次制造第一印象的机会"，是美国著名客户研究学家约翰W·威克特（John W. Weikert）的名言。

作为一种工业化高度集成的标志性产物，汽车产品的同质化趋势明显，独特的造型或功能是其在激烈竞争中脱颖而出的手段。但是随着消费者消费观念的成熟，对汽车的需求不再局限于实用性，还要兼顾精神层面的审美寄托。西方汽车工业界的发展经历见证了从造型设计主宰一切到感知质量的重要性逐渐崛起的过程，静态感知质量作为决定用户购车的第一印象及情感要素，其重要程度越来越显著。感知质量要求在汽车研发过程中实现精致设计、精致品质、精致制造，以满足时下消费者的心理感受，凸显安全感、整体感、牢固感、温馨感、放松感、满足感等主观感受，超越用户的期望，使用户的愉悦感最大化；同时静态感知质量有助于汽车品牌产品力的提升、品牌价值的增长，从而提高企业的利润和竞争力。总之，静态感知质量已被提升到影响汽车品牌价值和利润的高度。

参 考 文 献

[1] 张丹. 基于市场认知的乘用车感知质量研究 [J]. 上海汽车，2012（7）：35-37.
[2] 余秀慧，张振宇，杨宇光，等. 感知质量管理在汽车自主开发中的应用 [J]. 上海汽车，2010（7）：4-6.
[3] 谢有浩. 感知质量管理在汽车自主开发中的应用 [J]. 经营管理者，2013（18）：160.
[4] 杨宇光. 汽车外观静态感知质量控制方法 [J]. 苏南科技开发，2007（3）：58-59.
[5] 胡雪芬. 汽车感知质量及数学模型解析 [J]. 汽车工程师，2013（4）：44-46.
[6] 林树楠. 汽车感知质量问题评审方法优化研究 [J]. 汽车工程师，2013（2）：15-18.
[7] 邓波. 顾客感知质量主导的服务质量管理策略 [J]. 中国管理信息化，2009，12（16）：83-85.
[8] 陈辉. 感知质量评审在汽车开发中的运用 [J]. 上海汽车，2010（2）：37-39.
[9] 严佳梦. 消费者感知质量和满意度的关系：创新的调节作用 [D]. 杭州：浙江工业大学，2015.

第2章 静态感知质量的评价和管控

静态感知质量作为感知质量的重要组成部分，会从视、听、触、嗅四个维度立体地影响客户对产品的最初感受，从而影响客户的购买欲望。因此，通过制订合理的静态感知质量目标，建立科学的评价方法，能够准确地捕捉客户的关注点，有针对性地提升客户的满意度；落实系统的控制措施，则能够让汽车制造企业保证产品达到预设的目标要求。

本章主要介绍静态感知质量评价和管控体系，详细阐述体系搭建的内在逻辑，介绍评价内容及其来源，并根据评价内容阐述静态感知质量目标的建立方法。建立目标后，着重介绍如何在产品开发的各个阶段开发和控制设计方案，保证产品满足静态感知质量目标。

2.1 静态感知质量评价和管控体系介绍

2.1.1 静态感知质量评价和管控体系总体情况介绍

建立完整的静态感知质量评价和管控体系，是保证和提升公司产品的静态感知质量设计水平的有效手段。体系的一级文件应是公司整车及系统级的静态感知质量设计规范，作为核心技术文件指导整车产品的静态感知质量设计。从一级文件向下分解，可分解为零部件和造型的静态感知质量设计规范，用于指导车身、内外饰、造型等的静态感知质量设计。二级文件再向下分解，可形成对产品静态感知质量进行确认的方法、程序、标准、工具、手段等各类三级文件。同时，三级文件也可用于分析和评价竞争车型的静态感知质量水平和设计方案，形成的信息可用于向上支持和更新设计规范。最终，体系本身会持续改进。静态感知质量评价和管控体系如图2-1所示。

本章2.1.2节主要介绍三级文件中的数据库；2.2节主要介绍三级体系中的评价标准、检查清单以及高频问题清单；2.3节主要介绍静态感知质量的管控流程；2.4节主要介绍静态感知质量的控制工具。

本书从第3章到第7章着重通过具体案例来介绍体系的二级文件是如何形成的，以及

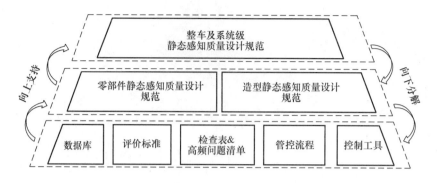

图 2-1　静态感知质量评价和管控体系

应关注哪些要点。鉴于每家公司的产品和设计理念各有千秋，其设计规范的规定方式和重点也不相同，故本书不对一级文件进行详细介绍。

2.1.2　静态感知质量数据库介绍

静态感知质量数据库的搭建其实是对一个市场产品的设计状态摸底和统计的过程。尽可能全面、系统地整理市场上主流车型的设计方式和设计效果，然后对效果进行排序，并评价分值，形成参考。数据库的形式是多样的，通常有图片数据库、典型结构断面库、典型特征或结构专题调研报告数据库等。

例如，调研 A 柱–翼子板–前发动机舱盖三方配合处的设计方式，有三方对接的，有两两对接的，有隐藏分缝，有分缝弱化的，建立数据库就是要收集整理所有类似设计方式，选取每种效果的典型设计并进行评分，以便指导后续的评价和设计。由于市场产品更新的速度越来越快，制订合适的滚动更新维护周期是有必要的。

2.2　静态感知质量评价方法介绍

数据库中应包含市面上大部分在售车型。基于设计方式的积累，推荐对历史上的经典车型都进行整理和分析，一方面可丰富设计手段，另一方面也可通过产品的设计变化体会用户感知的变化，对未来的感知要求进行适度预测，更有利于产品的静态感知质量设计。

静态感知质量评价包括评价方法和评价内容两部分。静态感知质量评价方法是要尽可能地将评价内容细化并进行可量化的分级，便于客观评价静态感知质量。评价方法最终应形成企业的标准或规范，用于统一公司内的评价方法。静态感知质量评价内容的确定，要与消费者的关注点相契合，反映消费者高度关注的部位、结构形式、操作方式等，可用简明易懂的检查清单来体现所有的评价内容。随着评价方法的运用，逐步形成针对公司自身产品设计的高频问题清单来帮助产品工程师在实际设计中有针对性地回避这些问题。

2.2.1　静态感知质量评价内容的来源

由于消费者对汽车使用期望的提高，迫使汽车制造企业必须改变传统的设计开发思路，开始转向满足用户更高需求的设计模式，如安全感、整体感、牢固感、温馨感、满足感、豪华感的体验等。为了系统地判断消费者的不同心理感受，君迪（J. D. Power and Associates）公司开发出 APEAL 调研方法来评价消费者的感官体验。

君迪公司从 1968 年开始为汽车制造商提供针对消费者的调研服务，每年通过对世界各地数百万名消费者的调查来收集他们对众多产品和服务的意见和期望值。其业务范围有调研、咨询、预测和培训。在中国，君迪公司从 2000 年开始进行联合调研项目，目前开展的汽车联合调研项目有 IQS、APEAL、SSI、CSI、ESS 等，在亚洲市场开展的其他调研项目还有 TCSI 和 VDS 等，如图 2-2 所示。

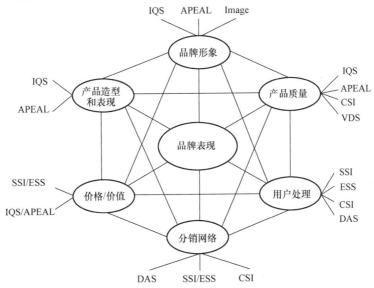

图 2-2　君迪公司的消费者调研体系

APEAL（Automotive Performance, Execution and Layout Study）的全称为汽车性能、运行和设计调研，该调研是衡量对顾客最有吸引力的产品属性和特征，如友好性、美感、工艺、设计和谐、性能独特等，其分类如图 2-3 所示。

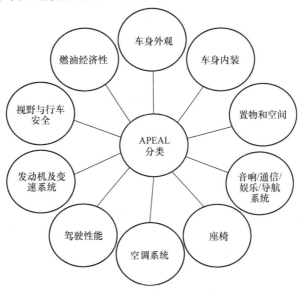

图 2-3　APEAL 内容分类

每个分类下有不同的关注要素和问题,见表 2-1。每个问题都是用 10 分制来衡量的,分值越高,表现越佳。

表 2-1 君迪公司 APEAL 详细内容介绍

类别	要素	评价项数量
车身外观	包含外观特殊性、外观与内饰协调性以及关门声音等	6
车身内装	包含高品质材质、安静程度、气味与操作按键的可辨识度	10
置物和空间	包含腿部/头部空间、置物箱以及杯架的使用方便性、置物空间的数量以及行李装卸方便性等	11
音响/通信/娱乐/导航系统	包含音响、通信、导航、娱乐等	13
座椅	包含座椅舒适度、座椅调整方便性以及座椅相关配置等	10
空调系统	包含风向的可调整性以及内部玻璃除霜、除雾效果	6
驾驶性能	包含驾驶的平稳顺畅程度和汽车底盘高度等	9
发动机及变速系统	包含发动机/变速系统的声音、换档流畅程度等	5
视野与行车安全	包含前座视野和驾车安全感等	7
燃油经济性	包含燃油经济性和燃油箱容量等	2

APEAL 的内容分为车辆静态表现和动态表现两部分。车辆静态表现主要包括车身外观、车身内装、置物和空间、座椅四个部分。例如,某车企参考 APEAL 的评价内容,并结合自有车型在市场上的表现,从消费者的视角上重新对评价内容进行了分类,具体如下:内外部整体评价;车身前后部外观评价;车身侧部和顶部外观评价;车内仪表板和 A 柱区域内饰评价;车内门饰板、B 柱及尾门区域内饰评价;车内座椅、顶篷、遮阳板、地毯、衣帽架、后行李箱区域内饰评价;同时考虑到人机交互和车内气味等整体影响感知质量的实际情况,形成了人机交互评价系统和绿色设计评价系统。以上共八个评价系统,涵盖了从整体到局部再到细节的所有影响感知质量的设计评价要点,如图 2-4 所示,在 2.2.2 节中将详细介绍各项内容。

2.2.2 静态感知质量评价标准、检查清单及高频问题清单介绍

1. 评价标准建立

根据数据库收集整理的信息对评价分数进行设定。分数设定原则见表 2-2,1 分为最低分,10 分为最高分。如果某些评价项在评价主体上没有体现,则打 0 分,0 分不参与总分的计算,对整体分数没有影响。为提高评价结果的准确性,可以将分值单位细化到 0.5 分。

评价人员在对车辆进行评分时,需使用相同的评判姿态,如图 2-5 所示,评价时应遵循图示要求。

基于数据库中的评分标准,对以下评价内容进行详细评分,要形成检查清单。以下详细介绍每一个评价系统的评价内容。

2. 内外部整体评价主要关注的内容

(1) 外部整体评价 外部要着重关注整车姿态、各部位比例、轮拱和轮胎的比例是否协调;前脸、侧面及尾部风格的协调一致性;轮廓线条是否优美流畅;造型面的饱满和光

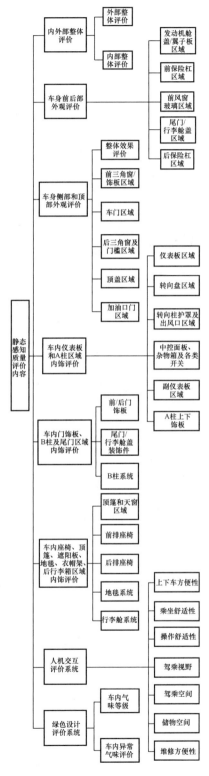

图 2-4　APEAL 静态感知质量评价内容分类

表2-2 分数设定原则

评分标准	无法接受			一般			非常好			超乎想象的体验
	1	2	3	4	5	6	7	8	9	10

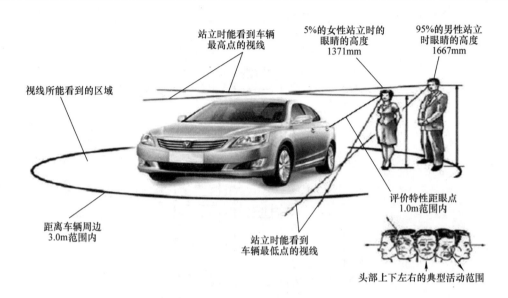

图2-5 APEAL评价人员的站立范围、观察角度示意图

顺的感觉、造型分块的视觉效果；外观所有间隙是否适当而均匀、面差配合是否协调；颜色是否符合大众审美，符合主流趋势，符合客户群体的喜好；色彩搭配是否适应造型风格，有无杂乱、刺眼、色差等情况；整体是否结实有力，能够给人以安全感；同时关注钣金的厚实程度，A、B、C柱粗壮结实的程度等因素。

（2）内部整体评价 内部要着重关注内饰整体是否给人以豪华大气的感觉；造型是否优美匀称、层次分明、风格协调一致；内饰线条优美、流畅、舒展、走向不凌乱的程度；表面是否饱满、光顺，分块是否简洁；所有配合搭接的和谐、均匀程度；内饰颜色是否符合大众审美、主流趋势、客户群体的喜好；零件与周边零件及整体尺寸的比例是否协调；材质和面料的高档感，做工细致的程度，触摸时光滑柔软的感觉；内饰缝线是否立体匀称、颜色一致；缝线饱满的视觉效果，粗细是否合适、针脚是否均匀、手感是否平润；皮纹是否有立体感、皮质感、触摸舒适感；翻边或折弯部分的纹理是否有损失、变形的情况；内部零件是否给人以结实安全的感受；进出是否方便、乘坐空间是否宽大、座椅是否舒适和安全、视野是否通透、操作是否方便，按键声音是否和谐等的整体感觉；关注驾驶室内的空气质量，有无刺激性气味及其他异味。

3. 车身前后部外观评价主要关注的内容

汽车设计人员将车身前后部进一步划分为以下五个区域进行详细评价，以便关注更局部的细节：发动机舱盖/翼子板区域；前保险杠区域；前风窗玻璃区域；尾门/行李舱盖区域；后保险杠区域。下面分别介绍五个区域的评价要点。

（1）发动机舱盖/翼子板区域

1）主要关注此区域内的整体分块是否简洁，区域内零部件的色差情况，以及区域内各部分的搭接方式等。

2）观察发动机舱盖的表面指压变形程度，发动机舱盖开启及关闭中的晃动、异响情况，打开发动机舱盖后发动机舱布置的美观性。

3）考察发动机舱内各类安装结构的遮蔽性、颜色搭配是否凌乱、外露特征美观性。

（2）前保险杠区域

1）前保险杠区域除了关注上文提到的间隙面差、颜色及遮蔽性之外，主要关注前保险杠、前格栅、前雾灯以及前组合灯区域的整体造型特征、分缝位置以及装饰件的视觉效果，评价各零部件分缝间隙面差的均匀性。

2）评价保险杠无特征大面区域的表面刚度、安装牢固性和按压异响情况。

3）评价该区域的生产保证能力、零部件自身精度的保证能力。

（3）前风窗玻璃区域

1）除上文提到的主要关注点外，还要关注玻璃表面及边缘是否有制造缺陷，玻璃黑边的美观性，玻璃周边分缝的遮蔽效果、均匀性以及缺陷情况，玻璃视觉效果、玻璃厚度及颜色。

2）评价通风饰板周边匹配的精致性、通风饰板的表面质量以及切边质量。

3）评价前刮水器和刮水器出水孔的位置、表面质量、隐藏程度。

（4）尾门/行李舱盖区域

1）除上述关注点外，尾门/行李舱盖区域主要评价尾门/行李舱盖、扰流板、尾门饰条左右两侧对称位置的视觉效果是否一致；评价尾门开启及关闭时、按压受力时的晃动程度、异响情况等。

2）评价尾门开启时的开口形状、平整程度、尺寸大小、装卸货物的方便性，以及尾门内板钣金及侧围外露区域有无褶皱、焊渣等视觉缺陷。

（5）后保险杠区域　除上述关注点外，还应考察后轮眉视觉间隙效果、轮胎与轮罩间的视觉美观性、后保险杠底部遮蔽性、布置规整美观性；同时评价排气口周边配合情况及美观性。

4. 车身侧部和顶部外观评价

将车身两侧前后部进一步划分为六个区域进行详细评价，以便关注更局部的细节：整体效果评价；前三角窗/饰板区域；车门区域；后三角窗及门槛区域；顶盖区域；加油口门区域。下面介绍这六个区域的评价要点。

（1）侧部整体效果　侧部整体效果主要评价侧部整体分块的简洁性、搭配协调性；窗框亮条、车门窗框装饰的高档感、玻璃颜色的高档感及降噪性、外开把手的高档感、门外饰板的高档感；侧围亮条与侧围的贴合质量，是否有配合缺陷；车身焊接止口是否可见。

（2）前三角窗/饰板区域　主要评价区域分块的合理性、工艺精度的保证能力；三角窗与侧围配合的缺陷情况；前三角窗与车门特征匹配效果、圆角过渡效果。

（3）车门区域

1）除以上关注点外，车门区域主要评价外后视镜的特征及分缝合理性；转动臂与底座特征对应的协调性、圆角过渡效果；镜片旋转后与壳体特征配合的协调性，外露特征是否美观；底座与钣金或密封条配合的视觉效果；受力后的晃动情况，前后折叠时的振颤异响情况，折叠及打开时的回位效果；外后视镜与车门玻璃的空隙形状是否符合流体力学要求。

2）评价前门与翼子板各类间隙、面差的视觉效果；前/后门表面刚度、开启关闭过程中的各种晃动及异响情况；前/后门外露焊点的美观性、包边涂胶的视觉效果、外露特征的美观性。

3）评价外开把手分缝效果遮蔽性及操作顺畅性，前后/上下晃动情况；玻璃上升/下降平顺情况、（左右侧）速度合理性、杂音程度（密封条摩擦异响、升降机构异响）；前/后门各类密封条泡型设计的饱满程度、气孔隐藏程度、表面喷涂质量、接角过渡的平顺性和整齐性。

（4）后三角窗及门槛区域　主要评价此区域的分块合理性、安装可行性；三角窗/饰板与侧围配合质量、与车门特征匹配效果、圆角过渡效果；门槛区域分缝合理性、配合间隙效果、与车身的贴合质量；门槛踏板的刚度、踩踏变形程度。

（5）顶盖区域　顶盖区域主要评价顶盖钣金与周边件配合及缺陷情况、外表面钣金刚度；天窗与周边件分缝的视觉效果；装饰条分缝结构合理性，配合间隙视觉效果，装饰条端头的装配质量、安装牢固性；行李架分缝结构的合理性、配合间隙的视觉效果、与车身的贴合性、固定点牢固性；天线与钣金配合结构的合理性，是否有漏缝、看穿等缺陷。

（6）加油口门区域　主要评价此区域的分缝合理性、型面棱线贯穿情况、工艺可行性；与周边分缝遮蔽情况、视觉间隙效果、圆角与侧围匹配效果、漆面成像度、光泽度、色差程度；关闭时受力晃动情况、打开/关闭过程中的晃动及异响情况。

5. 车内仪表板和 A 柱区域内饰评价

将车内仪表板和 A 柱区域进一步划分为六个部分进行详细评价，以便关注更局部的细节：仪表板区域；转向盘区域；转向柱护罩及出风口区域；中控面板、杂物箱及各类开关；副仪表板区域；A 柱上下饰板。下面分别介绍六个部分的评价要点。

（1）仪表板区域

1）仪表板区域主要评价仪表板整体搭配协调性、美观性、层次感、分块简洁程度；仪表板空间的利用程度；仪表板圆角的均匀统一程度。

2）评价仪表板上部和转向盘区域的工艺精致性、饰条与周边件配合的美观性；各类系统和零部件的配合效果、间隙面差的均匀美观性、是否有暴露缺陷的风险等情况；色彩搭配的协调性、材质用料的考究程度、色差情况、装饰件品质、皮纹层次、整体高档感。

3）评价仪表板整体光泽的均匀柔和程度、上本体表面的软质程度、表面软触面积和高档感；仪表板整体刚度；侧除霜风口叶片工艺的精致性；从前排乘员视角评价发动机舱盖后端和刮水器是否可见；正常坐姿时前除霜格栅叶片是否外露；细节部位色彩协调性；储物空间的实用性、多样性、操作方便性。

（2）转向盘区域

1）除以上关注点外，转向盘区域主要评价分块简洁合理性、气囊盖板和转向盘的整体视觉间隙效果。

2）评价转向盘按键档位感，多功能按键手感，多功能操作方便性，按键标识清晰度、易识别程度；组合仪表外框与饰条嵌饰板等面差的视觉效果。

（3）转向柱护罩及出风口区域

1）除以上关注点外，转向柱护罩及出风口区域主要评价转向柱护罩防尘盖板/防尘罩与周围零件的面差、间隙的视觉效果以及内部结构外露程度。

2）评价转向护罩与组合开关的配接外观质量、配接效果和分缝线隐藏效果。

3）评价出风口连杆、叶片转轴的隐藏情况；出风口叶片与壳体间隙小而均匀的程度；叶片厚度、长度、刚度是否合适；出风口操作力大小、阻尼的手感、各风口操作力的一致程度、拨轮限位清晰度、到位提示和限位机构功能、旋钮的刚度和美观程度；是否有后出风口。

（4）中控面板、杂物箱及各类开关

1）除上述关注点外，中控面板、杂物箱及各类开关主要评价组合开关标识的可识别性，与转向盘的距离是否合适，组合开关操作力与操作行程是否舒适。

2）评价空调、音响开关功能定义、形状和尺寸是否合适；空调、音响调节显示状态、操作方式、开关位置、开关按键与旋钮操作力的舒适程度；空调、音响开关操作便利程度；点火开关操作力与操作行程的合适程度，点火开关锁避让特征；危险报警开关位置、开关形状、尺寸的舒适性和开关操作力；仪表板左侧开关组操作便利性。

3）评价加油口、发动机舱盖、行李舱开启手柄位置，操作舒适性和便利性；杂物箱区域开启后的内部美观和精致程度，操作声音悦耳程度；杂物箱刚度、开口尺寸与形状的便利程度；杂物箱内部尺寸的合适程度、功能性；杂物箱开启和关闭过程的异响和松动情况，关闭到位时的反馈情况，开启方式的方便性；杂物箱解锁操作力大小合适程度、操作行程合适程度；阻尼感的清晰度。

（5）副仪表板区域

1）除上述关注点外，副仪表板区域主要评价本体与换档面板的配接效果。

2）评价副仪表板的整体刚度；中控扶手软质区域的触感、扶手装饰性、稳定性、支撑效果；扶手箱盖金属铰链外露部分的视觉效果；扶手箱盖锁止机构的精致性；扶手的可调节性、开关操作力、开启过程中与周边零部件的干涉情况；扶手箱的附加功能情况；扶手开启关闭时的到位提示和限位机构的清晰感。

3）评价换档饰条品质高档感，变速杆/手球的美观性、耐脏程度；驻车制动手柄的抓握舒适感；杯托的操作手感，是否具备夹持能力，储物多样性、装饰品质；杯托布置位置合理性、操作方便性，杯托宽度和深度的实用性、取物便利性；储物盒的操作手感；电源充电功能的方便性。

（6）A柱上下饰板

1）除上述关注点外，A柱上下饰板主要评价安全气囊盖板标识美观性、阅读便利性；密封条和立柱饰板型面的贴合程度。

2）评价A柱与顶衬和前风窗玻璃配合区的精致性A柱扬声器罩的精致性A柱按压刚度、保持型面稳定的能力；A柱与前风窗玻璃间隙的均匀性；A柱边缘与玻璃黑边的均匀性；A柱饰板与仪表板配合间隙的均匀性或弱化效果；A柱与顶衬配合间隙的均匀性；A柱下饰板的安装牢固程度；A柱下饰板与地毯的配合间隙的均匀性；A柱下饰板与门槛的配合形式、分块及型面设计隐藏性或弱化间隙的效果；分型线控制的精细程度。

6. 车内门饰板、B柱及尾门区域内饰评价

将车门内饰板、B柱和尾门区域进一步划分为三个部分进行详细评价，以便关注更局部的细节：前/后门饰板；尾门/行李舱盖装饰件；B柱系统。下面分别介绍这三个部分的评价要点。

(1) 前/后门饰板区域

1) 前/后门饰板区域主要评价整体搭配的协调性和装饰性、整体分块合理性、档次感；色彩搭配协调性、材料高档感；整体刚度。

2) 评价不同内饰系统之间的色差程度；装饰件的工艺精致程度；皮纹和环境的协调性、层次清晰程度、立体感、高档感、光泽度；上饰板表面处理方式、软触面积合适程度、触感舒适度；零部件分块实现程度；门饰板关闭状态下遮蔽钣金的程度、遮蔽制造缺陷的能力；各零部件搭接关系的合理性；分模线的外露情况。

3) 评价门板本体与内扣手盖、饰条、中饰板、扶手、开关面板搭接配合的合理性；门饰板上下本体搭接配合的形式、型面模拟软质处理的程度；门饰板上本体前后端与钣金、仪表板、水切、B柱饰板的配合效果，间隙面差的弱化程度；前/后门饰板的耐脏性、耐刮擦性。

4) 评价开关面板、本体、门把手、扶手之间的间隙处理情况；评价内扣手开启及回位时的异响情况、最大开启角度；评价内扣手与手部的贴合情况；评价内扣手、锁止按钮隐藏于面板内部的情况，静止及旋转时的外露情况；评价内扣手盒与门饰板、手柄盒的间隙/面差的均匀性；内开拉手位置的使用方便性、操作空间大小、操作力大小、操作行程大小；门把手/拉手盒刚度、拉手盒的宽度、拉手盒与手掌的贴合情况、拉手盒储物实用性和方便性；拉手盒（关门立扶手）位置的可及性。

5) 评价车窗升降开关周边间隙的视觉效果；按键形状、尺寸、材料的操作舒适感；开关位置的可触及性；地图袋厚实程度、操作舒适性、分模线隐藏情况、刚度、储物多样性、储物空间大小、使用方便性；扬声器罩网孔排列的有序性，外观规整性，品质感；门饰板扶手/中饰板的肘部触感舒适性，周边件配合间隙的视觉效果。

6) 评价三角块/门框装饰板的稳定性、与周边件间隙和面差的视觉效果；反射片与周边件间隙和面差的视觉效果。

(2) 尾门/行李舱盖装饰件　除上述关注点外，尾门/行李舱盖装饰件主要评价尾门饰板系统内的色差情况；尾门上饰板与左右侧饰板的配合间隙、视觉平顺均匀性，尾门维修口盖和周边件间隙的均匀性；尾门装饰板的覆盖范围、自身刚度，尾门下饰板与左右侧饰板搭接配合的容差能力，尾门饰板与钣金的间隙均匀性；塑料件分型线控制的精细度，外露缺陷情况；轿车行李舱盖装饰件的覆盖范围、自身刚度；行李舱盖装饰件与钣金间隙的均匀性；塑料件分型线控制的精细度，无外露缺陷。

(3) 立柱系统　除上述关注点外，立柱系统主要评价不同内饰系统之间的色差情况、用材高档感、耐刮擦性、分型线控制精细度、外露缺陷情况；密封条和立柱饰板型面贴合情况，唇边展开的视觉效果；立柱Y向刚度；立柱上下本体间隙/面差控制的均匀性，与顶衬的配合效果，立柱下饰板与地毯的配合效果；前后门槛与地毯、A/B/C柱的配合效果，间隙面差的均匀性；前后门槛的Z向刚度；前后门槛饰板的Y向平坦度，B柱下端平顺性；安全带滑板与B柱上饰板的晃动情况。

7. 车内座椅、顶篷、遮阳板、地毯、衣帽架、后行李箱区域内饰评价

将此区域进一步划分为五个部分进行详细评价，以便关注更局部的细节：顶饰和天窗区域；前排座椅；后排座椅；地毯系统；行李舱系统。下面介绍这五个部分的评价要点。

(1) 顶饰和天窗区域

1）顶饰和天窗区域主要评价顶篷与内饰系统之间颜色搭配的协调性、用料高档感；顶灯与顶衬搭接的配合效果；后排乘客区顶灯布置美观性、照明功能性。

2）评价与立柱饰板配合区域的刚度、缝隙情况；天窗和周边匹配的视觉效果；遮阳板表面材质的处理效果、高档感、耐脏性；遮阳板调节过程中的异响情况、功能多样化情况、位置和尺寸的操作方便性、操作力的舒适程度、在任意角度的锁止能力、操作过程中与头部的干涉情况、安装点螺钉是否有外露的情况。

3）评价内后视镜罩壳材质的高档感，内后视镜调节过程中的异响情况、调节操纵力的大小和锁止能力；眼镜盒开启和关闭操作手感的舒适度、开启及关闭过程中的异响情况、内部空间大小、与周边件配合缝隙的均匀性、储物方便性、眼镜盒内部表面处理工艺。

4）评价顶篷拉手耐脏性、操作舒适感、安装螺钉外露情况、转轴可见程度、顶篷拉手本体做工的精致美观性。

（2）前排座椅

1）除上述关注点外，前排座椅区域主要评价前排座椅的档次感、色彩搭配协调性、材质用料高档感；面料或塑料件是否有色差；表面光泽度、表面材质触摸舒适感、座椅表面的折痕/褶皱情况、面套起皱情况、面料缝线或纹理扭曲情况、面套包覆下的零部件外露情况；表面缝线挺直程度、缝线和外形的契合程度、排列整齐度、靠背和座垫的缝线对齐度；多块面料拼合处面套鼓包情况；乘坐后整体刚度情况、乘坐后的型面恢复能力；头枕位置、形状、软硬的舒适性；靠背形状、软硬的舒适性和贴服性，以及腰部支撑感；座垫形状、尺寸、软硬的舒适性和支撑感；座椅的整体包裹感；乘坐时面料间的摩擦异响情况。

2）评价座椅存储区域的多样性；座椅的各类开关、按钮、按键等操作时的稳定感，调节高度、角度、翻折等功能操作时的声音品质、异响情况；头枕解锁操作空间大小、解锁操作力大小、调节操作力大小、档位清晰感；座椅调节手柄的位置、尺寸、形状的合适度，操作空间、手柄操纵力大小，手柄/按键与周边件的间隙和面差的视觉效果；头枕晃动量大小、晃动异响情况；上下调节功能的效果；前排安全带卷收顺畅性；安全带高调器解锁方便性、解锁操作力大小、调节操作力大小、调节操作声音舒适性；副驾驶侧锁扣与B柱之间的距离；前排座椅安全带锁扣在使用时的便利性；靠背角度调节及座垫滑轨前后调节的档位清晰度和顺畅感。

（3）后排座椅

1）除上述关注点外，后排座椅还要评价分体式靠背或座垫之间的断差情况、缝隙均匀性。

2）评价儿童座椅固定点标识或塑料件与座椅配合的美观性；靠背与座垫配合的遮蔽效果；第二排座椅放倒后的平整度、放倒后储物空间的大小；后排座椅多功能翻折能力；后排头枕位置、形状、硬度的舒适性；头枕晃动量和异响情况；肘部触感舒适度（软/硬、高度、宽度）。

（4）地毯系统 除上述关注点外，评价地毯表面踩上去的舒适感；地毯与地板的贴合效果；地毯与副仪表板、前门槛、前座椅下横梁等的配合效果；后地毯与车身的贴合效果；后地毯与B柱、后门槛等的配合效果；地毯与后座垫配合的美观性；C柱装饰件与后风窗玻璃间隙的均匀性，与玻璃黑边断差的均匀性，与衣帽架间隙的均匀性。

（5）行李舱系统 除上述关注点外，行李舱系统主要评价不同内饰系统色差的视觉效果、用材高档感；密封条和行李舱各零件型面的贴合效果；后行李舱门槛型面的尖锐程度、平坦程度、防滑筋布置、耐剐蹭性能、与行李舱饰板的配合效果；行李舱饰板刚度、衣帽架刚度、备胎盖板刚度、后行李舱门槛刚度；行李舱储物空间的实用性、多样性；备胎盖板下部储物多样性；灭火器、千斤顶、三角警示器规整度；备胎盖板限位功能、间隙/面差均匀性；行李舱侧饰板和周边件的匹配效果；行李舱锁扣对物品搬运的影响；衣帽架和周边件的匹配效果，分型线控制精细度。

8. 人机交互评价

将人机交互进一步划分为七种交互类型进行详细评价，以便关注更局部的细节：上下车方便性；乘坐舒适性；操作舒适性；驾乘视野；驾乘空间；储物空间；维修和保养方便性。下面分别介绍这七个类型的评价要点。

（1）上下车方便性

1）评价车门外把手的离地高度、操作方向便利性；车门外把手解锁时的操作力、操作行程；将手插入外开拉手，评价手部操作空间感。

2）在车门外开关门，评价车门开关的操作力；通过上下车体验，评价座椅乘坐位置离地高度和与门槛的 Y 向距离、前后车门门框顶部到座椅的高度、横向位置对头部的影响、驾驶人和副驾驶人座椅与转向盘/仪表板的相对位置以及对脚部、膝部、腿部动作的影响。

3）在驾驶人位置对车门进行关门操作，评价扣手盒（关门拉手）位置的操作方便性；在其他车门关闭，只开主驾驶位车门，关闭车门，评价关门时的气流对耳膜的压迫感；在驾驶人位置操作车门中控锁，评价位置舒适性、手部空间和操作力大小。

4）在驾驶人位置打开车门，评价车门内开拉手尺寸及位置是否合适、车门内开拉手操作力和车门开启角度是否合适；在驾驶人位置进行上下车操作，评价上下车时裙边是否会剐蹭裤管。

5）第二排座椅与第一排座椅的关注点类似。

（2）乘坐舒适性

1）调节头枕各方向位置，评价调节操作力的大小、档位清晰感；在驾驶人位置上下、前后调节座椅和靠背，评价调节手柄位置是否合适，手部操作空间和操作力是否合适。

2）在驾驶人位置拉取安全带，评价座椅相对安全带的距离是否合适，安全带拉出力大小；插入安全带，评价安全带锁扣位置是否方便插入；在自然驾驶坐姿状态，评价安全带预紧力是否合适；解锁驾驶人安全带，评价解锁的操作空间是否舒适、解锁的操作力是否过大；自然放回安全带，评价安全带是否卷收顺畅。

3）对安全带高调器进行解锁调节操作，评价解锁方式是否方便、解锁力大小是否合适。

4）以完全放松的姿态坐于后排座椅上，调节头枕各方向位置，评价调节操作力的大小、档位清晰感；在后排位置上下、前后调节座椅和靠背，评价手部操作空间和操作力。

（3）操作舒适性

1）在驾驶人位置进行上电/点火/熄火/关闭操作，评价点火锁位置的合适度、钥匙插入顺畅性，插入角度、旋转角度对操作空间、操作力、操作行程、手部和腕部动作的影响，以及开关档位清晰度。

2）在驾驶人位置按照正常驾驶姿态操作转向盘，评价转向盘的粗细、大小；操作多功能按键，评价按键位置的可触及性以及操作力和操作空间。

3）调整转向盘调节手柄，评价解锁操作力大小；评价转向盘多向调节的数量；上下左右调节转向盘，评价转向盘调节力大小；按压喇叭开关，评价喇叭开关的操作力；转向盘在直线行驶角度下，评价组合开关标识的易识别性，是否被转向盘遮挡得过于严重。

4）以正常驾驶姿态踩加速踏板，评价踏板的脚部空间是否充足，与周围部件有无干涉；正常切换加速踏板与制动踏板，评价两者的切换是否舒适，是否存在由于距离和落差过大引起的切换不方便；对踏板进行完全松开和完全踩下操作，评价操作轨迹对脚部、踝部、腿部舒适性的影响，踩下过程中是否有异响。

5）脚部正常放置在歇脚板上，评价歇脚板的角度、宽度是否合适；在驾驶人位置进行所有档位的换档操作，评价变速杆前后、左右、高低位置对驾驶人操作的影响；评价变速杆的尺寸、形状、表面处理对驾驶人握持舒适性的影响，全部操作轨迹对驾驶人腕部、臂部、肩部、上肢的影响；评价变速杆、驾驶人臂部活动范围与仪表板、副仪表板、转向盘、驻车制动手柄、中央扶手箱的位置舒适度。

6）进行驻车制动操作，评价操作空间是否充足，操作力大小是否合适，操作过程中是否与其他部件干涉，操作过程中是否有卡滞、生涩、异响等问题；进行驻车制动解锁操作，评价解锁操作力是否合适。

7）评价危险报警开关紧急操作的方便性和尺寸合理性。

8）分别在车辆所有乘坐位置对空调进行开启、关闭、风向调节、风速调节、制冷/加热调节操作，评价空调操作的方便性、操作力、操作行程、操作空间、触感、档位感、晃动量、操作方式，以及是否与其他部件存在干涉。

（4）驾乘视野

1）前方上视野。在驾驶人位置观察，评价前风窗玻璃上沿、玻璃黑边、内饰顶篷前端、内后视镜、内后视镜底座黑边对前方上视野的影响。

2）前方下视野。在驾驶人位置观察，评价前风窗玻璃下沿、仪表板、转向盘、刮水器对前方下视野的影响。

3）前方水平视野。在驾驶人位置观察，评价直视前方的视野。

4）前视野反光。在驾驶人位置观察，评价内饰反光部件在前风窗玻璃上的投影对前视野、直接侧方视野的影响，车门玻璃边框、外后视镜对侧方视野的影响，驾驶人倒车时通过后风窗玻璃直接观察到的车辆后方视野范围，A柱相对于驾驶人的位置、A柱倾角、A柱宽度对侧方视野的影响，内后视镜尺寸、后风窗玻璃尺寸、第二排/第三排座椅靠背对内后视镜视野的影响，外后视镜形状、大小及通过外后视镜获得的后视野范围，外后视镜位置观察的方便性。

5）打开刮水器，在驾驶人位置观察，评价刮水器刮刷面积、位置、形状对前方视野的影响，刮水器刮刷的残余面积对前方视野的影响，喷洗器喷水的喷射面积、喷射时机、喷射柱形状及喷射量对前方视野的影响。

6）分别在驾驶人位置与副驾驶人位置打开遮阳板遮光，评价遮阳板的遮光效用；将遮阳板放下后分别置于前方、侧方，评价遮阳板尺寸、形状对驾驶人前方视野、侧方视野的影响及其对驾驶人的压迫感；在驾驶人位置以正常驾驶姿态观察仪表，评价仪表位置、高度、角度以及反光性对观察效果的影响，仪表形状、尺寸对观察方便性的影响，转向盘造成的驾驶人对仪表的视野盲区，仪表板中央显示屏的布置位置、角度对驾驶人读取屏幕显示信息的影响。

（5）驾乘空间

1）评价驾驶人位置、副驾驶人位置；前排空间设计给人的压迫感；手臂自然下垂后，肩部、臂部、腕部、手部与车门饰板的距离；膝部与仪表板、转向盘、转向管柱、副仪表板、车门饰板的距离；腿部、脚部与踏板、仪表板、转向管柱、副仪表板、A 柱下饰板的距离；歇脚板的位置、角度及其与周围部件的间隙。

2）在驾驶人位置、副驾驶人位置以正常姿态将手臂搭在车门肘靠上，评价肘靠宽度、角度、表面处理对肘部、臂部舒适性的影响；在驾驶人位置将手臂搭在中央扶手上，进行换档操作，评价中央扶手与变速杆的距离、高度差、角度，中央扶手与驾驶人位置肘靠的高度差，驾驶人肘部搭上中央扶手的操作方便性。

3）分别在第二排各座位位置以正常坐姿乘坐，评价头部与顶篷、天窗、顶衬拉手的距离；肩部、臂部、腕部、手部与车门饰板的距离；膝部与前排座椅靠背、B 柱饰板、车门饰板的距离；腿部、脚部与座椅骨架、座椅滑轨、副仪表板末端、中通道凸起的距离；后门板肘靠和后座椅中央扶手宽度、角度、表面处理对肘部、臂部舒适性的影响。

（6）储物空间

1）分别将横置 A4 纸、常用矿泉水瓶放进车门饰板储物格，评价储物格空间尺寸、设计创新点；总体评价仪表板、副仪表板上储物空间的大小、数量；在驾驶人位置评价前排杯托位置，硬币、卡片、票据存放位置、空间以及取放操作方便性。

2）评价中央扶手箱的储物空间、内部照明情况，空间多样性、实用性是否良好；眼镜存储盒的数量、空间是否合适；是否有创新的储物空间设计；分别将第二/第三排座椅折叠、打开，评价行李舱空间尺寸。

（7）维修和保养方便性

1）评价冷却液、制动液、洗涤液、转向液与机油液面常规检查、加注的方便性。

2）评价熔丝检查与更换的方便性；蓄电池电量检查的方便性以及更换方便性。

3）评价空气滤芯、空调滤芯、机油滤清器更换的方便性。

9. 绿色设计评价

新车气味主要是由车内非金属材料散发物造成的，最为常见的气味类型是皮革制品类、座椅发泡类、橡胶类等的气味。车内气味是一种主观的嗅觉感知判定，目前行业内主流的评价方法是由专业气味评价工程师进行嗅觉主观评价，此方法的优势在于能够真正贴近消费者的感受。具体评价内容包括以下两个方面。

一方面是评价气味等级，用来表征车内气味的浓淡程度。汽车行业内通常将车内气味划分为 6 个等级，其中 1 级最好、6 级最差，见表 2-3。

表 2-3 气味等级描述

气味等级	等级描述	嗅觉感官
1级	不易感觉到气味	无不舒适的感觉
2级	可感觉到轻微气味，但不刺鼻	

(续)

气味等级	等级描述	嗅觉感官
3级	可感觉到强烈气味,但不刺鼻	可明显感知到气味,能分辨味型,但无刺鼻感
4级	有刺鼻感	可明显识别气味,强度一般,有轻微刺鼻感、不适感
5级	有强烈刺鼻感	强烈刺激感,恶心,不能忍受
6级	无法忍受	

以现在行业内的汽车生产技术,新车还不能做到车内无气味或轻微气味,无法达到1级和2级水平;个别新车能做到车内无刺鼻感气味,气味等级达到3级的车辆处于行业内一流水平;目前新车气味普遍能够达到4级标准,属于行业中等水平;如车内气味有强烈刺激感、令人反感,则说明气味等级达到5级以上,这种车辆处于行业较差水平。

另一方面是评价车内气味的味型,例如是否存在焦煳味、腐臭味、辛辣味、酸味、腥味等异常气味,这类气味会直接影响驾乘人员的舒适感;而稍许清新的苹果香则可能令人感到舒适。表2-4中列举了几种车内常见的异味类型及其来源,多数车厂已将零部件味型(异味)作为一项气味指标进行管控,一旦出现可明显辨识的异味会作为不合格件处理。

表2-4 车内常见的异味

异味类型	异味描述	异味来源
蔬菜味	长时间存放的蔬菜的气味	干馏的、油腻的气味
鱼腥味	不新鲜的鱼类的气味	胺类挥发物的气味
臭鸡蛋味	臭鸡蛋的气味	硫类挥发物的气味
垃圾(箱)味	垃圾堆的气味	一种硫类挥发物带酸味的气味
动物味	牲畜棚的气味	酚类挥发物的气味
刺激性气味	使鼻子或嗓子感觉到刺激性的气味	醛类挥发物的气味

10. 形成检查清单

以上各系统的评价要点应整理成相应的检查清单,以便于评分和计算结果。同时应注意,针对不同的评价对象,可能评价条目并不完全适用,应在评价表中加以区分。建议每个系统形成一个检查清单。

不同关注点对于整体感知质量的贡献不同,一般来说,整体影响越大,细节影响越小。因此应在表格中设计关注度权重,以便计算分数和贡献度。同时能够体现出问题的更改对整体静态感知质量分数的影响,从而为技术方案的决策提供支持。

表2-5为检查清单示例。

表2-5 检查清单示例

区域	评价项目	关注度	评价分数		
			评价员1	评价员2	评价员3
发动机舱盖和翼子板区域	分块效果及装饰性	10			

11. 评价得分计算方法

在每个评价人员打完分数后,计算每一个评价项的平均得分,然后根据权重计算整体评价系统的加权得分，计算公式为：平均分 =（加权均值/加权满分）×100，得到每个系统的整体得分。按此方法完成评价后，会得到 1 ~ 7 系统的得分，其中系统 7 为人机交互评价系统，单独计算得分；系统 2 和 3 为外部外观评价，平均计算后得到外观得分；系统 4 ~ 6 为内饰评价，平均计算后得到内饰得分；系统 1 为整体评价，它分为内、外两部分整体评价，应分别按上述公式对两部分评价进行计算，得到分数后分别与外观得分和内饰得分进行平均计算。最后，整车评分表中得到的分数为 3 个：人机交互分数、整车外观分数和整车内饰分数。同时还应有关于系统 8 的车内气味等级评价结果。

12. 整理高频问题清单，指导设计问题的规避

在技术规范还没有形成的初期，可在评价实车的过程中注意收集常见的高频问题，并整理成问题清单，也可以借助 DFMEA（Design Failure Mode and Effects Analysis）来表达，直接输出给设计部门，指导其在设计中首先避免出现这类问题。

13. 建立完整的评价体系文件

最终体系的完善要落实在零部件和系统的设计规范上，通过设计规范直接指导和约束工程师的产品设计，而不是设计后再评价或变更。这样才能提升设计质量，降低设计成本，提升静态感知质量。

2.3 静态感知质量目标的建立和管控流程

对于主机厂而言，每一款新开发的整车或是改款换代车型，均要遵循一定的感知质量管控流程，以保证在整车开发项目中对感知质量进行有效的管理和控制。其中包括两方面内容：整车静态感知质量目标的建立方法，以及建立目标后在各开发阶段的管控流程。

2.3.1 静态感知质量目标建立的原则和方法

每一款新开发的整车或是改款换代车型，均要在项目设计阶段确定其静态感知质量目标，明确整车开发任务。目标的来源通常有两种渠道：内部和外部。

内部目标来源的主要依据是总结历史车型在市场上的客户反馈，以及评价后的静态感知质量得分情况，本着持续改进的思路，不断提升产品的静态感知质量目标。

外部来源则是以拟开发车型的市场定位、目标人群、核心竞争车型等信息为依据，在项目初期开展静态感知质量评估和调研，充分研究市场和客户的预期，并充分分析竞争对手的静态感知质量水平，然后提出针对项目的合理的静态感知质量目标。较低的目标没有市场竞争力，较高的目标可能会提升车辆的成本，导致售价提高或利润降低等不利的影响。因此，目标的确定是调研→分析→验证→确定的过程，且可能随着项目开发的实际情况而发生微调，最终在造型设计冻结时同步锁定最终的静态感知质量目标。

图 2-6 详细描述了从项目启动到项目结束全过程中，对项目目标的设定和管理过程。此种方法适合全新车型静态感知质量目标的设定。因为在全新产品设计初期，所有信息均从市场调研而来，当调研信息向产品目标分解时，可能出现不合适的情况。因此在项目开发的不同阶段均应监控目标设定的合理性，经常回顾目标设定的理由，并结合当年开发的状态进行多次反复评估，直到确认项目的最终静态感知质量目标。

从实际开发的经验来看，静态感知质量目标应分为硬质模型静态感知质量目标、色彩

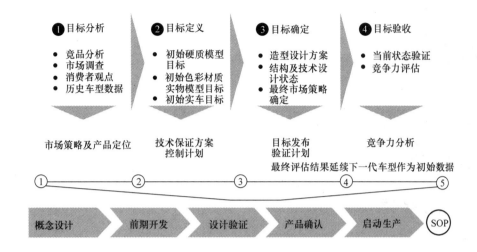

图 2-6　静态感知质量目标管控示意图

材质实物模型静态感知质量目标、实车静态感知质量目标。这种目标设定的方法与开发流程所处的阶段密切相关，下文将详细解释。

在进行改款和开发升级车型时，目标的确定会相对简单和准确。由于原型车经过 2~3 年的市场表现，已经积累了足够且准确的信息用于指导改款车型，因此在项目立项初期便可对目标进行准确定位，图 2-6 所示的过程也就不再适用了。

2.3.2　产品开发过程中静态感知质量的管控流程

静态感知质量的控制要贯穿整车开发的全过程，从造型设计到生产，每个阶段都要进行阶段性目标管控检查，以保证能够实现最终产品的静态感知质量目标。按整车开发中控制对象的形态不同，将过程管控分为静态感知质量设计和静态感知质量实车管控两个环节。

1. 设计阶段的静态感知质量管控流程

设计开发过程中，应控制影响静态感知质量的各种因素，包括管控造型设计、主断面设计、零部件及系统工程设计等环节。从产品开发的实际工作情况来看，整车的静态感知质量问题很多是由零部件或系统设计不合理造成的感知质量问题，需要在设计初期予以检查并纠正。最需要注意的是，设计中比较难以发现的零部件之间、子系统之间匹配产生的感知质量问题，这类问题不仅频频发生，而且问题较严重，纠正难度也更大。因为涉及不同的零部件和系统，牵一发而动全身，如果不能在设计初期就加以避免，一旦零部件制造好并完成装配才发现问题，再改动其周期和成本通常都不能令人接受，勉力为之的效果也不够好，往往只能实现部分改善，而不能彻底根除。但在设计阶段管控静态感知质量对工程师的技术水平和整车开发的经验要求很高，还要求了解行业中、市场上的 APEAL 动向，以及已开发整车产品的感知质量问题，才能在设计阶段发现和较好地规避静态感知质量问题，并提出能够提升静态感知质量的设计方案。

在进行各阶段的管控和评审的过程中，应在各相关专业选择有经验的工程师，组建静态感知质量项目管控或评审团队，对造型、主断面和工程数据进行联合评审，使用上文提到的检查清单、高频问题清单等工具进行集体评审。应注意团队成员的选择须谨慎，为保持客观和公正，应选择与项目开发无关的工程师参与评审；同时团队成员应保持相对固定，以便于统一评价标准和评价方法。

出于对设计方案保密的考虑，此阶段的参与人员应为具有工程开发权限的工程师，以避免泄密。

以下详细介绍设计阶段静态感知质量管控流程。

（1）造型设计阶段静态感知质量评审和控制　造型是消费者第一印象的决定因素，它对静态感知质量的影响是决定性的。因此从造型效果图的制作开始，就要进行静态感知质量的评审工作。如图2-7所示，在造型设计阶段，按照以下流程进行评审：造型效果图→CAS面初版数据→内外油泥模型→CAS面终版数据→内外硬质模型→A面数据→色彩材质实物模型等。在每一个阶段完成前进行静态感知质量评审，发现可能或已经存在的静态感知质量问题，与各专业工程师沟通解决方案，在造型阶段消除影响静态感知质量的造型特征和结构，然后才能冻结设计或数据，保证此阶段满足当前的静态感知质量要求。

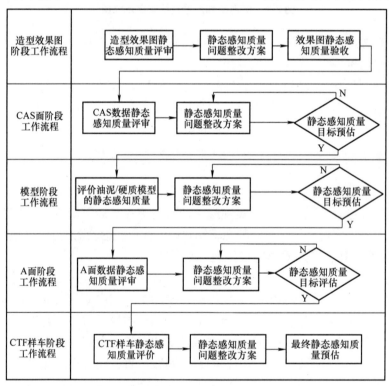

图2-7　造型设计阶段静态感知质量管控流程

（2）主断面设计阶段静态感知质量评审和控制　造型阶段感知质量评审的另一方法或手段，就是对工程部门输入的主断面（也称为布置级断面）结合CAS数据进行感知质量评审。通常主机厂进行主断面设计的过程与造型设计过程同步，一般要设计3~4版主断面数据，在最后造型数据冻结的同时，主断面也同时冻结。但前期的主断面设计较为粗糙，对于静态感知质量的评审来说意义不大。如图2-8所示，对于主断面的评审可从第二版或第三版开始，保证有两轮以上的主断面评审，确认各零部件的搭接匹配关系，确认总布置方案满足静态感知质量的要求等，并将问题传递给各工程师进行修改，最终冻结过程版本和最终主断面设计方案。

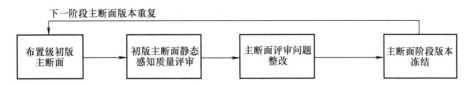

图 2-8 主断面设计阶段静态感知质量管控流程

（3）工程设计数据静态感知质量评审和控制　一般主机厂将零部件的工程设计分为初版工程数据、再版工程数据、终版工程数据三个阶段。静态感知质量的评审和控制要在三个节点之前进行，如图 2-9 所示。评审范围包括虚拟设计数据、设计图样等，必要时也包括系统失效模式分析（DFMEA）、零部件试验验证计划（DVP）等设计文件的评审。这里应注意，对于设计数据，要从零部件本身的感知质量及其与周边零部件的匹配效果两个角度进行评审。在每次数据冻结前都应进行评审，查出问题后给出解决方案。

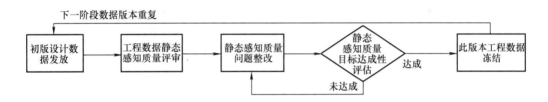

图 2-9 工程设计阶段静态感知质量管控流程

2. 实车阶段的静态感知质量管控流程

设计数据冻结之后，主机厂一般会进行几轮试装车和试生产，从手工装配到生产导入，一般分为 EP 车（Engineering Prototype Car）阶段、PPV（Product and Process Validation）车阶段、PP（Pre-Pilot）车阶段、P（Pilot）车阶段，共四个阶段。每一阶段装车完成后，应选取装配工艺良好的一台试装车，按照评价表进行整车静态感知质量评价，如图 2-10 所示。由于静态感知质量目标无法分解到试生产的每个阶段，需要对此阶段的评价结果进行预估。预估方式为对不达标的评价项给出解决方案，预估改进后能够达到的分数，然后重新进行计算和分析，保证产品的最终状态能够满足目标要求。随着试制车的状态不断接近量产车，其问题数量应逐渐减少，分数逐渐升高直到达成目标。

在实车阶段对静态感知质量进行评价和管控的团队成员，应包括上文提到的设计工程师团队中的成员和部分质量工程师。建议双方采用相同的标准，同时开展评价工作，这样便于设计团队统一整改设计问题。

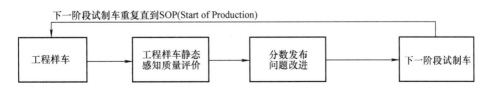

图 2-10 实车阶段静态感知质量管控流程

2.4 产品开发过程中的静态感知质量控制工具

2.4.1 设计阶段的静态感知质量控制工具

1. Benchmarking 简介及其国内外发展现状

Benchmarking 源于 20 世纪 70 年代的美国,其常见的译名有标杆管理、水平比较、标杆瞄准、定标比超、基准管理等。自从 1979 年在施乐公司"诞生"以来,Benchmarking 以定标比超的概念已为许多企业所接受,并逐渐风靡全世界。简单地说,市场上销售的主流产品就是满足客户意愿最多的产品,直接和竞争产品比对,并制造出性能和外观超出客户意愿的产品,就一定能够有效地把握住市场。

通过竞品车对标,车企设计及制造可有的放矢,明确了产品的客户品级,通过对竞品车型测量、试验、测试、拆解等手段,评估出竞品车型的尺寸技术规范(Dimensional Technical Specification,DTS)(外观 DTS 及性能 DTS)。福特汽车公司在 Taurus 车型的开发中,应用了定标比超的方法,将客户认为最重要的 400 项特性融入新车设计中,将每项特性对应的所能找到的最好车型作为标杆,如雪佛兰 Lumina 的门把手、日产 Maxima 的容易更换的尾灯、本田雅阁的斜角转向盘等,结果新车型成为 1992 年全美销售冠军。1996 年,福特又重新设计,以丰田凯美瑞为标杆,同样取得了成功,为美国汽车重新赢得市场奠定了坚实的基础。其他车企纷纷效仿,使定标比超方法在汽车界得到了广泛的应用。

目前欧美等地区汽车工业发达的国家都对汽车零部件的竞标分析给与了相当大的投入,部分国家已经开始了商业化应用,一些专门从事汽车拆分和竞标分析的公司应运而生,如法国的 ASSYSTEM 和 MAVEL 公司。随着近些年的发展,该行业已经初具规模并开始形成产业体系。意大利的 Italdesign、英国的 Lotus Cars、Berton、德国的 EDAG、Stola、美国的 A2MAC1 等设计公司还专门成立了自己的竞标分析工程部门。

近年来,随着国内汽车企业意识到竞标分析技术在汽车开发中的作用,一些研究机构也在积极地进行这方面的研究。例如:吉林大学的福特中国研究与发展项目组率先探索了知识工程(Knowledge Based Engineering,KBE)在汽车行业中的应用;上汽研究院和上海理工大学也正联合进行竞标分析流程开发与知识库组建方面的研究;中国汽车工程研究院 CAERI 设计中心的 Benchmarking 分析库也初见雏形。

2. 尺寸工程技术

从 2.1 节的介绍中能够发现,静态感知质量的评价有相当一部分内容与间隙和面差的评价有关。间隙和面差的大小、均匀性、可见程度对用户的感受影响巨大。因此在产品开发中需要评价和管控间隙和面差,而尺寸工程技术是指导和评价间隙和面差设计合理性及达成可行性的最重要,也是最有效的工具。

尺寸工程技术是从设计到制造的系统化工程,是实现完善的理论设计到制造阶段的尺寸控制过程,这个过程基于满足预先建立的产品尺寸要求,实现零部件的顺利装配,并最终达到预先设定的产品尺寸品质要求。尺寸工程技术对于汽车研发和静态感知质量的保证具有重要意义,这体现在以下几个方面。

(1)指导设计 在产品开发设计阶段,应用公差分析手段,对产品造型、产品结构、装配工艺、零部件公差要求进行分析，并对造型设计的制造可行性提出建议，对产品结构定位信息进行优化，找到装配工艺的最优方案，同时对各零部件、分总成、总成的公差进行分配。

（2）指导工艺　根据设计阶段的输出内容，包括图样和技术资料，有针对性地进行模具、夹具、检具等工装的开发。对模具设计方案提出建设性意见，以满足图样的基本要求和特殊特征要求，并对模具精度进行分析，有意识地进行模具修正。参与夹具结构、定位方式、焊接层次及顺序的设计，以保证在焊接变形最小的前提下满足设计要求。同时参与检具的方案设计，对检具的制造精度、零部件的检测方式等进行确认。

（3）支持生产　在制造阶段，需要对实物情况与设计状态进行对比，包括零部件尺寸的检测、装配尺寸的确认、性能尺寸的分析，以及外观尺寸的认可。深入实际生产过程，掌握生产过程中的尺寸检测数据，进行专业性分析，查找问题原因，并提出解决问题的方案。其中包括零部件尺寸问题修正及设计变更，装配工艺及工装方案的调整，外观尺寸的修正和放行等相关实际问题的解决。同时，这些数据和问题的收集也能反馈到设计过程中，并在新产品的开发中对设计起到经验传承的作用。

尺寸工程技术从以下几个方面保证静态感知质量目标的达成。

（1）整车尺寸技术规范（DTS）设定　整车尺寸技术规范是根据顾客对汽车产品品质的要求结合主机厂自身的市场定位而设定的，决定着整车各部位的间隙和面差，从而影响静态感知质量目标的达成。

（2）定位及公差设计　根据设定的DTS，并结合静态感知质量设定目标、产品结构、工艺方案等，对零部件测量系统规划及总成进行定位及公差设计。定位及公差设计质量的好坏直接影响到夹具、模具、检具的尺寸管理开发、零部件检测、制造工艺制订等相关工作，并最终影响DTS和静态感知质量目标的达成。

（3）尺寸公差虚拟制造　尺寸工程设计中开展的虚拟制造活动，主要是针对公差进行仿真分析，包括定位可靠性分析、尺寸链验证等。尺寸公差虚拟制造对静态感知质量目标的达成具有重要意义。首先，能够在设计阶段对装配误差进行仿真分析，并对尺寸达成结果进行预判，而不是在生产阶段才发现问题；其次，能优化结构设计，从而大大降低缺陷的发生概率；第三，能基于一个真实的虚拟原型识别出关键的尺寸特征，从而对关键尺寸特征进行重点控制。此外，还可以减少盲目地追求零部件精度来提升车身精度的行为，从而降低制造成本。

（4）测量系统规划　测量系统规划包括测量计划的制订、测量点设计、测量方案的制订、测量系统可靠性验证等内容。可靠的测量计划及测量系统，可以帮助主机厂监控尺寸波动情况，并快速有效地进行尺寸问题整改，保证实车能够达到DTS的设定和实现静态感知质量目标。

3. 结构设计的精致工程

精致工程主要研究如何在设计上给消费者以高档、细腻、精巧、高质量的感觉。它一般也以消费者的感受为切入点，从视觉、听觉等各方面营造精致的细节。本节不讨论与造型设计、颜色搭配、配置提升、材料优化等有关的精致工艺，而只关注在结构设计方面能够给消费者带来精致感受的设计方法。

（1）产品分块优化设计　产品分块对静态感知质量影响巨大，合理地分块可以降低设计及工艺难度，同时带来较好的视觉效果；不合理地分块则会增加设计及匹配难度，提高系统成本，降低静态感知质量。

1）避免多零件对碰，消除"老鼠洞"。产品分块需避免"老鼠洞"的出现，例如，四个零件之间的对接配合，由于对接点需要进行倒圆角处理，"老鼠洞"也随之形成。比较好的做法是错开多个零件的对接，以避免产生孔洞。

2）减少分块数量。应减少多个零件同时配合的情况，由于误差、变形、温度等因素，每个零件都会有公差，而零件叠加配合，会造成公差的累积放大，从而造成精度难以控制。因此，分块时最好选择一个基体，其余零件与基体配合，减少误差累积，提高配合质量。该设计思想在内饰产品设计中有大量的应用，仪表板、副仪表板、门板等都可以采用该设计思想。

（2）结构缺陷遮蔽设计　需要对内部结构及外露的缺陷进行有效的遮蔽处理，如螺钉不可布置在可视区域。如果由于各种限制，无法避免结构缺陷，则要对其进行遮蔽，如采用设计堵盖等方法。对产品的内部结构需要进行有效的遮蔽，避免其直接暴露在人的视线下，尤其是运动件，在静止位置、极限位置以及运动过程中，都需要对其内部结构进行遮蔽。另外，"看穿"的问题也比较常见，通常存在于相互配合的零件之间，恰当的翻边或者避开视线方向等方法都可以解决该问题。

（3）工艺缺陷合理规避设计　在设计中就需要对由制造工艺造成的不可避免的缺陷加以隐藏或遮蔽。例如产品分模线设计，避免其出现在视线范围内的 A 面上；设计中尤其要避免出现处于可视区域内的零件。在对产品做工艺分析的时候，如果要把产品的分模线体现到 A 面上，则需要得到造型设计师的认可。同时，应考虑塑料产品分模线的极小化设计，对分模面、台阶细节的巧妙处理。

2.4.2　实车阶段的静态感知质量控制工具

1. 统计过程控制（SPC）

汽车生产属于流水线大规模生产方式，对产品的一致性、重复性、再现性要求很高，这就要求生产过程必须稳定、可控，有足够能力保证产品的一致性。统计过程控制（Statistical Process Control，SPC）是一种质量控制方法，它采用统计方法来监视和控制生产制造过程。这有助于确保生产过程有效运行，从而生产出合乎规格的产品并减少浪费（返工或废料）。SPC 可以应用于能够测量"产品符合性"输出的任何过程。与其他质量控制方法（如检查）相比，SPC 的优势在于它强调早期发现和预防问题，而不是在发生问题后再予以纠正。

SPC 的应用涉及三个主要活动阶段：

1）了解生产过程，了解控制边界。

2）消除系统内的变差来源，使过程稳定。

3）通过使用控制图来监视正在进行的生产过程，监控和预测均值或极差的突变。

在 SPC 的使用过程中，控制图用来监视来自过程的测试数据。控制图尝试区分数据的"异常"来源与"正常"来源。使用控制图是一个持续的活动。当某过程不触发控制图的"异常点检测规则"时，称其为稳定过程。可以对稳定过程进行过程能力分析，以预测该过程在将来生产"符合产品"的能力。当某过程触发了控制图的"异常点检测规则"时，称其为异常变化，可以执行其他活动来识别这种异常变化的来源。这些额外活动中使用的工具包括石川图（鱼骨图、因果图）、设计试验（DOE）和帕累托图（频率图）。其中，设计试验是客观量化异常点的相对强度的手段。一旦发现异常变化的来源，可以将其最小化或消除。消除异常变化来源的步骤可能包括开发标准、员工培训、防止误差以及过程本身或其输入的变化。

2. 测量系统分析（MSA）

由于测量是对设计成果的验证环节，测量结果的准确性直接影响对产品满意度的判断。由于汽车设计的系统、零部件非常复杂，所使用的测量手段和工具也多种多样，需要系统地分析影响测量结果准确性的因素，如图2-11所示。测量系统分析（Measurement System Analysis，MSA）就是对测量过程进行全面评估的最重要的工具，通常包括专门设计的试验，旨在识别测量过程中变化的组成部分，保证测试后的结果正确、可靠。

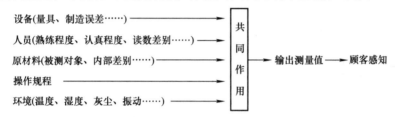

图2-11 测量系统与顾客感知的关系示意图

正如生产产品的过程可能有所不同那样，获得测量数据的过程也可能会发生变化并产生不正确的结果。测量系统分析评估测试方法、测量仪器以及获取测量结果的整个过程，以确保用于分析（通常是质量分析）的数据的完整性，并了解测量误差对产品或过程决策的影响。MSA是六西格玛方法学和其他质量管理体系的重要组成部分。

测量系统分析的工作过程如下：
1）选择正确的测量方法。
2）评估测量装置。
3）评估程序和操作人员。
4）评估任何测量交互。
5）计算各测量设备或测量系统的测量不确定度。

测量系统分析的常用工具和技术包括校准研究、固定效应方差分析、方差分析、属性量表研究、量具R&R、方差分析仪R&R和破坏性测试分析。所选择的工具通常是由测量系统本身的特性决定的。合格的设计工程师应对自己设计的零部件和系统的测量系统进行分析，保证测量系统的能力足够，从而保证零部件和系统的测量结果准确。

3. 奥迪特法

奥迪特是AUDIT的中文译音。AUDIT是德国的叫法，在美国叫CSA，在日本叫QLA。汽车行业率先使用了这种思想并取得了很大的成效。AUDIT是企业模拟用户对自己的产品质量进行内部监督的自觉行为，它适用于所有批量生产、质量稳定的产品。目前，国内外一些大的汽车生产企业均采用AUDIT法对自己的产品进行内部监督。

以往的质量检验方法主要是站在生产者的角度看产品质量是否达标，至于其产品是否满足顾客的需求只有等到产品投放市场后才能获知，这往往会给企业带来难以弥补的损失。

AUDIT 法是一种新型质量检验方法，它站在消费者的立场上，促使企业主动地去满足顾客需求，从而能够使企业在激烈的质量竞争中稳操胜券。

整车奥迪特评审即产品审核，早在 1970 年就在德国大众公司创立并开始使用，经过几十年的不断实践与创新，形成了今天具有严格的评审标准和评审操作系统的整车奥迪特评审体系。整车奥迪特评审不是对合格产品的再检验，它只是依据评价标准，以产品质量缺陷的质量等级和分值，来评价产品质量状态及其变化趋势，提供产品是否有改进可能的信息。

AUDIT 法的内涵：制造企业按照用户的眼光和要求对经检验合格的产品进行质量检查和评价，将检查出的质量缺陷落实责任，分析缺陷产生的原因，并采取整改措施来消除缺陷，逐步提高产品的质量。通常，AUDIT 法对检查出来的缺陷用扣分的形式来表示，根据缺陷的等级确定扣分的多少，扣分越多则说明用户的满意度越低。

显然 AUDIT 法与质量检验同样都是对产品质量进行检查，但两者有着明显的不同。通过将质量检验与 AUDIT 法进行对比分析，可以更深刻地认识 AUDIT 法的内涵。

（1）立场不同　AUDIT 法是站在用户的立场上检查和评审产品质量，质量检验则主要是站在生产者的立场上给质量把关。

（2）时间不同　质量检验在前，AUDIT 法在后，只有经过质量检验合格并出具合格证的产品，才能进行 AUDIT 法检查。

（3）标准不同　质量检验依据的是各种技术标准，AUDIT 法依据的则是用户的各种要求，它的目的是使用户更满意。

（4）数量不同　质量检验包括全检和抽检，AUDIT 法则只进行抽检，且抽检的准则与常规抽检不同。

（5）结论不同　质量检验判定被检产品是否合格，对合格的产品出具合格证，对不合格的产品出具不合格证；AUDIT 法检查则不出具合格证，它只给出用户的满意度。

（6）作用不同　质量检验主要是为质量把关，AUDIT 法主要是找出产品的缺陷，使产品质量不断得到提高。

在汽车行业，奥迪特法被看成是国际上通用的汽车质量评定审核的一种方法，世界上许多国家的汽车公司和厂家都用整车奥迪特评审方法对汽车产品质量进行评审和鉴定。中国一汽集团有限公司（以下简称一汽）、第二汽车制造厂（以下简称二汽）、上海汽车集团股份有限公司（以下简称上汽集团）、长安汽车、广州汽车、北京汽车等全部采用了整车奥迪特评审方法，我国于 1997 年也对原蓝皮书的内容按照奥迪特质量审核内容进行了修订，发行了新版的白皮书《汽车整车产品质量检验评定方法》（QC/T 900—1997）并在汽车行业推广使用。

2.5 本章小结

本章主要介绍了静态感知质量评价和管控体系的构成情况，并着重阐述了与质量评价相关的内容，如数据库、检查清单、高频问题清单等评价工具；并结合目前国内的整车开发主要流程，介绍了整车开发过程中静态感知质量管控的关键环节、管控方法和控制工具等内容。鉴于每个公司的开发方式和整车产品差异较大，应针对公司的实际情况灵活处理以上内容，形成适合本公司的、方便有效的管理体系。

参 考 文 献

[1] Stylidis K, Hoffenson S, Wickman C, et al. Corporate and customer understanding of core values regarding perceived quality: Case studies on Volvo Car Group and Volvo Group Truck Technology [J]. Procedia Cirp, 2014, 21: 171-176.
[2] Tang C Y, Fung K Y, Lee E W M, et al. Product form design using customer perception evaluation by a combined superellipse fitting and ANN approach [J]. Advanced Engineering Informatics, 2013, 27 (3): 386-394.
[3] David A Garvin. What does "Product Quality" really Mean? [J]. Harvard University Fall, 1984, 26 (1): 25-43.
[4] 余秀慧,张振宇,杨宇光,等. 感知质量管理在汽车自主开发中的应用 [J]. 上海汽车, 2010 (7): 4-6.
[5] 陈辉. 感知质量评审在汽车开发中的运用 [J]. 上海汽车, 2010 (2): 37-39.
[6] 刘洋,田维魏. 感知质量在客车内饰设计中的应用研究 [J]. 公路与汽运, 2017 (179): 6-12.
[7] 崔庆泉. 汽车尺寸感知质量评价的研究与应用 [J]. 汽车工程师, 2014 (3): 13-15.
[8] 梁雪. 汽车仪表板总成静态感知质量研究 [J]. 企业科技与发展, 2017 (1): 31-33.

第3章

造型的静态感知质量

3.1 汽车造型设计概述

3.1.1 汽车造型设计的概念

汽车造型设计是根据汽车整体设计的多方面要求来塑造车身形状,运用艺术的手法科学地表现汽车的功能、材料、工艺和结构特点,属于视觉传达设计的范畴。在设计过程中,设计师通过汽车产品造型形成的视觉符号,传达给用户视觉感受,让用户产生不同的内心情感联想,由这些感受引起内心的情绪变化,最终形成对汽车产品的心理印象:豪华、大气、优雅、可爱、科技、运动等。

汽车造型设计的目的是采用各种造型手段,吸引用户的视线,引起用户的注意,激发用户的兴趣,与用户的审美观产生共鸣,让用户体会到该汽车产品做工的精美、质量的可靠,从而提升用户的购买动力。

3.1.2 汽车造型设计与静态感知质量的关系

汽车造型是美学的具体表现。对汽车的审美是人的一种肯定性的情感体验,造型的视觉效果是将设计师的设计情感传达给消费者的途径,也是汽车产品静态感知质量中最先被消费者感受到的因素。好的造型设计能给人美的享受,能将汽车是经过深思熟虑、完美设计的思想传递给消费者,让消费者不仅能感受到美,还能体会到汽车做工的精致、豪华、舒适、安全等。汽车造型设计水平的提升,可以提高汽车的魅力指数,从而提升产品力。

最近十年中国品牌汽车设计进步明显,国际声誉有很大改善,也使中国汽车产品获得了更广阔的市场份额和发展空间。但同时,在经济全球化、竞争日趋激烈的背景下,中国汽车业也遭遇到一些瓶颈:虽然产品造型设计紧跟国际潮流,但存在严重的外观同质化问题,如图3-1所示;在造型整体优美感和流畅性等方面与知名品牌存在差距,如图3-2所示；在局部视觉效果、产品造型精致性等方面也与知名品牌存在差距，如图3-3所示；由于造型工程实现性不佳，工程或工艺可行性问题造成最终生产的实车达不到原造型设计效果，如图3-4所示。

a)   b)

图3-1 外观同质化问题

a)   b)

图3-2 仪表板、门板造型优美感和流畅性差异

a)   b)

图3-3 仪表板出风口局部视觉效果、产品造型精致性差异

要缩短中国汽车品牌与知名品牌在造型设计水平上的差距，需要中国汽车造型设计师坚持不懈的努力。首先要积极学习汽车造型设计先进理念和技术，紧跟造型设计时代潮流；其次要发掘和传承中国文化和精神的精髓，将其融入汽车造型设计理念中，创造出具有中国民族特色和文化内涵的汽车产品，使"中国制造"变成"中国设计"，这样才能在激烈的竞争中立于不败之地，将"中国特色"在汽车造型上展现出来，才能提高"中国制造"的国际影响力，使中国品牌汽车被世界认可。同时，中国的车企应该积极开展汽车的静态

图 3-4 实车达不到原造型设计效果

感知质量工作,将消费者抽象的、不可量化的需求转化为客观的、详细准确的技术指标,分解到产品设计中,开发出符合时下消费者审美需求的汽车产品,提高用户的感知体验和自身的市场竞争力。

3.1.3 汽车造型的影响因素

不同时期、不同国家地区的汽车造型各具特点,汽车造型不仅受时代风格、地域、民族、文化等的影响,同时也受消费者的职业、年龄、家庭情况、经历、文化程度、生活方式等的影响。诸多因素共同作用,影响着消费者的审美观,使消费者对汽车造型产生不同的情感理解。

不同的地理环境、气候条件、风土人情、文化积淀和经济发展状况等,导致消费者对汽车功能性、美观性、实用性的要求大相径庭,使汽车造型具有不同的地域特征,也形成了各具特色的地域性汽车文化,它是引领汽车制造和市场需求的风向标。

1. 地域差异对汽车造型的影响

(1) 美国和美国汽车 美国幅员辽阔,人口密度小,据统计全国公路总长超过 651 万 km,地域广阔,路面条件好,高速公路四通八达,地广人稀,如图 3-5 所示。人们工作在城市中,居住在远离喧嚣的地方,生活离不开汽车,长时间用车成为很普遍的事情。

图 3-5 美国的街道路况和普通公路路况

这样的地域条件,使美国人青睐车身宽大、驾驶舒适、功率大、加速性能好、造型刚劲挺拔、运动感强的车型。2017 年美国热销车排行榜前三名的车型见表 3-1,它们的外观和内饰都具有以上特点,如图 3-6~图 3-8 所示。

表 3-1 2017 年美国热销车排行榜前三名车型

排名	车型	销量（万台）
1	福特 F 系列	89.07
2	雪佛兰索罗德	58.58
3	道奇 RAM P/U	50.57

a)　　　　　　　　　　　　　　b)

图 3-6　福特 F−150 2017 款的外观和内饰

a)　　　　　　　　　　　　　　b)

图 3-7　雪佛兰索罗德 2017 款的外观和内饰

a)　　　　　　　　　　　　　　b)

图 3-8　道奇 RAM 2017 款的外观和内饰

从以上三款畅销车型可以发现，它们存在着相似的地域特点：在舒适性和安全性方面的表现都很出色，前脸都带有家族式设计风格，即前保险杠造型硬朗，进气格栅采用镀铬装饰，后保险杠的突出设计显得十分粗犷，迎合了美国人粗犷不羁、喜爱户外生活的性格。

同时，它们既有轿车的舒适性，配置方面不逊色于轿车，货厢装卸货物又十分便利，适应路况能力很强。正是因为这些车的功能性、美观性和实用性等满足了美国人对汽车乘坐舒适、豪华、结实、动力性好、实用性较强、载货空间充足等的要求，才使得其成为区域畅销车。

（2）日本和日本汽车　位于东亚的日本，国土狭长，由四个大岛及数千个小岛组成，道路里程121万km，截至2017年6月，人口密度约为348.3人/km²。人口多集中于城市中，街道和城际道路狭窄，如图3-9所示，汽车行驶空间有限，长时间或者高速驾驶的比例较小，所以日本车更注重精巧务实。

图3-9　日本的街道路况和普通公路路况

由于日本属于岛国，地域狭窄、资源匮乏，环境条件激发了他们走向以发展求生存的道路，养成了日本人在生活中精打细算的性格特点，他们做事讲究效率，力求消耗最少的资源，用最短的时间达到最佳的效果。日本人崇尚轻巧美观、装饰细腻、经济实用的汽车。2017年日本乘用车排行榜前三名的车型见表3-2，与同等价格的美国车以及欧洲车相比，日本车的综合性能都更加出色。日本车通过吸取欧美众多名牌汽车的优点，对市场需求进行了全面分析，逐渐形成了本民族特有的一种简约、务实、淳朴的造型风格，如图3-10～图3-12所示。

表3-2　2017年日本乘用车排行榜前三名车型

排名	车型	销量（万台）
1	丰田普锐斯	16.09
2	日产骊威	13.89
3	丰田Aqua	13.16

图3-10　丰田普锐斯的外观和内饰

图 3-11　日产骊威的外观和内饰

图 3-12　丰田 Aqua 的外观和内饰

从以上三款日本热销车型可以发现，外形的动感、车内的宁静彰显其品位，朴实无华而又简约实用，车身工艺精巧玲珑又细致入微，同时其车身比例高度协调统一，体现了东方人的精致细腻，更注重汽车的节约环保和轻型材料的运用。日本车整体造型多选用弧面、曲线和小圆弧过渡来塑造，整车具有较强的亲和力，给人以亲切、圆润、和谐的视觉感受。

（3）欧洲和欧洲汽车　欧洲面积为 1016 万 km^2，阿尔卑斯山脉贯穿欧洲大陆，整体属于平原少、丘陵地带多的丘陵地域地形。2014 年欧洲人口密度约为 70 人$/km^2$，2008 年欧盟主要国家公路总里程约为 545.4 万 km。欧洲国家大多数城市历史悠久古老，古老的砖石路面随处可见，建筑林立，街道狭窄，路况不好，停车位紧张，如图 3-13 所示。所以欧洲车的设计十分注重操纵性能，普遍底盘扎实，悬架系统好，制造精细。

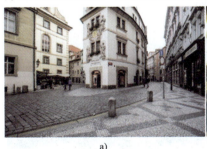

图 3-13　欧洲的街道路况和普通公路路况

但是欧洲国家众多，不同国家有其自身的地域特色。例如，意大利位于欧洲南部，属于亚热带气候，其境内有白雪皑皑的阿尔卑斯山，漫长的海岸线，有蜘蛛网似的四通八达的公路，有为数众多的飞机场、港口和码头。这样风景秀美、气候宜人、交通便利的地域环境造就了意大利人浪漫洒脱的艺术情怀,也让其汽车设计更加无拘无束,以豪放、性感、洒脱为特点,引领汽车界的时尚和潮流。

从 2017 年欧洲畅销车型(表 3-3)可以看出,由于欧洲地域广阔,文化多元,因此汽车造型风格各不相同,有德系车的严谨传统,也有法系车的浪漫实用。但由于地理环境和生活方式的原因,欧洲人普遍注重实用,青睐环保的小排量车,这也是地域差别的体现,如图 3-14~图 3-16 所示。

表 3-3　2017 年欧洲乘用车排行榜前三名车型

排名	车型	销量(万台)
1	大众高尔夫	44.52
2	雷诺 Clio	29.89
3	大众 Polo	25.54

a)　　　　　　　　　　　　　　　b)

图 3-14　大众高尔夫的外观和内饰

a)　　　　　　　　　　　　　　　b)

图 3-15　雷诺 Clio 的外观和内饰

a)　　　　　　　　　　　　　　　b)

图 3-16　大众 Polo 的外观和内饰

(4)中国和中国汽车　中国人口众多,疆土辽阔,由于城市化、城镇化进程较快,故人口密度大且都集中在城市中。但城市、城镇甚至乡镇都是柏油路面,路况平坦,像越野车、皮卡等可以适应艰险路况的车型无法发挥其优势,并不符合人们的需求。作为发展中国家，我国经济发展处于上升期，人们并不是都很富裕，地区间的经济差异非常明显，所以车型也更多元化。例如，中小城市人均收入及购买力相对较低，很多人购车的主要目的是便于工作，从经济实用的角度考虑，乘用车方面人们更愿意购买经济实用的车型，所以三厢轿车和城市型 SUV 更受中国人喜爱。从 2017 年中国乘用车销量排行榜（表 3-4）可以发现，畅销车的主要特点是美观耐看、空间大、结实耐用、省油、使用成本低等。

表 3-4 2017 年中国乘用车销量排行榜前三名车型

排名	轿车		SUV	
	车型	销量（万台）	车型	销量（万台）
1	朗逸	46.11	哈弗 H6	50.59
2	英朗	42.13	宝骏 510	35.89
3	轩逸	40.47	大众途观	34.00

从居销量排行榜首位的轿车和 SUV 车型（图 3-17、图 3-18）可以发现，首先，私家车是个人价值观、个性及品位的象征，中国消费者所青睐的车型也刚好符合中国人的审美观：庄重大方、深沉内敛、中庸平和。其次，在中国人的传统观念中，汽车越大越显档次，所以中国消费者有"买长不买短，买大不买小"的偏好，这个特点刚好与日本人相反。另外，德系车受到追捧也从一方面体现了中国消费者已经开始注重汽车的保值率。

图 3-17 哈弗 H6 的外观和内饰

图 3-18 朗逸的外观和内饰

不同地域环境对汽车的影响可以从消费者对汽车的需求差别中体现出来，消费者会根据所处的路面条件选择合适的车型，形成独特的地域倾向，因而在汽车设计中，汽车造型、配置、性能要满足不同的需要。同时，在不同地域环境下，不同的社会经济发展情况也影响着汽车消费水平和市场需求，影响着当地汽车文化，甚至审美价值。例如，经济发展较差的地域整体对汽车的需求相对较少，普遍更加注重汽车产品的经济性和实用性，对汽车外形的重视程度较低。

2. 历史文化差异对汽车造型的影响

汽车造型风格以及整体汽车产品设计的定位，也因历史文化和民族的差异而有所不同。

中国地处亚洲东部，东临太平洋，地理环境相对封闭，地大物博，其文化特征是有较强的自我圆融性，闭塞的地理环境为避免外来文化的冲击提供了客观条件。中国艺术追求"天人合一"，追求整体的韵味与和谐，注重意境，偏于象征、表现、写意、追求美和善的统一。

西方文化源自欧洲，欧洲人不同的民族个性、不同的文化，在客观上形成了兼容并包、多样性的文化特点。西方强调物体自身的比例、对称、整一与"黄金分割"，强调静态的、形式上的"和谐美"，追求的是再现、模仿、写实，以及美和真的统一，注重局部细节的精细刻画，造型上更理性，以精确的透视学、几何学原理为基础。东西方文化的差异可以从绘画、雕塑等艺术作品中体会到，如图3-19所示。

图3-19 中国和西方雕塑作品的差异

受中国古代思想影响，中华民族形成了庄重大方、深沉内敛、中庸平和、儒雅谦逊、朴实宽容的民族文化。典型的中国车型，大多具有沉稳大气、中庸、平和、顺畅的特点，如图3-20所示。

图3-20 红旗L5的外观和内饰

受兼容并包、多样性的文化影响，西方汽车消费者喜欢的车型也是多元化的，但其所具有的风格特征普遍与中国汽车消费者喜爱的不同，或是理性逻辑，或是细腻饱满，或是带有强烈的感性和浪漫主义色彩。这些可以从各国不同的汽车造型设计中品味出来。

德国人性格坚韧、果敢和冷峻，他们有着科学的头脑、严谨的态度、有条理的思维。德国人低调内敛，勤奋上进，待人处事十分严肃沉稳，而且态度谦卑，为人真诚，一切力求按规矩和制度行事，尤其做事认真仔细，责任心极强，是一个聪明、勤劳、讲究秩序、成熟稳重的民族。受其影响，德国汽车具有技术精良、结构严谨、造型经典、舒适安全、沉稳内敛的特点，如图3-21所示。

英国历史悠久，英国人素来以其悠久的文化传统而自豪，具有强烈的民族怀旧感。英国人恪守传统、矜持庄重、典雅大方。英国人着装考究，彬彬有礼、风度翩翩，绅士和淑女风度仿佛与生俱来。这种特点在其汽车造型上表现得淋漓尽致，如图3-22所示。

a)   b)

图3-21 迈巴赫2011款的外观和内饰

在世界汽车工业的百年历程中，英国车则一直被认为是豪华、典雅的完美体现，是价值和品位的象征，从头到脚都折射出浓郁的绅士气息。英国汽车造车技术千锤百炼，一直秉承传统的造车艺术。一些经验丰富的工匠甚至会对某些部件进行手工装嵌，体现了英国传统造车技术的精湛，处处流露出古老而高贵的英伦风情。英国人可能与德国人的性格最为相似，都秉持传统，但英国人似乎有着自己独特的坚持，整体车型经典保守、华贵高雅、含蓄传统，从不刻意追求时尚，从不刻意迎合，始终保持着自身的高贵与优雅。

a)   b)

图3-22 劳斯莱斯幻影的外观和内饰

法国汽车的造型设计堪称世界汽车时尚的风向标，就如同法国巴黎名贵的香水和前卫的时装一样享誉全球。法国以浪漫著称，在很多时候它往往是在不经意间向世人展示出优雅、成熟的魅力，这种优雅的底蕴来自于法国悠久的文化历史，这种成熟的气质则来自于丰富的人文传承。法兰西民族的特性可以概括为热情、浪漫、奔放、洒脱乃至无所顾忌，这让法国汽车造型体现了超越时代的创造性思维。法国作为浪漫之国，对时尚的追求胜过世界上任何一个民族，法国社会的艺术氛围有口皆碑，因此法国人普遍有着很高的艺术修养。他们设计的汽车在发挥性能的基础上也充分地展现出艺术化、个性化，处处洋溢着热情和浪漫。

法国的汽车设计以其新颖、独特的造型风格，一次又一次地对传统汽车造型提出了挑战，从而引领了一次次的时尚潮流。法国人是不拘束的，所以他们造出的汽车有玻璃面积大的特点，经常会出现全景天窗，车身多以大幅度的倾斜曲线、曲面塑造形体，将富有弹性的曲线和温和的圆弧过渡有机地融为一体。法国汽车具有轻盈活泼、新颖浪漫、追求时尚的特点，通常给人或优雅洒脱或空灵飘逸的视觉感受，如图 3-23 所示。

图 3-23　布加迪威航 2015 款 Grand Sport Vitesse La Finale 的外观和内饰

欧洲可谓世界汽车造型艺术的发展中心，而意大利无疑是汽车造型设计的圣地。意大利是一个充满了艺术氛围的国度，艺术已经融入意大利人的生活，成为所有意大利人的精神追求，整个国度浪漫气质和时尚元素兼容并举。意大利地处南欧亚平宁半岛，终年阳光充足，商业贸易繁盛，孕育了意大利人豪迈、爽朗、乐观、热情的性格和崇尚自由与充分享受的人生态度。他们讲究穿着的品质与样式，强调生活的情趣与休闲，欣赏工作的创意和想象力。这个有着几千年古老文明积淀的民族，四处展示着其令人惊艳的风情。意大利人不仅具有热情奔放的生活态度，还拥有丰富的创作灵感和激情，就连硬邦邦的汽车工业，也被意大利人演绎为一部浓重的历史传奇。无拘无束、坚韧、豪放而又细腻的民族特征，使意大利汽车展现出了独特的奔放美与洒脱飘逸的理性美。具体来讲，意大利汽车的造型设计十分注重整体车身的比例与尺度，对曲线和直线的运用以及对车身变化的节奏感掌握得游刃有余，在局部造型上（如车灯造型）突出简洁明快的视觉效果，具有很浓郁的艺术气息。意大利汽车具有前卫奇特、激情奔放、标新立异、绚丽多彩的特点，意大利汽车的豪华、性感和潇洒的外表，非常符合用户的审美理念，如图 3-24 所示。

针对不同地域消费者对汽车造型喜好的差别，世界各国主机厂对其在不同国家、地域销售的车型也做了不同的调整。这样的例子很多，例如，福特金牛座、宝马 3 系等在海外和中国销售车型的外观就呈现出不同的风格，如图 3-25 所示。

历史文化、地域环境的不同，东西方艺术审美规律的不同，是数千年积淀而来的，也是世界艺术史能够保持多样性和丰富性而不断前进的不竭动力，更影响着汽车造型设计的

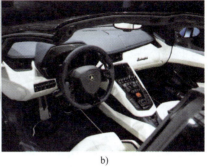

a) b)

图 3-24　兰博基尼 2018 款 Aventador S Roadster 的外观和内饰

a) 福特金牛座前脸和外后视镜的差异(左为海外版，右为国内版)

b) 宝马3系内饰、转向盘、仪表板局部和颜色的差异(左为海外版，右为国内版)

图 3-25　海外版和国内版的微调整

不断发展进步。在汽车造型设计前期，收集准确的地域环境信息和当地的历史文化信息尤为重要，它决定着汽车设计的风格趋势，决定了当地人们对汽车造型的认可度，汽车在这个地域是否有市场，就看其传达的设计理念和设计风格是否能与当地文化相互融合，与消费者产生共鸣。

3.2　汽车造型静态感知元素及其评价

汽车造型设计是一种强调整体美感的设计表达，用户对于汽车造型的感知和评价来源于视觉这种沟通途径。用户对造型的感知时间可能只有几秒或十几秒，但却决定了消费者是否还有兴趣继续深入了解这款汽车。只有设计师全面把握，将汽车造型简化为形状或符号等元素，通过这些元素激发用户情感的共鸣——造型的美与丑、质量的好与坏、价格的高与低，产生情感认知，达成整体美的共识，才能促使消费者接受并购买。

汽车造型设计属于艺术设计中的一个分支——雕塑设计，汽车造型也符合艺术设计的美学规律，美的基础是感知，艺术设计主要关注作品的形态以及相关的人的审美、情感、体验等因素。所谓"形态"包含两层意思："形"是指一个物体的外形或形状，如圆形、方形或三角形；"态"则是指蕴含在形体内的"神态"或"精神势态"。著名汽车设计公司宾西法利纳的首席设计师路易·法莫什克（Lowie Vermeersch）曾说过："汽车设计不仅强调车灯、前脸、装饰件等局部的设计，更重要的是讲究整体的美感。"相关研究也表明，用户在认识一辆汽车时是由远及近、由整体到局部地观察，不同的特征引起的视觉反应是不同的，汽车造型的美感是用户看到汽车时最先感知到的。

汽车造型设计中，对造型设计美感最具影响的方面是汽车的姿态；风格、比例。汽车的姿态、风格都属于汽车的形体美，是由造型设计的重要部分。姿态即车身的姿态；风格是指造型风格，是由点、曲线、曲面构成的汽车形体造型元素。图3-26～图3-29所示的4款车型，分别将灵动简约、刚毅坚定、性感圆润以及复杂有机的汽车造型的形体之美展露无遗。

图3-26 大众甲壳虫

图3-27 凯迪拉克CTS

图3-28 宝马Z8

图3-29 丰田i-unit

3.2.1 姿态

汽车的姿态主要是指汽车造型所综合体现出的整体"动势"，是一种在静止状态下就能感受到的运动趋势,主要是由整车造型特征线的走势及其形成的夹角关系、通过性和车身的视觉重心等所带给人的整体感受而形成的。

1. 整车姿态分类

(1) 沉稳大气　全车身主要特征线多由水平和竖直的线条构建,修长而平稳,各部分的造型也都以极规则的矩形和圆形为基础,车身具有极强的平衡感和秩序感,整车呈现静态的雍容华贵、坚毅挺拔,散发出沉稳静谧之美,如图3-30所示。

图 3-30　沉稳大气

(2) 动感进取　通过大量上扬的斜线,将整个车身打造出不平衡的楔形姿态,并通过三角形和多边形的应用,进一步打破平衡感和秩序感,如图3-31所示。

(3) 灵动小巧　车身上几乎没有直线,取而代之的是圆润饱满的弧线或圆形,如图3-32所示。

图 3-31　动感进取

图 3-32　灵动小巧

(4) 复杂有机　为了保证整车造型流畅,车身的线条一般会很简练,不会出现多个拐点。

作为对未来和大自然的探索,使用了多变复杂的线条,彻底颠覆传统汽车的条条框框,用复杂而有机的形态,给人们带来了极大的视觉冲击和享受,让汽车造型更具有趣味性,如图3-33所示。

图 3-33　复杂有机

2. 影响姿态的因素

汽车的姿态有效地诠释了汽车整体造型的"动作表情"。影响整车姿态的主要造型因素有A柱倾角、车头夹角、三线关系、整车的轮廓线、接近角、离去角和离地间隙。

(1) A柱倾角对姿态的影响　A柱和前风窗之间的角度对于风阻系数和升力大小均有较大影响,最佳角度为28°~30°。同时,A柱倾角也影响着车辆整体姿态。以SUV车型为例，通过对其侧面顶型线的曲率研究发现，角度 A 和 B 越接近 90°，汽车姿态越平稳；角度 A 和 B 越大，汽车的姿态越具有动感，速度感越强烈，如图 3-34 所示。

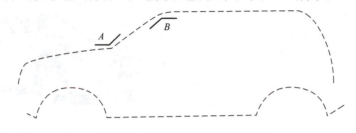

图 3-34　SUV 侧面顶型线示意图

（2）顶型线对姿态的影响　对于三厢车的顶型线，夹角 C 越接近 90°，汽车的姿态越平稳，感觉越趋向怀旧；夹角 C 越大，汽车的姿态感觉越趋向动感，如图 3-35 所示。

图 3-35　三厢车侧面顶型线示意图

（3）腰线对姿态的影响　腰线对于保持汽车造型姿态和汽车品牌的延续性有积极作用，是构成品牌造型的重要因素。在研究中发现，用户对汽车造型姿态最敏锐的感觉是由腰线引发的。如图 3-36 所示，腰线的前倾角度越大，汽车的姿态感觉越具运动感；腰线的倾斜角度越平缓，汽车的姿态感觉越稳重、商务；腰线越被强调，汽车姿态感觉越动感。两条或三条腰线的设计能激发用户很大的兴趣，视觉刺激效果强烈。腰线与水平线形成的夹角称为腰线角，腰线角越大，汽车姿态感觉越富有动感。

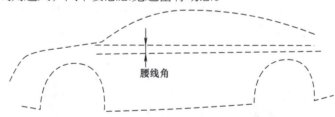

图 3-36　腰线示意图

阿尔法·罗密欧 GTV 由其倾斜上扬的腰线勾勒出的强劲楔形造型特质，表达汽车前进俯冲的寓意，彰显其运动活跃特质，如图 3-37 所示。即使是汽车处于静止状态其运动感也非常强烈，这一独特气质令人印象深刻。

a)　　　　　　　　　　　　　　b)

图 3-37　阿尔法·罗密欧 GTV

奔驰 CLS 作为一辆轿跑车，却使用了较为平和的腰线，如图 3-38 所示，腰线过渡平滑，整车姿态安静、平和、沉稳，与奔驰的车型定位"一辆拥有房车舒适性与功能性的轿跑车"相符合。

图 3-38　奔驰 CLS 腰线特征

（4）攻势和御势　根据前脸侧轮廓线条的前倾和后倾走势所形成的态势不同，以及车身腰线等主要造型线条的走势差异，一般情况下有"攻势"和"御势"两种造型姿态的汽车，如图 3-39 所示。

a) 攻势

b) 御势

图 3-39　攻势和御势

攻势姿态的车头顶点往前突，形成类似于"矛"的进攻之势，具有攻击性的意象。御势姿态的车头顶点往后移，形成类似于"盾"的防御之势，具有防御性的意象。一般越突出运动感的车，攻势越明显；突出中庸、保守、稳重、豪华的车，则御势明显。以 SUV 车型为例，车辆姿态与参数的一般规律如图 3-40 所示。

姿态的设计决定了汽车造型的神态，塑造了整体造型特征，是人们形成对汽车整体性认知的重要途径。不同姿态会给人以不同的整体感受，在造型设计时，局部特征要服从整体，

攻势	御势
A柱倾角小	A柱倾角大
车头角：8°～110°	车头角：110°～130°
三线关系：上两线夹角为10°～30°	三线关系：上两线夹角为0°～10°

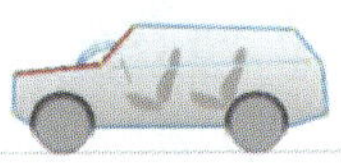

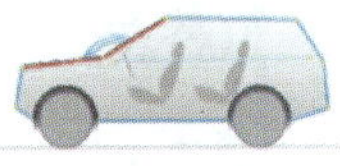

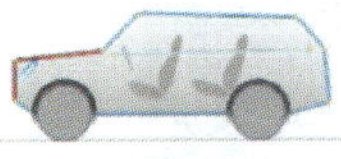

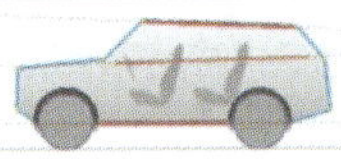

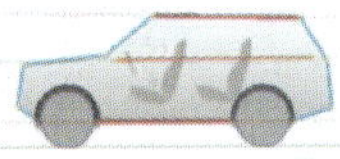

图 3-40　车辆姿态与参数

保证局部特征的"风格"与整体"风格"相符。

3.2.2 风格

汽车造型的风格与姿态的直观可见性不同，它是通过曲面的饱满度和完整度、曲线的走势等多个因素综合体现的，需要品味和体会才能捕捉到风格之美，不同的风格适合不同的车型。

1. 粗犷挺拔

造型风格的粗犷美分为两种类型：一是极简，如图3-41所示，即尽可能减少曲线、曲面的变化，并减少装饰部件，使车身曲面紧绷挺拔，营造出一种原始、未经雕琢却充满力量的感觉；二是极繁，如图3-42所示，即采用变化复杂的造型特征，以及多种材质和部件的搭配，将汽车的强大性能表现出来。

图 3-41　凯迪拉克 Sixteen

图 3-42　悍马 H3T

2. 细腻饱满

细腻饱满的风格类似于女性的善变和柔美，车身造型流畅，曲面饱满而富有变化，曲线充满弹性，细节的处理细腻圆润，车身上各造型元素之间彼此和谐统一，并且有韵律感地变化。图3-43所示为一款完全由女性设计师设计的概念车，在这款车上，女性细腻饱满的风格被发挥得淋漓尽致。

a)

b)

图 3-43　沃尔沃 YCC 概念车

3. 理性逻辑

理性且富有逻辑感的造型需要具备流畅的车身、精准的线条，且各线条彼此之间紧密关联，各造型元素之间彼此呼应、和谐统一，从而使造型具有逻辑感，如图3-44所示。这种风格多体现在德国汽车品牌中。

图 3-44　奥迪 A3

4. 感性情绪

感性和情绪化的设计风格与理性和逻辑化的风格截然不同，对线条彼此之间的关联性没有强硬的要求，对线条本身也没有特殊的限制，曲面的变化更为丰富，如图 3-45 所示。所有造型语言都是为了强化造型主题，这种情绪化的设计更容易与用户产生思想和情绪上的共鸣，造型更具煽动力和感染力。

图 3-45　日产 Townpod 和雷诺 DeZir 概念车

3.2.3　比例

比例即体现事物各部分的大小、分量、长短、高低、宽窄与整体的比较关系。古希腊著名哲学家毕达哥拉斯在 2500 多年前发现的黄金分割律，其比值约为 0.618，所有接触的艺术品都不谋而合地验证着这一黄金分割律，如图 3-46 中的胡夫金字塔、巴底农神庙、巴黎圣母院、鹦鹉螺等。在艺术设计中，经常使用"黄金比例"即 1∶1.618，如图 3-47 所示，角螺旋曲线等这些天然的完美物体或人造的精美建筑中都具备黄金分割的特征。

汽车作为一种雕塑、一种工业产品，在造型设计时应用黄金分割会使其造型更具美感，如图 3-48 所示。

汽车造型上的比例是指车身各主要参数或零部件和整车相关的比例和尺寸。可以说一辆车的比例协调，那么其造型设计就成功了一半。只有以出众的比例为基础，才能完成惊艳的造型设计，使众多造型元素围绕着主题理念强化带给用户的感知印象。

汽车各部位的比例受工程总布置结构尺寸影响很大，所以不同的总布置尺寸会形成不同的比例关系，使消费者对汽车形成不同的第一印象。汽车造型比例主要包括长宽高、车身与座舱、肩线上下、轮距与轴距、前后悬与轴距等整体比例，如图 3-49 所示，也包括细节比例。主要关注以下几个方面的比例关系：

1）轴距和整车的比例关系。

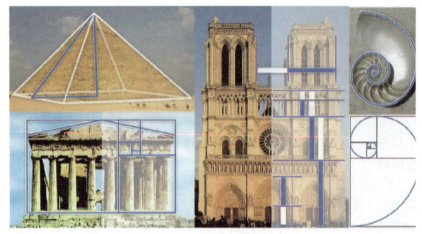

图 3-46 黄金分割在建筑中的体现

图 3-47 角螺旋曲线在自然界和艺术作品中的体现

2）前后悬的比例关系。
3）车轮大小和整车之间的关系。
4）车窗及车身侧面的比例关系。
5）发动机舱盖及行李舱相对于整车的比例关系。
6）车头上部和保险杠下部的上下比例关系。
7）车尾上下部的比例关系。
8）格栅、车灯及车头的整体比例关系。
9）尾灯与车尾的整体比例关系。
10）车身上其他零部件或特征与整体的比例关系。

比例尺寸体现不同级别，也蕴含不同的造型语义，造型设计时，应注意家族化的统一和车型定位的区别。例如，奥迪家族车型中经典的 A4、A6、A8，三款汽车虽然各部分的比例不相同，如图 3-50 所示，但都传承着相同的家族特征，这样用户即使还没看见车的标志，也能辨识出奥迪品牌。但由于比例和尺寸不同，三款车表达的造型语义也完全不一样，

a) 角螺旋曲线在车身造型中的应用1　　　　b) 角螺旋曲线在车身造型中的应用2

c) 角螺旋曲线在车身造型中的应用3　　　　d) 角螺旋曲线在车身造型中的应用4

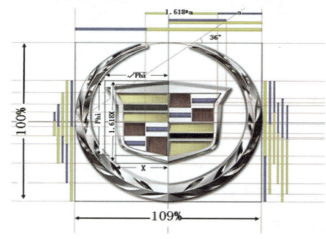

e) 黄金分割在汽车车标中的应用1

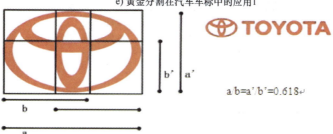

f) 黄金分割在汽车车标中的应用2

图3-48　角螺旋曲线和黄金分割在汽车造型设计中的应用

所以消费群体也不同：A4 看起来年轻朝气，锋芒毕露；A6 则给人成熟圆润、含蓄内敛的感觉；而 A8 则显得尊贵稳重，自信从容。下面以几个重点部位为例详细介绍造型比例设计。

图 3-49　影响汽车造型的重要比例

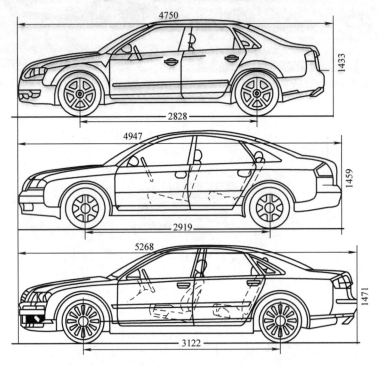

图 3-50　A4、A6、A8 车身长度、轴距和高度的对比

以车的前脸和车长为例，若前脸宽高比不同，则会展现出不同的造型风格，如图 3-51 所示。

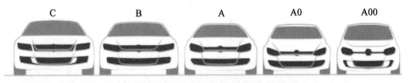

图 3-51　前脸比例展现出的不同风格

随着汽车造型风格的不断演变，汽车外形比以前更加修长，各国汽车比例都接近最优比例，如图 3-52 所示，即 $\sqrt{3}=1.732$（黄金分割比例）。欧洲轿车的轴距与车身长度之比多集中在 1:1.732 与 2:3 之间，美国轿车多集中在 1:2 到 1:1.732 之间。原因是欧洲轿车的前后悬较短，导致比值较大；美国轿车的头部和尾部较长，这一比值较小，即美国轿车的轴距比略小于欧洲轿车。在人们印象中，美国人的生活方式总是追求宽敞舒适、设备齐全和豪华气派，而且美国人还给人一种自由与霸气的感觉，所以美国轿车一般比欧洲轿车更宽、更长，车身线条舒展流畅、强劲有力。

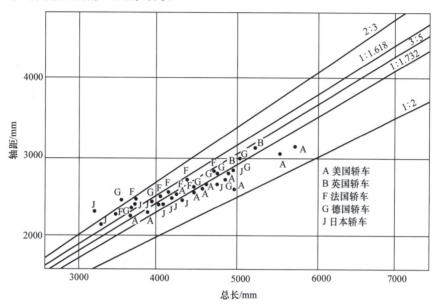

图 3-52 各国汽车比例分布图

在分析汽车外部造型比例时，常常使用 WD 即车轮直径作为量度单位。以上列出的关注方面中，一些项目可以用 WD 进行比例分析。例如：宝马 5 系轴距约为 4.5WD，前悬约为 0.5WD，后悬约为 1.5WD，车高约为 2.25WD；辉腾的轴距约为 4.5WD，前后悬都是 0.8WD，车高约为 2WD。两台车的轴距和车长、车高的比例感觉都很自然协调，如图 3-53 所示。

图 3-53 以 WD 为量度单位进行比例分析

以轿车为例，各类车型较为合适的比例见表 3-5。

表 3-5　车型和重要尺寸比例

类型	前悬	轴距	后悬	车高	代表车型
微型车	<0.5WD	3.5WD 左右	<0.5WD	2.25WD 左右	遵循四轮四角原则的小车，如比亚迪F0等
紧凑型车	0.5WD 左右（偏上）	(4~4.25)WD	0.5WD 左右（偏下）	(2.25~2.5)WD	多是 FF 的两厢车，如 Polo 等
紧凑型掀背车	接近WD	4WD 左右	0.5WD 左右	2WD 左右	营造前冲效果运动型的两厢车，如大众尚酷
紧凑型轿车	0.8WD 左右	4WD 左右	接近WD	(2~2.25)WD	干净利落的三厢轿车，如凌渡、A3 等
中型轿车	0.8WD 左右	4WD 左右	接近WD	(2~2.25)WD	如阿特兹
全尺寸轿车	0.8WD 左右	4.25WD 左右	WD 左右	(2~2.25)WD	雅致的豪华型车
豪华型车	0.8WD 左右	4.5WD 左右	WD 左右(偏上)	(2~2.25)WD	高端豪华型车，如劳斯莱斯

车身高度和车窗之间的比例关系是汽车比例中的重点，车窗和车窗以下的车身部分的比例约为 1:2，即车窗高度占整车高度的 1/3，中高档车的该比值会更大。当车窗高度占车身高度的比例较小时，汽车造型趋向于运动型，外表更具运动性和攻击性，不仅上车比较困难，车内空间也会相对狭小，乘客（特别是后排乘客）会有封闭感。

车窗高度占车身高度的比例较大时则趋向于普通轿车，实用性较强，如图 3-54 所示。但要考虑车窗打开的方式，因为如果玻璃面积过大，不仅会大幅降低美观度与档次感，还会导致玻璃不能完全收回到车门内部。

图 3-54　奔驰 SL500 跑车和奔驰唯雅诺 MPV 侧面车窗与车高的比例

前风窗玻璃长宽比为 5:8 的"黄金分割"，能给人带来最佳的视觉感受和最和谐的美感，如图 3-55 所示。

以某经典车型为例，如图 3-56 所示，车窗高度与车门及底部的高度比为 4:6，即车门及底部的高度与车身高度的比例为 6:10，与 1:1.618 的黄金分割比例极为接近。

车的前脸主要由车灯和进气栅格组成，其比例尤其重要。进气栅格与车宽的比例约为 6:10，如图 3-57 所示，这样的比例既与黄金分割点 1:1.618 的比例极为接近，又有很高的辨识度。

图 3-55　前风窗玻璃的比例

每个品牌的造型都具有各自的特征和比例，体现着不同的造型情感，能使用户更加容易地辨别车的型号。同一品牌的造型为了延续品牌特征，造型基本保持一致，只是通过细微的比例调整体现情感的差异，如图 3-58 所示。

图 3-56 车门及底部的高度与车身高度的比例

图 3-57 进气栅格与车宽的比例

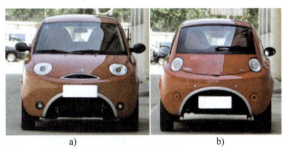

a)   b)

图 3-58 前部和尾部的细微比例变化差异

3.2.4 颜色

在汽车造型设计中，不同色彩的使用会产生不同的心理感受，不同的色相、明度、饱和度搭配不同的造型风格姿态，能够制造出千变万化、风格迥异的造型美感。以车身颜色的使用为例，一般有以下规律。

红色属于膨胀色，主流的红色包括大红色、枣红色等，给人以跳跃、兴奋、欢乐的感觉，具有积极、热忱、温暖、前进等涵义，非常适合运动型车和跑车，如图 3-59 所示。喜欢红色的人性格较为热情洋溢，具有更容易冲动等性格特点。

图 3-59 红色及其使用效果

橙色明视度较高，耀眼，警示，醒目，给人明亮、活泼、热烈的感觉，多用于运动型车，如图 3-60 所示。喜欢橙色的人具有有朝气、喜欢标新立异等性格特点。

黄色是前进色、膨胀色，它浪漫、亮丽、跳跃、明快，给人欢快、温暖、活泼的感觉。黄色多用于运动型车、小∨微型车等，跑车、小型车选用黄色非常合适，如图 3-61 所示。

图 3-60　橙色及其使用效果

黄色在环境视野中很显眼，出租车和工程抢险车采用黄色，是为了便于管理和便于人们及早发现；私家车选用黄色的则不多。香槟色是黄色派生出来的金属漆颜色。喜欢黄色的人具有活泼、喜欢挑战等性格特点。

图 3-61　黄色及其使用效果

绿色是后退色，具有收缩性，有较好的可视性，象征着生命、田野、环保、清凉、幽深，是大自然中森林的色彩，也是春天的色彩。小/微型车、个性化车等选用绿色很有个性，如图 3-62 所示。但豪华型车选择绿色则不伦不类。喜欢绿色的人具有沉着冷静、谨慎等性格特点。

图 3-62　绿色及其使用效果

蓝色是后退色，具有收缩性，它属于安静的色调，感觉非常收敛，象征着海天、理性、宽广、科技、宁静，如图3-63所示。在汽车上使用可体现出科技、环保。喜欢蓝色的人具有包容、不张扬的性格特点。

紫色在汽车上使用得较少，它代表着优雅、浪漫、魅惑、梦幻，适用于线条柔美、女性化的车型，如图3-64所示。喜欢紫色的人具有强烈的女性化性格特征。

图3-63 蓝色及其使用效果

棕色象征着古朴、典雅、醇厚、高贵、稳重，常用来表现原始材料的质感，强调格调古典优雅的企业或商品形象，如图3-65所示。棕色较适用于中/高级车、豪华型车等。

图3-64 紫色及其使用效果

图3-65 棕色及其使用效果

白色是扩张色，象征着开放、平静、高雅、圣洁。白色使用广泛，小/微型车多用白色，如图3-66所示。

黑色是收缩色，给人结实、权威、低调、深邃的感觉。黑色使用广泛，豪华型车多用黑色，如图3-67所示。喜欢黑色的人具有严谨、追求豪华的性格特点。

图3-66 白色及其使用效果

图3-67 黑色及其使用效果

灰色给人柔和、高雅的意象，能传达高级科技的形象，给人冷静、冷酷、厚重、品质、品位的感觉。灰色多用于小型车、中高级车等，如图3-68所示。使用灰色时，大都利用不同的层次变化组合或搭配其他色彩，这样才不会有过于沉闷、呆板、僵硬的感觉。喜欢灰色的人具有冷静、不喜欢炫耀的性格特点。

双色搭配对比强烈、个性鲜明、相互衬托，给人很强烈的视觉冲击力，多用于SUV、运动型车等，如图3-69所示。

图3-68 灰色及其使用效果

图3-69 双色搭配及其使用效果

多色搭配给人跳动活跃、趣味玩乐、调皮放纵的感觉，多用于小∕微型车、个性化车，如图3-70所示。

图3-70 多色搭配及其使用效果

3.3 汽车造型静态感知的整体体验

3.3.1 安全感

安全感是用户对汽车的基础感受,是汽车造型传递给用户的一种放心、舒心,可以依靠、可以相信的感觉。根据马斯洛模型,安全感属于人类需求层级的底层,是人的一种本能的基础需求,是产品应该具有的基本功能。同时在车辆技术不断发展,汽车车速不断提高的背景下,用户对整车安全性和视觉安全感的诉求也随之增加。

阿普尔顿在1998年提出的"瞭望—庇护"原理指出,人需要在保证自身安全的前提下才会去瞭望,任何人都不想把自己暴露在众目睽睽之下,所以视觉安全感主要来源于对环境的掌控和确定。对环境的掌控主要是指车内驾驶人和乘员对周围信息的掌控,其中最重要的是汽车的设计能够保持良好的视野,及时得到外界信息以避免事故。合理的尺寸、恰当的人机工程学尺寸都能提高安全感。

1. 视野范围对安全感的影响

汽车操作系统与人操作动作的协调配合会产生安全使用的心理暗示。反之,不舒适的操作系统会使驾驶人感到非常紧张。例如,SUV车型的坐姿较高,视野高于普通轿车,如图3-71所示。在行驶中,驾驶人对远处路况的掌握一般要好于轿车,所以其远处视野安全感会好于轿车。

图3-71 行驶中SUV和轿车的视野

但如图3-72所示,由于整车高度较高,SUV车型的车辆周边近距离视野比轿车差,驾驶人对周围环境(车周围的物体、紧跟在车后的车辆等)的掌控感因近距离盲区的影响而降低,安全感变差。

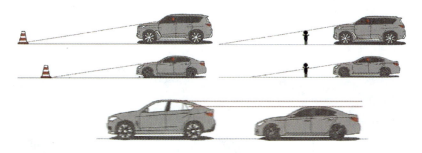

图3-72 SUV和轿车的周边近距离视野

从传统的汽车设计角度,汽车A柱盲区是必然存在的,驾驶人驾驶车辆进入弯道时会因为无法观察到被A柱遮挡的外界环境,而可能发生侧面碰撞事故,影响驾驶的安全感。

所以减小 A、B、C、D 柱尤其是 A 柱的投影宽度，能减小驾驶人视野盲区，拓宽驾驶人的视野，从而提高安全感。如图 3-73 所示的 Volvo – SCC 安全概念车，在 A 柱处做了镂空含有透明有机玻璃的设计，这种"透明 A 柱"与传统 A 柱相比大大拓宽了驾驶人的视野，提高了驾驶人的安全感。

图 3-73　Volvo – SCC 安全概念车镂空的 A 柱

再如图 3-74 所示的玛莎拉蒂概念车，降低发动机舱盖高度并缩短其长度，同时扩大风窗玻璃有效透明区的面积，可以拓宽驾驶人视野，提高驾驶人的视觉安全感。

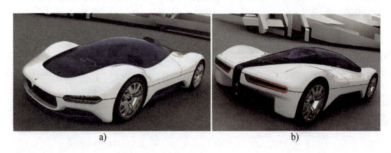

图 3-74　玛莎拉蒂 Pininfarina – Birdcage 概念车

此外，驾驶舱前移、减小风窗玻璃倾角、尽量使之靠近驾驶人的眼睛，即类似于平头卡车的设计方法，如图 3-75 所示，也能提高驾驶人对周边环境的掌控感，从而提高视觉安全感。

图 3-75　IDEO 公司的概念车

在扩大驾驶人视野，提高视觉安全感时存在一个矛盾的问题：在车内观察，视线在前方时，A 柱视觉宽度越窄，视野越好，安全感越好；但当视线集中到 A 柱时，过于窄的 A 柱会给消费者纤细瘦弱、不结实的感觉，安全感又会变差，如图 3-76a 所示。所以进行 A 柱造型设计时，应避免将 A 柱设计成宽且平的简单平面，可采用产生立体感、加大视觉厚度、减小投影面积的方法来解决这个矛盾，如图 3-76b 所示，将 A 柱设计成楔形，风窗玻璃一侧窄，车门一侧宽。

图 3-76　A 柱型面差异对安全感的影响

2. 车内安全感的影响因素

平整的仪表板上表面和开阔的前后视野会使驾驶人、乘车者视野开阔清晰,进而产生心旷神怡的感觉,从而减轻高速驾车时的不安全感。例如,图 3-77a 所示轿车的前风窗玻璃的高度较小,A 柱倾斜角大,上下宽度差大,视野显然不如图 3-77b 所示轿车。图3-77a 所示轿车的车窗玻璃高度小,乘客车内视野高度小,车内拘禁感强,对车外环境的掌控度低,所以图 3-77b 所示轿车的车内安全感较好。但是在 A 柱障碍角方面,图 3-77a 所示轿车设计了前三角窗,减小了障碍角,因此其视觉安全感要好于图 3-77b 所示轿车。

图 3-77 前风窗玻璃的高度、A 柱倾斜角、上下宽度差对安全感的影响

同样,视野给予人的安全感在车窗和后窗上也有体现,如图 3-78 所示,图 3-78a 所示轿车的安全感也因侧窗的高度小而差于图 3-78b 所示轿车。

图 3-78 车窗高度对安全感的影响

3. 车外安全感的影响因素

在获得良好的车外视野的同时,也希望车内隐私被充分地保护。采用隐私玻璃使乘客能从车内轻易地看到车外,而车外又不容易看到车内,也是基于视觉安全感的考虑。由于图 3-79a 所示车辆使用了隐私玻璃,隐私感得到提升,所以从车外观看,它比图 3-79b 所示车辆更能给人安全感。

图 3-79 隐私玻璃对安全感的影响

对环境的确定是通过信任得到的，是指汽车的造型设计可以营造牢固结实、能够保护、让人充分信任的感觉。互为竞争车型的两辆车，造型上给人营造的安全感是不同的，如图3-80和图3-81所示。

图3-80　修长健美

图3-81　短小精壮

4. 造型比例、风格对安全感的影响

水平的形体给人以安定感，直立的形体则给人以挺拔感。绵延万里的长城以其敦厚、雄健、柔韧的造型建立了封建王朝统治广袤无垠江山的信心与安全感，如图3-82所示。教堂设计故意夸大人与建筑之间的尺度关系，从而营造出宗教的崇高感与人的渺小感，进而使人依附宗教而产生安全感。

图3-82　中国的万里长城和欧洲的教堂

汽车造型设计也是如此，通过夸张的尺度关系使人产生心理上的依附感，感觉得到庇护而感到安全。例如，图3-83所示汽车的曲面形体给人以柔和、可亲的感觉，圆润的形体比尖锐的形体浑然饱满、更安全，整体造型和精细的工艺给人以心理上的安全感，均匀且小的缝隙使人油然而生一种安全信赖感。

图3-83　整体造型和精细的工艺对安全感的影响

比例和谐的车身由于其视觉的整体性可以带给用户更多的安全感，其中稳定的形态感受可以让人觉得扎实、安详和轻松，如图 3-84 所示。此外，外观上的一些细节设计能给人强烈的安全感。例如汽车保险杠的设计，由于其功能人们会对其产生联想，很多粗厚、壮实的汽车保险杠给人一种强烈的安全感，特别是一些越野车，镀铬的高亮质感能增强金属般的强硬气质，这是一种常见的增强视觉安全感的细节设计。

a) b)

图 3-84 造型比例对安全感的影响

车辆的整体外观尺寸比例对视觉安全感有重要的影响。图 3-85a 所示车辆的宽×高为 1930mm×1785mm，图 3-85b 所示车辆的宽×高为 1900mm×1635mm，两车的宽度差距不大，但从尾部看，因为车高、车窗玻璃、车身、保险杠、离地高度等相关比例的原因，导致视觉重心不同，从而使两车在视觉安全感方面产生了不同的效果。

a) b)

图 3-85 高宽比、视觉重心不同产生的视觉安全感差异

局部细节对安全感也有影响，如图 3-86a、b 所示车辆，D 柱宽度不同，车辆后排的隐私感将有所不同，给人结实和安全的感受也不同。

a) b)

图 3-86 D 柱对安全感的影响

在造型设计中，造型面也会影响安全感的感知。如图 3-87 所示，因侧围外板钣金型面弧度不同，产生了不同的视觉安全感感受。

a)   b)

图 3-87 钣金型面弧度对安全感的影响

5. 色彩对安全感的影响

汽车的安全感也体现在产品的色彩选用上。通过造型色彩语言体现产品的安全象征。采用明度较低的色彩会产生坚硬而沉重的感觉，使人感觉到牢固、结实、安全，如图 3-88 所示。纯度高的深色会使零件产生强硬之感，进而提升车辆的安全感和牢固感。沉稳的色泽如黑色、深灰色、深蓝色等会给人以可靠感；而红色、黄色等明亮的色彩系列则给人以不稳定感，使人焦躁不安，所以一般大型车很少使用亮度和彩度高的颜色。

a)   b)

图 3-88 颜色对安全感的影响

3.3.2 舒适感

汽车车内是驾驶人的驾驶空间，也是容纳乘客的场所，汽车的舒适性是指用户乘坐汽车时心情愉快放松，身体舒展畅快，没有拘束感，不容易疲劳等。所以汽车的舒适感主要表现在车内感受上，包括汽车行驶平顺性、车内空气调节及居住性、车身的隔声与密封性、上下车的方便性等，这些都是车辆设计的客观指标，这里不做研究和讨论。而在一定程度上，汽车造型设计从主观上也影响着驾驶人、乘客的内部舒适度，这种影响不能指标化，但却潜移默化地对用户的购买欲起着决定性作用。汽车静态感知质量讨论的舒适感包括两个方面：一是行为的舒适感，二是知觉的舒适感。

行为的舒适感包括驾乘舒适；零件位置合理，容易找到、容易触及，不被约束或阻挡，操作空间、操作力合理等。这些主要涉及人机工程学，但在满足人机工程学的情况下，也要充分考虑视觉上的舒适感受,这也是汽车静态感知方面的重点。例如,零件上的标志在满足功能要求的情况下,能直观、快速地被识别,并且美观精致,让消费者感觉舒适,拉近了人和车的距离,也能够提高消费者对汽车的认可度。

知觉的舒适感主要包含听觉、触觉、视觉等,前两方面这里不做介绍,而主要介绍由汽车造型设计影响的知觉舒适感中的视觉舒适感。

1. 造型线、面对舒适感的影响

汽车造型的曲面、曲线特征,色彩运用等影响着视觉舒适感。简单、流畅、舒展的线条能够让人感觉到温馨和舒适。汽车内饰的造型和线条走势能使用户产生截然不同的心理感受,平直的线条、大面积的矩形构面让人感觉局促;而平滑的曲线配合多变的曲面,若应用合理,则能营造出宽敞和舒适的感觉。图3-89b所示车辆的舒适度好于图3-89a所示车辆。

图3-89 仪表板直线和曲线对视觉舒适感的影响

在内饰设计中,要合理应用水平装饰线条,慎用垂直装饰线条。弱化垂直的线或面,因为垂直的线或面容易造成割裂效果,造成视觉上的整体散乱,让人感觉局促、被限制。由于垂直线条、面的使用,造成仪表板分割感强烈,各分块独立导致舒适感降低,如图3-90所示。

图3-90 仪表板垂直线条造成割裂效果

2. 色彩对舒适感的影响

由于色彩能从生理、心理两方面对人产生直接或间接的作用,对情绪也有一定的影响,所以汽车内饰颜色的选择也影响消费者对车内舒适性的感知。出色的汽车内饰色彩搭配可以提高顾客的舒适感,能让使用者在有限的空间里达到舒适性的满足,还能减轻驾驶人的视觉疲劳,以保持充足的精力和良好的驾驶状态。

明度低的色彩给人沉重的感觉,明度高的色彩给人轻快的感觉,纯度低的亮色使人觉得柔软舒适,内饰采用透明度高的色彩会产生轻而软的效果,能提高人的舒适感。例如,图3-91a所示车辆采用明度较低的颜色,内饰给人一种心旷神怡的舒适感;而图3-91b所示车辆的内饰采用棕色，相比之下有一定压抑感，舒适感下降。

图3-91 内饰配色对舒适感的影响

恰当的色彩设计是满足用户视觉舒适感需求的一种有效手段。一般运动型车、越野车的内饰色彩应霸气、粗放；轿车的色彩应柔和、细致。另外，定位于年轻人用车的内饰色彩应活泼、亮丽，营造明度与彩度较高和较低的撞色的视觉效果，如图3-92所示。撞色有视觉冲击力，但两者的面积应成反比使用，否则短时间会刺激视神经，使人感觉到兴奋；长时间则会使人感觉疲劳，有不舒适感。

图3-92 内饰撞色的应用

汽车车内色彩设计应充分考虑色彩对人的视觉的调节作用，色彩变化不宜过多，以柔和、明亮、淡雅的中性色构成室内简洁、明快、稳重的色调，营造出一个舒适、安宁、平静、轻松的色彩环境。

3.3.3 空间感

空间感是指一种对空间深度的感觉，主要指的是就视觉而言所产生的空间深度感。空间感的判断是人进入车内从视觉上直观得到的，大空间能照顾到用户的每种"小情绪"，降低由于空间狭窄而可能产生的胸闷气短等生理问题，大大舒缓有限空间带来的心理压力。

作为汽车的主要使用者，驾驶人员在汽车内部空间中除了有基本的驾驶活动之外，还有一些与操作无直接关系的动作，同时也会产生与操作有密切关系的心理活动。因此汽车内部空间除了包括驾乘空间，也要有一定的活动空间，尤其是心理活动空间，这些空间与汽车带给驾乘人员的安全感有着密切的联系。充分考察人的驾驶及乘坐行为，通过内部功能、空间的设计，保证人的生理舒适性以及心理安全感。

驾乘时汽车产品内饰的造型、色彩、材质、纹理等均会使驾乘人员产生不同的空间感，从而产生不同的驾乘感受。

1. 造型线、面对空间感的影响

通过内饰造型设计，巧妙地利用车内零件的造型线条对人视觉的影响，改变空间的空旷感、局促感和呆滞感。零件或造型特征本身有明暗、冷暖、大小等差别，可根据这些特点来营造不同的空间感觉，如图 3-93 所示。

图 3-93 内饰线条、配色对空间感的影响

大的零件或强烈的造型特征会造成向前逼近或有一定压力的感觉；小的零件或造型特征则有远退和轻飘之感。大的、夸张的装饰会使空间感觉被缩小，小的、细弱的装饰会使空间感觉被放大。如图 3-94 所示，宝马最新概念车 X7 的顶篷，使用了较为稀疏、细线状、有规律的折线氛围灯，带有空间透视效果，使人联想到无限扩展的宇宙空间的安定、稳妥感，使头顶产生高远空旷的视觉感，表现出安定、稳重、平静、永恒的特点。

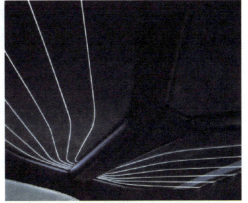

2. 色彩对空间感的影响

图 3-94 BMW X7 的顶篷

面积相同的白色块比黑色块看起来更大，这说明同等面积下高明度色彩的物体显得更大，视觉心理学上把物体因明度不同而产生的差异现象叫作光渗作用。如图 3-95 所示，围棋的黑子和白子看起来一样大，但实际上黑子的体积是大于白子的。同样，色彩明度与彩度的不同会引起物理印象的错觉，造成对物体远近、大小判断的不同。如图 3-96 所示，法国三色国旗看起来三色宽度相同，但它们的实际宽度是不同的。设计师常常借助这种方法让空间显得宽敞，所以合理地应用视觉错觉，能使汽车内饰给人以不同的空间感受。

暖色会产生膨胀感，具有前进性；冷色则有收缩感，具有后退性。造成这一现象的原因除了上述的光渗作用以外，还和眼球对冷暖色的屈光度不同有关。当面积相同的冷色与暖色距眼睛位置相同时，会有暖色大而冷色小的错觉，所以使用暖色调的内饰比使用冷色调的内饰令人感觉空间小，因为冷色会使物体产生收缩的错觉。如图 3-97a 所示，明亮的色调使车内空间具有宽敞、空旷的感觉，使人的心情开朗；如图 3-97b 所示暗色调则使车内空间显得紧凑、神秘。

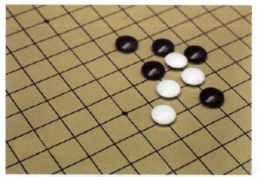

图 3-95　围棋黑子与白子实际大小对比图

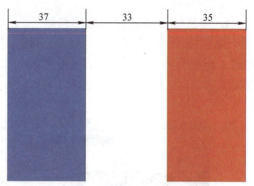

图 3-96　法国国旗三色宽度比例

a)

b)

图 3-97　内饰颜色对空间感的影响

除冷暖色有前进与后退感之外，彩度也会产生进退感。如图 3-98a 所示，在相同距离下，鲜明、清晰、彩度高的色彩靠前，可以起到拉近距离的作用，使人感觉到物体比较近，运用到内饰上会让人感觉空间小。而灰色、模糊、彩度低的配色则使物体显得距离遥远，运用到内饰上会使人感觉到空间大、靠后，如图 3-98b 所示。

图 3-98　色度变化产生的界面断开感差异

通常为了扩大小空间的空间感,应使用高明度、低彩度的色彩;为了改变大空间的空旷感,可使用明度低、色性偏暖的色彩;对于形态变化较大的空间,一般使用较单一的色彩。明亮并且鲜艳的色调能使车内环境显得活泼,富有动感,空间紧凑;冷灰、较暗的色调会使车内气氛显得严肃、神圣,空间宽敞。形态比较单一的空间,可利用色彩对比来表示空间的变化。大空间中使用单一色彩会显得空间单调;小空间中使用过多的色彩变化则会显得零乱。扁平的空间使用高明度、低彩度色彩会强化扁平的感觉,而使用低明度、较高彩度的色彩会淡化这种感觉。

3.3.4 豪华感

用户都希望购买的汽车看起来豪华,汽车制造商也一直追求汽车能够具有豪华感。实际上,高价位的汽车从感知上确实能给人豪华的感觉,但"豪华感"本身是一种"感觉",人们对汽车这类产品的感知是通过视觉、触觉、听觉、嗅觉,以及将多种感知信息混合后,结合经验与记忆,潜意识里给出的主观印象来决定的,而不是物质的堆砌,过度的堆砌豪华元素,不一定能给人以豪华感,甚至可能适得其反产生"土豪"的感觉。

1. 豪华的分类

汽车行业中的"豪华"分为两类:第一类称为 Premium Brands,典型的品牌有奔驰、宝马、奥迪、保时捷、捷豹、路虎、凯迪拉克、林肯、雷克萨斯、英菲尼迪等;另一类称为 Luxury Brands,典型的品牌有迈巴赫、劳斯莱斯、宾利等。具体到每一款车就会稍微复杂一些,如 Mercedes – Benz S – Class 通常划分在 Luxury car 的范畴。

Premium Brands 是在尽可能合理的情境下实现的一种豪华,如图 3-99 所示,它受到技术、成本和其他各种量产要求的限制,设计师更注重通过设计来打造豪华感,此时对设计师的表达要求很高,因为稍不留意就达不到"豪华"的要求;而 Luxury Brands 是不惜一切代价地追求极致的豪华,如图 3-100 所示,它们的工艺、用料以及生产方式决定了此类车想不豪华都很难。

图 3-99　Premium Brands 代表图

图 3-100　Luxury Brands 代表图

总体来说，在量产的车型上要营造豪华感需要关注的因素包括车身的尺寸，造型的比例，型面特征，色彩、材质和表面纹理特征，以及跨界豪华元素的运用。

中国人对"大"有着一种执着，钟爱大车、大空间、大排场，大在中国人眼中是一种地位的象征，就像中国古代的轿子一样，如图 3-101 所示，轿子越大越豪华，越显示身份地位的尊贵，这也是现今 SUV 成为国内市场热销车型的一个原因。

图 3-101 中国古代的轿子

2. 尺寸对豪华感的影响

中国最受欢迎的"个头大"的汽车，从轴距方面考虑，轴距越长，车辆可供成员乘坐的空间越大，驾乘体验越好，所以轴距越长的车越有豪华感。一般情况下，根据轴距尺寸可以将汽车划分为以下几个级别。

表 3-6 车型级别划分

级别	轴距/mm	整车长度/mm	排量/L	代表车型
A00 级车	2000~2200	<4000	1.0~1.3	奥拓、奇瑞 QQ3、比亚迪 F0 等
A0 级车	2200~2300	4000~4300	1.0~1.5	POLO、飞度、赛欧等
A 级车	2300~2450	4200~4600	1.6~2.0	高尔夫、科鲁兹、福克斯等
B 级车	2450~2600	4500~4900	1.8~2.4	宝马 3 系、雅阁、骏捷等
C 级车	2600~2800	4800~5000	>2.4	奥迪 A6L、奔驰 E 级、丰田皇冠等
D 级车	>2800	>5000	>3.0	奔驰 S 级、迈巴赫、劳斯莱斯幻影等

以上只是参考的划分标准，并不是国家的法规标准，根据以上行业惯例，A 级车（包括 A0、A00）是小型轿车、B 级车是中档轿车、C 级车是高档轿车、D 级车是豪华轿车。随着汽车市场的发展，各车型级别的尺寸在不断加大，下一级别车型的长度、轴距在增加，排量也不断增大，与上一级别车型开始重叠，而上一级别车也在不断提升排量和整车长度，提高豪华感。但通过轴距判定车是否豪华并不是绝对条件，豪华感受很多因素影响，同样尺寸、级别的车，不同的造型设计元素会给人不同的豪华感。

3. 经典豪华车的特点

观察市场上的豪华车品牌，如图 3-102 所示，它们都注重经典的传承和延续，技术上虽然不断创新，但在造型形态上仍延续着豪华车型的造型风格和经典特征，并在其基础上进行造型的升华，使车型透露出典雅与高贵。经典豪华车尺寸见表 3-7。

图 3-102 经典豪华车

表 3-7 经典豪华车尺寸　　　　　　　　　　　　　　　（单位：mm）

车型	长	宽	高	轴距
劳斯莱斯幻影	5834	1990	1632	3570
宾利雅致 RL	5640	2125	1515	3117
宾利欧陆飞驰	5307	2118	1479	3065
迈巴赫 57	5728	1980	1572	3390

通过对比豪华车可以发现，豪华车在轴距和整车尺寸上较大、宽度较宽，但高度却和普通家庭轿车的高度差不多，视觉上较为宽厚，即高宽比较小，给人以沉稳大气的感觉。几款经典豪华轿车的共性特点如下：

1）整体注重稳重，讲究对称美，很少有锋芒毕露、特立独行的形态特征，采用的都是规矩、稳重的线条和曲面，给人以庄重稳定、气势恢宏的整体外形感觉，如图 3-103 所示。

图 3-103　宾利欧陆飞驰 1955 款（第一代）和 2017 款（最新款）对比

c)　　　　　　　　　　　　　　d)

图 3-103　宾利欧陆飞驰 1955 款（第一代）和 2017 款（最新款）对比（续）

2）在尺寸上，高度和长度的比值接近 1∶3.5，车窗窄，给人以车身厚实、粗壮的感觉，外观隐私感强；长宽比较大，而宽高差别不大，视觉上显得厚实、粗壮有力。

3）发动机舱盖长且平，车尾向下倾斜，整体形成前高后低的御式，给人以高贵、气派的感觉（图 3-104）。

4）造型面平整、饱满有力，平面间相互垂直的较多，平顺且方向感明确，如图 3-104 所示。

5）车身侧面大量使用较为平直的线条，给人以稳定的感觉，如图 3-104 所示。

6）车头竖直，发动机舱盖显得很高，给人一种威严感，车尾简洁不琐碎，但处理精细，显得高贵，如图 3-105 所示。

7）车头整体完整和谐，简单清晰，各部件间相互独立，显得尊贵和高雅，如图 3-105 所示。

图 3-104　劳斯莱斯幻影侧面

8）翼子板和保险杠交接部位倒角较小，但不尖锐，也不觉得圆滑，视觉上车身较宽，线条硬朗、刚劲有力，如图 3-105 所示。

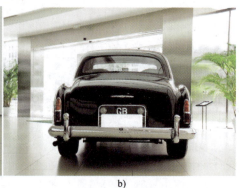

a)　　　　　　　　　　　　　　b)

图 3-105　宾利欧陆飞驰 1955 款（第一代）和 2017 款（最新款）前脸、尾部对比

c)   d)

图 3-105　宾利欧陆飞驰 1955 款（第一代）和 2017 款（最新款）前脸、尾部对比（续）

9）肩线、发动机舱盖高且平，给人感觉姿态高、车身粗壮，显得更具高贵脱俗的气质，如图 3-105 所示。

4. 时尚豪华车的特点

时尚豪华车与经典豪华车相比，在造型风格上更具时代感，使用的线条更加优美流畅，富有张力，设计年轻化，并且注重借用跨界元素来提升档次感。即使是中大型车，也能通过车身上的线条特征营造时尚豪华氛围，摆脱以往中大型车中庸朴实的造型风格印象，如图 3-106 ~ 图 3-109 所示。

通过对比总结可以发现，时尚豪华车具有以下共同点：

1）造型上设计低风阻、流线型车身，追求最佳的运动造型，适应高速行驶，造型优美流畅。

2）造型上把人作为设计中心，采用个性化设计，符合现代人追求时尚的审美习惯。

3）善于注重借用跨界元素，提升档次感。

a)   b)

图 3-106　奔驰 E 320L 2017 款

a)   b)

图 3-107　宝马 7 系 Centennial Edition 2016 款

图 3-108　奥迪 A6L 2018 款

图 3-109　辉昂 2016 款

图 3-110 所示的林肯全尺寸 SUV 概念车大量运用最现代的线条、直线元素，使整车显得稳重而不古板、简约而又时尚，给人带来豪华感与庄严感。

图 3-110　林肯全尺寸 SUV 概念车外观

如图 3-111 所示，其内饰也大量采用平直的线条，营造端庄稳重、简约利落的效果，在视觉上将空间横向引导，使其看起来更加宽广。

5. 豪华元素的使用

造型设计时，加入豪华的配置元素或跨界元素，有利于营造汽车的豪华感。例如，借助机械腕表、游艇、珠宝首饰、艺术品等的产品特征，可直观、简单地传递出档次感。如图 3-112 所示，宝马在内饰设计时，使用了游艇风格的内饰元素，使乘坐者进入座舱后，仿佛身处阳光旖旎的热带海滩。

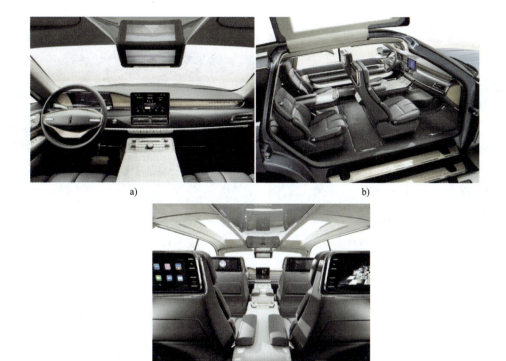

图 3-111 林肯全尺寸 SUV 概念车的内饰

图 3-112 跨界元素的应用

如图 3-113 所示,某款车型的车门内饰板上采用立体蚀刻的装饰板,产生了立体雕塑的效果,提升了豪华感。如图 3-114 所示,某款车型在造型设计时,扬声器罩采用中国元素的图案,设计美观时尚,提升了豪华感。

Smart 龙年限量版专门针对中国人设计,使用了中国人喜爱的红色和代表帝王的黄色龙图案,如图 3-115 所示,让小车如身穿蟒袍的小王爷,豪华而又惹人喜爱。林肯全尺寸 SUV 概念车的行李舱开启后有独立的储物阁,如图 3-116 所示,在明亮的灯光映衬下,使用户犹如进入了宽敞明亮的商场展柜,整车的豪华感陡然提升。

图 3-113 立体蚀刻

图 3-114 中国元素的图案

图 3-115 Smart 龙年限量版

图 3-116 林肯 SUV 概念车的行李舱

劳斯莱斯的后排车门不同于一般车型，采用向前开启的方式，方便乘客上下车；车门内藏有雨伞，如图 3-117 所示，方便乘客使用，使用后插入放回，可以自动整理卷收雨伞，高档感立显。无论车轮怎样旋转，轮毂盖上的标志都一直保持竖直，如图 3-118 所示，犹如劳斯莱斯这个品牌一样屹立不倒，豪华感油然而生。

图 3-117 劳斯莱斯车内的雨伞

图 3-118 劳斯莱斯的轮毂盖上的 R 标志

如图 3-119 所示,隐藏式外把手的使用,不仅减少了车门把手对侧围整体造型效果的破坏,同时也减小了空气阻力,而且前卫时尚,提升了豪华感和科技感。

图 3-119　隐藏式外把手的使用

6. 利用材料、颜色营造豪华感

一般工业产品上能体现豪华感的颜色是金色、银色、黑色、白色等,以及实木的天然纹路,所以黑色、银色、银灰色、香槟金色、白色经常被豪华车选用,如图 3-120 所示。在材质方面,镀铬件的使用在汽车形态上随处可见,车身的每处细节都装饰得闪闪发亮,无论是在车身上还是在内饰中,塑料件基本不会出现在视线当中,内饰的材料都是上等的皮毛和高档的木料,再配以电镀件的金属做点缀,如图 3-121 所示。

图 3-120　颜色对豪华感的营造

a) 碳纤维的使用　　　　　　　　b) 高档木料

c) 钢琴漆表面　　　　　　　　d) 软制包覆

e) 高档真皮　　　　　　　　f) 金属表面

图 3-121　各种高档表面材质对豪华感的营造

3.3.5　科技感

科技感等同于未来科技，未来科技是指超越现实的科学技术，就是让人看上去觉得是未来的、高科技产物的风格。汽车造型之所以能够营造前卫、充满高科技的感觉，主要在于造型上的标新立异，突破了传统车型的一般造型规律，采用少有的造型特征或借鉴其他产品造型上的处理手法，融入高科技和具有未来感的元素，让人感觉眼前一亮，使用户在看到这类车的造型时，就会联想到他们所见到过的最新科技产品或是在科幻电影里看到的未来造型，如同身处科幻世界之中。汽车的科技感一般通过造型的曲面、曲线特征，色彩运用，材质和表面处理以及科技元素的使用来营造。

1. 科技感使用的曲面、曲线特征

具有科技感的汽车在造型上分为圆滑化和锋锐化两种风格。如图 3-122 所示,圆滑化处理的汽车车身造型过渡很光顺,曲面连续,传统的肩线、腰线、轮拱、保险杠等部件特征都被弱化处理了,姿态饱满。

图 3-122 宝马 Efficient Dynamics 2009 款

如图 3-123 所示,锋锐化是为了突出车身造型中的某些前卫科技元素,通过车身表面细节处理突出肩线、腰线,轮拱的曲面过渡转折形成的棱线明显突出,棱线整体形势较硬朗,与大曲面结合起来显得简洁而富有力量,线型处理让人感觉锋锐。

图 3-123 兰博基尼 Egoista 2013 款

科技、前卫风格的锋锐化车型的特征线往往具有大倾斜角度的线条,运动趋势非常强烈,车身侧面一般会有型面的变化,用不同曲面之间的转折形成明显的棱线。在整个车身侧面的细节上,科技、前卫的车型一般会有吸引视觉注意的矛盾集中点,这些点实际上是一小块区域,是整个车身型面线条和曲面变化集中交汇的地方,使人一下子就将目光停留在此处,非常有视觉冲击力。

科技感都以打造超越现实的造型视觉效果为目的,无论是圆滑化还是锋锐化,极简还是极繁。造型以直线、刚性曲线、规则形状为主,整体上曲面较少,多为平面或有规则的三维形态,如圆柱、多边形锥体。很小的圆倒角或者直切角,简单几何图形(如圆环、线、矩形等)的复合,多种样式的平行线条,简化内饰也可以营造科技感,如图 3-124 和图

3-125所示。

图 3-124　劳斯莱斯 Vision 100

图 3-125　奔驰 Vision Next 100

2. 科技感使用的元素

让人产生距离感、脱离现实的感觉，如浩瀚的星空、科幻电影中经常出现的半透明的全息投影与发光一并使用，可增强科技感效果。在汽车上使用灯光点缀、HUD 和玻璃化表面设计等提升乘坐感受，打造梦幻氛围，也是营造科技感的一种手段，如图 3-126 和图 3-127 所示。

图 3-126　宝马 X7 的顶篷

图 3-127　劳斯莱斯幻影的星辉顶篷

迈巴赫 Vision 6 将行驶数据、导航信息等集中采用一套环绕式数显系统显示，同时支持手势操控；在传统汽车换挡杆的位置，设计了一个可将电流的强弱以视觉化的方式模拟出来的电流显示管道，如图 3-128 所示，瞬时电流变化，透明管道的亮度也随之变化。配合简约内饰设计，搭配流畅的线条，并采用了环抱式的内饰氛围灯、透明及半透明的设计，将内室打造成极具未来科技感的太空舱。

图 3-128　迈巴赫 Vision 6 电流显示管道

3. 科技感使用的颜色

科技感所使用的色调一般以冷色为主，给人以博大的印象，如蓝色、青色。天空、大海和地球都是蓝色的，使人容易联想到永恒、平静、广阔和智慧，蓝色在视觉上给人以简洁的感觉，在心理上则会给人以冷静、沉稳的感觉，具有理智、准确的意象，比较适合于严肃的、与事实相关的行业，这正是科学研究所需要的。所以很多科技场所会以蓝色和白色为主色调，这样有利于逻辑思维的运转。在商业设计中，强调科技、效率的商品或企业形象大多选用蓝色作为标准色、企业色，如计算机、汽车、影印机、摄影器材等。

此外，在表达科技感时，不同的颜色也有不同的细分。例如，深蓝色主要用来表达电子科技感，银灰色主要用来表达航天科技感，翠绿色主要用于表达生物科技感，透明色则主要用来表达未来科技感。

3.4 本章小结

本章首先介绍了汽车造型的概念，阐述了造型设计对汽车感知质量的重要性，并简单地从地域和文化差异方面进行对比和分析，概括总结了不同地域和文化下所形成的汽车造型差异。从消费者关注的五种体验，深入阐述了造型设计中如何提高消费者所关注的安全感、舒适感、空间感、豪华感、科技感，让消费者感受到美，体会到汽车做工的精致、高质量，最终达到提升汽车产品竞争力的目的。

参 考 文 献

[1] 付璐. 汽车设计美学基础 [M]. 北京：机械工业出版社，2017.
[2] 付璐. 汽车造型设计美学概论 [M]. 北京：机械工业出版社，2014.
[3] 王贞. 汽车造型的设计创意与工程物化 [M]. 长沙：湖南大学出版社，2016.
[4] 黄国林. 汽车油泥模型设计与制作 [M]. 北京：人民交通出版社，2016.
[5] 周力辉. 动感形态与汽车造型设计 [M]. 北京：清华大学出版社，2016.
[6] 唐纳德·A·诺曼. 设计心理学 [M]. 梅琼，译. 北京：中信出版社，2010.
[7] 胡伟峰，赵江洪，赵丹华. 基于造型特征线的汽车造型意向研究 [J]. 中国机械工程，2009，20 (4)：496-500.
[8] 陈宪涛. 汽车造型设计的领域任务研究与应用 [D]. 长沙：湖南大学，2009.
[9] 库尔特·考夫卡. 格式塔心理学原理 [M]. 李维，译. 北京：北京大学出版社，2010.
[10] 赵丹华，赵江洪. 汽车造型特征与特征线 [J]. 包装工程，2007，28 (3)：115-117.
[11] 朱文博. 轿车造型中的比例研究 [D]. 沈阳：东北大学，2010.
[12] 刘乙诺. 汽车造型比例美学因素评价研究 [D]. 沈阳：沈阳建筑大学，2016.
[13] 朱琳. 对汽车内室空间设计的研究 [D]. 长春：吉林大学，2011.
[14] 魏专，赵江洪. 汽车造型中的比例研究 [J]. 艺术与设计：理论版，2008 (7X)：155-157.
[15] 梁晶. 比例与尺度在汽车造型中的应用研究 [D]. 南京：南京林业大学，2011.

第4章 整车感知人机工程设计

感知人机工程设计主要以人机工程学为基础，评价人机工程学的设计是否满足消费者的要求。它是连接汽车设计人员与消费者之间的桥梁，汽车设计人员的基本目标是尽可能提高消费者和车辆之间的匹配度，不断改进消费者在安全性、舒适性、空间性、便利性等感知方面的体验，从而设计出更加优秀的汽车产品。消费者直接则从汽车产品中感知安全、舒适、空间等方面的性能，对汽车在感知人机工程方面提出更高的要求。

本章重点介绍感知人机工程学的研究对象及感知质量的评价方法，主要围绕舒适感知、安全感知、空间感知、方便感知等方面阐述感知人机工程的设计要求。本章的主旨是为读者提供人机工程学设计准则、感知质量的研究方法，让读者熟悉汽车感知质量中舒适性、安全性、空间性、便利性等的评价方法，同时也让相关领域的评价人员掌握专业的评价工具，成为静态感知质量评价的"行家里手"。

4.1 感知人机工程概述

4.1.1 感知人机工程简介

让设备（汽车）适应使用者（用户），这意味着汽车最终要被设计成消费者在其中有舒适的活动空间、安全的感知氛围，并且可以用舒适的姿势和动作准确无误地操作汽车。应当指出，人机工程学不是让人去适应汽车，也就是说，并不是将汽车设计出来然后让消费者调整自己，甚至强迫自己去适应这个产品。而是通过感知人机工程的指导，进行合理设计去满足消费者的需求；在造型和设计完成之后，再对硬质模型或CTF样车进行评价，用自己的行为、感受去评价和检查汽车产品的人机工程合理性。感知人机工程的设计策略是"为大多数人设计"，即应确保设计出的产品能适合预计的大多数人使用。应该指出，如果使用其他设计策略，如"为平均而设计"或"为极值而设计"，则只有一小部分用户在使用时会感觉产品对他们来说"恰到好处"。因此，"为大多数人设计"要求设计师知道用户群是谁，明确用户群的特征分布、爱好和局限性。

对于一款汽车产品，好的感知人机工程设计应该满足以下要求：

1) 基于感知人机工程设计的汽车产品应非常好地适应人体，就像一件裁剪合体的衣服和一件裁剪不合体的衣服相比，人们更喜欢前者。因此，如果消费者要替换一款在操作性、安全性、便利性等方面的感知质量很适合自己的汽车产品，那么他就有可能购买一件和原来相同的新款产品。这表明符合人机感知的汽车产品更容易被再次购买。

2) 消费者在乘驾过程中应花费更少的精力和体力。随着对此汽车产品使用时间的增加，消费者应体验到轻松、舒适和方便的特点，并在使用该汽车产品时更容易适应甚至喜欢它。

3) 应使用户更容易学会其使用方法，很少需要使用用户手册。

4) 应更有效率，也更加安全。对于不符合人机工程学设计的问题，消费者在试乘试驾时通常能够通过视觉、触觉等感受很快察觉到。

4.1.2 感知人体舒适状态

人体模型是目前人机工程设计中最常用的一种物理仿真模型。这种人体模型是对人体的测量数据进行处理和选择后得到的标准人体尺寸。百分位在人机工程学中是表示人体的某项数据在使用对象中有百分之几的人使用，是国际上通用的表达方式。

由于不同人的人体尺寸有很大区别，它不是某一确定的数值，而是分布于一定的范围内。例如，亚洲人的身高范围是 151~188cm，而汽车研发人员设计时只能使用一个确定的数值，而且不能采用一般理解的平均值。如何确定使用哪组数值就是百分位方法要解决的问题。

百分位表示具有某一人体尺寸和小于该尺寸的人占统计对象总人数的百分比。大部分人体测量数据是按百分位表达的，把研究对象分成一百份，根据一些指定的人体尺寸项目（如身高），按从最小到最大的顺序排列分段，每一段的截止点即为一个百分位。以身高为例，第 5 百分位的尺寸表示有 5% 的人身高等于或小于这个尺寸。换句话说就是，有 95% 的人身高大于这个尺寸。第 50 百分位为中点，表示把一组数平分成两组，即较大的 50% 和较小的 50%。第 50 百分位的数值可以说接近平均值。

统计学表明，任意一组特定对象的人体尺寸，其分布符合正态分布规律，即大部分属于中间值，只有一小部分属于过大和过小的值，它们分布在范围的两端。在设计上满足所有人的要求是不可能的，但必须满足大多数人的要求。所以必须从中间部分取用能够满足大多数人的尺寸数据作为依据，一般都是舍去两头，只涉及中间 90%、95% 或 99% 的大多数人，排除少数人。至于应该排除多少，则取决于排除的后果情况和经济效果。

1. 人体动态尺寸

人体动态尺寸主要包括肢体活动范围和特定姿势下的人体活动空间尺度。

2. 人体肢体活动范围

人体由关节连接的肢体在肌肉活动的作用下将产生相对运动，主要肢体的活动范围如图 4-1 所示。由于人体尺寸、个体习惯、成长经历等因素的不同，人体肢体活动范围在不同的个体之间也存在差异。图 4-2 所示为人体主要关节的最大活动范围。

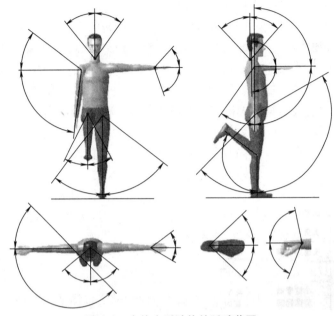

图 4-1 人体主要肢体的活动范围

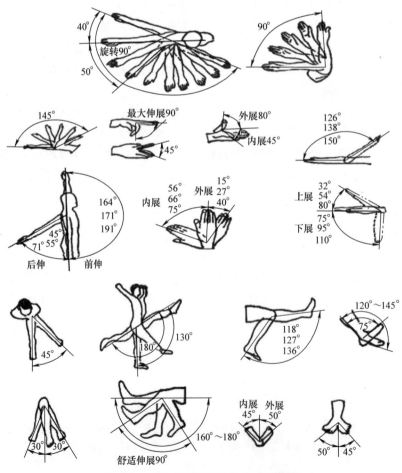

图 4-2 人体主要关节的最大活动范围

汽车本身的空间有限，所以人体在汽车内的舒适状态是汽车设计人员一直不断探索追寻的。汽车设计人员力求在有限的空间中尽量实现人体主要关节的舒适状态，使人体的各个关节达到舒适的活动范围。人机感知是评价人员根据已有的汽车设计空间体会人体设计的最好方法，用感知的方法，及时地做出反馈与评价。汽车内部的人体舒适性评价指标详见本章 4.2 节。

4.1.3 感知人机工程评价方法

感知人机系统是由操作者、机器、显示装置、操作装置、作业环境等子系统组成的，只有各子系统协调一致，才能达到良好的人机系统效能。感知人机系统的分析与评价是依据一定的标准，采用系统工程的方法，对系统和子系统的设计方案进行定性和定量的分析和评价，目的在于全面了解系统设计的优缺点，分析存在的问题，为改进设计提供依据。

感知人机系统的评价包含两方面内容，即系统作业标准和人的工效标准。系统作业标准因人机系统类型的不同而有不同的项目和内容，如产品质量和产量、设备利用率、能耗等。人的工效标准通常考虑人的生理和心理反应、工作效能、适应度等。从综合效果考虑，对感知人机系统设计的评价可提出下列几条标准：

1）安全标准。系统运行安全并具有安全防护措施，以保证操作者的安全。
2）可靠标准。系统运行可靠，在额定的时间范围内不出现故障。
3）经济效益标准。系统运行高效、低成本、低能耗，使总体效能最经济。
4）宜人化标准。系统适应人的生理和心理特征，使操作者和使用者感到舒适、方便。
5）社会效益标准。系统运行过程中不对社会产生危害，并为社会创造良好的产值和附加值。

具体的评价标准及打分原则在第二章中已经详细描述过，在此不再赘述。根据评价标准，感知人机工程可以从舒适感知、安全感知、空间感知、方便感知、科技感知等几方面进行设计评价，如图 4-3 所示。具体评价项目及评价内容见表 4-1。

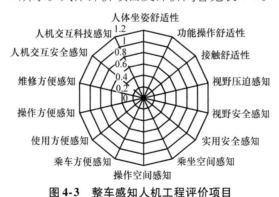

图 4-3 整车感知人机工程评价项目

表 4-1 评价项目及评价内容

评价项目	评价内容
人体坐姿舒适性	座椅感知、头枕感知、坐垫感知、脚部接触感知
功能操作舒适性	转向盘操作舒适性、离合踏板操作舒适性、制动踏板操作舒适性、加速踏板操作舒适性、歇脚踏板舒适性

（续）

评价项目	评价内容
接触舒适性	接触手感、前门扶手的舒适性、中央扶手的舒适性
视野压迫感知	压迫感、驾驶人前方视野、外后视镜视野、内后视镜视野
视野安全感知	前风窗玻璃透光性、A柱视野障碍、驾驶人的360°视野、遮阳板、组合仪表的可视性及防眩目和反光性能、中控面板
实用安全感知	前排安全带的舒适性和可调节性、危险警告灯操作安全性，仪表开关（空调开关、音响开关）行车时的操作安全感知，杂物箱、内后视镜、仪表板上风口开关操作安全感知
乘坐空间感知	前排头部空间、前排肩部空间、前排肘部空间、前排臀部空间、前排腿部空间、前排脚部空间、后排头部空间、后排臀部空间、后排肩部空间、后排腿部空间、后排脚部空间
操作空间感知	车门内侧开关按键、发动机舱盖拉索手柄的操作方便性，背门开启拉手的操作方便性，加油口盖开启拉手的操作方便性，收音机和CD按钮的操作方便性，组合开关的操作方便性
乘车方便感知	开门方便性、关门方便性、上车方便性、下车方便性、上下车踏板、上下车扶手
使用方便感知	前盖/后盖使用方便性，车门板储物盒使用方便性，车门肘靠、前门板储物盒使用方便性，行李舱物品取放方便性，顶篷拉手使用方便性，杂物箱使用方便性，中控台储物空间使用方便性，点烟器使用方便性，遮阳板使用方便性
操作方便感知	变速操作、驻车制动或行车制动操作、车载电源接口和UBS接口的操作、发动机舱盖锁手柄的操作、发动机舱盖撑杆的操作、发动机舱盖的开启高度、发动机舱内液体加注、背门开启操作、背门关闭操作、玻璃升降器开关操作、车内顶灯开关操作、烟灰盒操作
维修方便感知	机油滤清器的更换、空气滤清器的更换、燃油滤清器的更换、机油排空方便性、冷却液加注方便性、制动液加注方便性、洗涤液加注方便性、大灯更换方便性等
人机交互感知	人机交互安全感知、人机交互科技感知

4.2 舒适感知人机工程设计

4.2.1 人体坐姿舒适性设计

　　汽车的设计开发是围绕以人为中心的人性化为前提展开的，在进行汽车驾驶室设计的过程中，驾驶室、座椅等的相关尺寸也是由人体尺寸及其操作姿势或舒适的坐姿确定的，所以在感知汽车舒适性时，人体的驾驶姿势、乘客的乘坐姿势就必须满足正常人体的舒适状态要求。

　　驾驶人人机工程的姿势舒适性是指驾驶人以正常驾驶姿势坐在座椅上，身系安全带，双脚置于脚踏板上，双手握住转向盘时对身体姿势感觉的舒适程度。由于驾驶人的舒适驾驶姿势随车型的不同而变化，各自选择舒适姿势下的关节角度有较大的差别，如图4-4、图4-5所示，人体舒适角度推荐要求见表4-2和表4-3。

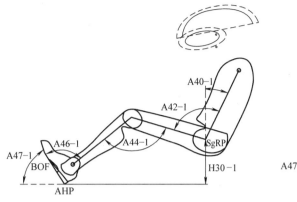 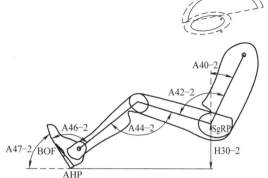

图 4-4　轿车 95% 驾驶人人体舒适姿势　　　图 4-5　轿车 95% 后排乘客人体舒适坐姿

表 4-2　轿车 95% 驾驶人人体舒适角度推荐要求

代码	尺寸名称	舒适参考范围
H30-1	R 点到踵点的垂直距离/mm	250 ~ 405
A40-1	靠背角	20°~30°
A42-1	躯干与大腿的夹角	95°~115°
A44-1	膝盖角	100°~145°
A46-1	脚角	87°~110°

表 4-3　轿车 95% 后排乘客人体舒适角度推荐要求

代码	尺寸名称	舒适参考范围
H30-2	R 点到踵点的垂直距离/mm	127 ~ 405
A40-2	靠背角	20°~75°
A42-2	躯干与大腿的夹角	95°~115°
A44-2	膝盖角	90°~145°
A46-2	脚角	95°~130°

4.2.2　功能操作舒适性设计

人机匹配是指人的特性与机器的特性适当配合。对于驾驶室来说，操作空间应与人体外形测量尺寸相适应；操作机构应与人的形体和最佳用力范围相适应；指示仪表及信号应适合人的视觉、听觉和触觉的常规要求等。

操作机构是人将信息传递给机器的工具。因为人输出信息的部位不同和操作要求不同，所以操作机构的种类也很多，按人体操作部位的不同，可分为手控操作装置（如旋钮、按钮、手柄、操作杆等）和脚控操作装置（如脚踏板等）两大类。功能操作舒适性的设计重点是与汽车驾驶直接相关的操作要求，对于空调开关、电气开关等的操作将在其他小节进行介绍。

操作装置设计中需要考虑的人机问题包括操纵器的形状大小、安装位置、操纵力、操纵位移、运动方向等。

一般原则：操纵器要适应人体的生理特点，便于大多数人使用操作。例如，操作力、操作速度等都应按操作人员的中下限能力进行设计。操纵器的用力方向要同机器的运动状态相协调。尽量利用自然的操纵动作或借助操作者身体部位的重力进行操作。操纵器的造型设计要求尺寸合适、形状美观大方、式样新颖、结构简单,并且给操作者以舒适的感觉。

1. 转向盘操作舒适性

转向盘应处于由 SAE J287 确定的带约束条件下驾驶人手伸及范围内。转向盘应具有易于抓握的、防滑的表面,如突起、纹理等,以保持抓持力。转向盘操纵力应满足 GB 17675 的要求,无助力原地转向时,转向盘操纵力不应大于 245N;若有助力但助力失效,则原地转向时转向盘操纵力不应大于 588N。带助力原地转向时,转向盘操纵力应为 15~25N。转向盘舒适性推荐要求见表 4-4。转向盘调节示意图如图 4-6 所示。

表 4-4 转向盘舒适性推荐要求

设计指标项目	推荐要求	
	优	差
转向盘高度调节行程/mm	>50mm	30~50mm
转向盘角度调节行程	>5°	3°~5°
转向盘处于极限位置时与组合仪表的距离/mm	>60	50~60

2. 三踏板舒适感知

(1)操纵力 在合适的姿势下,人的下肢可产生高达 2250N 的踩踏压力。为了能使脚发挥较大的作用力,应使座椅有较高的靠背,以保证腰部有理想的支撑,并保证操作者具有合适的坐姿,尤其是下肢姿势,通常膝关节角为 105°~135°,踝关节角为 90°~100°。用脚和腿同时操作时,踏板上的操纵力可达 1200N。如果需要更大的力,则要用到整个大腿,但踏板的起动力必须大于大腿的重量,此时应该让足跟用力,蹬踏的轴线应该在脚踝与后脊背支撑点的连线上。

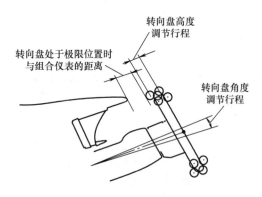

图 4-6 转向盘调节示意图

有些踏板不需要很大的操纵力。操作这类踏板时,可把脚跟放在地上,把脚掌放在踏板上,用脚掌来操作,如汽车的加速踏板。此时,踏板操作力不宜超过 60N。这类踏板的起动阻力很低,膝关节角以 105°~110°为宜。脚操纵装置的适宜操纵力见表 4-5。

表 4-5 脚操纵装置的适宜操纵力

脚操纵装置	适宜操纵力/N
脚休息时踏板承受的力	18~32
功率制动器踏板	直至 68N
悬挂式踏板	45~68N
离合器和机械制动器踏板	直至 136N

踏板必须有一定的操纵阻力,以向驾驶人提供反馈信息并防止误操作。踏板操纵阻力

不能太小，以避免无意中误碰触发踏板，尤其是停歇时脚可能放在其上面的踏板。操纵阻力的最大值应根据第 5 百分位操作者的出力水平来确定。操纵力较大的踏板，最小阻力为 60N；操纵力较小的踏板，其阻力取 30~50N。踏板所需要的起动力一般不超过 100N。汽车上的离合器和制动器踏板的操纵力通常取 52~103N；加速踏板由于经常操作且保持一定的踩下状态，其操纵力不能太大，通常取 5~12N。

（2）踏板的尺寸和布置　脚踏板的形状多采用矩形或椭圆形。所有踏板的表面都应该不光滑，可以做成齿纹状。操纵装置的空间位置影响脚的施力大小和操作效率，必须保证脚与踏板有足够的接触面积，以保证操纵的可靠性。踏板行程应适度，行程太小，则不能很好地提供操纵反馈；行程太大，则影响操纵灵敏性，并容易导致疲劳。操纵力大的踏板，其行程以 50~150mm 为宜；操纵力小的踏板，其行程为 30mm 左右。踏板左右位置应处于人体中线两侧各 10°~15°范围内。当单脚操纵多个踏板时，两相邻踏板之间的距离应为 50~100mm。在特殊情况下，如穿着很重的靴子，则距离应更大些。

（3）踏板之间的落差范围　目前，我国还没有关于三踏板之间落差间距的法规或标准，只能依据经验和对比车型来分析落差是否满足推荐要求，如图 4-7 所示。

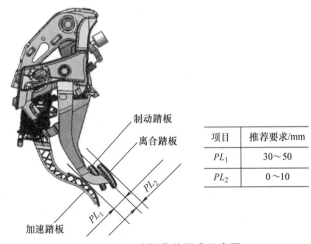

图 4-7　三踏板落差要求示意图

3. 歇脚板舒适感知

歇脚板为离合踏板左侧固定踏板，是用于支撑左脚以防止其疲劳的踏板，如图 4-8 所示；其推荐要求见表 4-6。

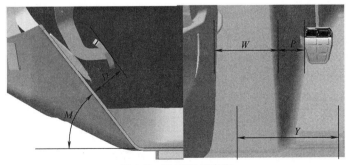

图 4-8　歇脚板示意图

表 4-6　轿车歇脚板推荐要求

歇脚板参数	推荐要求
歇脚板角度 M	45°~55°
歇脚板长度 L/mm	200~350
歇脚板宽度 W/mm	≥85
歇脚板与离合踏板的落差 D/mm	60~70
歇脚板与 R 点之间的距离 Y/mm	200~240
歇脚板与离合踏板的横向间距 P/mm	≥40

4.2.3　接触舒适性设计

接触舒适性设计内容与第六章"触觉元素精致设计"相同，请参考第六章的相关内容，如零件表面触感特性、零件操作反馈特性等的触感设计。

4.3　安全感知人机工程设计

汽车安全对于车辆来说分为主动安全和被动安全两大方面。主动安全就是尽量自如地操纵控制汽车。无论是直线上的制动与加速，还是左右转向都应该尽量平稳，不至于偏离既定的行进路线，而且不影响驾驶人的视野与舒适性。例如，防抱死制动系统、防碰撞预警系统、夜视辅助系统、变道辅助系统等都属于主动安全的范畴。被动安全是指汽车在发生事故以后对车内乘员的保护，如今这一保护的概念已经延伸到车内外所有的人甚至物体。例如，行人保护、安全气囊等都属于被动安全的范畴。评价汽车时，硬件配置都能被人们直观地看到或体验到，但是，还有一些影响安全的因素是通过安全感知来体现的。例如，上车之后的视野是否开阔、操作部分按钮或装置时是否需要低头，都直接影响驾驶人的心理安全感。另外，视觉因素也会影响安全感知。例如，操纵杆看起来很结实，操作按钮很粗犷，都能给人以安全的感觉，这就是安全感知。

4.3.1　视野压迫感知

汽车视野就是驾驶人能够观察汽车周围 360°范围内，其视线到车外不同物体从左到右、从上到下的视角范围。诸如汽车立柱、后视镜、仪表板、转向盘、发动机舱盖、车身腰线和头枕等汽车结构和部件的原因，驾驶人的部分视野会被遮挡，甚至会使驾驶人产生压迫感。

1. 影响驾驶人视野的特性

坐在车里的驾驶人所能看到的视野取决于以下几个方面的特性：驾驶人、车辆、目标、环境。

（1）驾驶人特性　驾驶人能够获得的视觉信息数量取决于人眼的位置（由 SAE J941 的眼椭圆定义）；视觉能力，如视觉对比度阈值、视力、视野大小等；视觉采样特性，如眼球的活动范围；头部转向能力，如舒适的转头范围；头部运动，如向前倾斜、侧身和转头等；驾驶人的年龄及信息处理能力等。

1)视距。人在观察各种显示仪表时,视距过远或过近对认读速度和准确性都不利。一般应根据被观察对象的大小和形状在380~760mm之间选择最佳视距。不同性质的作业,其适宜视距见表4-7。

表4-7 不同性质作业的适宜视距

作业性质	视距/mm	观察范围直径/mm	作业姿势	示例
最精细	120~250	200~400	坐姿,有时依靠视觉辅助手段	组装手表
精细	250~350	400~600	坐姿、站姿	组装小型家电
中等劳动	<500	600~800	坐姿、站姿	操作机床
劳动	500~1500	800~2500	多为站姿	包装
远看	>1500	>2500	坐姿、站姿	驾驶汽车时向外观察

2)视觉巡视特性。人眼视线习惯于从左到右、从上到下、顺时针方向运动。运动时为点点跳跃,而非连续移动。眼球在水平方向的运动速度比垂直方向快,垂直方向的运动较水平方向容易疲劳,且水平方向尺寸的估计比垂直方向准确得多。两只眼球的运动总是协调、同步的。当眼睛偏离视中心时,在偏离距离相等的情况下,人眼对左上象限的观察最优,其次为右上象限、左下象限,右下象限最差。

(2)车辆特性 与视野有关的车辆特性是天窗尺寸和玻璃材料,以及其他由于遮挡、炫目、反射等影响车辆视野的车辆装置。

(3)目标特性 不同目标的尺寸、位置和光学特性,以及它们的背景都将影响驾驶人对视野信息的获取。包括道路与交通控制装置,如道路宽窄、匝道标志、交通信号等;还包括行人及其他道路旁的物体。

(4)环境特性 包括由光照度引起的可视条件,如白天、晚上、黎明、黄昏、天气(雨天、雾天);以及其他照明及炫目光源。

2. 影响视野压迫感知的评价方法

关于影响视野压迫感知的评价方法,这里重点介绍驾驶人的前、后视野。

(1)驾驶人前视野

1)前(后)视野定义。最高风窗开口的视野倾角:乘员中心平面内,第95百分位眼椭圆最高点到风窗开口最高点连线与水平面的夹角,如图4-9所示,具体推荐要求见表4-8。最低风窗开口的视野倾角:乘员中心平面内,第95百分位眼椭圆最低点到风窗开口最低点连线与水平面的夹角。

表4-8 前视野倾角推荐要求

评价指标项目	推荐要求	
	优	差
A124-1-U 前风窗上视野倾角	>15°	<12°
A124-1-L 前风窗下视野倾角	>7°	<4.5°
A124-2-U 后风窗上视野倾角	>6.5°	<4.5°
A124-2-L 后风窗下视野倾角	>1.5°	<1°

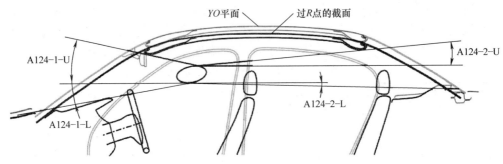

图 4-9 前视野示意图

顶篷、A 柱倾斜角度、中控台的高度都直接影响驾驶人的前方视野,对其造成压迫感,如图 4-10 所示。

2) 前下视野盲区。它是驾驶人通过前风窗玻璃看到离车辆前端最近的地面到车辆前端的距离,如图 4-11 所示。即使用仅乘坐驾驶人一人的地面线,在驾驶人的 Y 向中心平面上,过前风窗玻璃下部透明区域边界点和第 95 百分位眼椭圆下部相切的线与地面线的交点距车辆前保险杠的距离。

前下视野盲区推荐要求见表 4-9。

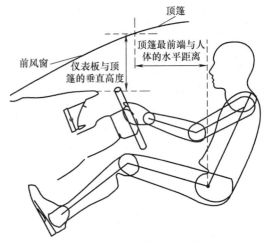

图 4-10 视野压迫感知的影响因素

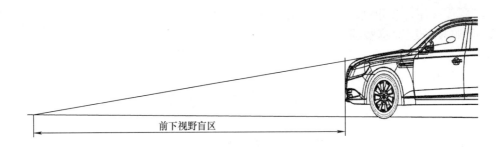

图 4-11 前下视野盲区示意图

表 4-9 前下视野盲区推荐要求

评价指标项目	推荐要求	
	优	差
前下视野盲区/m	<7	>8.5

(2) 驾驶人后视野

1) 后下视野。驾驶人通过后风窗玻璃应能看到车辆后方 5m、距地面高度 1m 的物体和距车辆后方 15m 的地面上的物体,如图 4-12 所示。即使用仅乘坐驾驶人一人的地面线,在驾驶人的 Y 向中心平面上,过距车辆后保险杠后方 5m、距地面 1m 的点以及距车辆后保险杠后方 15m、地面上的点,与第 95 百分位眼椭圆下部相切的线不应与搁物板、后排座椅、行李舱盖和后风窗玻璃非透明区域相交。

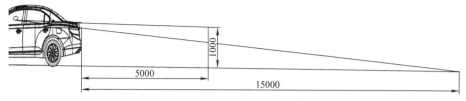

图 4-12　后下视野盲区示意图

2）内、外后视镜视野。内、外后视镜的设计,各个汽车厂商均按 GB 15084 的要求进行,此为强制性法规,本书不再赘述。各车辆使用者根据自己的使用习惯进行评价即可。

4.3.2　视野安全感知

1. 显示装置对安全的感知

（1）显示装置　显示装置是人机系统中功能最强大、使用最广泛的人机界面元素。它通过可视化的数值、文字、曲线、符号、图形、图像等向人传递信息。对显示装置的要求,主要是使操作人员观察认读既准确、迅速,又不易疲劳。

（2）显示装置的设计原理

1）显示装置的设计原则。要使人能迅速而准确地接收信息,必须使显示装置的尺寸、指示器、字符、符号和颜色的设计适合人的生理和心理特性。因此,视觉显示装置的设计必须遵循以下几个原则：所显示的信息数目应该在人的判别和识读能力限度之内；信息显示精度的选择应综合考虑空间、成本、人的辨别能力、人机系统布局等因素；信息显示的形式应直观、形象,符合人的习惯；与所使用的环境形成良好的匹配,包括照明、色彩、温度、振动等；综合考虑整个人机系统与其他显示装置和操纵装置之间的匹配。

2）显示装置的几何设计。几何形状的确定不仅要考虑美学要求,更要考虑所显示信息的排列和人的视觉运动规律。例如,常用的仪表刻线盘形状有圆形、半圆形、直线形、扇形等,如图 4-13 所示。不同形状的刻线盘,其识读率也不相同,见表 4-10。

3）显示装置的尺寸。显示装置的大小与其显示的信息精密度和操作者的观察距离有关。当尺寸较大时,所显示的信息可随之增加,可提高清晰度,但却会使视线的扫描路线变长,降低了认读的速度,容易分散观察者的精力,也使安装面积增大、布局不紧凑。

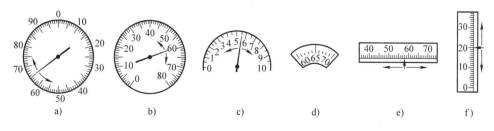

图 4-13　刻线盘的形状

表 4-10　各种刻线盘形状与读数准确度比较

仪表形状	最大可见刻线盘尺寸/mm	读数错误率（%）
开窗式	42.3	0.5
圆形	54.0	10.9
半圆形	110	16.6
水平直线形	180	27.5
竖直直线形	180	35.5

（3）文字和符号　显示装置上的信息必须配以文字和符号说明，这样才能够完整、准确地表达所显示的信息。对于文字和符号，基本要求是形状简单易读、大小便于辨认、颜色清晰醒目、立位自然、符号形象。例如，在显示装置上，利用符号和标志代替文字和数字有助于提高辨认速度和准确度。但应该注意这些符号和标志的复杂程度，使要识读的特征数为 2~3 个。显示装置上的指示器用以表示和指示所显示的关键信息和状态，如仪表上的指针、温度表上的水银柱。指示器的设计要求能够准确指示所显示物理量，不出现掩盖物理量、指示模棱两可、指示器与背景对比过小的情况。显示装置颜色的匹配，一方面应考虑人机系统整体的色彩基调，以确定显示装置的背景色调；另一方面要使所显示的信息清晰、醒目。保证信息醒目的途径主要是使前景与背景形成鲜明的颜色对比。例如，要匹配仪表上的数字和背景颜色，最清晰的配色方案是黑底黄字，而最模糊的配色方案是黑底蓝字。在实际使用中，由于黑白两种颜色比较容易掌握，常采用黑底白字或白底黑字的配色方案。

（4）显示装置的空间布置　显示装置的空间布置主要需考虑操作者的观察距离（视距）和确定显示装置相对于操作者的最优布置区域。为提高工作效率、减轻工作疲劳，应保证操作者尽量不转动头部和眼睛就能看清显示装置。根据人眼的视觉特性，应该在 380~760mm 之间选择最佳视距，例如，汽车仪表与人眼之间的距离应在 710mm 左右。为简便起见，布置显示装置的区域（如仪表板面）一般呈长方形。最常用、最主要的显示装置应尽可能布置在视野中心 1.5°范围内，这是人的最优视区。水平方向 15°范围内的静视野为良好视区。当水平方向超过 24°，即使仍处于 35°的有效静视野范围内，也常需要转动头部和眼球去寻找目标，认读时间长，准确率将下降。在布置区域内，显示装置的排列顺序最好与其认读顺序一致。相互联系越多的显示装置应越靠近，并要考虑彼此间在逻辑上的联系。此外，空间布置还必须考虑到显示装置的重要性、观察频率和功能。显示装置的排列还应考虑与操纵装置的协调关系。当有很多显示装置时，应根据它们的功能分区排列。

（5）正常人体视野范围　正常人体视野范围是指驾驶人不转动身体，仅通过转动眼球和水平转动头部获得的视野范围，它根据 GB 11562 和 SAE J1050 确定，见表 4-11。

表 4-11　正常人体视野范围　　　　　　　　　　　　［单位：（°）］

项目	舒适值	最大值
头部向左侧旋转角度	45	60
头部向右侧旋转角度	45	60
眼球向左侧旋转角度	15	30
眼球向右侧旋转角度	15	30
眼球向上方旋转角度	15	45
眼球向下方旋转角度	15	65

2. 反光炫目对视野安全的影响

（1）反光 入射光线通过仪表反光面形成反射光线。当反射光线射到驾驶人眼睛内时，会对驾驶人视觉造成影响。

（2）眩目 仪表自身发出的光射到前风窗玻璃后反射到驾驶人眼睛内时，会对驾驶人视觉造成影响，从而影响行车安全。

驾驶人不应通过组合仪表反光面看到车内光源或装饰亮条，以免干扰其对组合仪表显示内容的正常识别。通过前风窗玻璃进入车辆内部的太阳光不应照射到组合仪表反光面，以免造成漫反射，干扰驾驶人对组合仪表显示内容的正常识别。驾驶人不应看到组合仪表显示面在前风窗玻璃上的成像，以免干扰其通过前风窗玻璃对路面交通状况的正常识别。驾驶人不应看到组合仪表显示面在前车门玻璃上外后视镜观察区域的成像，以免干扰其通过前车门玻璃和外后视镜对路面交通状况的正常识别。仪表板的反光眩目问题，主要是由罩、屏、亮条等的直接反光以及目标可视区域的高亮成像等引起的，应采用角度单曲面或双曲面设计避免反光炫目的发生。具体评价项目见表4-12。

表4-12 反光炫目区域推荐要求

序号	项目	推荐要求		
		优	中	差
1	组合仪表显示屏	没有反光炫目	有局部反光炫目，但是可以接受	有反光炫目，严重影响行驶安全
2	组合仪表面罩			
3	DVD 显示屏			
4	空调风口的亮条			
5	仪表板上的亮条			
6	空调面板的亮条			

4.3.3 实用安全感知

实用安全感知是指用户在使用车辆时不会被车辆伤害，具体是指用户在日常使用车辆期间，在正常操作车辆的各种设备时，不会被车辆的毛边、锐角、突起和高温部件伤害。例如，空调出风口的曲率半径及格栅间距不应该划伤或卡住用户的手指；前排座椅导轨外露不应该损伤后排乘客的脚趾；发动机舱内发烫的机盖支撑杆应该局部包覆，避免烫伤用户；加油口盖在旋拧的过程中，其周边的钣金不应该划伤用户的手等。对于车内、车外所有用户能够接触到的设备，应保证用户操作时不被伤害。

1. 空调出风格栅的实用安全

在驾驶区域内，不应存有任何可能增大乘员严重伤害风险的危险粗糙表面或尖棱。格栅尖棱是指曲率半径小于 2.5mm 的刚性材料的棱边，但不包括从仪表板表面测量凸出高度小于 3.2mm 的情况。对于凸出高度小于 3.2mm 的情况，如果凸出高度不大于其宽度的一半，并且其边缘是圆钝的，就可以不对最小曲率半径提出要求。格栅零件推荐要求如图 4-14、表4-13 所示。

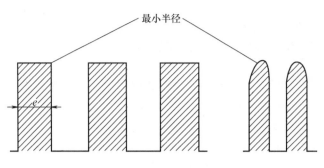

图 4-14 格栅示意图

表 4-13 格栅零件推荐要求 （单位：mm）

格栅间距	平端格栅		圆端格栅
	最小片厚 e	最小半径	最小半径
1～10	1.5	0.25	0.50
10～15	2.0	0.33	0.75
15～20	3.0	0.50	1.25

2. 操纵装置之间的安全距离

操纵装置的空间布置首先要与其功能、特性和操纵特点相适应，并尽可能减小操纵力、减少误操纵、增加操纵安全感。当具有多个操纵装置时，应将较重要和使用频率较高的优先布置在最佳操作区域，以便于施加操纵力、便于观察、便于伸及操纵区域。对于功能上存在逻辑关系或者有顺序要求的操纵装置，应该考虑功能组合和按使用顺序排列，所采用的排列顺序还应该与人所习惯的排列形式相适应。

要保证能够正确地使用操纵装置而不受附近其他操纵装置的影响，操纵装置之间应当有一个最小的安全距离。表 4-14 列出了常见操纵装置之间的最小的和最佳安全距离。

表 4-14 相邻操纵装置之间的距离 （单位：mm）

操纵装置	操纵方式	最小距离	最佳距离
按钮	一根手指	20	50
手轮	两只手	75	125
旋钮	一只手	25	50
踏板	一只脚	50	100

3. 手伸的安全范围

当驾驶人操纵汽车行驶时，其神经总是处于较为紧张的状态，为保证驾驶安全，必须保证驾驶人在其身体躯干部位变动不大的情况下，能方便地操纵转向盘、踏板以及各种按钮等。在 1976 年 7 月，SAE 就推出了驾驶人手伸及界面标准 SAE J287。SAE J287 中给出的数据是适合 95% 驾驶人的手伸及界面，即它描述的范围至少有 95% 的驾驶人能够用手伸及到。

根据手伸范围将操纵件分为高优化操纵件和低优化操纵件。高优化操纵件应该处于驾驶人系上安全带，并且肩膀保持不动的状态时手可以伸及的区域，而剩余的低优化操纵件只要处于驾驶人系上安全带时手能够伸及的区域即可,见表 4-15。

表 4-15　操纵件分类表(举例)

高优化操纵件	低优化操纵件
喇叭按键	两驱—四驱转换装置
声音选择、控制装置	气囊锁死按键
驾驶室内环境控制(空调、风扇)	烟灰缸
车速控制系统(保持一定车速)	点烟器
昼/夜后视镜调节按键	时钟调节开关
变速操纵装置	雾灯开关
手制动操纵装置	发动机罩开关
警示闪光(信号)灯	超速挡开关
前照灯开关	仪表板照明装置
前照灯闪光器开关按键	座椅动力调节装置
点火启动按键	遥控加油口盖开关
转向开关	遥控行李舱开关
转向信号	转向盘角度/伸缩
风窗区域除霜操作按键	电话听筒
风窗玻璃洗涤装置	里程表回零按钮

4.4 空间感知人机工程设计

4.4.1 乘坐空间感知

驾驶人乘坐空间示意图如图 4-15 所示。

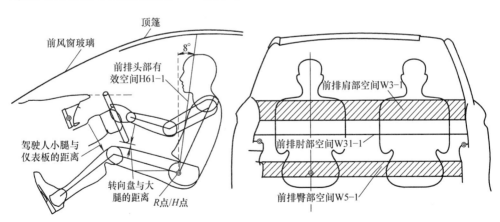

图 4-15　驾驶人乘坐空间示意图

H 点:三维人体模型的躯干线与大腿线的交点(针对的是人体模型)。

R 点:将三维人体模型放置在座椅上时的 H 点位置(针对的是座椅)。

头部有效空间:沿着座椅参考点(R 点)到顶篷衬里垂直方向向前 8°的直线距离加上 102mm。H61 的后缀表示指定的座椅位置,如 H61-1 表示前排乘客的头部有效空间,

H61-2 表示后排乘客的头部有效空间。

肩部空间（W3）：作通过座椅 R 点的 X 截面，座椅 R 点向上 254mm 与门腰线之间的区域和门护板表面相交，交线即测量区域。在测量区域内，门护板表面的最小距离即肩部空间。

肘部空间（W31）：作通过座椅 R 点的 X 截面，从与门扶手平面相交的最高点向上 30mm 处测量门饰件表面之间的最小距离，即肘部空间。如果没有扶手，则测量在 R 点上方 180mm 处的最小距离。

臀部空间（W5）：在 X 截面内，从座椅 R 点向下 25mm、向上 76mm、前后各 76mm 围成的长 152mm、宽 101mm 的矩形区域即测量区域。在测量区域内，门护板表面的最小距离即臀部空间。如果测量区域被座椅部分遮挡，则该遮挡区域被排除；如果测量区域被座椅全部遮挡，则测量与 R 点最接近的未被遮挡的门板区域。

1. 前排乘坐空间

前排乘坐空间评价因人而异，首先根据个人习惯将座椅调整到舒适位置之后，考虑因素主要是前排驾驶人头部与内饰衬里之间的空间距离。在汽车设计中，专业测量方法是从人体的 R 点到内饰顶盖之间的空间距离。另外，前排驾驶人腿部与转向盘、仪表板之间的距离也将影响乘坐空间的舒适性，如图 4-16 所示。对于前排肩部空间、肘部空间、臀部空间主要是针对汽车设计者做设计时的参考指标。前排乘坐空间推荐要求见表 4-16。

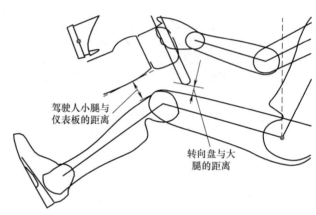

图 4-16 前排腿部空间

表 4-16 前排乘坐空间推荐要求　　　　　（单位：mm）

评价指标项目	推荐要求	
	优	差
前排头部空间 H61-1	>955	<935
前排肩部空间 W3-1	>1420	<1380
前排肘部空间 W31-1	>1490	<1430
前排臀部空间 W5-1	>1440	<1370
转向盘与大腿的距离 H13	>100	<80
驾驶人小腿与仪表板的距离	>100	<80

2. 后排乘坐空间

后排乘坐空间的评价与前排乘坐空间的评价项目基本相同，主要考虑后排头部空间、乘客腿部与前排座椅的空间距离、后排乘客脚部与前排座椅的空间距离。当然，后排乘坐空间的评价与前排座位调整的位置有直接关系，一般情况下，可以将前排座椅调整到最后最下的位置，再由评价人对后排乘坐空间进行评价。对于后排肩部空间、肘部空间、臀部空间，主要是针对汽车设计者做设计时的参考指标。后排乘坐空间推荐要求，见表4-17。

表4-17 后排乘坐空间推荐要求　　　　　　　　　　　　　　（单位：mm）

评价指标项目	推荐要求	
	优	差
后排外侧成员头部空间 H61-2	>935	<925
后排乘客肩部空间 W3-2	>1420	<1380
后排乘客肘部空间 W31-2	>1490	<1430
后排乘客臀部空间 W5-2	>1440	<1370

4.4.2 操作空间感知

手指操作提按型电气开关如图4-17所示，其设计推荐要求见表4-18。

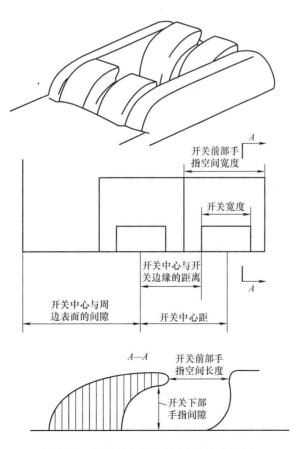

图4-17 手指操作提按型电气开关示意图

表 4-18 手指操作提按型电气开关推荐要求　　　　　　　　（单位：mm）

设计指标项目	推荐要求	
	优	差
开关宽度	>15	<10
开关中心距	>30	<20
开关中心与开关边缘的距离	>25	<15
开关前部手指空间长度	>30	<15
开关前部手指空间宽度	>30	<15
开关下部手指间隙	>30	<15
开关中心与周边表面的间隙	>40	<25

4.5 方便感知人机工程设计

4.5.1 乘车方便感知

1. 开门方便性

（1）门拉手离地高度　第 5 百分位人体在不需要将手抬高至超过肩膀时必须能够抓住车门拉手，并且第 95 百分位的男性不需要弯腰就能抓到门拉手，也就是门拉手的位置不得低于第 95 百分位男性站姿手腕高度。车门外拉手的位置应显而易见（图 4-18），其高度推荐值见表 4-19。

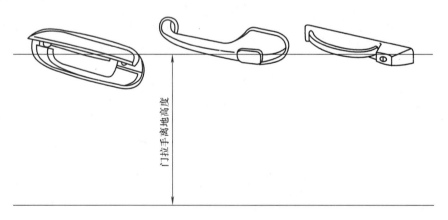

图 4-18　车门外拉手示意图

表 4-19　开门方便感知推荐要求　　　　　　　　（单位：mm）

项目	推荐要求
（前门）抠拉式拉手离地高度	730～870
（前门）外拉式和按钮式拉手离地高度	720～920
后门外拉手离地高度	1000～1100

(2) 车外门拉手的纵向位置　车外门拉手离车门后边沿的位置越近越好,以避免驾驶人开侧车门时车门右下角撞伤其胫骨。

(3) 拉手手柄空间　应检查拉手手柄表面空隙,以确保第 95 百分位男性手掌(考虑手掌宽度、手指宽度和手指厚度)的四根手指可以伸入车门内拉手手柄(或拉环)和车门外拉手。此外,为了满足冬天戴手套开门的需要,还需根据所在销售市场中的人群习惯及手套类型,预留额外的车门拉手空间。另外,还要考虑未来防止驾驶人手上的戒指或长指甲划伤汽车表面而需要额外预留的空间。拉手操作空间应避免锋利的边缘、凸起和易造成夹手指、夹手指甲的结构,并提供易于抓握的、防滑的表面,如突起、纹理和外形,以保持抓持力。拉手操作过程中,当车门解锁时应提供触觉和听觉反馈。拉手运动过程中应提供均匀、持续的反作用力。虽然拉手是为四根手指设计的,但是拉手操作空间长度应随着施加在拉手上的力的调整而调整。

2. 上下车方便性

驾驶人和乘客应该能方便、迅速和舒适地进出汽车,而不需要采取诸如过度弯腰、转身、扭转、伸长身体、让身体倾斜,或者身体碰撞车身之类的尴尬姿势或极费力的动作。感知评价上下车方便性时,应考虑车门立柱的布置、出入通道尺寸和侧壁倾斜度对上下车方便性的影响。

通道宽度是影响上下车方便性的重要因素。车门开度过小,则不便于上下车;开度过大,则会占用过大的泊车面积。L18 是前车门打开时下部通道宽度,一般推荐要求 L18 > 400mm;L19 是后车门打开时下部通道宽度,要求 L19 > 250mm,如图 4-19 所示。

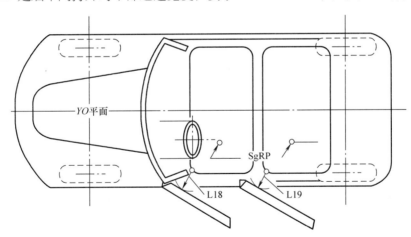

图 4-19　上下车通道示意图

侧壁倾斜度对上下车方便性有很大影响。如图 4-20 所示,当 K 值(车门上缘与门槛之的水平距离)为零时,乘客的上身必须倾斜 30°以上才能进入车内,入座很费劲。轿车的 K 值一般取 100～150mm(视车身高度不同而有所变化),则人的上身只需稍许倾斜即可入座。

必须指出,当 K 值过大时,下车时也不方便,同时将由于上下比例失调而影响汽车的外观,内部空间的利用也不好,将影响乘员的头部空间和乘坐舒适性。而且玻璃及玻璃升降器占用车门内腔的空间也将变大,从而使车门增厚。门洞上下框相对位置对乘员进出方

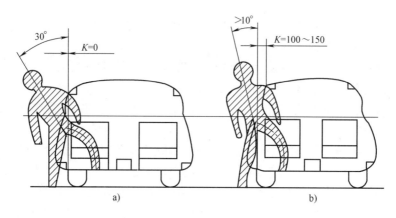

图 4-20　车身侧壁倾斜度对上下车方便性的影响

便性也有较大影响，如图 4-21 和表 4-20 所示。

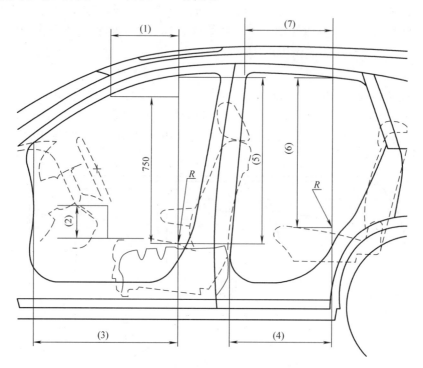

图 4-21　门框布置与进出方便性示意图

表 4-20　门框布置与进出方便性的关系

序号	项目	推荐要求/mm
(1)	A 门立柱顶排位置	>200
(2)	座椅-转向盘下端	>150
(3)	前开口部	>650
(4)	B 门立柱底部后端位置	>500

(续)

序号	项目	推荐要求/mm
(5)	前侧门框顶部高度	>780
(6)	后侧门框顶部高度	>750
(7)	B门立柱顶部后端位置	参考标杆车

作为现代人性化设计的一部分,关注残疾人上下车方便性的无障碍设计理念在汽车设计中得到越来越多的应用,主要通过一些特殊设计方案(如超低入口地板)来方便残疾人进出,并采用一些特殊装置(如轮椅固定装置)来增强安全性。增加的上下车扶手,方便了老年乘客上下车,如图4-22所示。

图4-22 新增扶手示意图

4.5.2 使用方便感知

1. 前后舱盖使用方便性

重点介绍车辆使用者及维修人员在进行诸如打开发动机舱盖、保养发动机、在行李舱或货舱装卸货物、加油、换胎、洗车等操作时,在汽车外部界面,确保汽车外部设计能够让使用者便捷、快速、无误地完成所有外部界面操作。

(1)发动机舱盖布置位置设计要求 发动机舱盖应位于SAE5%女性手伸及包络(不倾斜)与SAE95%男性头部运动包络(倾斜)之间,如图4-23所示。其开启高度见表4-21。

(2)后背门及其外拉手设计要求 后背门设计位置应位于SAE5%女性手伸及包络(不倾斜)与SAE95%男性头部运动包络(倾斜)之间,如图4-24所示。其开启高度见表4-21。

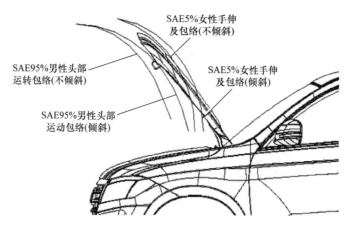

图 4-23　发动机舱盖布置位置设计要求

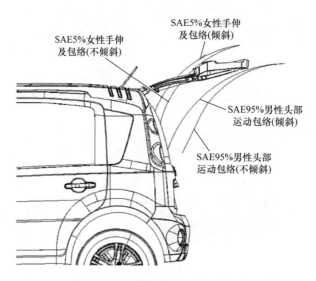

图 4-24　后背门布置位置设计要求

表 4-21　前后舱盖开启高度　　　　　　　　　　　　（单位：mm）

项目	推荐要求
发动机舱盖开启高度/mm	1902～1950
后背门开启高度/mm	1902～1950

2. 车门扶手使用方便性

车门扶手应直观和显而易见。装备手动调节座椅时，车门扶手上表面相对于设计 H 点的高度不应小于 165mm，且不应大于 210mm。装备电动调节座椅时，车门扶手上表面相对于设计 H 点的高度不应小于 190mm，且不应大于 210mm。车门扶手相对于水平线的后倾角不应大于 8°，内倾角不应大于 6°，如图 4-25 所示。

车门扶手舒适区域布置见表 4-22。

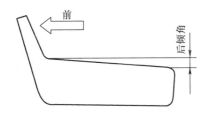 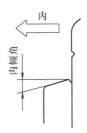

图 4-25　车门扶手示意图

表 4-22　车门扶手舒适区域布置　　　　　　　　　　　　（单位：mm）

类型	前臂舒适区域	肘部舒适区域	
	C	B	A
两门两座汽车	135	120	135
两门四座汽车后门	155	110	155
四门四座汽车前门	140	115	140
四门四座汽车后门	155	100	155

车门扶手应高于副仪表板扶手箱，与副仪表板扶手箱的高度差不应大于25mm。车门扶手应有足够的宽度以放置乘员的肘部和前臂，使用第95百分位男性肘部模型测量车门扶手有效宽度，肘部舒适区域内的扶手宽度不应小于50mm，建议取60mm，如图4-26所示。

3. 车内储物空间使用方便性

旅行途中有时会临时或者较长期地在车中放置一些物品，其中可能包括一些贵重物品或者不宜收藏起来的物品。进行车内储物空间评价时，主要是从使用的方便性、实用性角度去评价；对于储物空间的数量则不做要求，可根据客户群习惯去评价。建议汽车设计人员更多地挖掘可以利用的一切有效空间，以方便用户使用。例如，可以将座椅下方的空间利用起来，如果空间足够，驾驶人便可以在车上预留一双更适宜开车时穿的鞋，如图4-27所示。

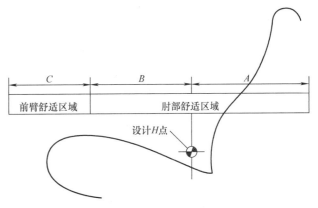

图 4-26　车门扶手舒适区域示意图

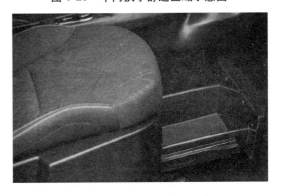

图 4-27　座椅下方的储物盒

4.5.3 操作方便感知

1. 换挡操作方便性

(1) 操作力 操作杆的操作力因操作方式和性质不同而有很大差异。具体设计推荐要求见表 4-23。

表 4-23 换挡操作手柄推荐要求

项目	推荐要求
操作杆的操作力/N	30~130
前后方向操作时/N	36~115
左右方向操作力/N	18~75
工作阻力/N	≤18
换挡操作手柄顶部直径/mm	50~65
手动换挡操作手柄换挡行程/mm	60~70
选挡行程/mm	20~35

(2) 操作空间 操作手柄应处于由 SAE J287 确定的带约束条件下驾驶人手伸及范围内。相对于仪表板或副仪表板上的其他表面应具有足够的差别,以便于快速识别,操作应直观和显而易见。手柄操作空间应避免锋利的边缘、凸起和易造成夹手指、夹手指甲的结构,并提供易于抓握的、防滑的表面,如凸起、纹理和外形,以保持抓持力,如图 4-28 所示。

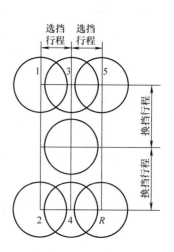

图 4-28 手动换挡操作手柄示意图

2. 驻车制动手柄操作方便性

驻车制动手柄(图 4-29)处于副仪表板上驾驶人一侧,相对于副仪表板上的其他表面应有足够的差别,以便于快速识别。驻车制动手柄的操作应直观和显而易见。驻车制动手柄操作空间应避免锋利的边缘、凸起和易造成夹手指、夹手指甲的结构,并提供易于抓握的、防滑的表面,如凸起、纹理和外形,以保持抓握力。驻车制动手柄操作力应满足 GB 21670 的要求,设计推荐值见表 4-24。

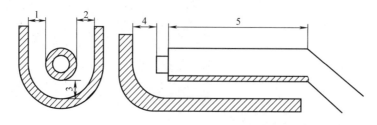

图 4-29 驻车制动手柄示意图

表 4-24　驻车制动手柄推荐要求　　　　　　　　　　　　（单位：mm）

项目	推荐要求
1	≥45
2	≥45
3	≥40
4	≥40
5	≥100
手柄宽度或直径	20~50
按钮直径	≥20
按钮操作力/N	≤6.7

4.5.4　维修方便感知

对于日常生活中使用频繁的汽车，人们不仅希望它拥有完美的使用性能，也希望它拥有良好的维修性能。例如，用户经常使用的机油尺，其位置、插拔空间是否满足用户的使用要求，也是汽车设计者需要考虑的设计因素；风窗洗涤液的加注是否方便等，都直接影响用户的使用；对于维修性拆解，如果周边的零部件过多，则无形中会增加用户的维修成本。所以维修方便性也是感知人机工程设计的一部分，其主要评价项目及评价要求见表 4-25。

表 4-25　维修方便感知评价项目及评价要求

序号	评价项目	评价要求
1	机油滤清器更换方便性	1）不需要拆卸周边零部件（线束除外），就能直接更换为优 2）需要举升汽车，并使用特殊工具拆卸更换为差
2	机油加注方便性	1）有标识且位置明显易于加注为优 2）加注困难且需要专用工具才能加注机油为差
3	机油排空方便性	1）不需要举升或抬高整车就能够排掉机油，且易于拆卸为优 2）需要举升整车才能完全排掉机油，且拆卸困难为差
4	机油液面检查方便性	1）机油尺位置易于取出，且标识明显易读为优 2）机油尺位置不明显，且不易取出为差
5	起动机更换方便性	1）不需要拆卸周边零部件（线束除外），能用工具方便拆卸为优 2）需要拆卸周边零部件，且拆卸困难为差
6	检查拿取和放置备胎方便性	1）备胎盖打开后可挂靠，以便空出双手拿取备胎，操作简单方便为优 2）备胎盖需要取出或手工抬起，备胎中心与车身尾部边沿距离较大，取放操作费力为差
7	空气滤清器滤芯更换方便性	1）不需要拆卸周边零部件（线束除外），不用工具就可方便拆卸为优 2）需要拆卸周边零部件，需要用特殊工具拆卸为差
8	冷却液加注方便性	1）位置明显，有标识，易于加注为优 2）需要专用工具才能加注冷却液为差
9	冷却液加注查看方便性	1）无周边件遮挡，加注快满时观察方便为优 2）周边有遮挡，加注和查看困难为差

(续)

序号	评价项目	评价要求
10	蓄电池更换方便性	1) 不需要拆卸周边零部件（线束除外），能用工具方便拆卸为优 2) 拆卸和搬出困难为差
11	制动液加注方便性	1) 有标识，位置明显，易于加注为优 2) 需要专用工具才能加注冷却液为差
12	风窗洗涤液加注方便性	1) 有标识，位置明显，易于加注，加注满时易于观察为优 2) 需要使用专用工具才能加注洗涤液为差
13	前大灯灯泡更换方便性	1) 灯泡后部周边操作空间充足，更换灯泡方便为优 2) 灯泡后部操作空间不足，需特殊工具或取出灯泡困难为差
14	机舱继电器盒维修方便性	1) 不需要拆卸周边零部件（线束除外），不用工具就能方便拆卸为优 2) 需要特殊工具拆卸，且拆卸困难为差
15	OBD诊断维修方便性	1) OBD诊断接口插接方向无障碍物，接插方便为优 2) OBD诊断接口插接方向有障碍物，接插诊断困难为差
16	检查冷媒加注的方便性	1) 有标识，位置明显，易于加注为优 2) 需拆卸周边零部件，需要专用工具才能加注冷媒为差
17	检查空调滤芯更换的方便性	1) 不需要拆卸周边零部件（线束除外），不用工具就能方便拆卸为优 2) 需要专用工具，或拆卸困难为差

4.6 智能化人机交互感知设计

人机交互是指人与设备之间的交流方式，以及为完成确定任务的人与设备之间的信息交换过程。而汽车人机交互是人与汽车内设备相互交流，相互影响的过程。在汽车人机交互过程中，"人"与"机"之间相互施加影响，实现相互作用的区域，称为人机界面（Human Machine Interface，HMI）。

当前各大汽车厂商推出的智能交互系统及对各汽车厂智能交互系统的介绍见表4-26。

表4-26 不同交互系统介绍

汽车厂家	汽车智能交互系统	代表车型	特色评价
宝马	iDrive	宝马1系、2系、3系、4系、7系（第四代iDrive系统）	将互联网与移动终端技术作为发展核心，通过互联网实现车辆的网络终端化，并可通过手机APP与车辆互动
MINI	MINI Connected	MINI	MINI品牌的系统成为"互联空间站"，其中包括了许多富有创意和乐趣的功能
奔驰	COMMAND	奔驰C级、E级	COMMAND显示系统将所有重要信息和通信系统均在同一个显示屏上显示，操作简单实用，设置和控制都很方便
奥迪	MMI（Multi Media Interface）	全新奥迪A4、奥迪Q5	以转轮为核心，配以周围相应多功能键的操作模式已经非常成熟，上手容易，操作简单快捷
上汽大众	第二代MIB系统	途观L、全新帕萨特	应用程度扩展，苹果CarPlay、安卓Auto和MirrorLink标准支持、语音导航系统等功能，具备10GB音乐存储空间和无线网络功能

（续）

汽车厂家	汽车智能交互系统	代表车型	特色评价
上汽通用	Onstar 安吉星/IntelliLink	君威、君越、英朗	四大输入方式：点击、触摸、书写和语音
	Onstar 安吉星/CUE	ATS-L、CT6	具备远程导航设置、停车位置提示、远程开启车门功能，三个按键实用简便
	Onstar 安吉星/MyLink	全新科鲁兹、迈锐宝、赛欧（顶配）	采用双屏互联技术，云端技术，如云电话、云音乐等
福特	MyFord Touch	锐界	四大模块：电话、导航、空调及多媒体应用
起亚	UVO（your voice）	索兰托、K5	安全气囊弹出警报、SOS应急按钮、紧急救援内容、防盗报警、被盗车辆定位等安全及安防服务，易损件更换提醒、定期体检、经济驾车指导等
沃尔沃	SENSUS	XC60、V60、S60	以人为本：驾驶者不用看说明书就能操控该系统，从而能够真正享受驾驶乐趣
马自达	cf-net	阿特兹	显示屏和转向盘开关构成，基本在转向盘上可以完成所有的车内系统操作
	MZD CONNECT	昂科赛拉、CX5	触摸屏+操作旋钮，操作简单、方便、快捷
三菱	MMCS	全新欧蓝德	带有硬盘存储功能的导航系统
英菲尼迪	In Touch	Q50	两块显示屏，采用触控操作，可收发邮件，将车辆加速度示意图等汽车数据加入到系统显示菜单中
日产	CARWINGS	天籁	语音式操作，远程防护和防盗抢
荣威/名爵	第四代 InkaNet	荣威350、名爵锐腾	具有强大的扩展性，能够实现车载电话、车内互联网、语音识别功能，操作较为方便
	YunOS（斑马系统）	荣威RX5、荣威i6、名爵ZS	相当于在车上安装了计算机，能实现众多互联网功能，甚至是在线支付功能
丰田	G-book	凯美瑞、新款皇冠	远程导航设置、分类新闻、天气预报朗读、防盗追踪
本田	Smart Phone Link	凌派、雅阁	显示屏上直接显示和操作智能手机装载的导航软件，免去了车载导航的安装费用
东南汽车	SEMI（Soueast Multimedia Interface）	V5菱致	人与车之间的对话功能
纳智捷	THINK+智能系统	纳智捷大7	卫星导航可以实现旅游导览功能，能够提供实时的停车位信息、路况信息和天气信息，这对喜欢自驾游的车主很有用处
奇瑞	couldrive 2.0 智云互联	瑞虎7	集成了4G Wi-Fi 覆盖、语音智能交互、实时车辆状态监控、远程车辆控制四大功能
吉利	G-Netlink	博悦、博瑞	触控大屏、语音交互、3G网络+Wi-Fi、后台服务等
长安	In Call3.0	CS75	百度Carlife、远程控制、安防救援、生活服务
比亚迪	Car Pad	唐、宋、元	Car Pad 车机融合多媒体、Phone Link 车机互联、百度CarLife、4G网络、8英寸触控屏等

从表4-26可以看出，随着汽车智能化的发展，各车企都推出了不同风格的人机交互方式，人机交互设计的重要因素——安全感、方便感及科技感设计成为汽车设计中最为重要、最具创新的特色因素之一。

4.6.1 人机交互安全方便感知

汽车人机交互设计要在保障用户安全的前提下，提供方便、简易的交互方式，特别是高频使用的功能的使用方便性，这样能够极大地提升用户的使用体验，拉近用户与汽车之间的距离。下面以触控屏、多功能转向盘和多媒体中央控制器为例，重点介绍如何实现人机交互设计的安全感和方便感。

1. 触控屏

触控屏设计要尽量降低操作复杂度，系统设置、导航、影音娱乐、通信等主要功能要置于主界面上，菜单层级避免采用金字塔式设计，可以优先使用扁平化设计方案，从而减少操作层级，常用功能要设置独立的实体按键，避免用户进行多层菜单操作，如空调除霜、除雾按键等。在触控屏使用过程中，要保证用户可以第一时间进入某功能菜单，同时便于用户在功能间跳跃切换，根据屏幕的尺寸和摆放形式，在不压缩车载屏幕可视区域面积的前提下，可以将同级别未使用的功能以小图标的形式布置在当前菜单之外。例如，Android Auto 之前一直把快捷键放在屏幕底部，这样增加了操作负担，也压缩了车载导航可视区域的高度，降低了用户操作方便性；而奥迪定制的谷歌车载系统，将快捷键放在屏幕左侧更靠近驾驶人的位置，方便驾驶人操作，同时为信息展示操作留出了更多空间，如图 4-30 所示。

图 4-30 奥迪定制车中控屏

触控屏幕位置的设置也尤为重要，目前流行的悬浮屏设计虽然提高了中控区域的立体感和档次感，但是由于位置靠上，操作距离较远，一般处于人体操作舒适度的边界位置。相反，如果将其布置在略靠下的位置，如图 4-31 所示，驾驶人操作时会出现低头观察的动作，而视野离开路面会增加安全风险。同时，由于触控屏操作每次点按都要注视触控面板才能找到准确的按键，行车时很难做到"盲操作"，这点也降低了安全性。

另外，触控屏响应时间的设定也直接影响着人机交互的安全感和方便性，响应时间短，能够减少驾驶人注视屏幕的时间，从而提高安全感，但是会增加误操作的几率；响应时间长，则容易造成屏幕失效或操作不成功的错觉，增加了用户注视屏幕的时间，有潜在安全风险。因此，只有对其进行合理的设计才能让消费者更加容易适应触控屏，提升使用安全感和方便感。

2. 多功能转向盘

多功能转向盘是指在普通转向盘拇指所及的位置以及转向盘下侧增加了一些功能键，

图 4-31　某车型中控大屏

一般有控制音乐播放器功能、通信功能、定速巡航功能、组合仪表信息翻阅功能等。多功能转向盘的优势在于，驾驶人可以直接在转向盘上操作常用的各种功能，而不需要低头或者将视线偏离到中控台上去寻找各类按钮，可以更专心地注视路面情况，从而大大提高了安全性和方便性。

多功能转向盘根据拇指操作范围，分为准确操作区域和适中操作区域，右手为高频操作区域，左手为低频操作区域（考虑到大部分人习惯用右手）。另外，按照高精度操作频繁程度排列分为 A、B、C、D 区，根据 A、B、C、D 区的操作频率进行如图 4-32 和图 4-33 所示的功能分配，将按键有序地排列，对按键的纹理、形状、质感等区别设计，使用户形成肌肉记忆，这样就能保证多功能转向盘的"盲操作"。另外，通过对不同功能按键的特殊设计，有的采用平面凸起和斜面凸起等方式提高触碰识别感，有的则采用拨钮形式（如音量调节），还有使用换挡拨片换挡等。这样既能保证按键布局紧凑，又可以降低误操作几率。

拇指操作区域
■ 准确操作区域
■ 适中操作区域

右手更利于操作
■ 高频操作区域
■ 低频操作区域

按照高精度操作频繁程度排列
A区>B区>C区>D区

图 4-32　多功能转向盘布置示意图

多功能转向盘目前设计的局限性在于，转向盘按键无法囊括所有功能，只能将使用频率较高的按键设计在转向盘上，经常需要结合中控台上的按钮操作才能实现全功能的人机交互。目前全新发布的车型中多数是两盘辐转向盘开关，开关数量一般设计在 10 个左右，

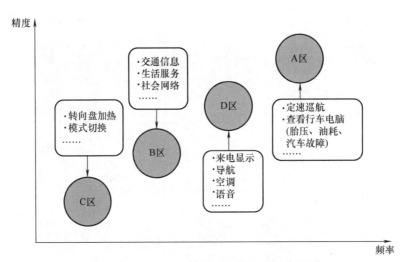

图 4-33 转向盘按键频率和精度关系示意图

可以满足多功能转向盘布置简洁明了的要求也增加了安全感。

3. 多媒体中央控制器

多媒体中央控制器将音乐播放器、导航、信息、系统设置和帮助菜单等功能,通过中控旋钮的旋转和按压进行选择和确定,结合中控旋钮周边的主菜单按键和返回按键进行辅助操作,能够在各种场景下迅速切换不同功能。

多媒体中央控制器在人机距离上属于近端,操作时不需要进行坐姿的调整或者极力将手伸到很远的地方。其操作方式更接近于"鼠标",可以方便地实现盲操作,结合较少的按键即可实现全部功能的操作。图 4-34 所示为奔驰 E 级车中控台,操作时将手握在控制器上,对手掌起到支撑作用,结合"鼠标"似的旋钮定位操作方式,用户可以实现完全盲操作,从而降低用户低头的频率,增加驾驶安全感。在高级别豪华车上甚至可以实现多媒体中央控制器手写功能,实现导航、联系人搜索等功能。

图 4-34 奔驰 E 级车中控台

目前,市场上还有其他一些如语音识别和手势识别等人机交互方式,在安全感和方便感方面都存在各自的优劣,这里不再做过多描述。

4.6.2 人机交互科技感知

为了进一步满足客户对汽车智能化的需求,科技感设计的要求也越来越高。下面重点通过全液晶仪表、智能语音交互及远程控制这三种交互方式,说明如何设计和评价人机交互科技感知。

1. 全液晶仪表

全液晶仪表在用料上不再使用传统的段码屏、点阵屏,而是使用大尺寸的 TFT 液晶屏,能够以更短的反应时间和更加清晰的画质呈现影像信息,并且通过搭载 QNX 或 Linux 等系统,可以展现更加丰富多彩的动画和图像。例如,在上下车时仪表里出现的迎宾动画,车速和转速表的"扫描"动作(即车速表、转速表指针从 0 转到全速再回到 0 的过程),油表的油量显示,再结合点火开关呼吸灯,如图4-35所示,通过驾驶前的氛围渲染及操作引导,让驾驶人在进入车辆之后迅速进入驾驶状态。在驾车过程中,仪表通过持续地、智能地反馈各种信息,让驾驶体验变得更加轻松自如,如升降挡提示、油量提前报警、导航提示等,都能够有效地提升人车交互的档次感和智能化体验。

图 4-35 奔驰点火开关呼吸灯

除了全液晶仪表,中控屏的翻转动作设计及显示信息的拓展,HUD 与 VR、AR 的结合,流媒体后视镜广角优势及夜视功能等,都是科技感知设计的体现。

2. 智能语音交互

语音识别实现的包括通信、导航、收音机等多种操作(图4-36),已经不属于人机交互科技感知范畴。从满足用户需求的角度出发,智能语音交互系统首先要满足用户的刚需性功能,然后是拓展性功能,最后要满足部分智能化需求。例如,首先满足的是安全驾驶需求,解放驾驶人的双手和双眼。语音拨号、语音导航、语音搜索音乐以及车内空调、收音机、天窗、座椅等的语音操控等,属于刚需性功能。其次是拓展性功能,包括车联网功能,如日历提醒类需求,通过语音查看路况、播放在线音乐和电台、查询股票、天气、新闻等;还包括不同国家语言、不同地域口音等高级别语音识别功能的应用拓展。最后是智

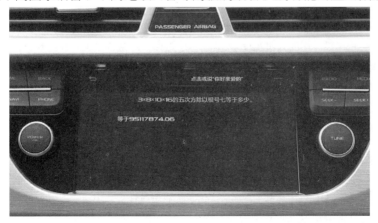

图 4-36 语音交互系统

能化需求，如计算器功能，还有如聊天陪伴功能，这类似于 iPhone Siri 语音助手功能，此时语音系统扮演的是虚拟驾驶助理的角色，在对话中识别人类的情绪，给人以更拟人的反馈效果，尤其在长途驾驶途中可以实现智能陪伴，甚至能够有效地防止疲劳驾驶等。

3. 远程控制

驾驶人在上车之前可以通过远程控制功能进行发动机预热、车内温度设定及车况查询等操作，充分满足了客户对车辆不同时刻、不同场景的不同需求。例如在炎热的夏日，用户可在家里打开远程控制系统，起动空调进行降温，然后查看车内温度是否下降到合适的温度，如图 4-37 所示为特斯拉 Model S 的远程控制系统；在电动车充电时，可以随时随地查看电量是否充满；另外，

图 4-37 特斯拉 Model S 的远程控制系统

在停车场可以通过远程控制功能进行车辆定位查找。远程控制系统通过与手机 APP 相连，操作汽车就不仅仅局限于驾驶舱内部或汽车附近，在接通互联网的情况下，甚至可以实现超远距离的汽车操控。

随着智能化的发展，各种新颖独特的人车交互方式正在兴起，如面部识别、手势识别、数字化座舱等，各种交互方式层出不穷，极大地提升了汽车的智能化水平和人员操作方便性。

4.7 本章小结

本章明确了感知人机工程设计的评价体系、评价内容，围绕人体坐姿舒适性、功能操作舒适性、接触舒适性、视野压迫感知、视野安全感知、实用安全感知、乘坐空间感知、操作空间感知、乘车方便感知、使用方便感知、操作方便感知、人机交互安全感知、人机交互科技感知进行了阐述，为评价人、设计人提供了详细的评价内容及参考设计经验，可以有效提高评价效率。

参 考 文 献

[1] 任金东. 汽车人机工程学 [M]. 北京：北京大学出版社，2010.
[2] Vivek D. Bhise. 汽车设计中的人机工程学 [M]. 李惠彬，刘亚茹，等译. 机械工业出版社，2014.
[3] 毛恩荣. 车辆人机工程学 [M]. 北京：北京理工大学出版社，2007.
[4] Gavriel Salrendy Handbook of Human Factors and Ergonomics [M]. New York：John Wiley and Sons，1987.
[5] Tilly A R. The Measure of Man and Woman：Human Factors in Design [J]. American Scholar，1993（4）：498.
[6] 王保国. 安全人机工程学 [M]. 北京：机械工业出版社，2007.
[7] 谭浩，谭征宇，景春晖. 汽车人机交互界面设计 [M]. 北京：电子工业出版社，2015.
[8] 崔胜民. 智能网联汽车新技术 [M]. 北京：化学工业出版社，2016.
[9] 谷学晶，石琳，郭宇承. 交互设计中的人工情感 [M]. 武汉：武汉大学出版社，2015.
[10] 李翔，陈晓鹏. 用户行为模式分析与汽车界面设计研究 [M]. 武汉：武汉大学出版社，2016.

第5章 整车尺寸工程及车身精致工程设计

5.1 整车尺寸工程技术与感知质量

随着汽车行业的发展,用户对于汽车已从基本功能要求上升到情感需求层级,一辆做工精致的汽车会给用户带来被"精心对待"的感觉,从而感受到愉悦和享受,让用户接受并喜欢。用户对汽车的新需求,给现在的汽车企业在整车尺寸和精致工程方面提出了新的挑战。在相同价格区间内,用户都希望买一辆外观做工精致的汽车。例如,汽车前翼子板与发动机舱盖之间的间隙均匀对称,看上去会很舒服;反之,则会给用户带来"粗制滥造"的感觉。实际上就是间隙不均造成视觉效果差、感知质量不好,给用户造成品质不良的印象。用户不会用塞尺去测量间隙,只是主观上感性地判断间隙是否均匀或顺眼。因此,整车内、外饰零部件之间的间隙大小和均匀度设计与控制是汽车企业一项十分重要的工作,被称为尺寸工程技术(Dimensional Technical Specification,DTS),它贯穿于整车设计开发与制造过程中,是衡量汽车静态感知质量的重要指标之一。下面就将根据 DTS 对静态感知质量的影响,从整车 DTS 关键要素、DTS 设计、DTS 达成三个方面出发,系统地介绍高 DTS 水平的整车是如何设计和制造的。

5.1.1 整车尺寸工程技术关键要素

DTS 是指整车外观零部件配合间隙和面差的设计要求,它是衡量汽车制造质量的重要标准,也是整车制造水平的体现,同时是用户对产品的主观印象的重要影响因素,所有汽车企业对 DTS 都非常重视。DTS 包含间隙、面差及公差要求等,与间隙相关的有 R 角,与面差相关的有对齐度,与公差要求相关的有平行度和对称度等。

1. 间隙及 R 角、面差及对齐度对感知质量的影响

(1) 间隙 整车在完整的装配状态下,通过视觉看到的两个具有装配关系的零部件之间形成的缝隙,称正间隙。通常间隙的定义和测量方法如下:当相邻的两个零部件都具有包边特征时，不考虑包边圆角半径大小以及两个面之间的关系，两个零部件的间隙由空间最短距离确定，如图5-1所示。

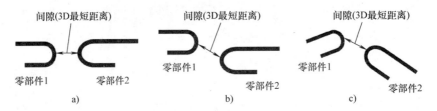

图5-1 具有包边特征的间隙视觉效果比较

当相邻的两个零部件之间，有一个零部件有包边特征，而另外一个零部件是非包边特征时，不考虑包边圆角半径大小以及两个面之间的关系，两个零部件的间隙由空间最短距离确定，如图5-2所示。在这种情况下，通常将具有包边特征的零部件作为基准部件。

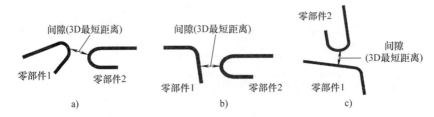

图5-2 包边和折边的间隙视觉效果比较

当相邻的两个零部件都不具备包边特征时，选取圆角半径切线点离其主A面最近的零部件作为基准，将基准零部件圆角半径的切线点作为间隙定义和测量的起始点。如图5-3a所示，零部件1作为基准零部件，两个零部件的间隙是零部件1的次A面切线点至零部件2的空间最短距离。当两个相邻零部件的主A面不存在面差关系时，选取带有圆角半径的零部件作为基准零部件，其圆角半径的切线点作为间隙定义和测量的起始点。如图5-3b所示，两个零部件的间隙为零部件2的圆角半径切线点至零部件1的空间最短距离。在两个零部件配合的地方，若其中一个零部件带有圆角特征，而另一个是零部件的边缘部分，则选取后者作为基准零部件，两个零部件的间隙为后者的边缘到另外一个零部件的空间最短距离，如图5-3c所示。

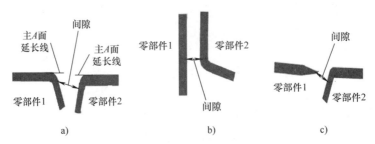

图5-3 不具备包边特征的间隙视觉效果比较

从造型的角度考虑，车身零部件之间最好不要分缝；但是从工程实现的角度考虑，零部件之间的分缝有时是必需的。根据视觉效果，零部件之间的间隙越小、越均匀，其精致感越好。对于运动零部件（如车门、发动机舱盖、行李舱盖等），必须考虑零部件的运动轨迹、车体变形等因素的影响，保证零部件运动功能可以实现。因此运动零部件在设计时需要优化其运动包络，减小间隙，避免间隙过大而造成看穿内部缺陷等问题，给用户带来"粗制滥造"的感觉。

间隙通常有两个概念：一是设计间隙，二是视觉间隙。设计间隙就是设计定义的间隙名义值；而视觉间隙除了设计定义的间隙名义值以外，还与间隙两边零部件的圆角有关。如果圆角半径 R 的大小设计得不合理，视觉间隙就会被放大，如图 5-4 所示的两个零部件相互配合，其视觉间隙大小为"$R_1 + R_2 +$ 设计间隙"。也就是说，用户在看两个配合零部件的间隙时，在零件的圆角起始处就已有视觉效应了。在其他配合关系中，视觉

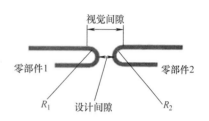

图 5-4 视觉间隙示意图

间隙多数也遵守以上原则，因此零部件配合间隙两边的圆角半径 R 的大小十分重要，它直接影响着用户的视觉间隙效果。

理论上说，圆角半径 R 越小，则视觉间隙越小。但由于制造工艺水平等的限制，太小的 R 角在生产上无法实现；从协调性上考虑，间隙两边的圆角半径 R 不能相差太大，否则会造成零部件配合处的外观突兀。因此，外露关键部位间隙两边的圆角设计非常重要，需要综合考虑工艺制造、外观效果等进行详细的设计定义。例如，图 5-5 所示为发动机舱盖和前照灯周边的圆角定义。

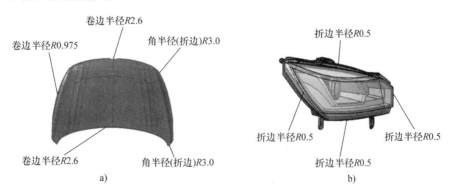

图 5-5 发动机舱盖和前照灯周边的圆角定义

（2）面差 在整车完整装配状态下，通过视觉能够看到的两个具有装配关系的零部件表面之间的高度差，称为面差。通常面差的定义和测量方法如下：基准零部件（用▲表示）与目标零部件的主 A 面平齐时，基准零部件与目标零部件的面差为零，如图 5-6a 所示；当基准零部件的主 A 面低于目标零部件的主 A 面时，且两个零部件的主 A 面平行或接近平行时，基准零部件的主 A 面的延长线与目标零部件的主 A 面半径切线点的空间最短距离定义为面差，如图 5-6b 所示。

当基准零部件的主 A 面与目标零部件的主 A 面不存在平行关系时，若基准零部件的主 A 面低于目标零部件的主 A 面，则把基准零部件主 A 面的延长线与目标零部件外表面的切

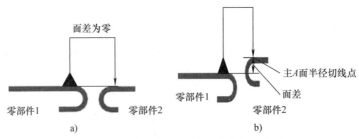

图 5-6 具有平行关系的面差定义示意图

点（基准零部件的主 A 面延长线的平行线）之间的距离定义为面差，如图 5-7a 所示；但是，若两个零部件配合的结构关系如图 5-7b 所示，则把基准零部件主 A 面延长线与目标零部件主 A 面半径切线点的空间最短距离定义为面差。

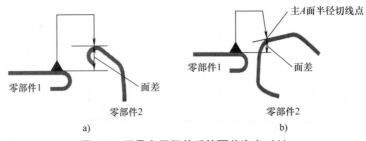

图 5-7 不具有平行关系的面差定义（1）

当基准零部件的主 A 面与目标零部件的主 A 面不存在平行关系，且两个零部件配合结构关系如图 5-8 所示时，基准零部件的 A 面延长线与目标零部件主 A 面半径切线点之间的空间最短距离定义为面差。

从视觉效果考虑，图 5-8 所示结构基本上消除了零部件之间的面差视觉对比效果，最大化地弱化了面差，其感知质量更好。

（3）对齐度 对齐度是指外观尺寸控制要素中，面差特征的边缘（截止）区域形成的对齐特性要求，或是连续特征（特征面、R 角、棱线）在分缝区域的对齐特征要求。实际上，对齐度是面差公差的一个变形，也就是不规则型面的面差要求，而常规的

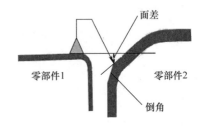

图 5-8 不具有平行关系的面差定义（2）

面差用于规则型面或阶梯型面间的定义。一般在用户关注度较高的区域，对面差特征进行对齐度定义，所以对齐度也是面差控制的一个要点。图 5-9 所示为侧围与周边配合零部件对齐度的定义。

通常情况下，面差的视觉影响效果要弱于间隙。因为间隙都在正面、侧面和后面的正投影上，而面差需要在一定视线角度上才能被发现。所以，控制间隙的视觉效果是 DTS 实现过程中的重中之重。

2. 间隙和面差的公差、平行度、对称度对感知质量的影响

公差是指设计名义值的允许变动量。对于 DTS 而言，就是指间隙和面差的公差允许变动范围。公差值的控制能力是产品设计及综合制造能力的体现，公差值越大，间隙和面差

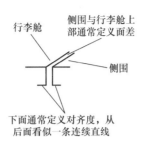
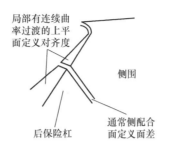

图 5-9 侧围与周边配合零部件的对齐度

偏离设计值越多，感知质量越差。

平行度是指两平面或者两直线平行的程度，即平面（边）相对于另一平面（边）平行的误差最大允许值。对于整车而言，平行度公差主要用于配合距离比较长的表面，如翼子板与前门、前门与后门、前照灯与发动机舱盖、后尾灯与侧围等部位的间隙或面差。平行度是对公差变动范围的再一次约束，强化均匀变差的概念，通常用符号"∥"表示。它要求两个关联零部件的变差方向一致且变差值较小，这样间

图 5-10 平行度的视觉效果

隙接近平行，视觉效果好；否则平行度超差时，会出现"正八字"或"倒八字"等较差的视觉效果，如图 5-10 所示为某款车发动机舱盖与翼子板的间隙效果，前小后大。

对称度是指相互匹配且左右对称的零部件之间，某一段区域内形成的外观间隙或面差最大值和最小值的左右差异程度。对于整车而言，对称度强调的是整车左右间隙或面差的均匀性，如图 5-11 所示。通常情况下，整车的前部和后部具有多处左右对称的间隙，站在整车的正前方或后方可以同时看到，并能够进行直观的对比，这些部位需要对称度的定义，如发动机舱盖与左右翼子板、行李舱盖与左右侧围之间的间隙；而其他部位，如左右车门周边的间隙，就不需要定义对称度公差。对称度是对感知质量敏感区域间隙和面差的再一次约束，其值越小，感知质量效果越好。

图 5-11 对称度的视觉效果

5.1.2 整车尺寸工程技术设计

上面谈到了 DTS 关键要素对整车感知质量的影响，了解到 DTS 的重要性，如何在产品开发过程中根据企业的制造水平合理地设定整车 DTS，是每个汽车企业面临的挑战。

1. 尺寸工程技术

尺寸工程技术主要包括整车 DTS 设计、定位系统设计、尺寸链分析、匹配、测量及优化等。DTS 主要用于描述整车内外饰零部件之间的间隙、面差或相互关系，是对车辆外观质量提出的技术规范，通常表达为：间隙（或面差）的设计名义值＋间隙（或面差）的公差要求。它是衡量汽车外观制造质量的重要指标，也是整车尺寸工程质量水平的体现，如图 5-12 所示。

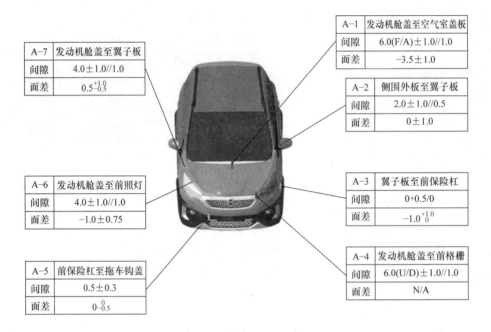

图 5-12 轿车 DTS 示意图

F/A—前后方向　U/D—上下方向　N/A—不适合　∥—平行度

DTS 在整车开发过程中分为三个阶段：第一阶段是造型初期的 DTS 设定，第二阶段是造型 A 面确定时的 DTS 设定，第三阶段是产品结构冻结后的 DTS 设定。

（1）第一阶段 DTS　根据与竞品车对标后给出的初步名义值，再根据市场定位、制造能力、工艺性、造型和产品定义等输入，确定整车内外饰的外观间隙和面差以及相应的公差要求。一般在造型 CAS 初步分缝后，造型部门根据第一阶段 DTS 进行 A 面的初步设计，同时各专业根据第一阶段 DTS 设定值进行优化，开展相关的设计工作。

（2）第二阶段 DTS　本阶段是对第一阶段 DTS 的修正，是根据各专业反馈的结果以及工艺制造难度进行设计。一般在此阶段也要对外观圆角进行设计定义，同时对根据经验值定义的间隙和面差的相应公差进行一维尺寸链分析，以确保视觉效果满足工艺可行性和感知质量要求。期间各专业还要进行详细的结构设计，造型部门要对 A 面进行符合性检查，在 A 面冻结前固化一版间隙、面差的名义值。

（3）第三阶段 DTS 本阶段是在产品结构设计初版完成后，根据产品的 GD&T 设计值对尺寸公差进行三维虚拟分析等，再进行公差的合理分配和优化以及制订关键 DTS 的控制策略等工作，以确保理论定义的 DTS 在制造环节可行。

2. 整车外观 DTS 现状

通常情况下，整车在满足功能要求的前提下，其设计间隙和公差都是越小越好；从制造工艺角度考虑，则希望公差范围适当扩大以降低制造难度；同时，还要兼顾用户的主观感受，在三者之间寻求一个平衡点。由于技术储备、人力资源以及制造工艺水平等的不同，每家汽车企业的 DTS 控制水平是不同的。根据整车不同的设计要求和不同的制造保证能力，将 DTS 达成水平分为四个等级：D 级，最高水平，通常为高级轿车或成熟合资企业的水平；C 级，为主流汽车企业水平；B 级为较低汽车企业水平；A 级为最低级，一般为低档车、非常差的工艺制造水平。

为了清楚地表达整车关键部位 DTS 及其达成水平，按照四个区域进行介绍，即前部、侧部、后部和顶部。目前乘用车各部分的 DTS 等级分类参考如图 5-13 ~ 图 5-16 及表 5-1 ~ 表 5-4 所示（以间隙为例）。

图 5-13 乘用车前部 DTS 位置示意图

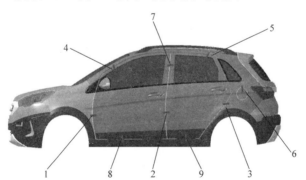

图 5-14 乘用车侧部 DTS 位置示意图

图 5-15 乘用车后部 DTS 位置示意图

图 5-16 乘用车顶部 DTS 位置示意图

表 5-1 乘用车前部 DTS 参考值 （单位：mm）

项目	基准件	相关件	A 级	B 级	C 级	D 级
1	翼子板	发动机舱盖	5±1.5	4±1.2	3.5_0^1	3_0^1
2	翼子板	前照灯	3±1.5	2±1.2	2±0.8	1±0.5
3	翼子板	前保险杠	$1.5_0^{0.7}$	$1_0^{0.6}$	$0.5_0^{0.5}$	$0.5_0^{0.4}$
4	前照灯	前格栅	4±1.5	3±1	2.5±0.8	$2_0^{0.5}$
5	发动机舱盖	前照灯	4_0^2	$4_0^{1.5}$	$4_0^{1.2}$	4_0^1
6	发动机舱盖	前格栅	8±1.5	6±1	5±0.8	$4_0^{1.5}$
7	前保险杠	前照灯	$4_0^{1.5}$	$3_0^{1.3}$	$2.5_0^{1.2}$	2_0^1
8	前保险杠	雾灯	3±1.2	2.5±1.2	2±1	1.5±0.8

表 5-2 乘用车侧部 DTS 参考值 （单位：mm）

项目	基准件	相关件	A 级	B 级	C 级	D 级
1	翼子板	前门外板	5±1.2	4.5±1	4±0.8	3.5±0.75
2	前门外板	后门外板	5±1.2	4.5±1	4±0.8	3.5±0.75
3	侧围外板	后门外板	5±1.2	4.5±1	4±0.8	3.5±0.75
4	侧围外板	前门窗框	5±1.5	4±1.2	3±0.8	3±0.5
5	侧围外板	后门窗框	5±1.5	4±1.2	3±0.8	3±0.5
6	侧围外板	加油口盖	3±1.5	3±1.2	2.5±1	2±0.6
7	前门窗框	后门窗框	5±1.5	4.5±1.2	4±1	3.5±0.8
8	前门外饰板	门槛装饰板	6.5±1.5	6±1.2	5±1	5±0.8
9	后门外饰板	门槛装饰板	6.5±1.5	6±1.2	5±1	5±0.8

表 5-3 乘用车后部 DTS 参考值 （单位：mm）

项目	基准件	相关件	A 级	B 级	C 级	D 级
1	侧围外板	行李舱盖	5±1.5	4±1.2	3.5_0^1	3_0^1
2	侧围外板	后保险杠	$1.5_0^{0.7}$	$1_0^{0.6}$	$0.5_0^{0.5}$	$0_0^{0.4}$
3	行李舱盖	后保险杠	7±1.5	6.5±1.2	6±1	5_0^1
4	侧围外板	后尾灯	2.5±1	2±0.8	1.5±0.7	1±0.6
5	行李舱盖	后尾灯	5.5±1	5±0.8	4.5±0.6	4±0.5
6	后保险杠	后尾灯	$4_0^{1.5}$	$3_0^{1.3}$	$2.5_0^{1.2}$	2_0^1
7	后保险杠	后雾灯	3±1.2	2.5±1.2	2±1	1.5±0.8

表 5-4 乘用车顶部 DTS 参考值　　　　　　　　　　（单位：mm）

项目	基准件	相关件	A 级	B 级	C 级	D 级
1	顶盖	行李舱盖	7±1.5	6.5±1.2	6±1	5.5_0^1
2	扰流板	高位制动灯	1.5±1.2	1.2±1	1±1	0.8±0.8

综上所述，整车 DTS 的达成受很多条件限制，往往很难实现感知质量上十分完美的效果。制造工艺能力对感知质量的最终实现影响非常大，对制造工艺能力的了解是合理设计 DTS 并顺利实现 DTS 目标的一个重要前提，也是汽车工程师必备的知识。

5.1.3 整车尺寸工程技术达成

1. 制造工艺能力综述

制造系统是产品实现的最终环节，它对感知质量有着决定性的作用。整车体系中，车身是所有零部件的安装载体，它的质量好坏直接影响到其他安装部件的精度质量。同时，前后车灯和外饰等重要外观件也是感知质量敏感部件，其自身的制造精度也非常重要。

汽车企业通常有四大工艺车间：冲压、焊装、涂装和总装车间。其中冲压、焊装和涂装车间完成车身的生产及检测，总装车间完成其他零部件在车身上的装配及检测。下面主要阐述当前主流汽车企业的制造工艺水平和零部件控制要求。

（1）冲压　汽车上 60%~70% 的零部件是用冲压工艺生产出来的，所以冲压零部件的面品质量、精度都十分重要。根据目前主流汽车企业的制造工艺能力，制造公差水平控制参考如下：主基准孔孔径极限偏差为 +0.1mm/0mm，位置度为 0mm；次基准孔（腰孔）孔径极限偏差为 +0.1mm/0mm（短轴），位置度为 0.2mm；螺母（柱）孔孔径极限偏差为 ±0.1mm，位置度为 1.0mm；基准转换孔孔径极限偏差为 ±0.1mm，位置度为 0.6mm；安装孔孔径极限偏差为 ±0.2mm，位置度为 1.4mm；其他孔孔径极限偏差为 +0.5mm/0mm，位置度为 2.0mm；内饰卡扣安装孔孔径极限偏差为 ±0.2mm，位置度为 1.0mm；线束卡扣安装孔孔径极限偏差为 ±0.2mm，位置度为 2.0mm；关键面轮廓度为 1.0mm；一般匹配面轮廓度为 1.4mm；非匹配面轮廓度为 3.0mm；切边轮廓度为 2.0mm；包边轮廓度为 1.0mm。

（2）焊装　焊装的任务主要是将一个个冲压件通过焊接等连接方式组装成车身。焊接基本的工艺流程是先将冲压好的零部件分别焊接形成小分总成，然后将小分总成焊接成大分总成，直至最后组装成一个完整的白车身。车身的焊接精度对整个车体的装配质量有着重要的影响，因此控制好车身的焊接精度非常关键。根据目前国内外汽车企业的工艺水平，焊接精度大致可分为三个等级。Ⅰ级：测点精度应在 ±1.5mm 以内，其中 95% 的焊装控制点应在 ±1.0mm 以内；车身开闭件与车身骨架之间的间隙，其极限偏差控制在 ±0.5mm，平行度控制在 0.5mm。Ⅱ级：测点精度应在 ±2.0mm 以内，其中 95% 的焊装控制点应在 ±1.4mm 以内；车身开闭件与车身骨架之间的间隙，其极限偏差控制在 ±0.75mm，平行度控制在 0.75mm。Ⅲ级：测点精度在 ±2.5mm 以内，其中 95% 的焊装控制点应在 ±1.8mm 以内；车身开闭件与车身骨架之间的间隙，其极限偏差控制在 ±1.0mm，平行度控制在 1.0mm。

（3）涂装　车身完成焊装工艺并经过一系列检测达到目标后，便从焊装车间通过悬链等物流方式输送到涂装车间，涂装车间要完成防腐处理、车体密封、颜色喷涂等工序。其中漆膜外观效果对感知质量的影响最为直观，漆膜外观效果好主要表现为整车外观丰满度高，其直接影响因素是清漆的喷涂厚度及清漆材料的质量。国内外主流汽车企业的漆膜参考标准：电泳膜厚18～20μm，中涂膜厚25～35μm，清漆膜厚45～55μm，综合膜厚85～115μm；光泽≥85；桔皮 L（水平）≤6，桔皮 L（立面）≤13，桔皮 S（短波）为20～30，桔皮DOI（鲜映性）（深色）≥85，桔皮DOI（鲜映性）（浅色）≥80。

（4）总装 总装车间是将喷涂好的车身、底盘系统、动力总成系统、内外饰和电子电气系统等组装成一台整车，并完成车辆的基本性能检测，确保出厂产品合格。总装车间在感知质量控制方面主要受车身以及其他系统零部件质量的影响。另外，在外饰零部件装配时，工作人员必须按规定佩戴手套，防止汗迹等脏污影响到其外观质量；同时，应对外饰零部件，如翼子板、车门外板和侧围后部等用胶质的仿形胶垫进行保护，防止工作人员或硬物划伤油漆，从而起到保护外观的作用。采用机器人等先进装备可以减少人为因素的影响，确保安装质量的一致性。

（5）外观装饰件的质量要求 整车DTS的达成离不开供应商系统的支持，尤其是大型外观装饰件对整车DTS的影响十分明显，其中以前后照灯、内外饰系统最为重要。

1）前后照灯。这里简要介绍前后照灯的外观质量控制及当前精度的制造水平。主流汽车企业对前后照灯相关精度控制如下：主基准孔孔径极限偏差为±0.1mm，位置度为0mm；次基准孔孔径极限偏差为±0.1mm，位置度为0mm；安装孔孔径极限偏差为±0.2mm，位置度为1.0mm；关键匹配面轮廓度为1.4mm；非关键匹配面轮廓度为2.4mm；非匹配面轮廓度为3.0mm。

2）内外饰。主流汽车企业对内外饰零部件相关精度控制如下：主基准孔孔径极限偏差为±0.1mm，位置度为0mm；次基准孔孔径极限偏差为±0.1mm，位置度为0mm；安装孔孔径极限偏差为±0.2mm，位置度为1.0mm；关键匹配面轮廓度为1.0mm；非关键匹配面轮廓度为2.0mm；非匹配面轮廓度为3.0mm。

综上所述，根据当前主流主机厂的制造能力，结合自身研发制造能力及提升空间，产品设计研发人员能够设计出符合企业自身特点的DTS，进一步提升车身和总装感知质量水平。

2. 定位基准系统设计

汽车是由成千上万个零部件组装而成的，而且是大规模、批量化生产的产品。为了保证生产过程中的产品具有一致性且满足质量要求，不仅需要对单个零部件的质量进行严格控制，还需要对零部件及其相关件的定位基准进行系统的设计。合理的定位基准系统设计可以减少零部件连接装配过程中的尺寸链，减少由于定位基准不统一带来零部件连接装配过程中更大的偏差，减少连接装配过程中人为因素的影响等，使得任何批次生产的整车具有质量一致性和重复性。因此定位基准系统的设计非常重要，定位基准系统设计方法是汽车从业人员需要了解和掌握的重要技能。

（1）定位基准系统设计原则

1）功能排序原则。需要对零部件自身及其与周围零部件的关系进行研究，确定零部件的要素及其功能，按照各功能的重要程度对其进行排序，重要程度高的需要优先保证实现，一般遵循"孔＞面＞边"的原则，即定位基准优先选择孔，其次选择面，最后选择边。

2）定位基准统一原则。即设计定位基准、生产制造定位基准和测量定位基准统一，这是保证产品质量的必要条件。设计定位基准主要是实现产品的功能要求,生产制造定位基准主要是保证批量化生产过程中产品连接装配的一致性和重复性,测量定位基准是保证检测产品的正确性和可重复性。

3) 定位基准设计参考原则。基准应该优先考虑选择在零部件装配的配合面上,基准本身的精度要求要高,基准选择应该考虑使其装配误差最小化,基准应选择在尺寸相对稳定的功能区域上,基准所在的平面应尽可能覆盖整个零部件。在选择零部件与总成的定位基准点时,要充分考虑焊点、夹具和检具机构的布置等,便于夹具、检具等工装设计采用相同的基准。

(2) 定位基准系统设计方法

1) 定位规则。一个刚性体有6个自由度,为了保证零部件装配时始终在相同的位置,这6个自由度应受到完全的约束。工程上一般采用"3-2-1"的定位规则:首先选择最大的面作为主基准面,在主基准面 Z 方向选定3个点,它将限制 Z 方向的移动以及绕 X 轴和 Y 轴的转动;然后选择第二大平面,在 Y 方向选定2个点,它将限制 Y 方向的移动和绕 Z 轴的转动;最后在 X 方向选定1个点,它将限制 X 方向的移动。这样就将该零部件的6个自由度完全约束,即完全定位了,如图5-17a所示。由于一些车身钣金件和内外装饰件的面积较大而壁厚很薄,并不完全具有"刚性体"零部件的特点,因此需要更多约束对这些零部件进行定位,即"$N-2-1$"的定位规则:首先选择装配面积最大的面作为主基准面,通过合理地选取 N(通常大于3)个限位点(过定位)来保证主基准面装配的稳定性和重复性;再选取一个圆孔作为定位孔约束 X 和 Y 方向的移动;最后在远离这个定位孔的零部件上选择一个 X 方向的长圆孔约束其绕 Z 轴的转动。从而实现该零部件6个自由度的完全约束,即完全定位,如图5-17b所示。

鉴于车身钣金和内外装饰件的特殊性,其薄壁件的定位通常应采用"$N-2-1$"定位规则,以保证零部件在夹具夹持力、焊钳作用力或自身重力等作用下产生较小的变形,从而保证连接装配的稳定性、重复性和一致性。

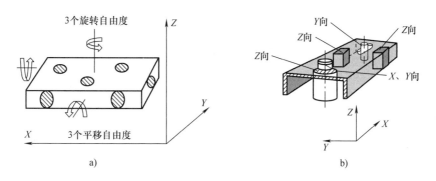

图 5-17 定位原理示意图

2) 坐标平行规则。定位孔和定位面所在平面应尽可能与主平面(X 平面、Y 平面、Z 平面)平行,特别是定位孔所在的平面。这样有利于误差的调整和纠正,可以提高焊接夹具定位面或孔销的定位精度。若在薄壁件上没有平行于主平面的面作为定位基准,可在不影响功能的前提下设计出这个定位面,如图5-18所示。

3) 基准统一规则。该规则要求从产品开发直到批量生产过程中,尽可能采用相同的定

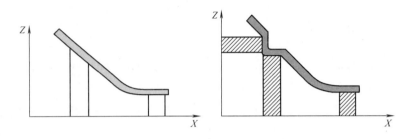

图 5-18 坐标平行原则示意图

位基准。基准统一规则是通过避免基准转换来最大限度地减少尺寸链,从而减少误差累积,来保证生产制造过程的可靠性、重复性和精确性。当然,不是所有的定位基准都一直使用,这主要根据零部件的功能要求进行取舍。定位基准系统的统一规则还要求所有工艺流程中的输送装备等工装原则上也要使用原有定位基准作为支点,如图 5-19 所示。

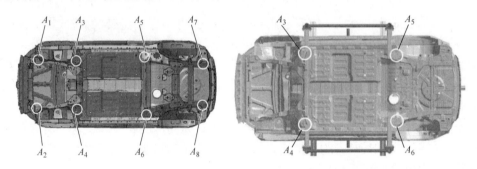

图 5-19 在总装线上基准统一或沿用示意图

(3)定位基准系统对零部件精度的影响 如图 5-20 所示,要在零部件上开孔 B 和 C,这两个孔与其他零件上的销钉配合,同时零件上还需要开孔 D。下面计算图 5-20a、b 所示两种情况下孔 B 和孔 C 的距离公差。

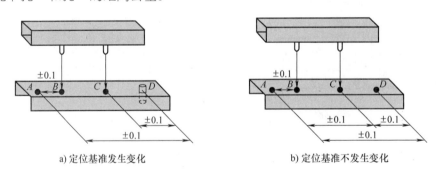

a)定位基准发生变化　　　　　　b)定位基准不发生变化

图 5-20 定位基准发生变化和不发生变化的比较

1)定位基准系统变化。如图 5-20a 所示,以孔 A 为定位基准,开孔 B 和 D,再用孔 D 作为定位基准,开孔 C(这时基准由孔 A 变化为孔 D)。当孔 A 和孔 B 的距离公差 $T_{AB} = \pm 0.1$mm,孔 A 和孔 D 的距离公差 $T_{AD} = \pm 0.1$mm,孔 D 和孔 C 的距离公差 $T_{DC} = \pm 0.1$mm 时,孔 B 和孔 C 的距离公差 $T_{BC} = T_{AB} + T_{AD} + T_{DC} = \pm 0.3$mm。

2）定位基准系统不变化。如图5-20b所示，以孔 A 为定位基准，开孔 B、孔 D 和孔 C（基准没有变化），当孔 A 和孔 B 的距离公差 $T_{AB} = \pm 0.1$ mm，孔 A 和孔 C 的距离公差 $T_{AC} = \pm 0.1$ mm 时，孔 B 和孔 C 的距离公差 $T_{BC} = \pm 0.2$ mm。

通过上述案例可知，由于采用了统一的定位基准系统，减少了一个尺寸链环，累计误差减小了 ±0.1mm。可见，对于由成千上万个零部件装配而成的汽车，如果不对其定位基准系统进行统一规划设计，其导致的后果可想而知。

综上所述，定位基准系统的统一有以下优点：

1）当设计基准、生产制造基准和检测基准统一时，可以消除由基准不重合造成的误差。

2）定位基准系统统一使得零部件定位可靠，精度高，便于装配。

3）定位基准系统统一能够对生产过程做到全程质量控制。

4）定位基准系统统一原则的应用为检测技术提供了基准点，出现问题时便于查找错误，分析偏差原因快捷且清晰。

5）定位基准系统统一符合汽车产品大批量、高效率的生产模式。

6）定位基准系统统一的思想不仅可应用到汽车车身、内外饰系统中，还可以应用到底盘、发动机等更广阔的领域中。

3. 尺寸链分析法

汽车的感知质量要达到完美效果，不仅需要对产品的定位基准系统进行设计，还需要对产品的精度进行控制。产品设计是精度控制的源头，在设计初期采用尺寸链分析方法对产品进行制造可行性分析可以节约大量成本。尺寸链分析方法已在多数汽车企业设计中得到应用，它有如下作用：

1）计算累积公差，以进行达成可行性分析（如前后车门之间的间隙公差）。

2）预测装配中可能出现问题（超过预期的公差）的尺寸环节。

3）评价各个尺寸环节对装配精度的贡献度，明确精度提升的瓶颈和关键点。

4）在保证装配预期公差的前提下，对各个环节的尺寸公差进行合理分配。

5）当实车装配发生公差超差问题时，可以根据尺寸链分析迅速追溯问题发生在哪个环节，并加以优化或改善。

下面将系统地介绍尺寸链相关知识和分析方法，以及其在公差分析中的应用。

（1）尺寸链　在一个零部件或一台机器的结构中，总有一些相互联系的尺寸，这些相互联系的尺寸按一定顺序连接成一个封闭的尺寸组，称为尺寸链。如图5-21所示的零部件，其四个平面间的尺寸 A_0、A_1、A_2 和 A_3 组成一个尺寸链。尺寸链有以下两个基本特征：①封闭性，即组成尺寸链的各个尺寸应按一定顺序构成一个封闭系统；②相关性（函数性），即其中一个尺寸变动将影响其他尺寸，彼此间存在一定的函数关系。尺寸链由环组成，尺寸链中的每一个尺寸简称"环"，如图5-21中有 A_0、A_1、A_2 和 A_3 四个环。根据尺寸的几何特征，尺寸链分为长度尺寸链与角度尺寸链，角度尺寸链很少用到，本文只以长度尺寸链为例进行阐述。

尺寸链有多种形式，可以按照不同的方法分类，根据用途可分为工艺尺寸链、零部件尺寸链和装配尺寸链。工艺尺寸链是指全部组成环为同一零部件工艺尺寸所形成的尺寸链；零部件尺寸链是指全部组成环为同一零部件设计尺寸所形成的尺寸链；装配尺寸链是指全

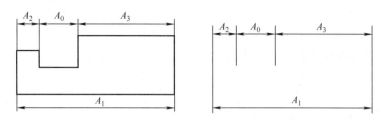

图 5-21 尺寸链示意图

部组成环为不同零部件设计尺寸所形成的尺寸链,如图 5-22 所示。

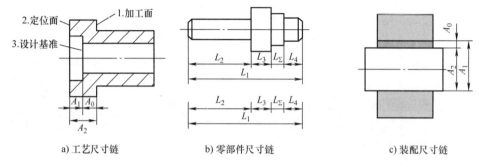

a) 工艺尺寸链　　　　b) 零部件尺寸链　　　　c) 装配尺寸链

图 5-22 尺寸链根据用途分类

根据尺寸链在空间中的位置,分为直线尺寸链、平面尺寸链和空间尺寸链,如图 5-23 所示。直线尺寸链是指全部组成环位于平行直线上;平面尺寸链是指全部组成环位于一个或几个平行平面内,但某些组成环不平行;空间尺寸链是指组成环位于几个不平行的平面内。

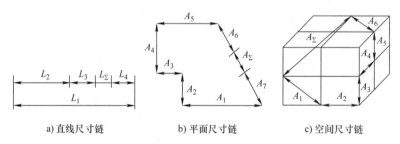

a) 直线尺寸链　　　　b) 平面尺寸链　　　　c) 空间尺寸链

图 5-23 尺寸链根据空间位置分类

（2）封闭环和组成环　根据环的性质不同,尺寸链的环可分为封闭环和组成环。加工或装配过程中最后自然形成的那个尺寸称为封闭环,封闭环常用下标为"0"的字母表示,如图 5-24 中的 A_0。尺寸链中除封闭环以外的其他环称为组成环,组成环通常用下标为"1、2、3…"的字母表示,如图 5-24 中的 A_1、A_2 和 A_3,组成环中任一环的变动必然引起封闭环的变动。

装配尺寸链中,封闭环是由机器装配精度决定的;工艺尺寸链中,封闭环必须在加工顺序确定后才能判断,如图 5-22a 中的 A_0 为封闭环。

根据组成环对封闭环的影响不同,又把组成环分为增环和减环。与封闭环同向变动的组成环称为增环,即当其他组成环尺寸不变时,若该组成环尺寸增大(或减小),则封闭环尺寸也随之增大(或减小)。与封闭环反向变动的组成环称为减环,即当其他组成环尺寸不变时,若该组成环尺寸增大(或减小),则封闭环尺寸随之减小(或增大)。

在尺寸链图中用首尾相接的单向箭头顺序表示各尺寸环,其中与封闭环箭头方向相反的为增环,与封闭环箭头方向相同的为减环。例如,图 5-24 中的 A_0 为封闭环;A_1、A_2 与 A_0 的箭头方向相反,为增环;A_3 与 A_0 的箭头方向相同,为减环。

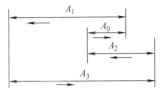

图 5-24 增、减环判断图

(3) 尺寸链计算方法　尺寸链的计算方法主要有以下两种:

1) 极值法(完全互换法)。极值法是从尺寸链各环的极值出发进行计算的,能够完全保证互换性。应用此法不用考虑实际尺寸的分布情况,装配时,全部产品的组成环都不需挑选或改变其大小和位置,装入后就能达到封闭环的公差要求,所以通常也称为极大极小法。

极值法在汽车设计中主要用于防止零部件之间的干涉,一般用于发动机舱盖与翼子板、车门四周等间隙的设定。它能够确保零部件在满足自身功能的前提下,设计合理的间隙来保证装配的可行性,同时可以适当减小间隙值,提升感知质量。

2) 概率法(大数互换法)。概率法是根据各组成环的尺寸分布情况,按统计公差公式进行计算的。应用此法装配时,绝大多数产品的组成环不需要挑选或改变其大小和位置,装入后就能达到封闭环的公差要求。

(4) 尺寸链计算在 DTS 设计过程中的应用

1) 极值法计算尺寸链。根据极值法的定义,极值法公差计算公式如下

$$T_0 = \sum_{i=1}^{n} T_i$$

即总公差等于所有公差的叠加。如图 5-25 所示的某车型发动机舱盖与翼子板的间隙,间隙越小,精致感越好。但是,工程上必须考虑公差等因素的影响,设计一个比较合理的间隙。间隙初始值设计定义为 3.0mm,再根据上述公式计算是否可以实现目标。首先列出影响间隙的零部件的所有公差:

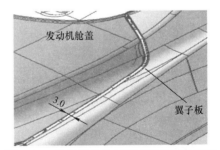

图 5-25 发动机舱盖与翼子板分缝示意图

① 发动机舱盖铰链安装孔的车身精度公差为 ±1.5mm(Y向,间隙方向)。

② 发动机舱盖铰链安装孔位公差为 ±0.5 mm(Y向,间隙方向)。

③ 发动机舱盖包边后的公差为 ±0.7mm。

④ 翼子板配合型面公差为 ±0.5mm。

⑤ 翼子板(Y方向)安装孔位公差为 ±1.5mm。

⑥ 铰链安装孔可调整量为 1mm(减环)。

⑦ 翼子板孔可调整量为 0.5mm(减环)。

根据极值法公式计算,此处间隙的公差 $T_0 = (1.5 + 0.5 + 0.7 + 0.5 + 1.5 - 1 -$

0.5）mm＝3.2mm。这样，间隙初始值设计定义为3.0mm会产生较大的干涉风险，所以为了避免干涉，此处的最小设计间隙值要大于3.2mm，通常设计为4.0mm。有的高级轿车此处的间隙设计为3.5mm，这要求汽车企业有很高的制造工艺水平。

极值法在汽车设计总布置分析及运动干涉分析等领域有着广泛应用，使汽车总布置及相关运动分析有了可靠的理论依据。但是，极值法也会产生一些问题：①公差控制范围难以被控制在设计需求范围内，因为极值法合成时要求完全允许单一零部件的公差变化，这会造成合成后的公差范围变得较大，非常容易造成零部件装配后相互干涉或间隙过大；②设计公差范围的过程缺乏客观和逻辑的程序，用极值法设计的公差范围必须依赖设计者的经验，且必须经过多次试制才能最终确定，如果生产条件发生变化，就有可能使得原定公差范围无法达成；③公差范围与产品的质量水平难以达到平衡，产品公差范围越大越容易生产，但是其质量水平越低。

2）概率法计算尺寸链。概率法又称均方根法，是统计分析法的一种。均方根法是指封闭环的公差为各组成环公差的平方之和的平方根，即得到目标尺寸的公差，其计算公式为

$$T_0 = \sqrt{\sum_{i=1}^{n} T_i^2}$$

在大批量生产中，零部件出现相反的极限尺寸的概率非常低，根据概率统计原理和加工误差分布的实际情况，零部件的尺寸是呈正态分布趋势的，所以采用概率法求解尺寸链更为合理。但是，在影响安全、法规及重要的产品性能的尺寸链计算中，一般采用极值法。

如图5-26所示，某车型仪表板下饰板与熔丝盒盖板的配合间隙设计定义为1.0mm，面差设计定义为-1.0mm（熔丝盖板低）。计算这些公差值的设计定义是否合理时，一定要考虑实际的制造能力和工艺保证水平，必须了解装配结构之间的关系。各零部件影响间隙的公差如下：

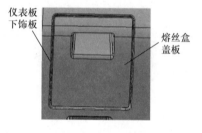

图5-26 下饰板与熔丝盒盖板示意图

① 两个零件以轴销定位，熔丝盒盖板相对于定位轴销的轮廓度公差为±0.35mm。

② 定位轴销的公差为±0.1mm。

③ 下饰板相对于定位轴销的轮廓度公差为±0.35mm。

④ 两者的基准偏差为±0.1mm。

根据概率法计算公式，此处的间隙公差 $T_0 = \sqrt{0.35^2 + 0.1^2 + 0.35^2 + 0.1^2}$ mm ≈ 0.51mm。

各零部件影响面差的公差如下：

① 熔丝盖板距离定位面的轮廓度公差为±0.35mm。

② 熔丝盖板定位面的公差为±0.1mm。

③ 下饰板距离定位面的公差为±0.35mm。

根据概率法计算公式，此处的面差公差 $T_0 = \sqrt{0.35^2 + 0.1^2 + 0.35^2}$ mm ≈ 0.44mm。

实践证明，产品的公差和产品的结构是紧密联系的，应该根据结构特征，罗列出相关的产品制造公差，结合设计要求，再通过尺寸链计算分析，设计出合理的公差值，以确保

设计的公差在实际制造过程中能够顺利实施。特别是在车身等零部件的静态配合关系中,均方根法有着广阔的应用空间。

3) 三维尺寸链分析。对于零部件较多、连接结构复杂、存在角度尺寸链等的三维空间尺寸链,以上两种方法就不太适用。随着软件行业的快速发展,现在的汽车企业在进行汽车设计时,一般采用专业软件对尺寸链进行分析,下面以3DCS软件的应用为例进行介绍。

某车型在样车试制阶段发现,前保险杠与前照灯的匹配难度较大。设计要求:前保险杠与前照灯 Y 向匹配间隙设计定义为 (2.5 ± 1.0) mm//1.0mm,如图5-27所示。

通过3DCS软件分析,旨在确定前保险杠与前照灯匹配间隙是否超差,并采用数字化图片显示超差情况,具体过程及计算分析如下:

图 5-27 前保险杠与前照灯间隙示意图

① 确认现场实际装配流程与制订的装配流程是否一致,确保现场实际情况和 3DCS 软件分析场景是一致的;列出装配过程中所有影响装配的零部件总成,其装配流程图如图5-28所示。

② 确认零部件尺寸是否满足设计要求,满足要求后再根据零部件的 GD&T 图样对 3DCS 软件中的相关零部件公差赋值;GD&T 图样上明确规定了装配基准和装配公差要求,是尺寸链计算分析的基础。图 5-29 所示为前照灯 GD&T 图样局部示意图。

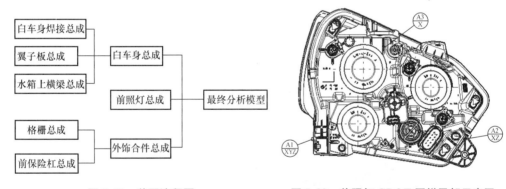

图 5-28 装配流程图　　图 5-29 前照灯 GD&T 图样局部示意图

③ 在3DCS软件中对计算结果进行约定;针对需要分析的部位建立测量需求,对于被测量的零部件,软件可以通过多取点的方式实现,做到以点代面,最终实现空间两点(面)间的测量,如图5-30所示设置了3处测量点。

④ 输出结果分析。将相关的参数输入软件后,软件对其进行分析后自动生成分析结果,如图5-31所示。分析结果中有模拟运行的次数(10000次)、名义值、均值、标准差 σ、6σ、上极限偏差、下

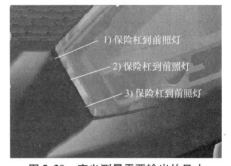

图 5-30 定义测量需要输出的尺寸

极限偏差以及超差率等要素。设置的3处测量点的超差率为:下极限超差率6.98%、上极限超差率6.62%、总超差率(缺陷率)13.60%,无法满足要求。

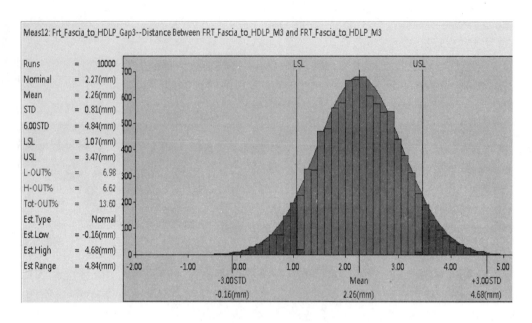

图 5-31 分析结果分布曲线

将前保险杠与前照灯之间的 Y 向匹配间隙修改为 $(2.5±1.5)$mm∥1.0mm，经过软件计算分析，超差率在 5% 左右，基本满足要求。根据软件的计算分析结果，需要把原来设计定义的间隙公差值修改到合理范围内。三维尺寸链分析为复杂尺寸链的公差计算提供了可靠的依据，通过理论分析对设计中的不合理要素进行更改，能够达到设计和制造的平衡，为现场问题的合理解决提供了有力的保障。

同时，利用 Aesthetica 软件对零部件的装配状态进行视觉模拟，可以给设计人员提供直观的装配效果场景，为 DTS 设计的理论可行性分析提供了可靠的依据，设计人员可以根据设计值的调整对装配效果进行评估。某车的尾灯与亮条的间隙设计定义为 $(4±1)$mm∥1mm，Aesthetica 软件可以根据公差设置模拟极限状态及中间过程，如图 5-32 所示。

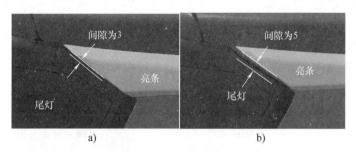

图 5-32 Aesthetica 软件模拟示意图

尺寸链分析方法在各个汽车企业都有不同程度的应用，使得原来的相关经验标准实现了有据可依，打破了凭经验抄袭老产品的现象。运用尺寸链分析方法，可以有效地解决和规避产品研发设计中的实际问题，逐步改善产品设计质量，提高产品的制造可行性，提高生产率，降低成本，设定合理的质量要求，减少不必要的浪费，提高企业的竞争力。

5.2 整车 DTS 管控与评价方法

整车 DTS 是静态感知质量的关键要素之一，所有汽车企业为了更好地实现 DTS 目标，必须具备相应的工装设备，以及采用合理的方法。常用的工装设备有零部件匹配检具、单元主检具等；常用的方法有综合匹配、奥迪特评审等。这些工装设备和方法的综合运用确保了 DTS 的顺利达成。

5.2.1 零部件及系统检具

当两个零部件装配出现不良情况时，一般需要用单件检具对这两个零部件分别进行检测，并通过分析找到引发问题的原因，这样需要花费大量的时间，不满足制造现场快速、有效解决问题的要求。而零部件匹配检具和单元主检具则可以快速判断零部件的质量，还能够指导零部件的连接定位设计等。

1. 零部件匹配检具

零部件匹配检具（Part Coordinate Fixture，PCF）是一种检查工具，它依靠检具的定位装置实现车身零部件之间的匹配，检查零部件搭接精度和测量零部件配合状态。如图 5-33 所示为某车型的侧围 PCF。

图 5-33　某车型的侧围 PCF

PCF 主要用于研发阶段车身尺寸精度的提升以及投产后尺寸质量问题的调查方面，除了验证和测量零部件的搭接精度和配合情况之外，还可以用于验证焊接夹具的精度及焊接工艺等，可以快速、直观地检查并判断出车身钣金件搭接、夹具、操作等对车身精度产生的不良影响因素，并尽可能消除以上不良因素，保证并提高投产阶段的车身精度及其稳定性。PCF 和零部件单件检具的作用如图 5-34 所示。

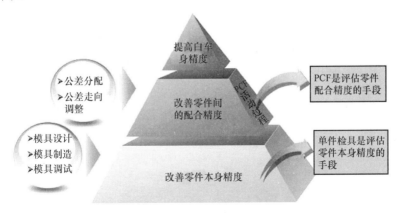

图 5-34　PCF 和零部件单件检具的作用

PCF 是零部件及总成夹具和检具的集合体，一般采用划线或制作公共孔的方法确认工装夹具是否与 PCF 保持一致，一致则说明工装夹具合格。

（1）PCF 验证工装夹具的方法

1）划线法。先把车身冲压件放入 PCF 并固定好，然后在两个冲压件搭接的边缘重叠处涂上蓝色涂料后划线，并做好相关标记；然后把这些冲压件固定到工装夹具上，检查划线的偏移情况，确定工装夹具定位是否存在偏差。划线出现的偏移情况有不连续、被拉长、部分重叠、长度变小、垂直方向错位等，如图 5-35 所示。

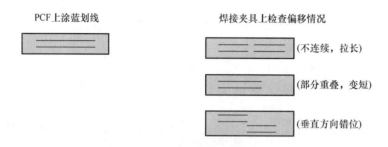

图 5-35 划线法一致性检查示意图

2）公共孔法。在 PCF 上装配好零部件，在其配合搭接面上钻孔，然后把该组零部件放到工装夹具上，这样可以根据孔的偏移情况确定工装夹具是否存在偏差，如图 5-36 所示。

图 5-36 公共孔法一致性检查示意图

（2）PCF 要求及制作过程　通常情况下，车身零部件在 PCF 上需要经过四个阶段的验证，使零部件匹配达到最优状态。这四个阶段的主要工作事项和零部件要求见表 5-5。

表 5-5　各个阶段 PCF 的制作要求

阶段	主要工作事项	零部件要求	车身合格率	周期
PCF0	1. 夹具、检具一致性检查 2. 验证主焊线工艺正确性 3. 对焊接总成进行匹配验证 4. 制订问题管控表和修正指示书	1. 成形工序须全部完成并合格，切边和冲孔可用激光切割 2. 零部件的定位孔大小及位置必须合格 3. 不允许存在手工孔 4. 零部件总体合格率在 85% 以上	80%	4 周
PCF1	1. 对 PCF0 修正零部件进行检测 2. 验证主焊线工艺正确性 3. 对焊接总成进行匹配验证 4. 制订问题管控表和修正指示书 5. 问题确认关闭	1. 全工序件 2. 定位孔合格率为 100% 3. 定位面合格率为 100% 4. 搭接面合格率为 95% 5. 第一轮问题关闭率为 70%	85%	5 周

(续)

阶段	主要工作事项	零部件要求	车身合格率	周期
PCF2	1. 对PCF1修正零部件进行检测 2. 验证主焊线工艺正确性 3. 对焊接总成进行匹配验证 4. 制订问题管控表和修正指示书 5. 问题确认关闭	1. 全工序件 2. 定位孔合格率为100% 3. 定位面合格率为100% 4. 搭接面合格率为100% 5. 第二轮问题关闭率为90%	90%	4周
PCF3	1. 对PCF2修正零部件进行检测 2. 验证主焊线工艺正确性 3. 对焊接总成进行匹配验证 4. 问题确认关闭	1. 全工序件 2. 定位孔合格率为100% 3. 定位面合格率为100% 4. 搭接面合格率为100% 5. 第三轮问题关闭率为100%	100%	3周

2. 单元主检具

单元主检具（Unit Checking Fixture，UCF），又称内外饰主检具或功能主检具。单元主检具的作用是检测汽车内外饰零部件的整体尺寸及匹配效果，根据匹配效果，矫正原设计缺陷和不足并进行设计数据更改。它可以大大缩短产品开发周期，保证产品质量。如图5-37所示为某车型仪表板单元主检具。

图5-37 仪表板单元主检具

（1）UCF的作用

1）产品设计阶段。对于新车型，特别是全新开发的车型，前期的零部件和设备状态都不稳定，相关的参考资料比较少，单元主检具可以作为零部件的参考基准，能够快速进行零部件的调试等工作。

2）产品验证阶段。零部件的很多设计确认工作在单元主检具上开展，特别是在零部件第一次批量试装阶段，UCF起着关键作用。

3）试生产阶段。车身与内外饰零部件之间往往存在冲突，UCF可以有效判定问题的根本原因，从而指导零部件的修改，为提升产品质量指明方向。

4）批量生产阶段。在产品出现质量波动时，可以通过UCF进行分析找到问题的根本原因，是白车身出现了质量波动，还是内外饰零部件出现了偏差，或是两者质量渐变、长期累积所致。

（2）UCF的分类 目前较常见的UCF分类为分体式和整车式。分体式UCF结构可实现局部钣金件、内外饰零部件的匹配检测，如前端UCF、后端UCF、仪表板UCF等。如图5-38所示为前端模块UCF。

整车式UCF结构包括车身主检具和零部件主检具两个部分，可以实现钣金件、内外饰零部件的安装匹配检测，又称为CUBING，是一种高度模块化的检具。可根据需要自由设计

图 5-38 前端模块 UCF

匹配检查项，所有的模块和零部件均可自由拆换进行匹配，还可以检查实物之间以及实物与检具上模块的匹配情况，如图 5-39 所示。

图 5-39 CUBING 示意图

车身主检具是对量产车型与车身数据之间一致性的精确评价，是在产品批量生产之前实行的一次真正意义上的实物验证，也可以对车身开发及批量生产过程中的匹配问题进行校验。

5.2.2 综合匹配

整车综合匹配的质量能力保证了车身、内外饰件、底盘、动力总成以及电子电器各个系统的布置安装尺寸、装配精度、运动间隙和连接可靠性，可以展现整车的设计美感和精致感，给用户带来制造精良、品质可靠的印象。汽车是由很多零部件组装而成的，需要经历零部件初期质量不稳定、整车质量不合格到批量零部件质量稳定、整车尺寸一致性达标这样一个反复的匹配分析和改进的过程。期间需要对车身钣金件、焊接总成、内外饰件以及整车进行匹配，对其相关的尺寸、间隙、平整度以及工艺可行性等结果进行测量和分析，找到问题产生的原因，修改或完善产品设计，指导模具改进、工装设备的调整和工艺参数优化，这个过程称为综合尺寸匹配（Match Build，MB）。综合匹配通常分为三个阶段：预匹配认可、综合尺寸匹配认可和试拼试装检验。

1. 预匹配认可

预匹配认可又称 MB1，是在模具转移之前，针对全序工装件检验规定的。根据零部件数据、图样和测量方案等，利用检具或者三坐标测量机对零部件存在或者可能存在的缺陷进行评价，必要时可借助焊接工装、单元主检具和综合匹配样架等，合理运用各种技术手段对车身和内外饰零部件及总成等进行匹配和测量分析，对配合尺寸、间隙、面差、外观等匹配特性进行反复匹配分析和改进。MB1 是模具和工装设备转移的必要条件。

对于需要腐蚀皮纹的内外饰件，首先要求腐蚀皮纹前的光坯件匹配合格，收到尺寸匹配部门的腐蚀皮纹许可报告后才允许腐蚀皮纹，以避免后期的模具修改困难甚至造成模具报废。预匹配认可阶段的主要工作如下：

1）评估零部件及总成与技术要求的一致性。
2）评估检具、夹具与 GD&T 图样上基准的一致性。
3）评估零部件及总成基准的一致性。
4）检查零部件质量是否符合 MB1 交样要求。
5）评估测点与测点图的一致性。
6）确认基准和测点的合理性。
7）评估零部件及总成公差的一致性。

2. 综合尺寸匹配认可

综合尺寸匹配认可又称 MB2，是在模具转移之后，针对生产件批准程序（Production Part Approval Process，PPAP）阶段零部件检验规定的。对批量生产状态下生产的零部件进行匹配分析，对零部件的尺寸、间隙、平整性、与尺寸匹配相关的拼焊或装配的工艺性等进行测量分析，并做出最终评价。综合尺寸匹配可以利用单元主检具和综合匹配样架，也可以利用检具、测量支架等工装设备，并辅以相应的测量设备进行。MB2 是零部件的工装件（Off Tool Sample，OTS）认可的必要条件，这个阶段的主要工作如下：

1）评估零部件及总成、车身以及整车与技术要求的一致性。
2）评估检具、夹具与 GD&T 图样上基准的一致性。
3）评估零部件及总成、白车身和整车基准的一致性。
4）确认基准和测点的合理性。
5）评估测点与测点图的一致性。
6）评估零部件及总成、整车的公差与 DTS 要求的一致性。

3. 试拼试装检验

试拼试装检验又称 MB3，是针对零部件在焊装和总装生产部件的拼装、焊接和装配检验规定的。对于要求进行试拼试装检验的零部件，只有在综合尺寸匹配认可达到合格（或带条件合格）状态时才允许进行试拼试装检验，试拼试装的零部件允许留车使用。试拼试装检验数量通常为 10 辆份，主要检验零部件在拼焊或者装配过程中产生的影响，例如：

1）以用户的眼光来进行匹配评价（零部件间的配合、间隙、平整度等）。
2）与尺寸匹配相关的拼焊或装配的工艺性。

4. 综合匹配评价准则

功能尺寸是保证整车产品功能的基础，用以确保产品在交付时满足用户的要求。所以综合匹配是否合格，是根据功能尺寸的合格率进行判定的，评价准则有三个：合格、带条件合格和不合格。

（1）合格　功能尺寸的偏差在公差的75%以内，检验尺寸的偏差在公差范围内，零部件的尺寸、配合、间隙、平整性、外观、装配工艺性和功能等匹配合格。

（2）带条件合格　功能尺寸的偏差为公差的75%～100%，检验尺寸的偏差不大于1.5倍公差（如公差为±1.0mm，则偏差不允许超过±1.5mm），但是对制造、匹配和功能没有明显影响，或者通过返工可以消除缺陷。零部件的尺寸、配合、间隙、平整性、外观、装配工艺性和功能等方面存在一般的匹配缺陷，但是对零部件的功能没有明显的影响，或通过返工可以消除；不存在明显的顾客抱怨；要求在一定期限内消除匹配缺陷；MB1阶段要求零部件及总成的所有测点合格率＞80%；MB2阶段要求零部件及总成的所有测点合格率＞90%。

（3）不合格　功能尺寸的偏差超出公差范围，检验尺寸的偏差超出公差范围，而且对制造、匹配和功能有明显的影响，通过返工不能消除缺陷。零部件的尺寸、配合、间隙、平整性、外观、装配工艺性和功能等方面存在严重的匹配缺陷，且通过返工不能消除；对零部件的功能有明显的影响，存在明显的顾客抱怨；不合格零部件不允许使用，要求重新送样进行匹配认可。

通过三个阶段的匹配，严格执行匹配标准，使整车装配效果达到最优，实现整车DTS达标、感知质量目标达成的目的。

5.2.3　奥迪特评审

整车奥迪特（AUDIT）评审就是产品审核，是由经过专业训练的评审员独立地站在用户使用产品的立场上，按照企业制定的标准对整车质量进行评价，是以专业、全面的眼光对已确认合格的整车产品进行随机抽样质量评价的活动。根据汽车企业的四大工艺（冲压、焊装、涂装、总装）流程，通常分为白车身AUDIT、涂装车身AUDIT、总装AUDIT，以下分别进行介绍。

奥迪特缺陷分为A、B、C三个等级。A级缺陷表示用户不能接受的缺陷，会引起安全性方面的索赔或包含着安全风险，以及相对质量要求有很大的偏差。A级缺陷表现明显，一般的用户都能注意到，如渗水等引起严重性能故障的缺陷。B级缺陷是一种使人感到不愉快的干扰性缺陷，这种缺陷会引起用户提出索赔要求，包括在所有外表面上摸得着和看得见的可确定缺陷，以及严重的配合缺陷等。C级缺陷是需要修正的缺陷，只有那些挑剔的用户会提出索赔要求。这些缺陷绝大多数是处于模棱两可的状态，有时只有在使用专用工具后才能发现。根据缺陷等级制订扣分值，如某汽车企业规定：A级缺陷扣100分，B级缺陷扣40分，C级缺陷扣20分，对整车的所有缺陷扣分值进行累加，就得出AUDIT评审分数。

1. 白车身AUDIT

车身是汽车上其他零部件的装配载体，白车身的制造精度影响后续所有装配零部件的感知质量效果。同时，白车身的外观质量也是用户首先接触并感受到的，为了逐步提高白车身外观的感知质量，需对合格白车身进行车身AUDIT评审。通过对白车身的AUDIT评审，为白车身外观感知质量的提升提供了方向，使得技术更加贴合市场，为车身质量控制目标的制订满足客户需求奠定了基础。

（1）评审要求　视觉检查评定白车身表面状态和装配零部件之间的间隙，白车身外表面的触摸检查要佩戴手套，必要时可用类似冲压件的质量检查方法（磨石拉磨）检查。需要对白车身总成的每一个缺陷进行评定，要求白车身外表面不能存在 A 级缺陷，严格控制 B 级缺陷。

（2）白车身分区　通常将白车身划分成四个缺陷区：A 区、B 区、C 区和 D 区，AUDIT 评审时按照 A、B、C、D 区的顺序进行，如图 5-40 所示。通常如下定义：A 区是距离地面 500～1900mm 范围内的车身外表面区域，包含高度低于 1700mm 的车顶，也包含关上车门后在车内可见的车身内部区域；B 区域是指距离地面 0～500mm 及高于 1900mm 的车身外表面区域，以及车身内部门框、内板距离地面 500mm 以上的部分；C 区域是指打开车门或盖可见区域，如门框、车门内板以及加油口盖等；D 区域包括 B 柱铰链区域、门内板下部区域、发动机舱、前翼子板落水槽、发动机盖内板等。A、B 区域是高关注度区域，AUDIT 评审中需重点控制，在 A、B 区域内允许有 B 级及以下缺陷存在，但扣分值需要控制在一定范围内。

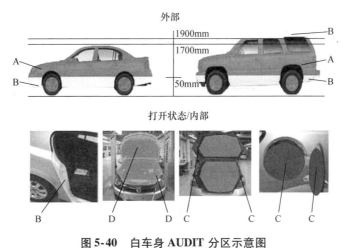

图 5-40　白车身 AUDIT 分区示意图

将 AUDIT 评审的所有扣分项相加得到最终的评审结果。白车身 AUDIT 评审实例见表 5-6。

表 5-6　白车身 AUDIT 评审实例

序号	缺陷位置	缺陷描述	缺陷等级	扣分值	缺陷照片	缺陷分析	责任部门
1	翼子板-右	曲折波浪	C	20		冲压成形不好	冲压
2	发动机舱盖总成	包边棱线不清晰	C	20		包边不良	焊装
3	发动机舱盖总成	包边不平顺（L/R）	B	40		包边不良	焊装

(续)

序号	缺陷位置	缺陷描述	缺陷等级	扣分值	缺陷照片	缺陷分析	责任部门
4	发动机舱盖总成	凸凹不平（L/R）	C	20		包、坑、暗坑	冲压

2. 涂装车身 AUDIT

（1）评审要求　在 AUDIT 评审区，至少应具备光照强度为 1000Lx 的光照条件，车身涂装所有工序均已完成，车顶高度距离评审台架小于 1500mm，车身表面应无灰尘、污垢、水滴或雨滴、胶水、蜡等影响观察效果的物质。观察应当在距离车辆 0.5～1m 的范围内进行，从车身的前部开始，沿顺时针或逆时针方向进行，按涂装车身的 A、B、C 和 D 区的顺序观察。观察者用眼睛按图 5-41 所示的位置和角度观察车身的喷涂层并确定缺陷等级，视角 θ 应在 20°～30° 之间。

（2）涂装车身分区　涂装车身外表面分为 A、B、C 和 D 四个区域。A 区是指车身外表面，即当车门、盖关闭时在车外可以看见的区域；B 区是指舱室内表面，即当车门、盖关闭时在舱室内可以看见的区域；C 区是车身内表面，即当车门、盖打开时才能看见的区域；其他区域为 D 区域。所有区域不允许有 A 级缺陷；A 区域是涂装车身重点控制区域，其允许有 B 级及其以下的缺陷存在，但扣分值需要控制在一定范围内。

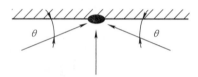

图 5-41　评定视角示意图

将 AUDIT 评审的所有扣分项相加得到最终的评审结果。涂装车身 AUDIT 评审实例见表 5-7。

表 5-7　涂装车身 AUDIT 实例

序号	缺陷位置	缺陷描述	缺陷等级	扣分值	缺陷照片	缺陷分析	责任部门
1	发动机舱盖	起泡	B	40		漆面外观不良	涂装
2	发动机舱盖	胶泡	B	40		包边不良	焊装
3	发动机舱盖	胶污染	C	20		密封胶不良	涂装
4	右前门	凹凸不平	C	20		钣金不良	冲压

3. 总装 AUDIT

总装车间是汽车零部件最后装配集成整车的地方，装配质量的好坏对汽车的静态感知质量有至关重要的影响，所以总装 AUDIT 评审是感知质量控制的关键，直接影响整车实物质量的好坏。总装 AUDIT 评审包含静态和动态两部分，本书仅介绍静态评审部分。

总装 AUDIT 静态评审内容如下：

（1）评审要求　在 AUDIT 评审车间进行评审，灯光区要有顶部照明和龙门式照明，灯光照明强度 > 1200Lx；评审车间配备有底盘检测地沟或举升机，需配备间隙尺、面差规（非金属）、速度式关门测力计等测量工具。

（2）评审方法　随机抽取符合条件入库的车辆，对整车的外观匹配、零部件装配是否到位，车门系统以及电器功能等进行静态检查；另外，还要进行动态检查，包括淋雨试验、发动机起动评审、底盘评审、路试评审、底盘复检等。

将 AUDIT 评审的所有扣分项相加得到最终的评审结果。总装静态 AUDIT 评审实例见表 5-8。

表 5-8　总装静态 AUDIT 评审实例

序号	缺陷位置	缺陷描述	缺陷等级	扣分值	缺陷照片	缺陷分析	责任部门
1	遮阳板警示贴	卷边	C	20		零部件	SQE
2	B 柱上下内板	间隙不均	C	20		匹配	总装
3	加油口盖与侧围	面差	C	20		匹配	焊装
4	发动机舱盖后部密封条左端	锈蚀	C	20		零部件	SQE

国内外车企基本上都已经接受了 AUDIT 评审的观点，AUDIT 评审为产品走向市场提供了可以参考的依据。同时，各车企也根据当前的 AUDIT 水平制定了 AUDIT 等级，根据产品

的质量改进需求，逐步提升 AUDIT 等级，为给客户提供优质产品提供了有力的保障。

5.3 整车开发前期 DTS 精致工程评价方法

通常整车 DTS 达成效果是通过实车生产阶段的主观评价进行确认的，常常出现如下问题：

1）DTS 匹配问题发现得太晚，无法彻底优化或改善。

2）由于设计前期没有对制造工艺难度进行合理评价和优化，实际制造或装配不能实现预期的 A 面造型，或达不到要求精度，只好在数据或模具设计阶段中修改设计，最终实车与造型不一致，或达不到造型预期的效果。

3）在造型阶段，型面匹配搭接关系对于工艺制造可行性实现的难易程度，一般仅凭个人经验判定，很难说服造型接受更改或优化。

本节通过对市场上技术标杆车的对标和评价，从制造难易程度的客观评价方法入手，引入视觉关注度、视觉敏感度和整车 DTS 精致工程指数的概念，建立一整套全新的客观评价标准和方法，根据评价结果并结合项目开发的需要来指导造型与设计，从而采用难度小、成本低的制造工艺达成令用户满意的整车 DTS 效果，满足整车的精致化设计要求。

5.3.1 视觉关注度

个体视觉系统对物体的不同部位产生的关注程度，即为视觉关注度（Visual Focus，VF）。用户在购买车辆时，其在汽车外观以及内饰的不同区域的关注程度是不同的。根据用户习惯的不同，对汽车各区域的视觉关注度进行划分并进行等级定义。本方法将视觉关注度分为高、中、低、不关注四个等级，与之相对应的分数可以定义为 10、5、2、1。视觉关注度高表示绝大多数用户都会关注，视觉关注度低表示少数用户会关注。视觉关注度得分定义主要是为了方便计算和量化相关指标的数值。

1. 汽车外观的视觉关注度

对于汽车外观，用户的视觉主要集中在整车的上部，对整车的下部和顶盖部分的关注度相对较低。整车外观不同区域的视觉关注度高低按如下划分：

（1）汽车外观视觉关注度高的区域　汽车前面：前格栅、前照灯和发动机舱盖三者交汇相邻部分；汽车侧面：翼子板与发动机盖交汇相邻部分，外后视镜、前后车门上部以及后风窗部分；汽车后面：后尾灯和后风窗交汇相邻部分。

（2）汽车外观视觉关注度中的区域　汽车前面：前风窗与发动机舱盖交汇相邻部分，前保险杠区域；汽车侧面：前后轮罩以及前后车门外板区域；汽车后面：后保险杠及其附近区域。

（3）汽车外观视觉关注度低的区域　汽车顶部：顶盖及天窗区域；汽车侧面：侧裙板区域，包括车轮挡泥板等。

（4）汽车外观视觉不关注的区域　这部分基本属于不可见区域，包括用户基本不关注的一些地方，如底护板等。汽车外观的视觉关注度等级见表 5-9。

表 5-9 汽车外观视觉关注度等级

等级	外观区域示意图
高关注度	
中关注度	
低关注度	
不关注	

2. 汽车内饰的视觉关注度

对于汽车内饰来说，通常是从用户坐在车内和打开车门时的视线角度考虑，车内以坐在驾驶侧为主，整车内饰不同区域的视觉关注度等级按如下划分。

（1）汽车内饰视觉关注度高的区域　转向盘、组合仪表、中控区以及仪表板本体上部区域；仪表板与门饰板交汇区域；副仪表上部区域；前后车门内饰板扶手上部区域；A、B、C柱上饰板区域；后背门上饰板区域。

（2）汽车内饰视觉关注度中的区域　仪表板下部区域；副仪表板下部区域；车门内饰板扶手下部区域；打开车门时，仪表板侧面端盖、A柱下护板及其与密封条交汇区域；A、B、C柱下饰板区域；后背门下饰板区域；座椅侧面塑料件等。

（3）汽车内饰视觉关注度低的区域　前后门门槛，后背门门槛，顶篷区域（包含拉手、顶灯、遮阳板、眼镜盒等），行李舱区域，汽车地毯周边区域等。

（4）汽车内饰视觉不关注的区域　这部分基本上属于不可见区域，包括用户基本不关注的一些地方，如地毯与周边零部件的配合等。汽车内饰视觉关注度等级见表 5-10。

表 5-10　汽车内饰视觉关注度等级

等级	内饰区域示意图
高关注度	
中关注度	
低关注度	
不关注	

5.3.2　视觉敏感度

因物体自身具有的光亮度及所在的背景光亮度的影响下，个体视觉系统在观察物体时，对物体的细节部分会有强弱不同的分辨程度，称为视觉敏感度（Visual Sensitivity，VS）。其应用在整车 DTS 精致工程上，即整车外观和内饰的各个区域之间分缝的间隙、面差等特性，对个体的视觉系统所产生的不同印象。根据用户对物体的不同感知程度，可对不同物体进行视觉敏感度的等级定义。

整车的分缝及分缝的结构形式也决定了整车外观的视觉效果。不同的分缝结构形式，其间隙和面差的表现效果不同，用户对其视觉敏感度也不同。根据分缝及分缝的结构形式特点，对间隙和面差视觉敏感度的等级进行定义，视觉敏感度等级定义主要也是为了方便客观计算和量化相关指标的数值。

间隙的视觉敏感度主要从间隙的隐藏性、遮蔽性和看穿效果三方面考虑，其等级与分数定义具体如下：

0 分：一个完整的面，没有分缝；表示最高等级，完美无缺，设计最理想的状态。

1 分：两个零部件分别为硬质材料和软质材料干涉配合，配合处呈线状，无间隙。

2分：两个零部件采用"上搭下"结构，即上层零部件覆盖在下方零部件上且遮挡住两者之间的间隙，使得间隙在正常视线范围内不可见。

3分：两个零部件之间的间隙被密封胶条等遮蔽。

4分：两个零部件之间的间隙在正常视线范围内可见，但是零部件内部有翻边结构等遮挡，不能看穿。

5分：两个零部件之间的间隙在正常视线范围内可见，直接看穿。这对间隙的大小及均匀性要求高，同时对视线可达内部的零部件或者特征有要求，内部的零部件最好不在视线的可达范围内，或者内部结构特征不突兀等。这样，整个间隙区域才显得整洁，不凌乱，精致性好。

从0分到5分，表示间隙的视觉敏感度越来越高，其对制造工艺水平的要求越来越高，DTS达成越来越困难。间隙视觉敏感度等级如图5-42所示。

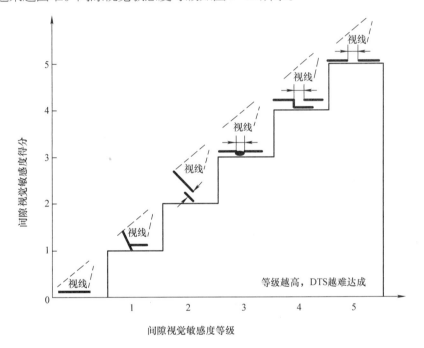

图5-42　间隙视觉敏感度等级

两个相邻零部件配合处表面的高度差统称面差。当两个零部件的表面设计为0面差时，为了保证配合效果，对制造工艺的要求较高；同时，面差的视觉效果与两个零部件配合处的结构也有很大的关系。面差的视觉敏感度等级与得分定义如下：

0分：一个完整的面，没有分缝，不产生面差配合；表示最高等级，完美无缺，设计最理想的状态。

1分：两个不平行面，没有面差要求。

2分：有面差要求，但是在正常视线范围内，一个零部件的面被另外一个零部件遮挡，不可见。

3分：两个明显的台阶面，两个零部件表面的距离差比较大，对制造精度的要求相对较低，控制相对容易。

4分：面差为0，在两个零部件相交处采用双圆角等配合来弱化面差。

5分：面差为0，两个相邻面的圆角半径接近或相同。这时对两个面的面差精度要求非常严格，因为面差的精度不好将导致配合处的视觉效果差，会让用户有粗制滥造的感觉。

从0分到5分，表示面差的视觉敏感度越来越高，其对制造、装配等工艺水平的要求越来越高，表示DTS越来越难达成。面差视觉敏感度等级如图5-43所示。

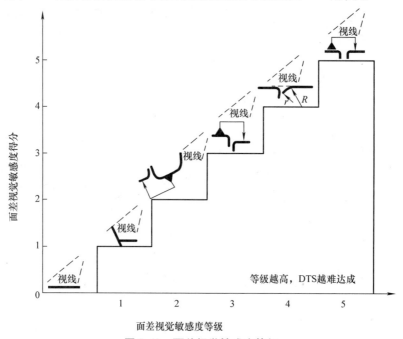

图 5-43　面差视觉敏感度等级

因此，在车型开发早期的造型分块时，根据视觉敏感度的分级定义，可以采用不同的分缝形式、结构形式及材料组合等，来隐藏和弱化零部件之间配合的间隙或面差，使其得到更好的视觉效果且容易达成，从而实现整车DTS的精致化设计。

5.3.3　整车DTS精致工程指数

整车DTS精致工程指数（Craftsmanship Engineering Index，CEI）是由整车DTS要求内容自身所在的区域的关注度和视觉敏感度共同决定的，是综合评价整车DTS视觉精致性和制造难易程度的指标。其公式如下

$$CEI = \left(1 - \frac{\Sigma VFVS}{\Sigma VFVS_0}\right)k$$

式中　CEI——精致工程指数；

　　　VF——视觉关注度等级；

　　　VS——视觉敏感度评价等级；

　　　VS_0——视觉敏感度最高等级，本书定义为5；

　　　k——调整系数，目的是调整CEI数值，使其更加直观。

从前面章节可以了解到，整车各个区域的视觉关注度等级是确定的，分析上述公式可知，整车各个区域的视觉敏感度等级决定了CEI数值的大小。汽车某个区域间隙的视觉敏

感度等级越低，对此区域相关零部件的制造和装配工艺等要求就越低，这样不仅节约了大量的人力和时间成本，同时也降低了生产制造过程中的不良产品率，使得整车的精致性更高。

视觉敏感度等级越低，整车 DTS 的 CEI 数值越大，整车 DTS 越容易达成，而且视觉精致性越好；视觉敏感度等级高，则需要在工程上严加管控，由于制造水平的限制，间隙和面差的一致性、均匀性难以保证完美，所以控制难度非常高。那么从整车的角度考虑，在视觉关注度等级高的区域，其分缝和分缝的结构形式采用视觉敏感度等级低的方案，并在造型阶段就加以管控，则会取得事半功倍的效果。

5.3.4 关键 DTS 评价点的选取

整车 DTS 精致工程设计的优劣是从外观和内饰两部分进行评价的，一般根据造型分块的特点选取关键的 DTS 评价点。这些评价点的选取原则是，视觉关注度等级高的区域必须选取，视觉关注度等级低的区域可以根据情况适量选取。

1. 整车外观关键 DTS 评价点

整车外观 DTS 精致工程设计的主要评价点可以按以下方法划分：整车前部区域，包括顶盖与前风窗玻璃、前风窗玻璃与车身 A 柱、发动机舱盖与前格栅、发动机舱盖与翼子板以及前大灯与周边配合缝隙等；整车侧部区域，包括车门与周边配合缝隙、车门窗框与周边配合缝隙以及前后轮眉与周边的配合缝隙等；整车后部区域，包括行李舱盖（后背门）与周边配合缝隙、加油口盖与周边配合间隙以及后尾灯周边的间隙。因为每个车型的分缝形式不一样，其关键 DTS 评价点也不尽相同。某款车型的整车外观关键 DTS 评价点见表 5-11。

表 5-11 整车外观关键 DTS 评价点

区域	整车外观关键 DTS 评价点示意图
前部	
侧部	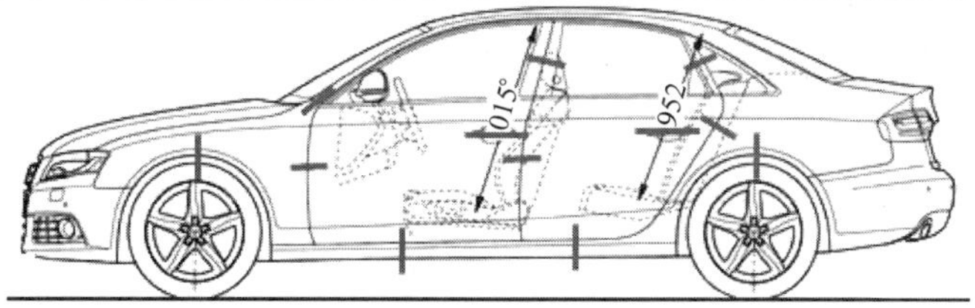
后部	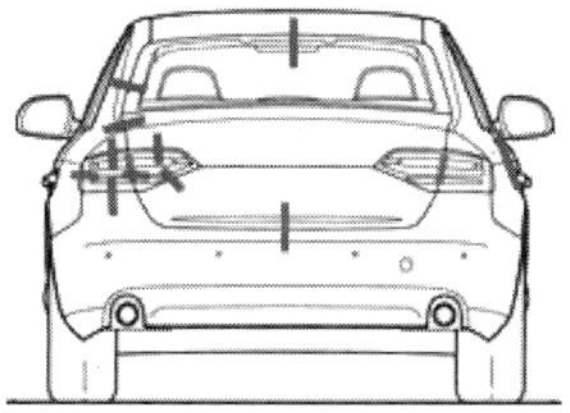

2. 整车内饰关键 DTS 评价点

整车内饰 DTS 精致工程设计的主要评价点：仪表板区域，包括仪表板与门内饰板、仪表板与 A 柱饰板、仪表板与侧盖板、仪表板与副仪表板以及杂物箱与周边的配合缝隙等；中控区域：转向盘 DAB 盖板与周边配合缝隙；车门饰板区域，包括门内饰板与 A/B/C 柱饰板、门槛饰板与 A/B/C 柱饰板、拉手盒与周边配合缝隙以及立扶手与周边配合缝隙等。某款车型整车内饰关键 DTS 评价点见表 5-12。

表 5-12　整车内饰关键 DTS 评价点

区域	整车内饰关键 DTS 评价点示意图
仪表板区域	
中控区域	
车门饰板区域	

选定关键 DTS 评价点之后，在 CAS 或数据上对这些点的对应位置截取相关断面，然后根据前面定义的间隙和面差视觉敏感度等级，来判断这些地方的视觉敏感度等级，从而判断这些地方的 DTS 是否容易达成，其视觉效果是否良好。

5.3.5　评价方法

为了更加方便和直观地对整车 DTS 精致工程设计进行评价，需要根据整车精致工程指数的定义，制作一个整车 DTS 精致工程指数评价表，在评价表中根据 *CEI* 的计算公式进行设定。整车 DTS 精致工程指数评价表制作好之后，对选定的关键 DTS 评价点的视觉关注度和视觉敏感度进行评价，将评价结果填入表中，就可自动得出整车 DTS 精致工程指数 *CEI* 的分数。整车 DTS 精致工程指数评价表的格式和案例见表 5-13。

表 5-13 整车 DTS 精致工程指数评价表

	部件/系统	评价项	关注度（VF）	敏感度（VS）	得分（$VF\,VS$）	得分（$VF\,VS_0$）
1	发动机舱盖/前格栅	间隙	10	2	20	50
		面差	10	1	10	50
2	发动机舱盖/保险杠	间隙	10	2	20	50
		面差	10	1	10	50
3	发动机舱盖/前照灯	间隙	10	2	20	50
		面差	10	1	10	50
4	发动机舱盖/翼子板	间隙	10	5	50	50
		面差	10	5	50	50
5	翼子板/前照灯	间隙	5	4	20	25
		面差	5	5	25	25
…	…	间隙	…	…	…	…
		面差	…	…	…	…
	CEI（$k=1.5$）				68.0	

为了科学合理地制定整车 CEI 目标值，首先要对市场上的一些技术标杆车进行评价并获得其 CEI 值，然后在车型开发初期，对整车的 CAS 和结构数据进行评价，并计算其 CEI 值。对两者进行比较就可知道新开发车型在这个方面有无竞争力，最后结合公司工艺保障能力以及项目实际情况，最终确定 CEI 目标值。

整车 DTS 精致工程指数（CEI）对整车外观和内饰两部分进行评价。对某款车型的外观进行整车 DTS 精致工程指数评价，把关键 DTS 评价点的视觉关注度和视觉敏感度的评价得分填入表 5-13 中，当设定 CEI 的调整系数 k 为 1.5 时，根据公式可以得出 CEI 值为 68.0（注：表中仅列出部分关键 DTS 评价点）。

再如，根据上述整车 DTS 精致工程指数评价表，对市场上某六款上市车型的整车 DTS 精致工程进行评价，把关键 DTS 评价点的评价得分填入表中，就可以得出整车外观和内饰的精致工程指数得分，最终的评价结果汇总见表 5-14。

表 5-14 某六款技术标杆或竞品车型 CEI 得分

车型	车型一	车型二	车型三	车型四	车型五	车型六
外观 CEI	55.0	71.3	70.7	68.0	77.6	82.7
内饰 CEI	61.9	62.7	80.1	78.9	71.2	80.5

根据上表制作一个 CEI 得分线状图，根据线状图可以更加直观、立体地看到其中某款车型的外观和内饰 DTS 精致工程设计相对于其他车型的好坏和差异，如图 5-44 所示。

根据 CEI 的计算公式，视觉敏感度越高，CEI 得分越低，对应的 DTS 特征控制要求越高，达成难度越大，越不利于保证精致工程水平。从表 5-14 和图 5-44 可知，车型六的外观和内饰的 CEI 得分比较高，工艺及其制造一致性更容易实现；车型三、车型四的内饰部分 CEI 得分较高，表示其内饰 DTS 容易达成；车型一的外观和内饰的 CEI 得分均较低，表示其 DTS 达成难度较高，后续控制存在风险。

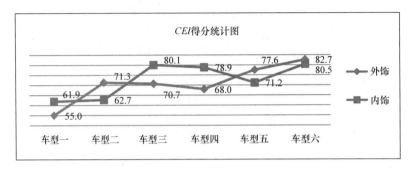

图 5-44 某六款技术标杆或竞品车型 CEI 数据统计

合理的 DTS 特征结构可以有效降低视觉敏感度，放宽制造、装配等工艺要求，降低 DTS 达成难度，同时还能提高用户的视觉静态感知品质。所以，DTS 精致工程指数这种全新的评价方法，可以在整车产品开发前期用来预测和评价该车造型或工程数据，对今后实现工艺制造一致性的难易程度进行相对客观的对标评价，从而更好地指导造型和工程设计。它使得在设计开发前期，就能够对整车 DTS 设计与有效达成难易程度给予评价和管控，从而在较低的成本和质量风险下达到更高的整车精致化设计要求。

5.4 车身精致工程设计及评价方法

车身是乘用车的重要组成部分，它是内外饰系统、底盘系统、动力系统和电子电气系统等的安装载体，车身的精度直接影响这些零部件系统的安装精度，进而影响整车的静态感知质量、操控及驾驶性能等。同时，车身的外覆盖件是整车外观颜值的直接表现，车身外覆盖件的表面质量直接决定了整车的审美定位和精致性，所以车身设计的好坏，在很大程度上决定了整车质量的好坏。精致化车身设计是一款车型成功的保证，主要可以从以下三个方面进行：车身 A 级曲面设计、车身结构数据设计和车身精致工艺设计。

5.4.1 车身 A 级曲面设计及评价方法

汽车车身 A 级曲面是指汽车车身外表面在各自的边界上保持曲率连续的曲面，一般简称车身 A 面。在车辆开发前期的造型设计阶段，其对车身感知质量的影响主要有两个方面：一是车身 A 面的数据质量，数据质量会影响零部件的制造质量，所以车身 A 面的设计质量决定了车身外覆盖件零部件质量的好坏；二是车身 A 面的分缝及结构形式，它直接影响整车的 DTS，决定了整车外观的精致性。因此要做一款精致化车身，在前期的造型设计阶段需要保证车身 A 面的质量，并且采用科学合理的车身 A 面分缝及结构形式。图 5-45 所示为车身 A 面示意图。

1. 车身 A 面的质量

数据是零部件制造的基础，车身外观曲面的数据质量决定了车身外覆盖件的零部件质量，而高质量的车身外覆盖件是保证精致化车身的一个重要前提条件。

如图 5-46 所示，曲面的连续性一般有五种形式：G0 连续，属于位置连续，连接处的切线方向和曲率均不一致，这种连续性的表面会有尖锐的接缝；G1 连续，属于切线连续，

图 5-45　车身 A 面示意图

G0 连续　　G1 连续　　G2 连续　　G3 连续　　G4 连续

图 5-46　曲面的连续

连接处的切线和曲率方向一致，但曲率线突变断开，这种连续性的表面没有尖锐的接缝，但是视觉上有中断的感觉，典型的 G1 连续是两个面之间采用倒角生成的过渡面；G2 连续，属于曲率连续，连接处的曲率相同，曲率连续但不平滑，这种连续性的表面没有尖锐的接缝，视觉效果光顺流畅，没有中断的感觉；G3 连续，属于曲率变化率连续，即连接处的曲率变化率是连续的，曲率的变化更加平滑，视觉效果比 G2 连续更流畅；G4 连续，属于曲率变化率的变化率连续，它使得曲率的变化率开始缓慢，接着加快，然后再缓慢地结束，由于计算复杂，这种曲面的连续在工程上一般很少采用。

在前期造型阶段，一般通过虚拟仿真分析的手段提升车辆的外观感知质量，采用专业的分析软件对车身 A 面质量进行分析。车身 A 面质量评价的方法主要有高光分析法、控制顶点法、曲面断面线法、斑马线法、曲率颜色图法。

（1）高光分析法　高光分析是汽车 A 面质量评价中非常重要的一个环节，其流线的走势、明暗变化体现着造型设计的意图。高光线模型是由一组平行线光源投射到曲面上得到的一组高光线构成的，该组曲线可以用于分析两曲面间的几何连接性关系，可以分析两曲面在连接处的点连续、切矢连续及曲率连续等几何连续性的状况。评价要求任意方向的高光线都必须光顺、过渡自然和规律变化，不能出现突变、扭曲等视觉缺陷。同时，高光线模型对曲面的法向变化是敏感的，可用来检测曲面的法向（或曲率）不规则性。

（2）控制顶点法　利用控制顶点评价曲面时，要求控制顶点排列均匀或变化均匀，曲率大的位置控制顶点可密集些，曲率小的位置控制顶点可稀疏些；在曲面的两个方向上，控制顶点的分布都要按照曲面的走势分布。曲面可以根据边界情况进行控制顶点的分布，在进行控制顶点的分布时，必须考虑它们与周边曲面的连续性条件。

（3）曲面断面线法　曲面断面线法是用一组平面去切割需要分析的曲面生成一组断面

线，通过分析这组断面线的曲率质量来判断曲面的质量，通常也叫曲率梳法。曲率梳法分析有两种情况：一种是检验曲率梳外缘的变化以及拼接曲线之间曲率梳的情况；另一种是分析单条曲线的品质，单条曲线要求曲率梳没有扭曲和波浪，外缘平坦，均匀光滑过渡。图 5-47 所示为控制顶点法和曲面断面线法对某两个曲面进行分析的结果。图 5-47a 显示曲面有部分顶点排列不均匀，其对应的曲率梳变化不一致；图 5-47b 所示为曲面调整好顶点，其曲率梳变化趋向一致。

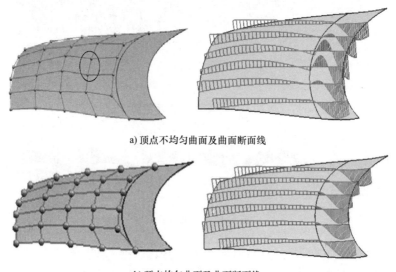

a) 顶点不均匀曲面及曲面断面线

b) 顶点均匀曲面及曲面断面线

图 5-47 控制顶点法和曲面断面线法示意图

（4）斑马线法　斑马线法是通过光将一组黑白相间（有的软件也用彩色）的条纹线映射到曲面上来检查曲面质量的方法。曲面上斑马线纹理的粗细和间隔均匀分布，表明曲面的曲率变化均匀，则曲面的光顺性好；曲面上斑马线纹理出现波浪、漩涡甚至断裂时，表明曲率变化不均匀或者有拐点，则曲面的光顺性差。在光顺评价的实践中，对于多个相拼接的曲面，有的曲面平坦（曲率很小），有的曲面弯曲（曲率很大），在用曲面断面线法评价曲面质量时，难以找到合适的放大系数。而"斑马线"对曲面曲率的变化非常敏感，所以在检查 A 面时也经常用斑马线法评价 A 面的品质。图 5-48 所示为采用斑马线法检查 A 面质量时出现的三种情况。

（5）曲率颜色图法　虽然利用高光分析法、控制顶点法、曲面断面线法和斑马线法可以很好地对曲面质量进行评价，但是对于要求极高的高级轿车 A 级曲面来说，这些方法还是存在一些不足的地方。经过曲面上的一点有无数条曲面的断面线，通常这些断面线的曲率是不相等的，在该点处的这些截面线的法曲率会有一个最大值和一个最小值。曲率颜色图法就是将曲面的曲率用颜色显示出来，调整相关参数，使颜色变化处于要检测位置处。如果颜色变化自然，那么说明该区域的曲率变化均匀；若该区域颜色变化不自然或者呈现跳跃，则说明该处的曲面曲率变化异常，需要对该处的曲面进行调整。

对多个曲面进行整体分析时，一般用高斯曲率和平均曲率比较合适。如果是对曲率变化比较剧烈的曲面进行评价，则用最大曲率颜色图比较合适；如果想评价小曲率曲面处的

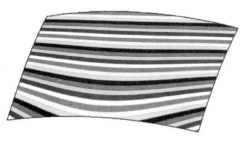

a) 斑马线走向光顺，粗细变化均匀

b) 斑马线走向紊乱，出现波浪，粗细变化不均匀

c) 斑马线走向紊乱，出现漩涡，粗细变化不均匀

图 5-48　曲面斑马线法示意图

质量，则用最小曲率颜色图比较合适。图 5-49 所示为采用不同的分析方法得到的曲面曲率颜色分析图。

 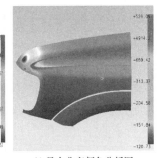 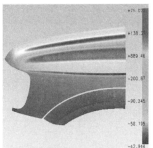

a) 高斯曲率颜色分析图　　b) 最大曲率颜色分析图　　c) 最小曲率颜色分析图

图 5-49　曲面曲率颜色分析图

A 级曲面的这些评价方法是得到高品质曲面的保障，车身 A 级曲面设计制作主要是结合造型美学和制造工艺的要求，构建高品质的曲面，为零部件生产提供良好的支持，让生产制造的产品达到或接近造型的真实意图和效果。

2. 外观 A 面的分缝及结构形式

确定外观 A 面分缝及分缝的结构形式时，需要兼顾造型元素、零部件数量、材料的选择、零部件制造及装配工艺等。科学、合理的外观 A 面分缝可以减少零部件数量，降低零部件的制造和装配工艺难度，从而可以在降低成本的同时提升质量。整车外观 A 面的分缝线要遵循以下五个原则：

1）分缝线要简洁，避免三个以上零部件在一处交汇产生"老鼠洞"。零部件因为制造工艺的原因，需要在分缝处进行倒圆角处理，这样当多个零部件在一处配合时，由于分缝处的工艺圆角，会导致配合的地方出现孔洞，俗称"老鼠洞"。因此，在有多个零部件交汇的可能性时，要人为地将其错开或进行遮蔽，以实现弱化的设计处理。

2）尽可能减少分缝、琐碎分块或零部件的数量。因为在生产制造过程中受工艺、材料和环境等因素的影响，每个零部件都有一定的公差；零部件数量越多，一般情况下其尺寸链也越长，在装配时累积的公差就越大，导致尺寸精度不好控制；因此，在整车外观的 A 面分缝时，最好选择一个零部件作为基体，让其他零部件都与基体配合，这样可以减少公差的累积，提升外观的感知质量。

3）尽可能保持分缝线的平顺性，即减少曲面尖锐棱角或突变。对于零部件的加工精度，直线轮廓的精度无疑是最容易保证的，所以从制造工艺方面考虑，要保证零部件之间的缝隙配合，最理想的就是采用直线分缝形式。从尺寸公差保证方面来说，直线分缝对配合产品具有单一方向的直线度要求，如果增加了拐角等特征，就会相应增加其他方向的尺寸公差要求，所以零部件采用直线分缝最好。但是在实际设计中，考虑到造型元素等因素，分缝很少采用直线形式，但是要尽量平顺，减少曲折，将零部件配合尺寸公差控制在一个方向，以达到最后的外观配合质量。

4）分缝线尽量不要与造型特征相交，避免与造型特征切向相交。当分缝线与造型特征相交特别是切线相交时，视觉上特征线配合处的缺陷会被放大，在相交处会容易造成特征不连续、错位等现象。

5）分缝线要连贯和流畅，做到"承上启下，承前启后"，要与造型特征相互协调和呼应。

分缝结构形式根据间隙和面差的视觉敏感度等级定义，结合造型特征以及分缝的位置等因素，尽可能采用视觉敏感度低的方案。除了分缝及分缝的结构形式，分缝两边配合的圆角也非常重要，其圆角半径的大小对分缝处配合的视觉效果有很大影响，在设计时需要根据材料及工艺确定合适的圆角半径，使得配合的视觉效果达到最佳。

造型设计阶段涉及车身外观 A 面分缝的区域主要有车身侧面整体分缝、发动机舱盖与周边、翼子板与周边、车门与周边、行李舱盖（后尾门）与周边、顶盖与周边以及加油口盖与周边等。

（1）车身侧面整体分缝形式 车身侧面造型非常重要，它决定了整车比例的协调性。车身侧面的整体分缝与造型特征棱线、零部件数量以及装配关系都息息相关，分缝合理，则整个侧面显得简洁、流畅和协调一致，如图 5-50 所示。

图 5-50 某款车侧面整体分缝形式一

不合理的分缝会使得侧面显得繁杂、生硬和凌乱突兀；导致零部件数量及配合关系增多，而在多个零部件装配时，容易出现间隙和面差不均、看穿内部结构及"老鼠洞"等缺陷，如图 5-51 所示。

图 5-51　某款车侧面整体分缝形式二

对上面两款车侧面的分缝进行比较，可以看到，两个车门玻璃区域的分缝存在巨大的差异：分缝形式二在车门玻璃区域的前端多出了一个前三角块，在后车门玻璃区域的后端多出了一个后三角块，这样增加了零部件的数量，同时也加大了装配的难度，从分缝的效果看，分缝形式一的车门玻璃区域很整洁，整体感非常强烈；分缝形式二后车门和侧围的分缝线与车身轮眉处的造型特征棱线相交，让此处显得比较生硬和凌乱。

（2）发动机舱盖与前格栅（或前保险杠）分缝　发动机舱盖与前格栅位于整车的正前方，是每个用户都高度关注的区域，所以这个区域的分缝及分缝的结构形式对精致工程的影响非常大。

宝马 5 系发动机舱盖与前格栅（或前保险杠）的分缝及结构形式在新、旧款车型上有所变化。宝马 5 系旧款车型的发动机舱盖与前保险杠之间的分缝为正对视野方向，即"朝天缝"，如图 5-52 所示。根据 5.3.2 节视觉敏感度的等级定义，这样的分缝及结构形式，其面差的视觉敏感度为 5 分，间隙的视觉敏感度为 4 分，这对制造精度的要求非常高，增加了整车 DTS 达成难度。而且它的分缝线与发动机舱盖上的造型特征棱线相交，这无疑对制造精度提出了更高的要求，因为增加了其与周边的配合控制要求。

 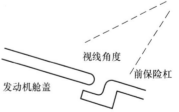

图 5-52　旧款宝马 5 系发动机舱盖与前保险杠分缝的结构形式

宝马 5 系新款车型对此处的分缝进行了改进，对分缝处的结构形式也进行了优化设计，原来的那条分缝线位置向车头前方移动，并将分缝的结构形式更改为"上搭下"，即发动机舱盖在前格栅上方并遮挡住其与前格栅之间的间隙，如图 5-53 所示。这种分缝及分缝结构形式的间隙和面差，其视觉敏感度都只有 1 级，对配合处的间隙和面差的控制要求非常低，降低了制造精度和装配工艺等控制要求，使得整车 DTS 更容易达成。

图 5-53　新款宝马 5 系发动机舱盖与前格栅分缝的结构形式

从图 5-52 和图 5-53 可以看到，宝马 5 系新、旧款的发动机舱盖与前照灯的分缝同样采用了这种"上搭下"的结构形式。作为宝马汽车主要竞争对手之一的奥迪汽车，在更早的时候就采用了这种"上搭下"的结构形式。

（3）发动机舱盖与翼子板分缝　汽车侧前方也是用户喜欢观察车辆的一个位置，因为在这个位置既可观察车辆的前面，也可以看到车辆的整个侧面，可以更全面、立体、直观地看到车辆。而发动机舱盖与翼子板的分缝正好对着用户的视线，也是关注度非常高的区域，通常其分缝及分缝的结构形式如图 5-54 所示。

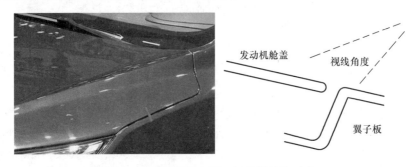

图 5-54　发动机舱盖与翼子板分缝结构形式一

从图 5-54 中可以看到，这条缝隙正对用户的视线方向，容易看穿内部零部件，并且这两个面的公差要求非常高。根据视觉敏感度分级，它的间隙和面差视觉敏感度都是 5 分，这对制造精度、装配工艺的要求非常高，需要花费更多的人力和时间保证此处的间隙和面差要求。

上述的分缝及分缝结构形式通常有两种优化方案：一是在分缝处增加密封胶条（图 5-55）；二是移动分缝位置，采用"上搭下"结构，使得在正常视线范围内看不到缝隙（图 5-56）。第一种方案中，间隙的视觉敏感度为 3 分，面差的视觉敏感度为 4 分。第二种方案中，间隙的视觉敏感度为 1 分，面差的视觉敏感度为 2 分。这两种方案都可以降低视觉敏感度，使得此处的 DTS 更容易达成，从而达到精致化的效果。

另外，发动机舱盖与翼子板的分缝还可以与其和前保险杠的分缝连接起来，分缝线连接成一整圈，显得非常连贯、流畅，这样的分缝形式多用于注重运动性能的小汽车，如轿跑车等。图 5-57 所示为两款轿跑车的发动机舱盖周边分缝形式。

随着新材料在汽车车身中的应用越来越多，这也影响了车身与周边零部件的分缝形式及结构。保时捷 MACAN 的发动机舱盖采用铝合金材料，分缝线位置大幅向下移动，整个

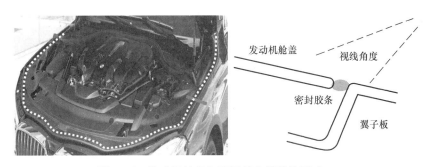

图 5-55　发动机舱盖与翼子板分缝结构形式二

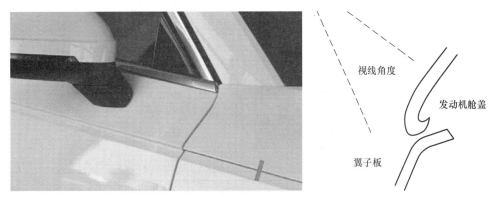

图 5-56　发动机舱盖与翼子板分缝结构形式三

图 5-57　发动机舱盖周边分缝形式

发动机舱盖上方没有分缝，前照灯完全被包含在发动机舱盖区域里，造型流畅，整体感非常强烈，视觉效果好，如图 5-58 所示。

图 5-58　新材料发动机舱盖的分缝形式

（4）翼子板与保险杠分缝　翼子板与前保险杠的分缝采用对接零间隙配合，需要注意的是分缝处两个配合的圆角，从视觉角度考虑，此处圆角的半径倾向于越小越好。当车身翼子板为钣金件时，以现有的冲压工艺，其圆角半径 R 一般情况下最小能做到 1.5mm；而当保险杠是塑料件时，可以做成直角甚至无需倒圆角。但是从装配后的视觉效果考虑，当保险杠配合处的圆角半径 R 为 1.0mm 时，它与翼子板的配合视觉效果最佳。

翼子板与保险杠的分缝形式通常有两种：一是车上其他分缝线或者特征棱线的延续线；二是与附近的造型特征呼应，前、后分缝线呼应。第一种分缝形式一般有以下几种样式：

1）翼子板与前保险杠的分缝线是发动机舱盖与前保险杠分缝线的延续。一般这种分缝线从前照灯中间穿过，显得连贯有序。对应的整车后翼子板（侧围）与后保险杠的分缝线与之呈对称效果，整车的侧面看上去协调性较好，如图 5-59 所示。

图 5-59　前、后保险杠与翼子板（侧围）分缝形式一

2）翼子板与前保险杠的分缝线是前照灯上下边线的延续。这种分缝线显得自然连贯，如图 5-60a 所示；对应的后翼子板（侧围）与后保险杠的分缝线是后大灯与侧围分缝线的延续，或者是后大灯下边线的延续线，如图 5-60b 所示。

a) 前翼子板与前保险杠的分缝形式

b) 后翼子板(侧围)与后保险杠的分缝形式

图 5-60　前、后保险杠与翼子板（侧围）分缝形式二

3）翼子板与前保险杠的分缝线是前照灯与翼子板分缝线的延续，延续一段距离之后再婉转地以近似直线的形式向后延伸至轮罩，显得比较婉转、自然。后翼子板（侧围）与后保险杠的分缝线与之前后呼应，整体给人非常优雅和流畅的感觉，如图5-61所示。

图5-61　保险杠与翼子板的分缝前后呼应形式一

第二种分缝形式，一般是从前照灯的侧面中间位置开始分缝，在前照灯附近的起始位置，分缝线带有渐变的弧度，然后以接近直线的形式一直向后（向前）延续，前、后分缝线有对称和呼应的趋势，如图5-62所示。

图5-62　保险杠与翼子板的分缝前后呼应形式二

从以上可以看到，此处的分缝形式与前照灯形状及造型特征有很大关系，分缝线一般遵循"承始起转、流畅连贯、遥相呼应"的原则。

（5）翼子板（或发动机舱盖）与侧围A柱分缝　通常情况下，翼子板（或发动机舱盖）与侧围A柱的分缝大多直接朝向用户的视线，其缝隙直接暴露在用户视线之下，对缝隙的间隙和面差的要求非常高，由于缝隙可以直接看穿，如果制造质量控制得不好，间隙、面差等缺陷就会显得明显，导致视觉效果差、感知质量不良，如图5-63所示。

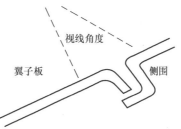

图5-63　翼子板（或发动机舱盖）与侧围A柱分缝结构形式一

最新的调查显示，越来越多车型的翼子板（或者发动机舱盖）与A柱的分缝形式采用了弱化方案，从原来的缝隙正对用户视线更改为朝向正上方。有的车型根据造型特征，还让这条缝隙是发动机舱盖后沿的延续线。这样，在弱化间隙的同时，还使得分缝线显得干净利落、自然流畅，呼应得更好，而且有利于装配工艺实施，如图 5-64 所示。

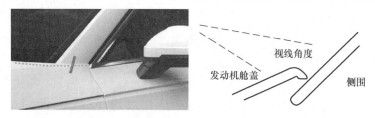

图 5-64　翼子板（或发动机舱盖）与侧围 A 柱分缝结构形式二

（6）车门与周边的分缝　通常情况下，前车门与翼子板、前车门与后车门之间的缝隙可以直接看穿，透过车门缝隙可以看见内部的车门铰链或者比较突兀的结构等，显得比较凌乱，间隙的视觉效果不好，精致感差，如图 5-65 所示。

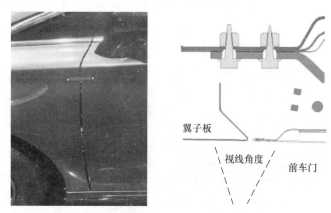

图 5-65　前车门与翼子板分缝结构形式一

为了达到从这两处缝隙不能看穿内部的车门铰链或者突兀结构等的目的，通常在门上增加翻边结构进行遮挡，以达到更好的视觉效果，如图 5-66 所示。另外，可在车门周边缝隙处增加密封胶条，直接填充缝隙，这样处理给人的视觉效果最佳，同时还可以提升整车的密封性能。但是，在质量提升的同时，其成本也相应增加了。

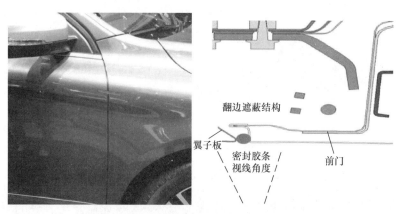

图 5-66　前车门与翼子板分缝结构形式二

后车门与侧围之间的缝隙被侧围的台阶结构遮挡,不会出现上述被看穿内部零部件或者突兀结构的现象,通常不需要再做结构进行遮蔽。如果前面两条缝隙采用胶条密封,则这条缝隙一般也考虑增加密封胶条,保持前、后车门的间隙处理方式一致,使得看上去协调一致。

(7) 车门下饰板的分缝　为了使车辆造型看上去更加立体、丰富,不少车辆特别是SUV这类的车型,通常在其前、后车门上设计有门下饰板。因为门下饰板存在一定的厚度,在开关门过程中就会出现后门下饰板与前车门产生干涉的问题,如图5-67中截面的虚线部分。通常情况下,可在后门下饰板前端做避让特征,以避免在后车门打开过程中后门下饰板与前车门产生干涉。车门下饰板避让特征使得车辆在此处造型断开、不连续,看上去不美观,而且使得此处缝隙容易产生缺陷,看穿后面的钣金结构等,进一步放大了此处的缺陷。

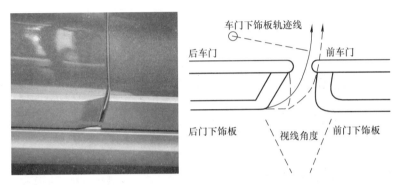

图5-67　车门下饰板分缝结构形式一

随着用户对车辆感知质量要求的提高,对整车的精致性要求也在提高。越来越多的厂家意识到这个问题给用户带来了不好的视觉效果,并已经在结构数据设计时就着手解决这个问题。从图5-66可知,后车门在开关过程中,后门下饰板前端外侧与前门下饰板内侧和车门产生干涉,那么可以采用另外一种方案,即在前门下饰板内侧做避让特征,这同样可以解决干涉的问题。这样,后门下饰板的前端可以不用做避让特征,使得外观造型整体效果好,视觉连续,车辆的精致性好,如图5-68所示。

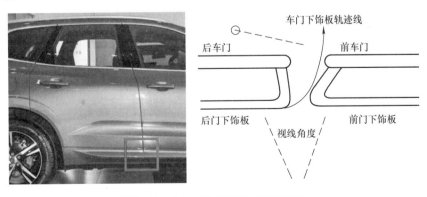

图5-68　车门下饰板分缝结构形式二

（8）后行李舱盖（后尾门）周边分缝　一般家庭用的三厢轿车的后行李舱盖的分缝形式基本一样，没有特别需要注意的地方。而对于 SUV 这样的车型，其后尾门要比三厢车的后行李舱盖大得多，配合范围广，造型元素也比较多，所以它的分缝形式经常会有变化，导致装配时难度较大，后尾门四周的 DTS 很难控制，一旦处理不好，容易造成各种视觉上的缺陷。因此，后尾门的分缝形式要采用流畅的曲线，尽量避免曲折等异形分缝线。

图 5-69a 所示车型在后尾灯处分缝线呈 L 形，为了避免后尾门开关过程中的运动干涉，在后尾灯处做出避让特征，导致装配后此处的视觉间隙非常大。同时，在车辆的侧后方观察，后尾灯周围的三条分缝线毫无关联，而且间隙大小不均，感知质量非常差。

在远离安装点或者定位点的零件端尺寸误差大，其装配时精度的控制难度也高。所以在设计后尾门时，远离安装铰链的后尾门下端的造型特征和分缝形式非常重要。图 5-69b 所示车型就忽视了这方面问题，从图中可以看到，它的后尾门下端与后保险杠之间存在较大的间隙，后尾门下端两侧容易出现间隙、面差不均的问题，其下方的间隙也直接暴露在了用户视线中。

a) 后尾灯处曲折分缝形式　　　　　b) 后尾门下部与周边的分缝形式

图 5-69　后尾门的两种分缝形式

奔驰的一款 SUV 车型在后尾门四周采用了流畅的分缝线，避免了上述间隙大、分缝线无关联以及间隙大小不均等问题，整车后部看上去非常流畅、简洁，视觉效果非常好。同时，后尾门下端的造型特征向车内缩进，这样避免了后尾门下端的两个侧面及下方与后保险杠直接产生间隙、面差的配合，弱化了两者配合的间隙、面差的要求，降低了后尾门的匹配难度，这样也使得后尾门的造型特征更加立体生动，如图 5-70 所示。

有时候由于造型的因素，后尾门的下端难免有这种较大面积的配合，建议在设计时使后尾门的下端比后保险杠的外观面向车内偏移 1mm，这样可以在视觉上减少后尾门的凸出感，达到较好的视觉效果。因为在通常情况下，后保险杠和后尾门的外表面都带有一定的倾角，这样它们之间的间隙就必然会造成视觉上的段差，如图 5-71 所示。同时由于装配精度的原因，这个视觉上的段差有时候会被放大，给用户造成制造精度不良、品质不佳的印象。

造型风格、整车成本、整车布置、新材料应用和工艺水平等都会影响和决定造型的分块，而分块的形式又在一定程度上决定了其结构形式，并不是每一种分块形式都可以采用视觉敏感度等级比较低的分缝结构。所以在前期造型设计阶段，需要造型、产品、工艺等

图 5-70 后尾门的分缝形式

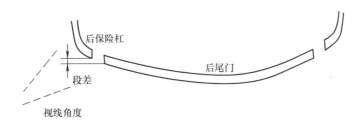

图 5-71 后尾门分缝结构的截面

相关部门反复进行沟通,确定一个相对适合自身的分缝及结构形式,尽可能降低生产过程中的制造、装配工艺难度及减少缺陷,用较少的时间、成本实现整车 DTS 的达成,从而实现车辆精致工程设计的目标。

5.4.2 车身结构数据设计

一般乘用车车身是由车身骨架总成和开闭件系统两部分构成的。其中车身骨架总成是由下部车身和上部车身组成;下部车身一般包含前端总成、前轮罩总成、前围板总成、前地板总成、后地板总成、后轮罩总成和后围总成;上部车身一般包含侧围内外板总成、顶盖总成和搁物板总成。开闭件系统一般包含发动机舱盖总成、翼子板总成、前门总成、后门总成和行李舱盖总成,如图 5-72 所示。乘用车车身结构不尽相同,上述结构基本上包含了车身所有的重要结构,每个主机厂会根据自身情况进行分块,但也只是将这些结构拆分再重新组合成新的结构,总体结构形式基本不变。

下面将从车身骨架总成和开闭件系统设计两个方面阐述及说明,设计车身结构数据时影响感知质量的要素。

1. 车身骨架总成设计

车身骨架总成是由几百个零部件焊接和装配而成的,这么多零部件组装在一起,它们的累积公差非常大。因此在进行车身结构数据设计时,需要进行合理的分块,减少零部件数量,减少零部件焊接和装配时的尺寸链,提高车身的制造精度,进而提升整车的精致性。车身骨架总成的精度保证从车身模块化设计、车身平台化和通用化设计以及新材料新工艺

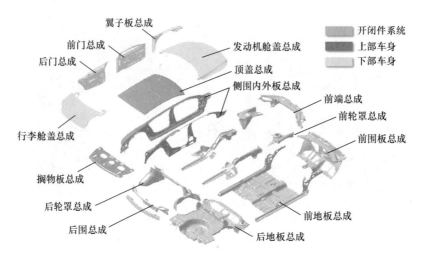

图 5-72 车身结构示意图

的应用等方面来实现。

（1）车身模块化设计　车身是由多个冲压件采用多种组合方式焊接和装配在一起而组成的，不同的焊接和装配组合对生产工艺、车身精度和质量等均有不同的影响。不一致或种类繁多的组合，不利于经验的积累，也不利于车身精度和质量的控制等。

车身模块化设计是指在进行不同车型的车身结构设计时，根据车身的结构特点和功能特性，采用统一的标准化结构分块模式。这样可使得制造工艺性、定位系统、尺寸工程等保持一致性，对车身的精度控制、焊接质量、柔性生产线的布置、自动化生产、密封和防腐处理等工艺的优化有极大的好处。同时，由于采用了标准化的结构分块模式，设计、工艺工程师对这种结构的认知越来越深，随着学习经验的逐步积累，优化设计后的车身结构和制造工艺流程也日趋合理。所以车身采用模块化设计会相应地缩短产品的开发周期，降低产品的开发和投资成本，同时提高了车身精度和质量等。

塑料前端框架就是模块化设计的一个典型案例。传统的车身前端总成是钣金件，由于受限于工艺，它是由数十个钣金件焊接起来的，这样它的尺寸链比较长，累积公差大，整个前端总成上一些安装点的相对误差比较大。把传统的钣金框架改为塑料框架后，进行一体化设计，即整个塑料框架由模具一次成型出来，相对于焊接而成的钣金框架减少了尺寸链，通过尺寸链分析对比可知，塑料框架上的定位点或安装点的精度提升了40%～50%，大大提高了整车前部的装配静态感知质量。图 5-73 为钣金前端总成和塑料前端框架示意图。

图 5-73　钣金前端总成和塑料前端框架

塑料前端框架采用新材料改变了原有的生产工艺，减少了零部件个数，减少了装配尺寸链，使得安装点集成到一个零部件上，从而达到提升装配精度的目的，这种原则也适用于车身钣金件设计。

在进行车身结构设计时，对于内外饰等其他系统在车身上装配精度的保证，一般从以下三个方面考虑：一是尽量减少车身安装支架的开发，定位点尽可能布置在主体零部件上；二是定位点尽可能设置在一个零部件上，如果不能则至少设置在低级别的零部件总成上，零部件总成级别越低，焊接和装配关系越简单，这样可以减少尺寸链，提高安装点的精度；三是对于两层以上的钣金焊接增强结构，要注意采用不同孔径的"双眼皮"结构，将直径相对小的定位孔设置在层级低的内板上，这样符合基准统一的设计原则。

（2）车身平台化和通用化设计　汽车平台化设计是指在汽车开发设计过程中，采用相同的动力总成系统、底盘系统和车身结构，承载不同车型的开发和生产制造，生产出外形和功能不尽相同的产品，以满足现在市场对汽车越来越多的个性化需求。汽车平台化设计的核心思想是产品开发时基于一定的条件尽可能多地共用零部件及总成，这样在缩短产品开发周期的同时，还可以提高产品质量的稳定性和可靠性，同时降低制造、采购、管理以及投资等的成本。

下部车身主要承载着动力总成系统、底盘系统、空调电子、座椅系统等，它为这些零部件系统提供安装点。由于动力总成系统、底盘系统的技术含量高，开发周期非常长，因此，其通用化、模块化、系统化的特点比较明显，这些特点也反应在下部车身的结构开发中，所以下部车身平台架构的开发是汽车平台化设计的重要组成部分。根据汽车平台化设计的思路，其对下部车身的要求有两个方面：一是可变化部分，即整车的宽度可调，前轮距和后轮距可调，前悬和后悬距离可调，整车轴距可调；二是不变化部分，即前轮心与加速踏板 X 向距离固定，后排 R 点与后轮心 X 向距离固定，如图 5-74 所示。

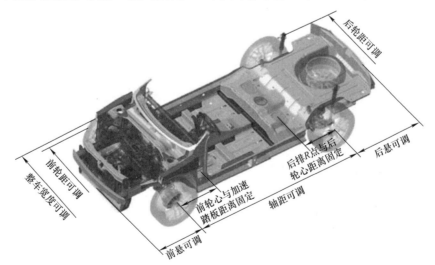

图 5-74　汽车平台化设计对下部车身的要求

根据车身平台化开发的要求，下部车身开发时分为平台件、差异件和造型相关件。平台件是指平台车型共用的零部件及总成；差异件是指根据各系统需要，应当适当修改的零部件及总成；造型相关件是指根据造型要求，需要更改的零部件及总成。对于平台的差异件需要特别注意,如果前期规划合理,就可以减少这些差异件,让它们成为平台件,从而提高下部车身零部件的通用化率。车身平台化设计时应尽可能少地修改零部件及总成,如果零部件及总成确实需要修改成差异件,那么建议它们尽可能采用一致的定位系统,这样车身的精度和一致性比较好。

通常情况下,下部车身的平台件有前保险杠横梁总成、后保险杠横梁总成、前纵梁总成、前地板总成、中地板总成和后地板框架总成等。下部车身的差异件有前端总成、前轮罩总成、前流水槽总成、中通道总成、门槛总成、中地板前连接板总成和后地板总成等。下部车身的造型相关件有水箱上横梁总成、前风窗下横梁总成和后围总成等。当然,根据所开发车型需要的不同,下部车身的差异件可以变成平台件。图 5-75 所示是

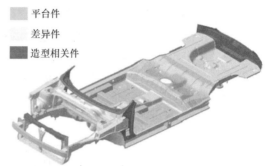

图 5-75 某款 SUV 平台化车型的下部车身

某款 SUV 平台化车型的下部车身,由于它的平台原型车为一般轿车,相对于原型车,它的造型、整车姿态等变化比较大,造成相关更改也比较多,所以它的平台差异件相对较多。

平台化设计的理念就是提高零部件系统的通用化率,通用化率越高,系统质量稳定性越好,一般平台化下部车身的通用化率在 75% 左右。从感知质量角度考虑,这样可以减少新设计结构带来的质量缺陷和风险,提高产品质量的稳定性和一致性。

(3) 新材料新工艺的应用 随着激光焊接技术发展得越来越成熟,其在车身焊接中的应用越来越多,对车身相关质量的影响也越来越大。传统的车身顶盖与侧围连接时,一般采用点焊焊接。传统的点焊是非连续焊接,焊点之间有一定的距离,所以焊接完之后焊接边存在缝隙,有漏气、漏水等密封不良的问题,需要用密封胶进行密封处理。而且点焊不可避免地会造成零部件焊点的周边出现变形、凹坑、焊渣、毛刺等外观质量问题,所以需要增加一个顶部装饰条来遮挡这些固有缺陷,如图 5-76 所示。

a) b)

图 5-76 侧围与顶盖的点焊连接及整车效果

激光钎焊是激光焊接技术中的一种焊接方法,它利用激光大密度的能量将焊丝熔化,将熔化的焊丝材料浸润到被焊接的零部件上,实现零部件的连接。激光钎焊的优点是焊缝均匀、平整光滑、外观质量好,焊接部位不需采用顶部装饰条进行遮挡,看上去外观干净、简洁、美观、精致性好,如图 5-77 所示。

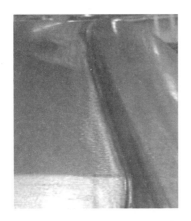

图 5-77　侧围与顶盖的激光钎焊及整车效果

一般的车身加油口盖是钣金冲压件，采用点焊等焊接成总成再装配在车身上，受冲压和焊接工艺、自身结构以及空间等的限制，通常透过加油口盖四周间隙，能看穿内部结构且视觉效果不均匀。而且打开加油口盖后，内部钣金结构看上去非常凌乱和突兀，视觉效果非常差，如图 5-78 所示。

图 5-78　钣金加油口盖效果图

塑料加油口盖的结构简单，集成度比较高，装配后间隙均匀，视觉效果好。另外，加油口盖打开后，看上去非常简洁、美观，精致感特别好，可以作为提高静态感知质量的手段之一，如图 5-79 所示。

图 5-79　塑料加油口盖效果图

2. 车身开闭件系统设计

车身开闭件系统即通常所说的汽车车门总成、发动机舱盖总成和行李舱盖（后尾门）

总成。车门总成是用户直接且经常接触到的地方，属于关注度非常高的区域，特别是用户在购买车辆时，会经常性地开关车门进出车辆，所以开关门声品质会给用户留下第一印象。车门总成主要包含车门钣金系统、密封系统、玻璃升降系统、锁系统和门拉手等，这些系统与开关门品质都有直接关系。除了开关门品质，车门总成的玻璃升降品质、车门外板的刚度、车身附件的零部件品质以及车门钣金外露的工艺特征等，也是用户购买车辆时能经常直接感受到的。

（1）开关门品质的影响要素　汽车开关门声品质主要包含开关门力的大小、车门的档位感和开关门的声音品质。好的开关门品质能传递给顾客舒适、安全、可靠、厚重、豪华等信息。开关门品质从主观感受上可以分为三个方面：听觉感受、关门舒适度和心理感受。听觉感受有尖锐和低沉、响亮和轻柔、紧凑和松散；关门舒适度有沉重和轻便、阻滞和顺畅、舒适和压耳；心理感受有低档和高档、廉价和厚重、质量差和质量好。

把开关门品质从主观感受转化为客观量化后的指标有响度、尖锐度、振颤度、低频持续时间、初始碰撞时间、最高声压级和关门力（速度）。通过对这些指标的量化，用于指导车门总成的设计。一般来讲，人们喜欢开关门的声音听起来低沉、轻柔和紧凑（无杂音），在开关门过程中很顺畅、轻便且不压耳，带给人的感受就是厚重、高档和质量好；反之，给人的感受则是廉价、低档和质量差。

影响车门开关品质的控制要素主要有车门钣金系统及附件安装点的刚度和模态、生产工艺质量、车门总成的质量与质心、气压阻效应、密封条系统、门锁和铰链系统以及限位器系统等，每个系统中又有很多因素，具体见表5-15。

表5-15　开关门品质控制要素

主观感受		技术参数（控制要素）	
听觉感受	1. 尖锐—低沉	车门和工艺	1. 车门刚度和模态，安装点刚度
	2. 响亮—轻柔		2. 玻璃厚度、水切夹持力、吸声棉
	3. 松散—紧凑		3. 设计间隙、面差、装配调试
舒适度	1. 沉重—轻便	质心升降	质心坐标变动量
	2. 阻滞—顺畅	气压阻效应	1. 车门迎风面积
	3. 压耳—舒适		2. 车门关闭速度
心理感受	1. 低档—高档		3. 泄压阀开口面积
	2. 廉价—名贵		4. 整车气密性
	3. 质量差—质量好	密封条系统	1. 密封条压缩量
客观量化			2. 密封条特性曲线
1. 响度			3. 密封条长度
2. 尖锐度			4. 密封条排气孔
3. 振颤度		门锁和铰链	1. 门锁系统摩擦力等
4. 低频持续时间			2. 铰链系统摩擦力等
5. 初始碰撞时间		限位器	1. 限位器档位等
6. 最高声压级			2. 限位器摩擦力等
7. 关门力（速度）			

对竞品车的这些参数进行相关分析,再结合本公司积累的数据和经验,制订各控制要素的技术指标和策略,促进这些指标的达成。

(2) 车门钣金系统 车门钣金系统在设计时,车门外板的刚度和模态比较重要。车门外板的刚度不好,其在受外力压迫时容易产生变形和异响;车门外板的模态不好,其受外力激励时则容易产生共振现象。在车门总成关闭过程中,其上面的铰链和门锁对于车门系统是三点固定的形式,类似于车门总成的弯曲模态,因此提升车门总成的弯曲模态,对开关门品质有积极的影响。在开关门时,如果车门钣金的结构刚度弱,则会有较大的晃动和振颤。所以在车门钣金结构设计时,其结构刚度的关注重点有两个方面:一是车门与车身连接部位的刚度,即铰链和门锁在车身和车门处连接部位刚度;二是车门的局部刚度,即窗框刚度和角部刚度等。

因此,进行车门系统设计时主要从以下六个方面进行:

1)提高车门外板的模态。一般通过三种方法实现:自身形状改变、内部结构加强和增加阻尼片。车身外板自身形状的改变比较困难,因为它涉及造型更改。所以主要通过车门内部加强结构的设计或者增加阻尼片来提高模态,减少关门时车门外板的振动。

2)提高门锁和铰链安装点的刚度。这三个安装点起到固定和保持车门总成的作用,安装点的刚度不达标,容易造成车门下垂,引起关门力大、产生干涉和异响以及密封不良等一系列问题。同时,如果安装点的刚度差,则开关门过程中容易产生振颤和晃动。

3)保证其他外覆盖件的阻尼性和抗凹性。因为车身外覆盖件多为大面积的单层金属薄板件,其模态不好,在开关门时容易产生共振颤音,如车身顶盖、侧围后部、翼子板等区域。

4)提高其他系统安装点的刚度。应提高一些重要的安装点,如玻璃升降器、扬声器以及门内饰板等的刚度。

5)提高车门钣金总成、车门窗框和角部的刚度。这些部位的刚度不足,在开关门时会造成过多的振动及振颤余音。

6)改善外板支撑板和防撞梁等零件的涂胶分布及制造精度,合理布置连接点,消除不稳定的连接结构等。

主要通过两个途径来改善车身模态和抗凹性:一是在内部增加支撑板,采用涂胶与外覆盖件连接;二是在内部增加阻尼片。车门总成及安装点的刚度可以通过改变钣金的形状、优化结构设计以及增加钣金的厚度等来提高。

(3) 气压阻效应 车门在关闭过程中,车门区域所扫过的空气瞬间被压入车厢内,使得车厢内气压升高,同时,被挤压的空气会通过空调泄压阀、车门缝隙和整车其他缝隙等流出。但是在关门的瞬间,空气的压入量大于空气的压出量,使得车内气压瞬间升高从而产生了气压阻力。根据能量守恒定律,在车门关闭时,气压阻力消耗了部分关门能量,这就需要提供更多的能量,即增大关门力来实现关闭动作,这就是气压阻效应。根据计算分析可知,在关门过程中,气压阻力需要消耗45%左右的关门能量,所以它对关门力的大小影响比较大。

可以通过减少空气的压入量或增大空气的压出量来减小关门时的气压阻力。在前期造型和整车布置都已经确定的情况下,车门的形状及分缝基本上不能改变,即空气的压入量不会改变,那么只能从车厢内空气的压出量方面考虑,即增大空气压出量或者减少泄压路径上的阻力，从而减小气压阻。

（4）密封条系统　密封条系统填补车身和车门之间的间隙进行密封，起到防水、防尘、隔声、隔温、减振及装饰等作用，提高了驾乘体验的舒适感并保护了车身。

根据计算分析和试验测试可知，在关门过程中，密封条系统的压缩反力需要消耗40%左右的关门能量。因此，密封条系统在满足基本功能需求的前提下，同时需要考虑车门关闭能量的消耗和管理。密封条系统的压缩反力体现在两个方面。一是密封条的压缩变形力，它与密封条的截面形状和材料特性有关，一般通过截面形状的优化、泡管壁厚及材料密度的更改进行调整。在初始阶段，密封反力随密封条压缩量的增加缓慢增大；当压缩量超过设计的理论位置后，密封反力有非常明显的增加。密封条的这种压缩负荷特性对车门关闭力及车门关闭声音来说都是合理的。二是密封条上排气孔的数量与直径。密封条系统是中空形式，其在受力压缩时内部的空气通过排气管孔排出，适当调整排气孔的数量和直径，就可以改变关门力的大小。

因为橡胶的特性，在关门时，密封条系统还可以起到缓冲作用，减少玻璃、门内饰板等的振动。同时，它可以对门锁系统和其他机构产生的高频能量起到衰减作用，通过控制门锁关闭音在空气中的传播路径，也可以有效改善关门的声音品质。

（5）门锁和铰链系统　首先介绍门锁系统的工作原理。在关闭车门时，门锁系统上的棘轮受锁扣的压迫，克服回位弹簧的作用力而转动，棘爪在止动弹簧的作用下将棘轮卡住，完成锁紧车门动作。在打开车门时，通过操纵内外手柄，解除棘爪对棘轮的止动作用，棘轮在回位弹簧的作用力下转动弹开，车门被打开。车门在关闭时，锁体与锁扣接触后，会对车门的关闭产生阻力效应，车门位移和克服锁扣的阻力，在锁扣接触到门锁本体的瞬间，阻力达到最大值。随着车门与锁体之间的距离减小，当锁紧机构中的棘轮越过锁扣时，阻力又迅速减小，直到锁体机构的棘轮与锁扣配合完全，阻力又迅速增大。

关门音的尖锐度主要是由门锁系统产生的。门锁系统的优化主要围绕如何降低高频能量的产生以及控制高频音的传播来开展，主要从以下几个方面进行考虑：

1）锁体系统的棘轮和棘爪在开关门过程中运动撞击到的部位要设置若干个缓冲槽，以减少振荡冲击噪声；在锁扣与棘爪之间设置缓冲橡胶块，这样可以减小车门完全关闭瞬间锁扣与棘爪撞击产生的巨大金属声；在橡胶块中间设计异形孔，以便加大缓冲块与锁扣之间的压缩量，从而有效吸收制造偏差；异形孔的设计比较重要，它影响橡胶块对来自锁扣挤压的缓冲力，缓冲力过大会导致车门不易关闭，缓冲力偏小则会导致门锁系统与锁扣咬合不紧，汽车行驶时易产生颠簸异响。

2）采用全包塑的门锁和棘爪，尽量减少暴露在外的金属结构，非承载结构部分需用塑料包覆。

3）门锁系统各机构的安装连接要牢固可靠，内部的弹簧结构等不能松散，以避免产生异响。

4）尽可能减小门锁系统内部活动零部件的质量和转动惯量，这样可以减小车门的关闭力。

设计车门铰链时，重点考虑铰链的布置，即车门上下铰链的间距以及铰链轴线的倾角。铰链间距越大越好，这样可以降低车门下垂的几率；铰链轴线采用内倾角和后倾角布置，采用这种布置的车门在关闭过程中，其质心是逐渐降低的，重力做功为车门提供重力势能，这样可以减少关门所需的能量。

（6）门内饰板及附件　在车门关闭过程中或者在颠簸路面上行驶时，门内饰板及内饰连接零部件容易产生咯吱等异响，这主要是由门内饰板连接不稳定造成的，这样也会造成关门声听上去比较松散，给人造成不牢固、不可靠的感觉。

普通 PE 材质的防水膜，仅具有防水能力，隔声降噪能力有限。目前，部分车型已采用 PE + EPDM、EP 等材质的防水膜，此类防水膜的材质表面较为粗糙，对高频能量具有良好的吸收和阻隔能力，因此具有更好的隔音降噪能力，但成本也更高。车门的另一种防水结构是采用门模块的形式，目前主要有金属材质、塑料和碳纤维复合材料几种。对于开关门声品质来说，以金属材质为基板的门模块，更容易产生高频共振；塑料和复合材料的门模块则对开关门声品质更有优势。门内饰板的隔声棉在关门过程中具有隔声降噪的功能，对驾驶室来说尤为明显。

开关车品质设计是一个系统性的工程，它涉及开关门时力的大小和声音听上去的效果。关门力大小从关门能量角度考虑，气压阻力和密封条系统压缩反力消耗约 90% 的关门能量，门锁和铰链系统消耗约 10% 的关门能量，所以关门力的优化主要从气压阻力和密封条系统两个方面进行。车门开关品质的影响因素众多，除了设计时要考虑上述各系统的种种优化方案和措施以外，对生产工艺的保障能力也极其重要，零部件制造的精度、系统装配连接的可靠性都对它有较大的影响。

3. 车门系统零部件外观精致性设计

（1）车门钣金精致性　打开车门时，车门上不可避免地会有一些钣金外露；由于冲压成形工艺的需要，车身钣金件在设计的时候需要做一些沉台或者凸台等工艺特征，结构数据设计时是否考虑到工艺特征的美观性，将会给用户带来不同的视觉效果。图 5-80 所示的某两款车型在打开车门后，车门外露钣金工艺特征看上去非常整洁、干净和美观，视觉效果非常好。

图 5-80　车门外露钣金工艺特征精致

在进行车身结构数据设计时，如果没有考虑到这种外露钣金工艺特征的精致化设计要求，而是仅仅从满足冲压成形工艺的需要去做数据，那么就可能造成这些工艺特征的数量较多、分布凌乱、形状各异，视觉效果差，会给用户带来"不精心、不精致"的感觉，如图 5-81 所示。

另外，车门窗框的结构形式对车门总成结构的影响非常大，其表现出的精致性也不一

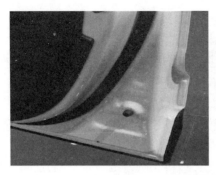

图 5-81　车门外露钣金工艺特征不精致

样。车门可分为有窗框式和无窗框式两种，无窗框式车门由于没有窗框，减少了零部件及配合的数量，车门整体表现形式非常简洁、造型时尚，但是其技术难度高，一般应用在注重造型和性能的跑车上，如图 5-82 所示的保时捷 911 车型。

图 5-82　保时捷 911 车型的无窗框式车门

有窗框式车门又分为整体内外板车门、半框式车门和辊压框式车门。整体式内外板车门的零部件少，显得简洁，其尺寸精度和外观的精致性非常好；半框式车门是指车门外板分为上下两部分，这两部分通过焊接连接而成，所以相对整体内外板车门，其精致性稍差；辊压框式车门由于是分体结构，零部件、配合多，因此其精度不易保证，同时需要大量的 CO_2 焊接进行连接，而焊缝又直接暴露在用户视线中，因此，看上去精致性较差。图 5-83a、b 所示分别为整体内外板车门和辊压框式车门总装装配后的效果。

（2）密封条系统精致性　密封条系统不仅对开关门声品质有很大影响，其形状、外观质量也影响着车门系统的感知质量。影响密封条系统精致性的因素主要有以下几个方面：密封条的泡型、密封条的接角质量、密封条喷涂效果、排气孔是否隐藏以及与车身配合效果等。密封条的泡型饱满，会给用户带来厚实的感觉；泡型单薄，则会让用户有不牢靠、廉价和低档的感觉，如图 5-84 所示。

对密封条的转角半径有一定的要求，当密封条的转角半径过小时，在转角处需要采用接角进行过渡，以避免密封条安装后出现塌陷、折皱等缺陷，给用户带来外观不良的印象，同时也会对整车的密封性有影响。接角的视觉效果比较重要，如果接角不好，就会出现飞边、毛刺、台阶差和色差明显等情况，看上去过渡比较生硬。图 5-85 所示为两种密封条的接角效果，图 5-85a 所示密封条的泡型是扁圆形，过渡平缓，接角质量非常好；图 5-85b 所示密封条的接角则出现了上述接角不好的问题，且与车身配合及密封不良。

a) 整体内外板车门　　　　　　　　b) 辊压框式车门

图 5-83　不同形式的车门

a) 密封条泡型饱满　　　　　　　　b) 密封条泡型单薄

图 5-84　密封泡型对比效果

a)　　　　　　　　　　　　　　　b)

图 5-85　密封条接角效果对比

　　密封条是否采用转角以及转角半径的大小，与车门采用何种结构形式有关，这是在设计的时候需要考虑的。另外，设计时应对密封条的排气孔进行隐藏，把它放到正常视线范围不可及的地方，这样也可提升外观的精致性，如图 5-86 所示。

　　由于车身密封面整圈长度较大，同时密封条安装面一般都存在内凹的型面，这样密封

图 5-86　密封条转角半径的影响

条在装配时，容易与车身存在较大间隙。一般局部可采取胶粘的措施，这样可避免与车身装配时产生间隙，视觉效果好，同时也可以提高整车的密封性，如图 5-87 所示。

图 5-87　密封条装配效果

密封条表面有涂层，涂层的喷涂效果会给用户带来不同的感觉。喷涂效果好，看上去光泽度均匀，触感光滑细腻；涂层喷涂效果不好，则可能出现凹坑、麻点和气孔等缺陷，存在漏喷涂的现象，看上去质感很差，给用户低质、廉价的感觉，如图 5-88 所示。

图 5-88　密封条喷涂效果

5.4.3 车身精致工艺设计

一辆"做工好、质量高"的汽车产品离不开精致工艺设计,而好的产品设计如果没有好的制造工艺去保障,结果呈现在用户面前的一定是"残次品",所以一款精致的车身必须要有优秀的工艺设计来保证。产品研发工程师要与工艺工程师协调工作,及时交流,把制造工艺问题解决在产品设计阶段,实现工艺的同步开发设计。本节针对影响感知质量的典型零部件进行阐述,重点分析冲压工艺的可实现性、焊装的精度保证和可重复性、涂装的通过性以及总装工艺的可行性和一致性,从感知质量角度对几种典型结构设计进行优化,确保工艺能够准确达成设计意图,顺利完成感知质量目标。

1. 冲压工艺

现在的造型设计为了展示个性的外观和丰富的内涵,经常会出现复杂曲面、类似于流体雕塑等的造型,其复杂的特征对冲压工艺提出了更高的要求。在车型开发前期的数据设计阶段,通过 Autoform 等专业分析软件对车身数据进行成形性分析,并结合前期积累的相关经验,可以消除大多数以及一些重大的冲压成形工艺问题。然后在试制验证阶段,通过模具调试等手段解决实际的冲压成形工艺问题,使冲压件满足质量要求。

造型设计是整车开发的初期阶段,车身 A 面(外覆盖件)的分缝线位置和形状、棱线特征和间隙边缘圆角半径 R 的大小等对成形工艺和感知质量均有较大影响。下面列举一些典型常见案例,供评价造型设计感知质量时参考。

(1)冲压平面圆角 车身 A 面分缝会在零部件上形成一定的尖角,这些尖角的角度与模具强度和成形性有很大关系。图 5-89 所示某款车型的翼子板,经过分析,造型分缝时必须满足 $\alpha \geq 60°$,$\beta \geq 30°$,下部宽度 $L \geq 80\mathrm{mm}$,模具强度才能满足要求,冲压件在尖角部位的外观质量才能得到保证。在造型设计阶段,工艺要校核造型分缝,使其满足冲压相关要求,避免后期造型和模具设计的变更,造成成本和时间的浪费。

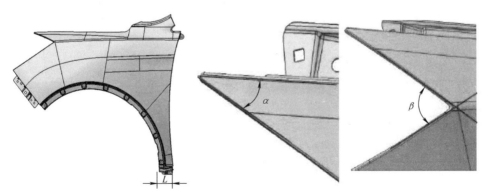

图 5-89 翼子板的分缝工艺要求

类似的,如车身发动机舱盖外板前后端尖角部位,其分缝时必须满足 $\alpha \geq 70°$,$\beta \geq 70°$,才能保证此处模具的强度及成形性,如图 5-90 所示。对于行李舱盖外板也有相似的要求。

两厢车和三厢车的车身侧围尾灯配合处的尖角有所区别,但是类似的,尖角在分缝时必须满足 $\alpha_1 \geq 40°$,$\beta_1 \geq 60°$,$\alpha_2 \geq 40°$,$\beta_2 \geq 60°$,悬臂长度 $L \geq 250\mathrm{mm}$,这样才能避免由于局部夹角过小而导致翻边出现叠料等冲压缺陷,如图 5-91 所示。

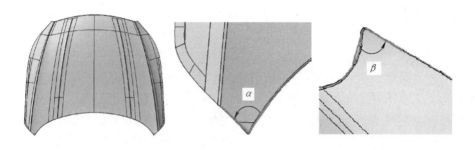

图 5-90 发动机舱盖外板的分缝工艺要求

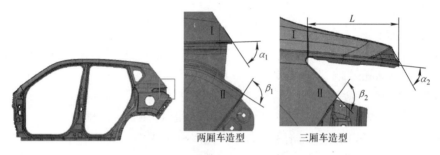

图 5-91 侧围外板的分缝工艺要求

车门外板门拉手处也是前期冲压工艺重点控制区域，此处是反凹特征，也是容易出现滑移线的地方。如图 5-92 所示，通常要求 $\beta \geqslant 150°$，$R \geqslant 15mm$，这样才能保证冲压件的外观质量。反凹特征与车门外板边缘的距离 $L \geqslant 30mm$ 也可以减少滑移线的产生，距离上方的棱线 $l \geqslant 20mm$ 可避免棱线模糊。反凹特征的深度建议小于 15mm，因为凹陷的深度大，成形时需要的材料多，容易导致材料变薄不均匀，出现裂痕、颈缩、凹坑等缺陷。

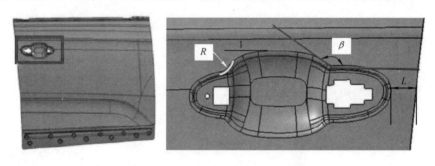

图 5-92 车门外板成形工艺要求

两条分缝线相交时，其平面夹角和倒角也影响着冲压件的成形性。如翼子板的分缝线，其夹角 $\alpha \geqslant 120°$，倒角 $R \geqslant 50mm$，才能保证冲压质量，否则在夹角处翼子板局部容易出现凹坑缺陷，图 5-93 所示。

前后车门分缝线与车门底部边线的夹角 β 应在 $90° \pm 2°$ 范围内，否则可能会导致模具成本增加。其角部半径 $R \geqslant 6mm$，R 过小，则会因为此处为收缩翻边而容易叠料，如图 5-94 所示。

侧围后部三角窗尖角处因为门洞深度要求，一般需要做二级台阶，台阶的高度 $H \leqslant$

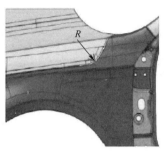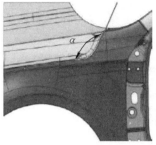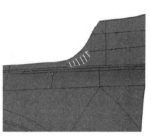

图 5-93 发动机舱盖外板分缝工艺要求

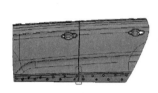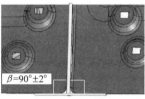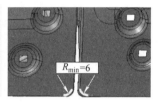

图 5-94 车门外板分缝的工艺要求

20mm，$h \leqslant 5$mm，且两分缝线夹角 $\alpha \geqslant 40°$，平面半径 $R \geqslant 4h$，否则会发生钣金起皱，造成 A 面凹凸不平，影响外观质量，如图 5-95 所示。

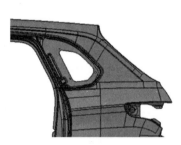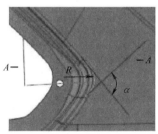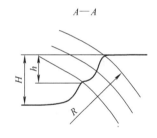

图 5-95 侧围三角窗尖角处的工艺要求

（2）滑移线 钣金棱线等特征在冲压成形时容易产生滑移线，其原因是在成形时压料面被压紧后，凸模上的最高点先接触板料，形成最初的棱线特征，但是随着模具下压，棱线随着材料的流动而改变了位置，最终在成形板料棱线附近留下痕迹，如图 5-96 所示。一般采用以下对策：

1）调整冲压方向，使棱线在成形最后阶段再接触板料。

2）通过调整拉延筋、压料面和压边力等来控制材料的流动性，使进料保持均匀，找到一个平衡点以减轻或消除滑移线。

3）增大棱线处的 R，一般 $R \geqslant 20$mm 时滑移线不明显。

通过分析，当翼子板棱线两边夹角 $\alpha \geqslant 120°$，棱线的圆角半径 $R \geqslant 20t$（t 为料厚）时，基本可以消除滑移线。

发动机舱盖外板通常也有造型特征棱线，在造型设计阶段也要确认特征棱线是否满足上述冲压工艺要求，如图 5-97 所示。

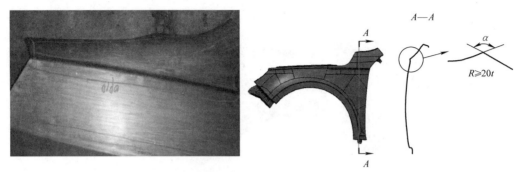

图 5-96 翼子板成形工艺要求

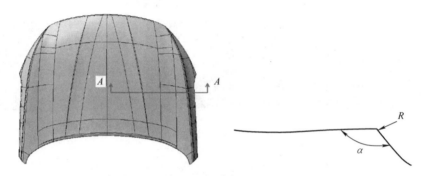

图 5-97 发动机舱盖外板棱线的工艺要求

（3）冲压件圆角半径 R 与拔模角　冲压件配合处间隙边缘的圆角半径 R 和拔模角与冲压件结构之间有十分重要的关系，都对冲压成形性有影响，下面结合这两方面进行说明。

当车身 A 面分缝线等确定之后，开始进行详细的车身结构数据设计。一般首先根据冲压件的大面确定冲压方向，当冲压方向确定后，就可以分析冲压件局部封闭区域是否存在拉延负角，如图 5-98 所示为零部件局部出现负角，冲压工艺无法实现，需要优化数据。

车身外观件的圆角半径 R 越小，视觉间隙越小，缝隙的分割感被弱化，汽车的整体感较强，视觉感知效果好。但是从冲压工艺角度考虑，R 越小成形越困难。例如，侧围门洞周边的圆角半径取 $R=2mm$，但是由于圆角半径过小，导致在冲压成形过程中材料流动困难而出现开裂，经分析圆角半径 R 必须大于 3mm 才能满足冲压件的工艺要求，如图 5-99 所示。

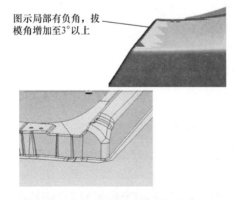

图 5-98 侧围局部封闭区域的冲压负角

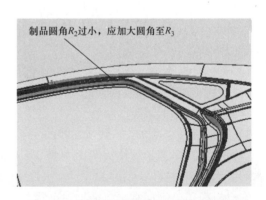

图 5-99 增大圆角半径 R 以满足工艺要求

为了能够直观地表示钣金的圆角半径 R、拉延深度和角度等，可以进行截面分析。如图 5-100 所示的翼子板 $A—A$ 截面，必须保证 $\alpha \geqslant 5°$ 和 $\beta \geqslant 45°$ 才能确保冲压成形质量。同时推荐增加二级台阶面，这样可以有效地解决回弹问题，还可以保护外观圆角半径 R 的质量，视觉感知质量更好。

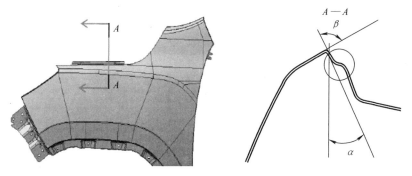

图 5-100　翼子板截面冲压工艺分析

对于 SUV 车型的后背门外板，其外形较大且形状复杂，特别是在牌照灯安装点上方的钣金结构，通常拉延深度较大。通过分析截面 $A—A$，必须保证 $\alpha \geqslant 40°$，否则拔模角度小，材料流动性差，局部区域容易发生开裂，如图 5-101 所示。

（4）曲面曲率　对于大曲面的外覆盖件，必须保证钣金具有一定的刚度，这主要通过材料的塑性变形来实现。板材只有经过充分的塑性变形，才能达到结构刚度要求；如果塑性变形不充分，则其刚度比较低，容易出现塌陷；如果材料被过度拉伸，变薄率将增大，容易出现开裂等缺陷。例如，发动机舱盖外板和顶盖外板的截面弧长 L 与弦长 l，当 $L/l \geqslant 1.08$ 时，材料可以充分产生塑性变形，刚度和质量才能有较好的保证，如图 5-102 所示。

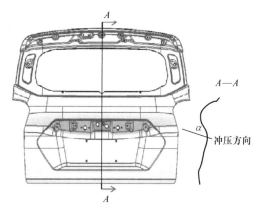

图 5-101　后背门外板的成形工艺要求

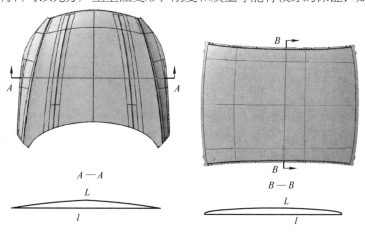

图 5-102　外覆盖件的截面弧长

在对车型外覆盖件进行冲压成形工艺分析时，其目标品质要求如下：

1）外表面形状的目标品质：严格控制 DTS 设计中间隙两侧各 20mm 处的外表面品质（个别特征可以适当减小，但必须确保 DTS 监控的有效性），非 DTS 所涉及的外表面要求均匀过渡。

2）外板刚度、强度目标：钣金的刚度取决于材料、材料延展率和材料变薄率；冲压件成形时材料的延展率应大于 3%，这样冲压件的刚度比较好，触摸手感不会感到软塌；当材料变薄率超过 20% 时，冲压件就有发生开裂的风险。

外覆盖件的冲压工艺要求见表 5-16。

表 5-16 车身外覆盖件的冲压工艺要求

表面	A 面	B 面	C 面
变薄率	<20%		
延展率	>3%		
增厚	不允许	局部	不影响焊接
滑移		A→B 允许	
		B→C 允许凸表面向凹表面滑移 2mm	
凹模圆角啃痕	$R<20t$ 不允许	$R>20t$ 允许	允许
	$R>20t$ 允许		
拉延筋痕迹	不允许	允许	允许

注：A 面包括车门外板、发动机舱盖外板、行李舱盖（或后背门）外板、侧围及顶盖等外露的车身表面；B 面包括门框、车门内板及车身外表面被覆盖的部分，只有打开车门、盖时才能看得见的内部表面；C 面包括正常情况下看不到的结构面。

经过设计阶段的冲压成形工艺分析，能够避免绝大部分会在试制生产阶段出现的冲压工艺问题。但是，局部区域或者小范围内还会出现开裂、起皱、叠料等缺陷，有些冲压件特别是梁类冲压件还容易发生回弹。这时就需要根据工艺经验，结合冲压成形工艺进行分析，对零部件数据或者工装进行优化设计，最后进行模具调试，直到冲压件的质量达到标准要求。

当然，制造工艺水平不同，所生产零部件的质量也不一样，对冲压工艺的要求也不尽相同。所以，冲压成形工艺分析需要结合自身的制造工艺水平进行最优化设计。

2. 焊装工艺

车身是由几百个冲压件在焊装过程中，经过电阻焊、电弧焊、钎焊、激光焊、螺纹连接和铆接等方式组装成的，整个过程尺寸链长、误差大，所以焊装工艺设计尤为重要，优秀的焊装工艺设计是获得一款精致车身的前提。除了基准系统统一设计之外，在精致工艺设计时还要注意从以下几个方面进一步提升车身的精度。

（1）分块设计　车身冲压件在不同位置的分块直接影响焊接工艺设计，进而影响车身的焊接精度，间接影响装配效果。总体来说，车身分块越多，焊接层级越多，则焊接尺寸链越长，车身的精度越难保证。如图 5-103 所示的车身某区域，原结构为两个零件，优化设计后更改成一个零件，减少了零件数量，即缩短了尺寸链，从而有效提高了外观装配零件的安装位置精度。

（2）零部件拼接形式　零部件焊接边的配合形式分为平接和对接，组合在一起形成三

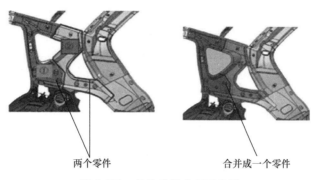

图 5-103　结构分块分析示意图

种配合形式，如图 5-104 所示。平接形式可以吸收零部件的误差，精度控制较好；对接形式容易出现干涉现象，导致焊接后总成精度较低。所以对于零部件精度要求高，特别是较大的零部件总成之间的配合，应尽可能采用平接形式，避免出现干涉而影响车身总成的精度。

图 5-104　零部件焊接边配合形式

车身梁类零部件及其内部加强板通常为 U 形配合焊接，经常出现五个面之间的配合搭接关系，如图 5-105a 所示。这种搭接关系的装配难度很大，容易出现问题，为了降低装配难度，提高焊接后零部件总成的精度，通常采取三种方式：一是减少配合面的数量；二是将两个零部件的配合面设定为反向单边公差进行控制；三是在两个零部件的配合面之间预留 0.3mm 左右的间隙。这样可以减少因冲压件回弹变形和公差累计等造成的干涉或间隙大的问题，提高总成的焊接精度。而且零部件之间不能采用大面积贴合的配合形式，特别是曲面，由于型面存在冲压公差，容易导致配合不良，一般采用多个凸台配合的形式，如图 5-105b 所示。

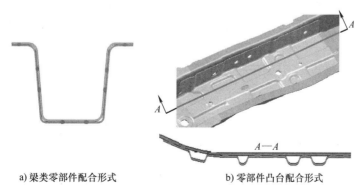

图 5-105　零部件配合形式

对于两个相邻零部件的边缘，因为冲压件及工装定位等精度因素，一般建议两零部件边缘距离在 3mm 以上，悬臂零部件之间的距离要加大到 5mm 以上，以避免产生干涉而影响焊接。图 5-106 所示为一些常见零部件的距离要求。

（3）外观型面质量　焊枪在焊接时要预留足够大的焊接空间，避免磕碰零部件而造成质量缺陷。零件立面与焊接翻边的夹角为 90°～120°时，焊接翻边的宽度不得小于 14mm；零部件立面与焊接翻边的夹角在 120°以上时，焊接翻边的宽度不得小于 12mm。否则，焊枪在焊接操作过程中容易碰伤零部件，或者在焊接过程中产生分流现象，造成焊接质量缺陷，如图 5-107 所示。

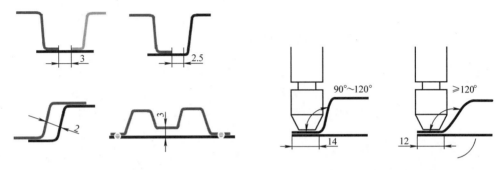

图 5-106　零部件装配性分析　　　　图 5-107　零部件焊接翻边宽度要求

（4）外露焊点质量　由于结构限制，在车门、盖打开时，车身 B 面上经常会有外露焊点和 CO_2 焊缝，如果不采取措施，在焊点附近会有焊接变形和焊渣等外观质量缺陷。通常在设计焊接工艺时，会在外露的钣金侧增加铜板进行焊接保护，这样可以保证外观焊点平整无痕，如图 5-108 所示。外露的 CO_2 焊缝一般需要进行适当的打磨，去除毛刺、焊瘤等，保证良好的视觉效果。

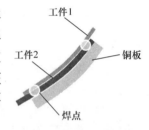

图 5-108　外露焊点的处理

3. 涂装工艺

电泳是涂装防腐的关键步骤，电泳质量的好坏直接影响着车身的整体防腐质量。车身上的封闭空腔是电泳控制的难点，这是由于金属屏蔽电磁，以及腔内空气不能排尽，导致电泳液不能附着在钣金上，从而出现电泳不良的现象。

由于结构限制等原因，车身 A 柱、B 柱以及门槛等部位的空腔间隙较小，电泳液很难到达更深的地方，因此在设计阶段需要对这些地方进行重点控制。如图 5-109 所示，在 A 柱、B 柱容易出现电泳不良的区域进行涂装工艺分析，在对应的位置增开电泳孔，车身钣金件之间的间隙最好在 5mm 以上，以保证电泳液能够顺利进入腔体覆盖内壁。

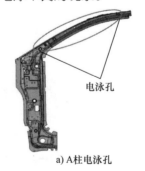 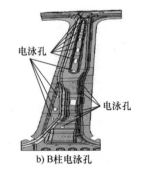

a) A 柱电泳孔　　　b) B 柱电泳孔

图 5-109　车身总成电泳孔

除了考虑电泳孔尺寸、数量及位置外，还需要考虑空腔的排液和排气性，在规定的时间内，需要排尽空腔内的电泳液，不能有残留。在电泳过程中，封闭空腔最高处需要有排气孔或排气槽，否则残留的空气会导致电泳液无法充满空腔，进而影响电泳效果，如图5-110所示。

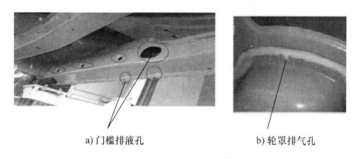

图 5-110 排液、排气孔的设置

4. 总装工艺

车身的精度和精致性在经过冲压、焊装和涂装之后已基本确定，车身总装工艺设计主要考虑作业人员操作空间、安装工具的安装空间和统一性，以及车身漆面保护等，使得总装装配工艺可靠，保证总装下线的整车质量的一致性好。

（1）作业人员操作空间　汽车在总装装配时，经常需要作业人员以仰头、举手及下蹲等非常规姿态进行安装，导致人机工程不好而容易引发安装不可靠等问题。所以在设计时，其他系统零部件在车身的安装点需要进行人机工程校核，使得作业人员在比较舒服的姿态下进行工作，保证安装的可靠性。作业人员采用坐姿、站立、俯身和侧身姿态安装比较好，尽量避免采用仰头、举手及下蹲等不良姿态，同时应考虑减少以这些不良姿态进行安装的时间。

伸手安装时，需要考虑手臂的空间和长度，建议安装距离小于550mm，手部操作空间则要大于80mm，如图5-111所示。这样可以保证安装可靠，否则容易引发安装质量问题。

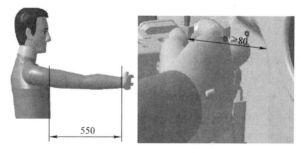

图 5-111 安装人机校核

（2）安装工具　同一个安装工位如果有多种安装工具，会产生以下问题：①频繁更换安装工具，安装效率低；②可能用错安装工具，导致出现安装质量问题。所以，在同一个安装工位，安装工具的种类越少，则效率越高，安装质量越可靠。考虑维修方便性等问题，同一个零部件总成建议采用相同的安装方式。

另外，也需要考虑安装工具的空间，根据安装工具的尺寸进行校核，避免不能安装的情况。

（3）车身漆面保护　在装配过程中，由于空间和时间的限制等，可能会对车身产生一些磕碰，所以需要对车身外覆盖件等区域进行保护，避免带来漆面划伤、外覆盖件变形等质量缺陷。通常在前后翼子板、保险杠和四个车门区域采用加挂防护垫等保护措施，如图5-112所示。

图5-112 总装车身保护

5.5 本章小结

本章主要介绍了整车 DTS 对静态感知质量的影响,以及如何通过 DTS 的合理设计来提升汽车的感知质量水平,并介绍了整车 DTS 的常规评价方法和管控手段。同时,从实现工艺制造难易程度评价角度出发,引入了一套全新的 DTS 评价流程和方法,即整车 DTS 精致工程指数(CEI)评价法。它可以在整车设计开发前期,对造型和数据进行相对客观的评价,指导整车造型或设计的分缝及结构设计,以较低的成本达到更好的整车 DTS 效果。另外,根据车身设计开发的特点,系统地介绍了造型设计、车身结构设计及车身工艺制造对整车静态感知质量的影响因素,并针对这些因素提出了车身精致工程的设计理念和方法,从而达到提高车身精度的目的。

参 考 文 献

[1] 任金东. 汽车人机工程学 [M]. 北京:北京大学出版社,2010.
[2] Vivek D. Bhise. 汽车设计中的人机工程学 [M]. 李惠彬,刘亚茹,等译. 北京:机械工业出版社,2014.
[3] 毛恩荣. 车辆人机工程学 [M]. 北京:北京理工大学出版社,2007.
[4] Salrendy G. Handbook of Human Factors [M]. New York:John Wiley and Sone,1987.
[5] Tilly A R. The Measure of Man and Woman – Human Factors in Design [M]. Henry Dreyfuss Associates,1993.
[6] 王保国. 安全人机工程学 [M]. 北京:机械工业出版社,2007.
[7] 谭浩,谭征宇,景春晖,等. 汽车人机交互界面设计 [M]. 北京:电子工业出版社,2015.
[8] 崔胜民. 智能网联汽车新技术 [M]. 北京:化学工业出版社,2016.
[9] 谷学静,石琳,郭宇承. 交互设计中的人工情感 [M]. 武汉:武汉大学出版社,2015.
[10] 李翔,陈晓鹏. 用户行为模式分析与汽车界面设计研究 [M]. 武汉:武汉大学出版社,2016.
[11] 高琦龙. "精致工艺"在汽车产品开发中的应用 [J]. 汽车实用技术,2016(5):173-176.
[12] 杨宇光. 汽车外观静态感知质量控制方法 [J]. 轻型汽车技术,2007(2):25-29.
[13] 李华伟,张福路. 汽车造型评审浅议 [J]. 机械工程师,2016(12):211-213.
[14] 杨怡蓓,赵毅,林树楠. 影响整车视觉间隙的因素 [J]. 汽车工程师,2016(1):58-60.
[15] 黄建英,郑增牲. 打造精致汽车车身标准化研究 [J]. 轻型汽车技术,2012(9):57-60.
[16] 王惠军. 汽车造型设计 [M]. 北京:北京国防工业出版社,2007.
[17] 张国忠. 现代设计方法在汽车设计中的应用 [M]. 沈阳:东北大学出版社,2012.

第6章

内外饰精致工程设计

汽车内外饰（Interior and Exterior Trims）是指带有或偏重装饰性功能的一类汽车零部件。这类零部件不只起装饰作用，它们所涉及的功能性、安全性及工程属性也是非常丰富的。汽车内看得见摸得着的零部件基本上都属于内饰件，如仪表板、座椅、门护板、立柱门槛、地毯、顶盖内衬等。汽车外部大部分非金属件都属于外饰系统，如保险杠、车灯、前罩装饰件、风窗玻璃、天窗、后视镜、扰流板、车身防护板等。

内外饰精致工程是感知质量的重要内容之一，主要是指通过精致工程理念和手段，从设计、品质、制造三个维度着手，来达成汽车内外饰精致性的设计效果。同时，内外饰精致工程也是用户可以通过视觉、触觉、嗅觉、听觉及使用所感知到的产品质量。例如，用户打开车门时所使用的外开门拉手，首先是对其外观样式的初步印象，其次是操作手感。如图6-1所示外拉手款式2在视觉感受上显然优于款式1。

a) 汽车外拉手款式1

b) 汽车外拉手款式2

图6-1 汽车外开门拉手款式静态感知质量对比

6.1 内外饰精致工程概述

精致工程就是让顾客能感受到车辆设计和制造精心程度的一套控制方法或流程。从精致工程角度而言，追求的是完美无缺的设计和制造理念，甚至将整车造型和功能设计中不可缺少的分块间隙都视为"缺陷",加以修饰或优化。内外饰精致工程主要是通过对设计和制造中各种缺陷的规避、遮蔽、隐藏、弱化或美化,并根据制造可行性难易程度,来评价造型和结构设计的合理性,并加以改善或优化,以达到精致工艺的最高水平效果。

以往传统的产品质量概念主要是指制造"零缺陷"产品,而内外饰精致工程实施方法所达到的静态感知质量不同于传统的产品质量:①追求完美并满足对产品感知质量"挑剔"顾客的需求;②在造型前期就开始根据上述精致工程理念不断改善和优化产品设计,尽一切可能规避设计或制造中可能产生的缺陷。

6.1.1 内外饰精致工程的发展与现状

能够直观体现汽车产品精致工程水平的主要是内外饰,因为用户有更多的机会近距离地接触内外饰产品,也有更多的时间观察、感受和评价内外饰产品。因此,精致工程的达成不仅对产品展示效果至关重要,对保证内外饰产品的长期使用寿命也举足轻重,这一点与"质量体验"直接挂钩。

在欧洲、美国和日本等成熟汽车市场,用户能够分辨出具有较高精致工程水平的产品,以及同一种产品之间感知质量的差别。所以精致工程的实施会影响到用户对汽车品牌的认知,进而直接反映在汽车产品的销售数据上。

与成熟市场相比,中国汽车用户的成熟度尚处于起步阶段,精致工程看起来对很多首次购车的用户并没有太大的影响。但是,在中国这个相对年轻的汽车市场中,可选汽车品牌和车型数量是丰富的,它可能是全球竞争最激烈的市场。这就意味着用户有丰富的选择权来进行比较和购买,此外中国用户趋向成熟的速度也比其他市场要快。在中国有超过130家的交通工具制造商(包括摩托车、三轮机动车和巴士),精细化设计是在众多竞争者中脱颖而出的"必要"因素,同时独特的造型对用户的影响力将会越来越小,用户将变得更加成熟,更有品位。单纯外形上的造型将不再成为汽车的唯一卖点,精致的设计与做工将给用户一种更加踏实、放心的感觉,使其有更加强烈的购买欲望。

6.1.2 内外饰精致工程的影响因素

汽车研发过程中如何达到优秀的内外饰精致工程水平,重点是在设计开发前期尽可能多地发现精致性方面的问题,如定位系统设计不合理、分模线可视或容易触及、三件交汇"老鼠洞"等设计问题,这些都是后期生产中很难整改的,影响用户使用体验及购买欲望的问题。若这类问题在批量装车阶段才被发现,为了修正这些问题,就不得不更改设计或进行二次开发,而且还要在实际生产的样车上再次确认方案的有效性。这样的流程耗时长、成本高且通常只能在原有设计上稍加改善。所以成熟的汽车公司会在新车项目开发阶段(即设计阶段)就通过"精致工程"流程和方法进行管控,以避免此类问题的发生。

为了改善用户的心理感受,如安全感、整体感、牢固感、温馨感、放松感、满足感等,根据车型定位的不同,如有的营造豪华的氛围,有的追求科技感,有的强调简洁,有时可能会与精致工程所要达到的目标有所差异,但精致工程的设计思想和这些内容却是一致的,就是将汽车内外饰产品的感知质量设计推向极致。内外饰精致工程包含的主要内容见表6-1。

表 6-1 内外饰精致工程包含的主要内容

视觉因素	听觉因素	触觉因素	嗅觉因素	使用方便性
色彩纹理&材质&内饰照明	异响	材料选择	车内气味性能	人机交互方便性
产品分块及尺寸配合	声音品质	操作牢固性	挥发性有机化合物含量（VOC）	维修方便性
缺陷隐藏&弱化	声音家族DNA	使用舒适性	车内自净化性能	储物放置和空间方便性

注：嗅觉因素的精致设计详见第7章。

1. 视觉因素

视觉因素是影响用户第一印象的关键要素，是用户在接触车辆的过程中首先感受到的要素，如车辆的外形、做工的精细程度都在第一时间影响用户的心理感受。影响视觉感受的因素主要有以下几个方面。

（1）色彩纹理　装饰和色彩设计体现的是内外饰的细节和品位，并烘托出内饰的格调。其主要内容是定义内饰零件的颜色、纹理、光泽、面料和外观装饰等。装饰设计分为硬装饰和软装饰：硬装饰包括皮纹、木纹、电镀和油漆等；软装饰包括面料、人造革、真皮、地毯、织带和网兜等。由于装饰和色彩设计的不同，将导致视觉感受的巨大差异，单一的颜色，尤其是冷色调，如黑色、灰色，就很容易给人以塑料感。为了降低内饰的塑料感，现在很多车型都采用浅色内饰和深浅搭配的分色内饰。优秀的分色会让整个驾驶室的氛围为之一新，不枯燥，给人愉悦感。同样，干净自然、手感不干不滑的纹理设计，即使是采用硬质的塑料材质，也不会给人以粗制滥造的低档感觉。

（2）材料或材质　汽车内饰件要求材料的外观具有高档装饰性。不同材料的视觉效果会给用户带来是否舒适、高档和环保的体验。而真皮、针织面料、植绒等软内饰的大量应用，可使内饰产品具有更高的精致感。

（3）内饰照明　内饰照明也是提升车内环境设计感的重要视觉影响因素，适当地运用车内照明方式不仅能给用户以视觉上的冲击和享受，还能营造称心的驾乘环境，提高整体舒适感。例如，在腿部空间和门饰板处设置照明灯，在车顶设置射灯，甚至研发车内发光织物等。恰当的氛围灯设计使得车内环境既浪漫又高雅。

（4）产品分块　内外饰产品分块对系统质量影响巨大，合理的分块会降低设计及工艺难度，同时带来较好的外观效果，提升产品的精致感；不合理的分块会增加设计及匹配难度，提高成本，降低质量。匹配的难度越大，分缝位置的间隙和面差保持一致性和均匀性的能力就越差，出现外观缺陷的概率也就越大，精致性越差。

（5）尺寸配合　尺寸配合对内外饰精致性的提升很重要，零件之间的尺寸配合包括间隙、直线度、平整度等。尺寸工程是集成产品和工艺，通过使用基于数据的工具和稳定的测量系统来满足客户要求的持续改进过程。好的尺寸配合设计不仅能够降低产品的工程制造难度，提高制造质量，还能够提高产品的精致性，有效地提升产品的感知质量。

（6）结构缺陷　为了提升外观精致性，还需要考虑对内部结构及外露缺陷进行有效的遮蔽。例如，螺钉布置在可视区域内会给用户带来低档、廉价的视觉效果，即使由于各种限制无法规避,也要对其进行遮蔽处理,如增加堵盖。另外,对产品的内部结构同样需要进行有效的遮蔽,避免其直接暴露在用户的视线下,尤其是运动件,在静止位置、极限位置及运动过程中,都需要对其内部结构进行遮蔽。"看穿内部结构"的问题也普遍存在,通常存在于相互配合的零件之间,可以采取恰当的翻边或者避开视线方向等方法来解决。

(7) 工艺缺陷 在设计过程中,还需要对工艺可行性进行分析,避免出现毛刺、飞边、分模线外露、顶白等常见的制造工艺缺陷。如果无法避免,可以采取一些措施进行规避、遮蔽、弱化或美化,例如,密封条的唇边可以采用表面包布或者植绒等方法处理。再比如顶衬内饰由于受成型模具的影响,其边缘切口会出现细小的毛刺,虽然此区域的关注度不是很高,但是,是否进行合理遮蔽或隐藏设计将使用户心理上产生迥然不同的精致性感觉。另外,采用"美工线"作为产品的造型特征,进而弱化工艺缺陷也是切实可行的方法。

2. 听觉因素

听觉因素也是体现内外饰精致工程的因素,每个功能部件动作的声音都必须给人带来高质量和精致的感觉。听觉因素的产生主要包含噪声异响、声音品质两个方面。对于噪声异响,要进行消除和减弱;对于声音品质,则要进行控制和提升。设计时就要从以下三个阶段进行考虑:

1) 第一阶段为降低噪声阶段,重点是通过 NVH 设计,控制汽车的噪声及异响,如座椅调整声音、杂物箱的开启关闭声音、安全带的插拔声、天窗的开关和移动声等。

2) 第二阶段为声音品质控制阶段,其目标是让声音听起来舒服,满足特定客户的需求,使车型的声音有一定的个性化。每个功能部件动作的声音都必须给人以高质量和精致的感觉。

3) 第三阶段为声音品质 DNA 的设计阶段,使汽车各品牌声音产生差异化,形成家族式的声音品质。

3. 触觉因素

触觉因素是内外饰,尤其是内饰的精致工程的重要影响因素,针对内饰所有可触及的零件表面质量,需要设计考虑零件表面触感特性,如软硬、冷暖、表面黏性、平滑度、表面粗糙度。同时,还要考虑零件形状对触感的影响,如锋利的飞边和分型线、尖锐的倒角。另外,也要考虑零件操作反馈特性,如按钮的响应、反馈时间、行程、操作力、平顺性,以及功能件的响应特性等,如软硬仪表板或门饰板上的手肘靠的软硬舒适性、按钮的手感或反馈是否明显、转向盘的手感等。这些触感的设计都会影响用户对所购买车型的主观感受,应通过合理的设计提升档次感,满足用户的心理期望。

人体触觉感受高度复杂,难以在实验室内复制,因此,内饰工程师往往依赖用户的主观评价来确定最舒适的车辆内部环境设计。然而,由主观反应取得的结果显然是不够准确的,还需要通过大数据统计,再归纳量化成为可测度的指标。北美某汽车公司开发了一种新型装备——触感和触觉学机器人单元,该机器人能帮助设计人员改进车辆内部的各个不同触点,客观地满足用户的主观偏好。通过引入科学的三维方法来衡量触觉,可利用摩擦、受力、粗糙感、柔软度和温度来衡量整个车辆的内部指标。这些指标数据被采集后与用户反馈的高质量外观和感觉描述统计数据进行比对,得到更加客观和科学的触觉感知设计参数。该机器人还能够模拟复杂的人类活动,如操作旋钮或调整空调出风口,测量各种操作阻力,以确定相应的操作不会让人感觉太松或者太紧,并逐一检测不同的旋钮或拨杆力值,使得操作力在最舒适的感觉范围内;模拟和测量仪表板等部件的表面柔软度或硬度、粗糙感或材料质感,以确保处于用户喜好的范围之内;测量部件的温度,保证部件材质与人体对于该材质温度的预期感觉相符。

4. 嗅觉因素

车内空气质量已经成为用户关注的重要因素。车内有害气体的含量以及嗅觉能够感知的味道的好坏能非常直观地反映汽车内饰件的优劣,从而直接影响人们对汽车质量的判断。车内气味主要由车内装饰材料中所含挥发性物质释放产生,包括塑料、胶黏剂、阻尼材料、皮革、橡胶、发泡剂、毛毡等,以及这些材料在生产和加工过程中添加的有机溶剂。本部分内容将在本书第 7 章中详细阐述。

5. 使用方便性

汽车的使用性能是指汽车在一定的设计使用条件下,发挥最大工作效率的能力。汽车使用是否方便,也是影响顾客心理感受的重要因素,其主要内容包括:进出方便性;乘坐方便性;操作方便性;储物放置和空间方便性;按键布置按照操作习惯的方便性;按键提示符号识别方便性;人机交互方便性等。其中有的部分在第 4 章中已经阐述。

6.2 设计精致工程

设计精致工程就是在产品设计开发前期,通过精致工程理念和下述设计方法,来改善和优化产品设计,最大限度地避免由于不合理设计引起制造难度太高而带来的质量变差缺陷的发生。

6.2.1 视觉元素精致设计

1. 分块位置及数量的优化

为了减少视觉上缝隙的凌乱感,消除孔洞、错位的缝隙搭接,降低制件精度的工程保证难度等,汽车开发设计前期需要对概念 A 面的分缝和分块进行合理的分析和设计,重点考虑以下几点。

(1) 避免多零件对碰,消除"老鼠洞" 通过分块错位的方法,使产品分块避免老鼠洞的出现。如图 6-2a 所示的不合适的产品分块会造成四个零件之间的对接配合,由于对接点需要进行倒圆角处理,老鼠洞也随之形成。比较好的做法是错开多个零件的分块线,避免对接产生孔洞,如图 6-2b 所示。

(2) 减少分块数量 避免出现上述缺陷的根本方法是尽可能地减少分块的数量。因为多个零件同时配合时,由于误差、变形、温度等因素的影响,每个零件都会有公差,而零件叠加配合会造成公差的累积放大,造成精度难以控制。因此,应尽量选择一个零件作为主基准零件,其余零件与主基准零件配合,减小误差累积,同时也能减少老鼠洞等缺陷,提高配合质量。该设计思想在内饰产品设计中有大量的应用,如仪表板、副仪表板、门

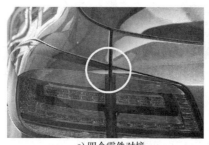 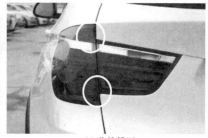

a) 四个零件对接　　　　　　　　b) 分缝错开

图 6-2　零件分块位置对比

板等。

如图 6-3 所示的副仪表板的分块，原始设计中副仪表板的侧部有五个主要零件，与内部起支撑作用的铁支架分别配合，由于支架结构复杂、自身精度差，且地板及仪表板骨架安装误差很大，导致各零件配合精度无法得到保证。优化后，侧部为两个主要零件，零件数量大大减少，精度保证难度随之降低，在保持了原有设计风格的同时，外观更加简明整洁，精致性提升明显。

a) 分块优化前　　　　　　　　b) 分块优化后

图 6-3　零件分块数量对比

2. 尺寸工程在内外饰设计中的应用（尺寸工程的具体内容详见第 5 章）

尺寸工程师需要在整个内外饰产品开发过程中，与内外饰产品工程师一起协同工作，对零部件的匹配结构方式、定位方案、公差分配、测量计划的合理性等进行分析。为保证 DTS 目标达成，主要有以下三种方法。

（1）定位基准设计　零部件结构设计初期，就需要对各零部件进行定位系统设计，作为加工、检测、装配等工艺过程的定位基准。注塑件定位基准设计的三要素是稳定性、功能性和工艺可行性。

1）稳定性。定位系统的稳定性是评判零部件定位系统是否合理的第一要素，包括基准所在位置的成型稳定性；零部件本身在自由状态下，在夹具、检具上放置的稳定性；测量系统的稳定性，以满足检测系统重复性和再现性的要求。

2）功能性。在实际生产过程中，采用该定位系统能够满足用户对该零部件的功能要求，包括外观 DTS、匹配要求、装配要求和性能要求等，是判断定位系统是否合理的重要因素。

3）工艺可行性。在实际装配生产过程中，由于工艺规程、操作空间等实际因素的限制，需要对零部件的检测、装配基准进行优化。实际定位基准设计过程中，往往需要综合各个环节的意见，找出定位稳定、工艺可行，而又能满足零部件本身种种功能要求的最优方案。

（2）同步工程　在内外饰产品开发的各个阶段，尺寸工程师要对零部件的开孔方案、间隙段差匹配方式、定位结构设计与方案的一致性、功能的可实现性等进行同步分析。以满足性能要求、DTS 要求为目标，从尺寸链传递、公差累积入手，提出优化产品结构的意见。通常，内外饰的同步工程分析有以下几个方面：

1）在内外饰整体风格确定后，进入造型 CAS 设计时，尺寸工程师需要对内外饰零部件的分缝位置、每条缝的 DTS 及其公差要求等进行确认。在保证制造质量的前提下，利用外造型曲面对分缝进行遮蔽或弱化以放宽 DTS 要求，甚至依靠造型曲面结构来弱化甚至取消 DTS 要求，从而降低零部件的装配精度要求。

2）结合定位设计，在内外饰产品设计的各个阶段，对零部件的定位结构进行稳定性、功能性和工艺可行性分析，保证 DTS 要求。

3）结合定位方案、造型分缝特征、DTS 等因素，进行零部件结构同步工程分析，对其相互配合关系进行分析确认。

（3）虚拟验证　在内外饰结构设计过程中，尺寸工程师需要进行设计验证，即通过虚拟装配，分析装配过程中各个零部件公差的累积对功能要求的影响，评估是否满足产品要求。例如，通过对定位系统的优化，减小了顶篷与遮光板的配合间隙，提高了局部的视觉精致性，如图 6-4 所示。

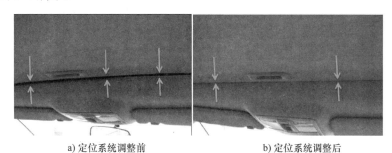

a) 定位系统调整前　　　　　　b) 定位系统调整后

图 6-4　定位系统调整前后顶篷与遮光板的间隙对比

3. 外露结构的遮蔽

为了提升外观精致性，还需要对外露的内部结构进行遮蔽。例如，螺钉布置在可视区域内时，会给用户带来低档、廉价的视觉效果，利用垫片、盖板或隐藏螺栓的结构可以有效地对结构进行遮蔽，从细节上体现精致感和高档感，如图 6-5 所示。

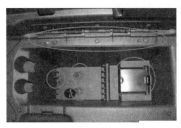 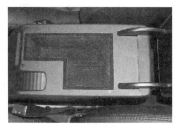

a) 螺钉外露　　　　　　b) 螺钉隐藏

图 6-5　中控箱固定螺钉遮蔽性设计外观对比

4. 内部结构的遮蔽

内外饰零部件的配合关系一般都是外露、可感知的，如果处理不得当，则用户会通过配合间隙或由于搭配不良留下的空洞看到内部结构，降低外观的精致性。在设计过程中，通过对内部结构的遮蔽可以减少零部件配合处的看穿效果，达到提高精致性的目的，主要有以下两种设计方法。

（1）改变间隙方向　两个零部件配合间隙如果直接暴露在用户的视野范围内，使用户看到内部构件，会造成不可靠、松垮的感觉。而将间隙位置错开正常的视线范围，或者用翻边遮挡，则能够给用户以牢固感和可靠性很好的印象，同时，此方法应用得当还可以大幅降低精度保证难度。例如，图6-6所示方案通过对尾灯与背门的间隙方向进行调整，解决了尾灯内部构件（灯座）被看穿的问题（图6-7），提高了局部的视觉精致性。

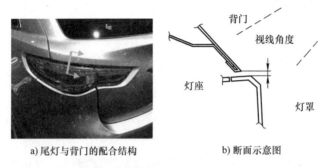

图6-6　避开视线方向的设计

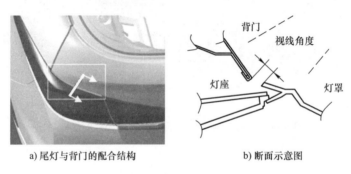

图6-7　正对视线方向的设计

（2）遮挡分缝　在两个零部件的配合结构间隙中增加密封胶条，一方面能够有效遮蔽孔洞和间隙，另一方面具备一定的容差能力，生产装配工艺性好，装配精度要求低。例如，前照灯与翼子板的配合间隙，为了避免看穿问题（图6-8），通常可采用通过改变翼子板翻边角度来改变间隙方向的方法来规

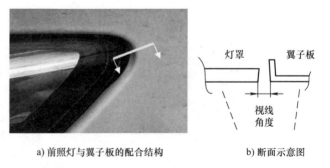

图6-8　前照灯与翼子板的看穿内部构件设计案例

避看穿问题。但在翼子板角度或翻边长度受制造工艺条件限制的情况下，则需要通过在前照灯与翼子板的间隙处设计密封胶条来进行遮挡，以提高局部的视觉精致性，如图6-9所示。

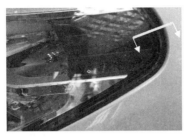
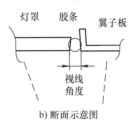

a) 前照灯与翼子板的配合结构　　b) 断面示意图

图 6-9　前照灯与翼子板的遮挡内部看穿设计案例

5. 间隙的隐藏和弱化

间隙对感知质量有至关重要的影响，良好的设计会对间隙进行适当的隐藏和弱化，不仅能够降低工艺制造难度和成本，还能提高零件匹配的外观精致性。

（1）隐藏间隙　在造型的整体风格和特征允许的情况下，通过改变零部件配合间隙的角度，使间隙的大小和均匀程度在常规视线角度下不易被察觉，不仅能够提高局部配合的精致性，好的结构设计还能对间隙的大小和均匀程度有一定的包容性，从而有效降低工艺保证难度。例如，图 6-10 所示，前照灯与发动机舱盖的间隙暴露在外，对于制造精度的要求很苛刻，需要通过图 6-11 所示方案对间隙的方向进行调整，使间隙隐藏，从而保证外观精致性。

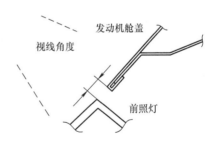

a) 前照灯与发动机舱盖的配合结构　　b) 断面示意图

图 6-10　前照灯与发动机舱盖的间隙对齐设计

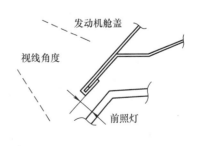

a) 前照灯与发动机舱盖的配合结构　　b) 断面示意图

图 6-11　前照灯与发动机舱盖的间隙隐藏设计

类似的设计理念也可以应用在仪表板（IP）与 A 柱下饰板的搭接结构上，如图 6-12 和图 6-13 所示两种配合方案的对比。

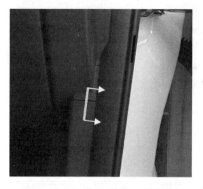 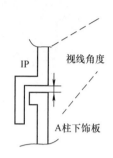

a) IP 与 A 柱下饰板的配合结构　　　　b) 断面示意图

图 6-12　IP 与 A 柱下饰板的间隙外露配合设计

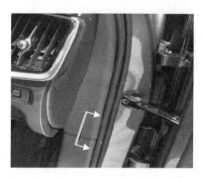 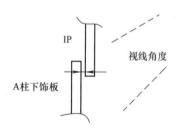

a) IP 与 A 柱下饰板的配合结构　　　　b) 断面示意图

图 6-13　IP 与 A 柱下饰板的间隙隐藏配合设计

时下流行的仪表板（IP）与门饰板的悬浮式配合方式也是采用这种方法来提高精致性的。传统的设计方法中，仪表板（IP）与门饰板的间隙角度直接处于视线范围内，视觉敏感度较高，如图 6-14 所示；通过对仪表板（IP）上的出风口向外拉伸，把间隙方向调整到正常视线角度之外，既体现了整体、大气的风格，又隐藏了间隙特征，如图 6-15 所示。

a) IP 与门饰板的配合结构　　　　b) 断面示意图

图 6-14　IP 与门饰板的间隙外露配合设计

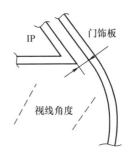

a) IP与门饰板的配合结构　　　　　　b) 断面示意图

图 6-15　IP 与门饰板的间隙隐藏配合设计

（2）弱化间隙　通过对两个相邻零部件的边界结构和色彩进行优化等，可降低间隙的视觉敏感度。

1）使用双圆角弱化。双圆角即同一零部件断面具有两个圆角特征。此方法通过对配合处的一个零部件做出两个连续圆角与边界处另外的零部件采用线接触配合，来达到弱化间隙的效果。常规设计如图 6-16 所示，两个相邻零部件内拉手盖板与门饰板的间隙比较大且明显，通过如图 6-17 所示对内拉手盖板搭接型面进行双圆角（R_1 和 R_2）处理，同时适当增大门饰板圆角，使配合显得柔和，规避了由造型导致的外观间隙，有效地避免了由制造公差导致的缺陷。

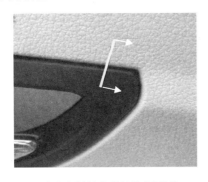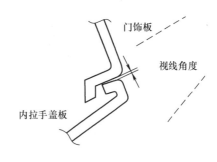

a) 内拉手盖板与门饰板的配合结构　　　　　　b) 断面示意图

图 6-16　内拉手盖板与门饰板的间隙常规设计

类似的设计方法也可以应用在仪表板出风口与其周边的搭接结构上，如图 6-18 和图 6-19 所示两种配合方案的对比。

2）调整色彩弱化。由于光线的反射原理，导致缝隙处光线较弱，整体视觉效果体现为黑色，可以将缝隙周边部件设计出黑色特征，以达到弱化间隙视觉效果的目的。例如，通过对前照灯采用整体黑色处理来弱化间隙效果，可实现弱化缝隙的视觉效果，从而提高了外观整体感，如图 6-20 所示。

6. 面差的消除与弱化

面差与间隙一样，也是一个设计尺寸、一种几何特征，所以一定存在制造误差，对制造工艺有一定的要求。合理地对面差进行隐藏和弱化，可以降低精度控制难度，节约开发

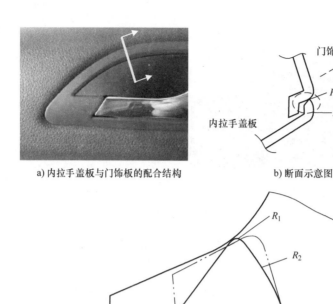

图 6-17 内拉手盖板与门饰板的间隙采用双圆角设计

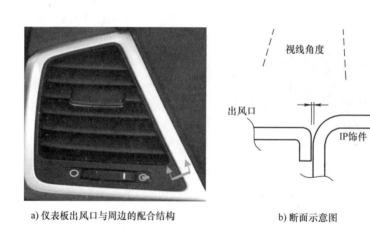

图 6-18 仪表板出风口与周边间隙的常规设计

和制造成本。

（1）消除面差　如图 6-21 所示的案例，两零部件面差采用对齐设计，在控制间隙的同时还要兼顾面差，控制难度较大，产品的一致性和重复性较差。通过改变两配合零部件的局部结构，消除配合关系中的面差要求，只保留间隙要求，可大幅降低工程保障难度和精度控制成本，如图 6-22 所示。

（2）弱化面差　通过放大面差的方法，可弱化常规视角中面差的视觉敏感度。一些面

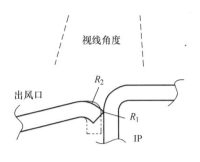

a) 仪表板出风口与周边的配合结构　　b) 断面示意图

图 6-19　仪表板出风口与周边间隙采用双圆角设计

a) 整体黑色前照灯弱化了周边间隙　　b) 白色前照灯周边间隙明显

图 6-20　前照灯与周边间隙配合方案对比

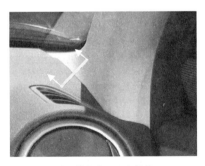
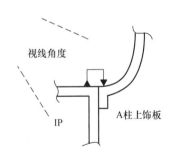

a) A柱上饰板与IP配合结构　　b) 断面示意图(面差明显)

图 6-21　A 柱上内饰板与 IP 存在面差的配合设计

差对齐的结构设计中，面差的视觉敏感度较高，工程控制难度大，产品一致性和重复性差，如图 6-23 所示。通过放大一个零部件的表面，弱化面差的特征效果，不仅提高了工程容差能力，降低了控制难度和成本，还能够提高产品的外观精致性，如图 6-24 和图 6-25 所示。

7. 工艺缺陷的遮蔽和弱化

　　精致性设计不仅要考虑结构缺陷的遮蔽和弱化，还要考虑工艺缺陷的遮蔽和弱化。常见的工艺缺陷有注塑变形、分型线、飞边、缩痕、顶白、拉伤、断裂、气泡、熔接痕、色差、烧焦、模压毛刺等。这些工艺缺陷大部分是可以通过软件模拟分析、结构设计合理化

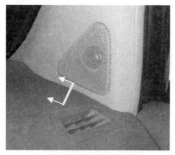
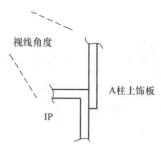

图 6-22 A 柱上内饰板与 IP 消除面差的配合设计

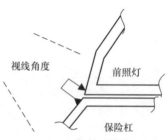

图 6-23 前照灯与保险杠的面差对齐设计（特征线对齐）

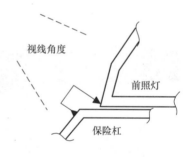

图 6-24 前照灯与保险杠的面差放大设计（下部凸出）

等手段来消除的，但有些缺陷如注塑变形、分型线等则是不可避免的，在结构设计上就需要对其进行遮蔽或弱化，使外观更加美观和精致。

（1）提高零部件刚度　在注塑过程中，塑料件在高温下容易产生变形，为了有效防止变形，设计时可通过改变零部件结构以提高其刚度等措施来解决。零部件变形会使配合存在间隙不均匀等缺陷，影响外观质量。通过对变形零部件的型面进行优化，使其结构刚度大大增强，既能提高零部件配合处的刚度，又能提高轮廓度，保证其配合间隙的均匀性。例如，通过对 A 立柱上饰板靠近前风窗玻璃处的配合部位的型面翻折加强边进行优化（图6-27b），可解决图 6-26 所示因 A 立柱上饰板刚度不足而变形的问题，使 A 立柱上饰板与风窗玻璃的配合间隙更加均匀，提升了精致感。

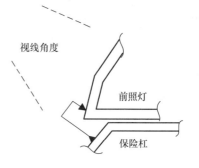

a) 前照灯与保险杠的配合结构　　　　　　b) 断面示意图(面差弱化)

图 6-25　前照灯与保险杠的面差放大设计（上部凸出）

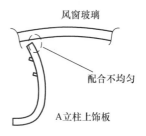

a) A立柱上饰板与风窗玻璃的配合结构　　　　b) A立柱断面示意图

图 6-26　A 立柱上饰板与风窗玻璃配合间隙不均匀问题

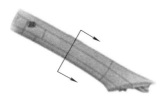

a) A立柱上饰板与风窗玻璃的配合结构　　　　b) 改善断面示意图

图 6-27　A 立柱与风窗玻璃的配合改善方案

类似的设计方法也可以应用在副仪表板上。为了减小副仪表板侧盖板的注塑变形，可以采用局部型面增加棱线的方法来增加刚度，从而提高零部件的质量和立体感。由于注塑后的变形较大，侧盖板的轮廓度不易控制，而通过增加特征棱线，不仅能提高侧盖板的刚度和轮廓度，还能提高外观效果和层次感，如图 6-28 所示。

（2）遮蔽分型线　注射模具是由两个半边模具合成的，产品注射完成后将在两个模具分开的位置处留下一条线，在设计时通过结构遮蔽等措施可以有效避免其被用户发现。两个相邻零部件采用对接配合的设计方案，分型线会完全暴露在外，降低了外观质量和档次，给用户造成了廉价、低档的感觉。通过将相邻零部件的配合方式改为插接式，分型线延伸至相邻零部件的内部，缺陷得到了有效隐藏，外观感知质量较好。如图 6-29 所示，前格栅

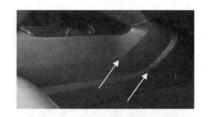

a) 副仪表板侧盖板平整的造型　　　　b) 副仪表板侧盖板增加特征棱线的造型

图 6-28　副仪表板侧盖板的强度提高方案

装饰件与格栅本体的边界处存在分型线外露的问题，通过将两个零部件的结构配合方式由搭接式改为插接式，有效地将分型线进行了包裹遮蔽，提升了产品的档次，如图 6-30 所示。

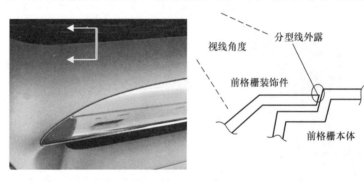

a) 前格栅装饰件与前格栅本体的配合结构　　　　b) 断面示意图

图 6-29　前格栅装饰件与前格栅本体的配合（分型线外露明显）

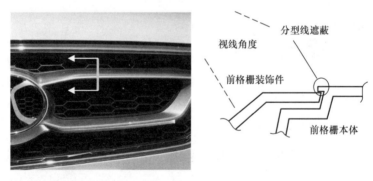

a) 前格栅装饰件与前格栅本体的配合结构　　　　b) 断面示意图

图 6-30　前格栅装饰件与前格栅本体的配合（分型线遮蔽隐藏）

（3）美化边缘缺陷　顶衬内饰等模压零部件，由于受成型模具的影响，其边缘切口会出现细小的毛边。可以通过包边工艺对零部件边缘进行美化，提高边缘的规整性，从而提升档次感和精致感，如图 6-31 所示。

6.2.2　听觉元素精致设计

除了视觉因素，听觉因素也会对用户对汽车舒适性的感知产生重大影响，进而影响其

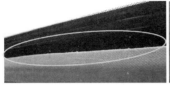 

a) 顶衬边缘工艺切口外观不良　　　b) 顶衬边缘进行包边处理

图 6-31　顶衬边缘工艺缺陷处理方案对比

对产品整体的感受。汽车工艺的迅猛发展使得汽车成为日常生活中必不可少的工具，随之而来的汽车噪声也成为人们重要的研究课题。汽车噪声的来源较多，常见的噪声为发动机噪声、路噪、胎噪、风噪、共振噪声及车内噪声。对于听觉元素的精细化设计，主要是从噪声的减弱或消除，以及声品质的提升两个方面进行的。

对于车内噪声的控制，有被动和主动两种方式。被动降噪主要是通过减振、吸声和隔声等物理措施来减少传递到车内的噪声成分和能量，减弱噪声的声压级。如图 6-32a 所示，在乘员舱设计具有吸声及隔声效果的声学饰件，来吸收并阻隔部分发动机噪声。在汽车顶篷、地毯、门饰板等零件背面粘贴大面积的吸声棉，来吸收传入车内的部分噪声，从而提升车内的声品质，优化用户的听觉环境，如图 6-32b 所示。

a) 乘员舱吸声、隔声设计　　　b) 门饰板背面吸声棉设计

图 6-32　被动降噪案例

主动降噪是主动产生一个声场抵消另一个现有声场的技术，其对低频噪声进行控制非常有优势，从而弥补了被动降噪方法存在的不足。图 6-33 为主动降噪技术的原理图。凯迪拉克 XTS 是最早应用主动噪声控制技术的汽车，其工作原理是根据发动机转速和车内的传声器来采集噪声样本，经系统分析处理之后，由车载音响的扬声器播放相反的音频，以抵消噪声波，营造更安静的车内氛围，提升用户的听觉舒适性。

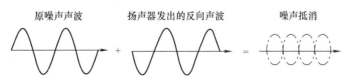

图 6-33　主动降噪技术的原理图

进行汽车设计时，还要考虑车内各零部件之间的异响对用户听觉舒适性的影响。引起异响的主要原因有尺寸公差、装配精度、基础材料的兼容性、结构设计、产品质量等问题。

对于汽车产品中异响问题的规避，要求工程师在设计初期就要考虑，重点关注总成件或者零部件与零部件之间配合的边界区域，在敲打、按压、扭曲、晃动和正常使用零部件时，都不应产生令用户烦躁的声音。

（1）预留间隙，规避摩擦异响　设计师在前期设计时，要预留足够的间隙，确保两个或多个零部件之间不产生摩擦异响。根据零部件尺寸、设计规范甚至经验值，在零部件间设计留出足够的间隙，从而规避异响的产生。例如，考虑到A柱饰板与风窗玻璃的装配累计公差和无磕碰的情况，A柱饰板与风窗玻璃之间应预留2.5～3mm的间隙，门饰板与钣金之间应预留至少5mm的间隙，如图6-34所示。

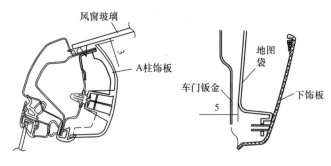

a) A柱饰板和风窗玻璃设计预留间隙　　b) 门饰板与钣金设计预留间隙

图6-34　零部件间应留有足够间隙

（2）增加隔断规避异响　零部件隔断即在比较接近或相接触的零部件之间增加隔断材料，以避免摩擦异响的产生。常用的隔断材料有泡棉、毛毡、套管、橡胶减振块、尼龙垫片、润滑剂（油或脂）、植绒、塑料薄膜等。如图6-35所示，调节安全带导向环高度时，滑板要随之滑动，为避免B柱饰板与安全带滑板相互运

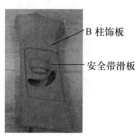 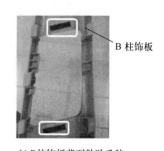

a) B柱饰板示意图　　b) B柱饰板背面粘贴毛毡

图6-35　零部件设计采用隔断措施

动时直接接触而产生摩擦异响，设计师在滑板与B柱饰板之间设计了1mm的滑动间隙，并在B柱饰板与安全带滑板之间增加了毛毡，提升了设计精致性。

（3）结构强化规避异响　零部件要有足够的强度、刚度和减振特性以保持其形状，从而规避振颤异响。例如在关门的过程中，若门饰板刚度不足，则其与车门钣金会产生振颤异响。门饰板本体的材料通常选用PP，厚度设计为2.5mm，设计师会在本体的背部设计加强筋来提升刚度。如局部刚度不足，可在本体背部设计支撑结构。例如，图6-36a所示为某车型的门饰板，其背部加强筋较多，刚度较好，但上饰板中部局部刚度不足，设计师设计了支撑结构（图6-36b），支撑到车门内钣金上来提升刚度。为规避异响，支撑结构上面需粘贴毛毡。设计师在刚度上进行了精致设计，有效规避了关门时门饰板的振颤异响，提升了品质。

（4）可靠固定规避异响　零部件设计时必须采用可靠的固定方式来防止相对运动，以

a) 门饰板背部设计加强筋　　　　b) 门饰板局部增加支撑结构

图 6-36　零部件设计结构强化案例

规避异响的产生。例如，汽车内饰件多为塑料件，且各零部件之间往往采用卡接的固定方式，虽然卡接结构设计在装配时效率较高，而且成本低，但也容易出现卡接后固定不牢、松动等现象，设计时要特别注意。因此，汽车设计师在设计塑料件固定结构时，可采用焊接、螺钉连接等方式，如图 6-37 所示。

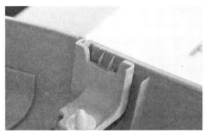

a) 塑料件之间采用卡接结构　　　　b) 塑料件之间采用焊接结构

图 6-37　零部件之间的可靠固定

（5）材料兼容规避异响　汽车设计中，要注意接触面材料的兼容性，避免零部件之间因材料接触不兼容而产生异响。如图 6-38 所示，通过异响试验发现，相互接触的零部件若都采用 ABS 材料，则会产生摩擦异响；而 ABS 与其他材料接触，都会有产生摩擦异响的风险。因此，在材料选择时，应尽量避免 ABS 材料跟其他零部件直接接触，可以在两者之间加一些软质毛毡材料来避免异响的产生。

声品质是在特定的技术目标或任务内涵中声音的适宜性。这个定义是由 Blauert 提出的，并被人们广泛认同。声品质中的"声"并不是指声波这样一个物理事件，而是指人耳的听觉感知，"品质"则是指人耳对声音事件的听觉感知过程，并最终做出主观判断。最早的对声品质的改善，是用来解决 NVH 的错误状态，通过主动控制手段来改善车辆的声品质，降低噪声。发展到后期，对声品质的控制已经从传统的"测试→分析→改进设计"转变为在第一设计阶段实现产品声品质的优化设计，满足特定用户群的需求，使车型的声音具有一定的个性；而声品质控制的终极阶段，则是要使汽车拥有声品质 DNA，最终形成品牌的独特个性，通过声音的差异化来识别出不同的品牌，成为品牌特有的标识。

声品质的提升，主要是对响度、尖锐度、粗糙度、波动度等相关因素进行测试，通过

```
扶手箱点烟器面板 ⟷ 扶手箱前端储物盒         有异响
     ABS              ABS

扶手箱前端储物盒 ⟷ 扶手箱装饰面板           有异响
     ABS              ABS

扶手箱装饰面板   ⟷ 换档面板卡圈             有异响
     ABS              ABS

   锁扣手柄     ⟷ 扶手箱装饰面板  → 结果   有异响风险
     ABS              ABS

   后出风口面板 ⟷ 扶手箱装饰面板           有异响
   PA6-GF15          ABS

   后出风口面板 ⟷   后壳体                 有异响
    PC+ABS           ABS

   后出风口面板 ⟷ 扶手箱装饰面板           有异响
    PC+ABS           ABS
```

图 6-38 材料的兼容性分析

对比这些客观参数来评价声音的优劣,并从物理声学、心理声学的角度合理应用,进而选出最优的方案进行设计开发,使车内的听觉环境处于令人最舒适的状态。静态感知质量声品质的提升,主要涉及汽车不发动时的声品质,如关门声、按键声、座椅调节电动机声、杂物箱及扶手的开关声等。随着科技的不断发展,人们对声品质的研究也在不断深入,奥迪是最早对声品质进行研究和应用的汽车公司,在声品质的提升上也相对较好。例如,图 6-39a 所示为某车型的中控旋钮,旋转时声音大且沉闷;图 6-39b 所示为奥迪车型的中控旋钮,使用时声音清脆、悦耳,让用户更容易接受。

a) 某车型的中控旋钮　　　　　　　b) 奥迪车型的中控旋钮

图 6-39 旋钮的声品质

仪表板杂物箱因使用频率较高,其声品质也获得了较多的关注。例如,图 6-40a 所示为某车型的杂物箱,其在关门的时候出现了较大的塑料声,给用户的感觉就会很廉价;而图 6-40b 所示为奥迪车型的杂物箱,其关门时会有非常清脆、悦耳的声音,给用户的感觉就会很有档次。设计师在设计杂物箱时,要避免出现这种廉价的塑料声,通过调整杂物箱锁的材质和结构,来提升精致性。

同样,汽车座椅的调节按钮也是用户经常使用的。图 6-41a 所示为某车型的座椅调节按钮,手操作时,电动机声音较大、尖锐,听觉感受较差;而图 6-41b 所示为奥迪车型的座椅调节按钮,手操作时,电动机声音小、柔和,提升了用户的听觉舒适性。

国外知名的汽车制造公司、相关研究机构、著名大学等都大力开展了对声品质的研究,

a) 某车型的杂物箱　　　　　　　b) 奥迪车型的杂物箱

图 6-40　杂物箱的声品质

a) 某车型的座椅调节按钮　　　　b) 奥迪车型的座椅调节按钮

图 6-41　座椅调节的声品质

在声品质评价的原理、流程、主观评价方法、心理声学参数及客观量化模型等方面取得了十分丰硕的理论和应用成果。

6.2.3　触觉元素精致设计

触觉感知质量是用户所关心的重点项目之一，包括对汽车内部造型设计的直接接触，如质地纹路、粗糙度等；也包括对产品操作方便性的感受，如能否稳定地把握转向盘、变速杆操控是否舒适、安全带佩戴是否舒适等。如今汽车智能化的程度越来越高，人机交互、自动驾驶等技术越来越复杂多样，使得用户对触感感知质量越来越重视。触感感知质量不单单是对舒适度的考量，更是用户对汽车能否安全顺畅驾驶的评判依据之一，因此，汽车设计工程师需要重视触觉质量设计。

按照驾驶人对内饰区域触摸频次的高低，可将内饰触摸区域的关注度划分为Ⅰ、Ⅱ、Ⅲ、Ⅳ四个等级，如图 6-42 所示。关注度Ⅰ级的区域为座椅、转向盘、变速杆、副仪表板扶手及门饰板扶手，这几个区域材料的选择将严重影响驾驶人的驾驶舒适性，是关注度最高的区域。设计师在做这几个区域的设计时，要秉承精益求精的设计理念，从用户角度出发，让用户得到最满意的触觉感受。关注度Ⅱ级的区域包括仪表板上部表面、门饰板上部及中控区，此区域是用户伸手就能触碰到的区域，因此其触觉的舒适性在设计过程中要重点考虑。关注度Ⅲ级的区域为门饰板拉手、驾驶人歇脚板、副仪表板侧面及副仪表板储物盒盖板，这些区域虽不能得到用户的高度关注，但在用户长期使用过程中也会对其有一定的影响，因此在设计时绝对不能忽视。关注度Ⅳ级的区域为触觉关注度较低的区域，包括仪表板下本体、门饰板下本体及立柱等，这些区域距离用户的手触范围较远，使用频率较低，往往不会得到更多的关注。但随着汽车技术的发展，触觉舒适关注区域在慢慢扩大，为了增强用户的舒适体验，赢得更好的口碑，国内外各大汽车企业对汽车内饰触觉元素的精细化设计越来越重视。

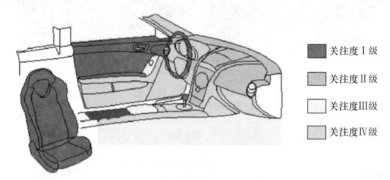

图 6-42　汽车内饰触摸区域关注度示意图

产品触觉元素的精细化设计从以下几个方面进行：材料触觉质量、产品部件的使用舒适性、产品部件的操作牢固性等，如图 6-43 所示。触觉能使人获得产品本身携带的但却无法借助语言直接进行清晰传递的一些信息或感觉，如舒适感，这种感受除了可以借助视觉感知进行简单体现以外，更深层次的舒适感信息的来源其实是触觉。柔软的表层机理或者温度恰当的触感，都有利于传递出浓浓的舒适感。可见产品的触觉质量对其市场竞争力是何等的重要。

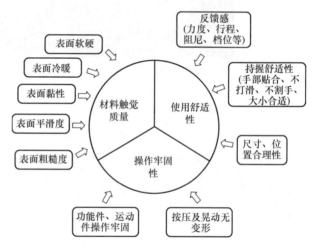

图 6-43　触觉质量的影响因素

1. 内饰触觉区域的材料选择

任何产品的设计制造都离不开材料的选择和运用，而产品的触觉质量则与材料的选择及处理方式有着很大的关系。因此，对于感知质量触觉元素的精细化设计，首先就是对材料本身触觉质量的考查。这主要体现在材料表面的触感，如表面粗糙度、颗粒度、平滑度、软硬程度、是否发黏等。

（1）表面软硬　用户对汽车内饰需求层级的提高直接体现在对内饰材质舒适性的要求上，一般认为，质地柔软的表面舒适性更好。为达到软质效果，汽车设计师通常采用真皮、仿皮或者织物等软质面料，对注塑件进行表面包覆，使内饰件展现出柔软的舒适感。在汽车仪表板上部、门饰板扶手上部等位置建议采用仿皮，座椅、中控扶手、转向盘等手部经常接触的位置建议采用真皮，A 柱、B 柱上部可采用面料包覆以降低塑料感，以便有效提升触觉感知层面的档次感，如图 6-44 所示。

a) 注塑仪表板，硬质 b) 面料包覆仪表板，软质

图 6-44 硬质仪表板和软质仪表板对比

（2）表面冷暖 用手触摸材料表面时，温度的变化会刺激人的感觉器官，使人感到温暖或寒冷，这种接触冷暖感主要由材料的热导率决定。因此，汽车设计师在进行材质选择时，需要考虑材料的热导率，针对消费者使用过程中大面积接触的零部件，如门饰板拉手、扶手、转向盘等，在材质选择时应尽量选用热导率比较小的皮革面料。如图 6-45a 所示为电镀的门饰板拉手，摸上去手感冰凉，特别是在寒冷的冬季，用户初入驾驶室时；图 6-45b 所示为仿麂皮包覆的门饰板拉手，其触觉感知与电镀把手相比会更加温暖柔和。

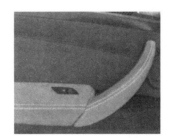

a) 电镀门饰板拉手 b) 仿麂皮包覆的门饰板拉手

图 6-45 门饰板拉手表面材质冷暖对比

（3）表面黏性 材料的表面黏性直接影响产品的细节和触觉品质，相对于表面黏滞、有黏手触感的内饰，具有细腻、爽滑触感的内饰更能赢得用户的青睐。因此，为提升触觉品质，在触摸最频繁的区域建议选择手感爽滑的面料。例如，图 6-46a 所示为 PVC 材料的内饰，手部触摸的时候相对有黏腻的感觉，影响用户的触觉感受；而图 6-46b 所示为 Nappa 真皮面料的内饰，其触感爽滑，用户触摸时会觉得非常舒适。

a) 手感发黏的内饰案例 b) 有爽滑触感的内饰案例

图 6-46 内饰表面触感黏性对比

（4）表面粗糙度 材料的表面粗糙度是由其表面上微小的凹凸程度所决定的。用手触摸材料表面时，表面粗糙度直接影响材料表面摩擦阻力的大小。零件表面越粗糙，摩擦阻

力越大。另外,皮纹的选择也会影响零件的表面粗糙度,细皮纹相对于粗皮纹的触感更细腻。仪表板的下部、门饰板的下部、B柱下部、C柱等位置,由于塑料面积较大,又在视觉范围之内,需要选择层次感多、有立体效果的皮纹,因此多选择粗一些的皮纹,手感相对粗糙。而在手触频率较高的位置,如转向盘、按钮、旋钮、电器的开关面板等处,则多选择精致的细皮纹,手感细腻舒适,如图6-47所示。

a) 触感粗糙的转向盘　　　　　　　　　b) 触感细腻的转向盘

图6-47　皮纹粗细的对比

2. 使用舒适性

(1) 反馈感　除了良好的表面触觉感知质量,内外饰件还需要在使用时具有良好的触觉反馈。汽车功能件在使用过程中要具备舒适、轻松自如、反馈感清晰等特点,车内所有系统功能件的力度、行程、阻尼及档位感要一致,来提升内饰功能部件的整体感,在提升舒适性的同时,提升整车的档次。如图6-48a所示为某车型的触摸屏,手触到屏幕上无任何反馈,用户体验相对较差;而图6-48b所示为特斯拉车型的触摸屏,触摸时不仅有振动反馈,还有声音反馈。

a) 触摸屏无反馈感,触感差　　　　　　b) 触摸屏有反馈感

图6-48　触摸屏反馈感

各种按键和旋钮是汽车内饰中使用频率最高的地方,按键及旋钮的触感,按下、旋转起来时的阻尼系数等都是经过多次试验,并经过有经验的设计师不断测评改进,最终寻找到的一种能够引起用户心中共鸣的操作感。为使车内不同位置的按键效果保持一致,不仅要保证按键的风格统一,也要保证反馈力及行程一致,以提升汽车的精致性,如图6-49所示。

(2) 持握舒适性　持握或操作车内外的操作件时,其表面要与手部贴合,不割手,不打滑,大小合适。例如,门内饰板拉手盒的内凹设计比平直设计的手部持握感更好,因为拉手盒内凹可使手指与拉手盒随形,从而提升了舒适性,如图6-50所示。

a) 仪表板钢琴键设计　　　　　　b) 副仪表板后部钢琴键设计

图 6-49　按键触感一致性

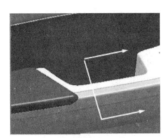  

a) 拉手盒断面位置示意图　　b) 无手握随形　　c) 手握形状对手有足够的支撑

图 6-50　拉手盒手部持握感舒适性对比

（3）尺寸、位置合理性　支撑类部件的尺寸、位置应最大限度地提升用户的舒适感，支撑面积要尽量大，位置的选择要尽量提升用户使用时的舒适性和方便性。例如，前排扶手设计时支撑面积要大，位置在符合人机工程学的基础上应更加舒适方便，使用户在正常驾驶时手臂能自然地放在扶手上，并有足够的支撑，换档时也能不费力地持握变速杆等，从而提升驾驶时的肘部舒适性，如图 6-51 所示。

a) 前排扶手尺寸较小，位置靠后　　　　b) 前排扶手尺寸较大，位置合理

图 6-51　前排扶手尺寸、位置合理性对比

3. 操作牢固性

（1）零部件的使用、按压牢固　工程师在设计零部件时，应确保零部件在使用或按压过程中无变形、松垮等现象，使用户在操作零部件的过程中感受到强烈的牢固感和耐用感，从而提升用户对品牌的信心，如图 6-52 所示。

（2）零部件无晃动　零部件在使用过程中，要保证无晃动现象。零部件设计时除了要满足扶手表面的刚度要求外，铰链机构应牢固有力，并具有一定的抗误用力破坏的能力。

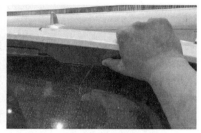

a) 扰流板按压变形　　　　　　　b) 扰流板按压无变形

图 6-52　扰流板按压后变形情况对比

如图 6-53a 所示为某车型的副仪表板扶手，因铰链牢固性不足，开闭过程中存在晃动现象；而图 6-53b 所示扶手在开闭过程中牢固有力，提升了车型在用户心中的牢固耐用感。

a) 扶手铰链牢固性不足，晃动　　　　b) 扶手铰链牢固，有支撑力

图 6-53　副仪表板扶手铰链牢固性对比

6.2.4　使用方便性设计

如前所述，使用方便性包括储物实用性、有效性和空间方便性等，还包括进出方便性、乘坐方便性、维修方便性、人机交互方便性等，以上在第 5 章已有论述，这里不再重复。

使用方便性包含人机交互方便性、维修方便性及储物空间方便性，使用方便性设计对用户的用车欲望有重要影响。人机交互方便性及维修方便性已在第 4 章中进行了详细的阐述，本章旨在对汽车内外饰的储物空间方便性设计进行介绍。

汽车已逐渐成为用户集工作、休闲、娱乐为一体的第三空间，汽车生活的丰富性和多样性，导致用户的储物行为越来越复杂，一个完善的汽车储物空间将大大提高现代人的汽车生活质量。单纯地增加储物空间的数量，不一定能够提升用户的愉悦感或满意度，储物空间的设计要做到数量和实用性兼顾，在满足用户储物空间需求的前提下，增加储物的实用性和方便性，甚至满足特定用户的个性化空间定制需求，提高整车储物的方便性，从而提升用户的愉悦感。汽车储物需求示意图如图 6-54 所示。

在车型设计开发初期，设计师就要对驾驶人及乘员的储物需求进行分析，规划出满足用户需求的储物空间。驾驶人需求区（含中控及副仪表板）是使用频率最高、数量需求最多的区域，这一区域规划的储物空间有副仪表板杂物盒①、杯架②、扶手箱③、眼镜盒④、左前门饰板拉手盒⑤、左前门饰板地图袋⑥。副驾驶需求区的使用频率仅次于驾驶人需求区，规划了杂物箱⑦、右前门饰板拉手盒⑧、右前门饰板地图袋⑨。后排区域规划了左后

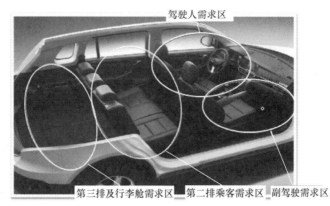

图 6-54 汽车储物需求示意图

门饰板拉手盒⑩、左后门饰板地图袋⑪、后排扶手杯架⑫、座椅后部储物袋⑬、右后门饰板拉手盒⑭、右后门饰板地图袋⑮。行李舱⑯属于大型储物空间，一般不需要设计其他类型的储物空间，但是出于个性化或规整性考虑，会在侧面增加一些储物盒、储物袋等，如图 6-55 所示。单纯地满足一般性设计需求最多只是满足了卡诺模型的"必需功能"，无法让用户产生愉悦感。所以设计师要从储物空间多样性、有效性和方便性三个方面，挖掘车内存储空间，增加令用户"愉悦"的功能，从而提升吸引力和产品力。

a) 储物空间一　　　　　　　　　　　　b) 储物空间二

图 6-55 某车型储物空间的规划

1. 储物空间的多样性

汽车用户储物行为和方式的多样性及复杂性，要求汽车储物空间也要顺应用户的需求和时代的发展。例如，笔记本电脑（平板电脑）的广泛使用迫切地要求车内设置可以放置笔记本电脑（平板电脑）的支撑，同时还应兼具杯托等储物功能，以满足长途旅行时用户的需求，如图 6-56a 所示。汽车作为特殊的人居环境，正在向家居化、宜人化方向发展。再如，仪表板上的双层杂物箱可使仪表板的储物空间最大化，给用户眼前一亮的感觉，从而提升了用户的满意度。

储物空间的多样性还能够从用户使用的自由度上体现出来，通过用户"DIY"式的使用和操作，实现储物空间的多变组合，从而满足不同物品的存储需求。如图 6-57a 所示为储物盒集成杯架的设计，当用户有水杯存放需求时，按下按钮即可弹出水杯防倒机构；而当用户有储物需求时，再次按下按钮即可收起杯架结构，呈现出较规整的储物空间。再如图 6-57b 所示为副仪表板上的升降式杯架结构，按下圆形结构可存放水瓶，升起圆形结构可供副驾驶用户支撑肘部，一举两得，储物空间灵活多变，从而吸引用户，提升其购买欲望。

a) 座椅后部桌板集成杯架设计　　b) 仪表板双层手套箱设计

图 6-56　储物空间多样性设计案例

a) 副仪表板储物盒集成杯架设计　　b) 副仪表板扶手升降式杯架设计

图 6-57　储物空间多样性设计案例

2. 储物空间的有效性

储物空间有效性设计需要注意两点：①车型开发之初，市场定义的特定购车用户群的需求；②储物的实用性。例如，用户是第一次购车，年龄为 25~30 岁有 3~4 口家庭成员的家庭，设计师和评价人员一定要了解这个特定车型的消费群体的需求，有针对性地设计与评价储物空间的有效性。一般情况下，单纯地增加储物空间的数量并不能提升用户的愉悦感，要通过人性化的设计，在有限的车内空间中实现储物空间的有效性提高。基本的设计目标是利用某个位置实现特定存储功能，而精致设计是能够在同一位置实现不同或者更多的存储功能。例如，前门饰板位置的地图袋经过巧妙的设计可以空间最大化，不仅可以放置瓶装水，还能够储存其他物品，如图 6-58 所示。将这种设计思想应用到整车，能够大大提升储物空间的有效性，让用户更满意。

a) 前门地图袋只可以放一瓶矿泉水　　b) 前门地图袋可放三瓶矿泉水

图 6-58　前门饰板地图袋储物空间对比

储物空间的有效性还体现在其规整性上。例如，行李舱是整车中储物空间最大的部位，设计时要充分考虑用户的储物需要和有效性，不仅尺寸要足够大，布置还要规整，这样不仅能够满足用户对大件物品的存储需求，在视觉感知上还能够提升用户的视觉愉悦感，如图 6-59 所示。同样，大的副仪表板中央扶手储物空间设计也能给用户体验增色不少，如图 6-60 所示。

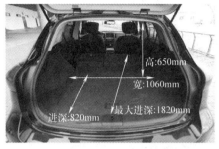
a) 高度尺寸小，两侧凸包不规整

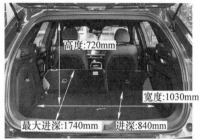
b) 高度尺度较大，整体规整

图 6-59 行李舱储物空间规整性对比

a) 尺寸较小，实用性差

b) 尺寸较大，可放下多瓶矿泉水

图 6-60 副仪表板扶手箱储物空间对比

3. 储物空间的方便性

汽车储物空间设计不仅要关注其数量、有效性，还要关注用户使用的方便性。汽车设计师在设计储物空间时，要结合车型定位和用户的使用场景，将用户常用的小物件设置在触手可及的范围内，同时要有恰当的存储方式。例如，图 6-61 所示的遮阳板上设计了卡槽，方便用户放置卡片；前顶灯上的集成眼镜盒，可使用户有空间存放墨镜。再如图 6-62 所示，在座椅下方设计了鞋盒，方便女性用户存放适合开车的鞋子；将门饰板扶手的下部空间设计成雨伞盒，可存放一把折叠雨伞，并设有流水槽，以排出雨伞上的雨水。又如图 6-63 所示，在门饰板上设计拉手盒，便于用户存放手机和零钱；在仪表板下部设计较大的储物槽，用于存放手机、钱包等，且便于拿取。

a) 遮阳板上的卡槽设计

b) 顶部眼镜盒设计

图 6-61 储物空间方便性设计一

a) 座椅下方的鞋盒设计　　　　b) 门内饰板上的雨伞盒设计

图 6-62　储物空间方便性设计二

a) 门内饰板上的拉手盒设计　　　　b) 仪表板上的储物盒设计

图 6-63　储物空间方便性设计三

6.2.5　内外饰精致设计案例

1. 转向盘精致工程设计

转向盘是汽车转向机构的重要组成部分，位于驾驶人正前方，也是体现内饰外观风格的重要部件，因其安装位置及使用频率，转向盘是用户高度关注的零部件。同时，转向盘又集成了娱乐操作系统等按键，且发生车辆碰撞事故时最可能伤害到驾驶人。因此，它是集美观、舒适、智能操控、安全为一身的重要部件，需要投入大量的心思和精力进行开发设计。

转向盘的风格要与车型定位、内饰风格相呼应，根据轮辐的不同，可将转向盘分为三类，不同轮辐的转向盘体现的风格迥异。二辐转向盘的轮辐一般横向布置，体现延伸、扩展、未来，多用在具有未来感的概念车型上；三辐转向盘体现运动、兴奋、轻盈、敏捷；四辐转向盘体现稳重、商务、尊贵、豪华。因三辐转向盘在视觉上显得盘体较小，能让整个转向盘看起来通透、不沉闷，同时随着近年来用户对运动感风格的追求，三辐转向盘已成为流行趋势。转向盘分类如图 6-64 所示。

转向盘的材料、纹理、颜色要与内饰的主基调一致，适量采用电镀、水转印、钢琴漆等工艺对转向盘进行点缀装饰，能使其看上去豪华精致。各零部件之间的匹配间隙要小且均匀，因为主气囊与转向盘喇叭的浮动间隙的均匀度很难保证，针对转向盘喇叭的浮动特性，其间隙通常设计为（3±0.5）mm。为避免由间隙不均匀带给用户的不精致感，设计此间隙时建议使用上下配合结构，这样可以避免两侧间隙同时出现在用户视线内，弱化了两侧间隙不均匀给用户带来的视觉影响，而且此缝隙存在于侧面，不易被发现，从而提升了转向盘的视觉精致性，如图 6-65 所示。

a) 二辐转向盘　　　　　b) 三辐转向盘　　　　　c) 四辐转向盘

图 6-64　转向盘分类

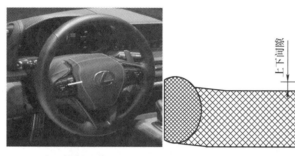

a) 转向盘气囊盖间隙位置示意　　　b) 间隙规避结构断面示意图

图 6-65　转向盘气囊盖的间隙效果

除了视觉精致性，转向盘的触觉感知也是用户高关注度的，特别是用户在选购汽车时，一定会对转向盘的握持感、操作感等进行主观评价。影响转向盘触感的第一要素是包覆材料的材质，真皮是时下转向盘的首选包覆面料，因为真皮手感舒适、透气性好，所以一直受到用户的青睐。仿麂皮面料是当代豪华汽车内饰的新宠，其特点是冬暖夏凉，易于打理，手感好，透气性好，用在转向盘上可提升手感和视觉豪华感，因此逐渐被用户所喜爱，如图 6-66 所示。另外，轮缘的软硬也与用户的触觉舒适感密切相关。通常轮缘的发泡硬度为邵氏硬度 65±5，手部握感较硬，为了提高转向盘握持的舒适性，可将发泡硬度降低到邵氏硬度 50±5。目前，市场上很多豪华车型在发泡层与真皮层中间夹一层软质泡棉来提升转向盘握持的软硬舒适度，如图 6-67 所示。

a) 真皮包覆转向盘　　　　　b) 仿麂皮面料转向盘

图 6-66　转向盘的包覆面料

另外，转向盘表面装饰件的面差也直接影响着握持舒适度。在装饰件与轮缘配合部位，为避免装饰件边缘有硌手或锐边割手的感觉，装饰件的末端要比真皮层低0.5~1mm，避免手部与装饰件边缘触碰，这样能有效避免装饰件硌手的情况，从而保证握持舒适性感知，如图6-68所示。

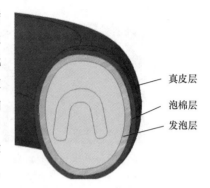

图6-67 豪华车型转向盘轮缘断面

转向盘的缝线在包覆真皮上起着固定和装饰的作用，目前市场上主流的缝线有菱形缝线和人字形缝线。菱形缝线的构成较为复杂，缝线浮于皮质表面，手指触碰时会先触碰到线，后触碰到真皮，有硌手的风险；而人字形缝线凹陷在皮质内部，触摸时先触摸到软质皮面，手感相对较好，如图6-69所示。

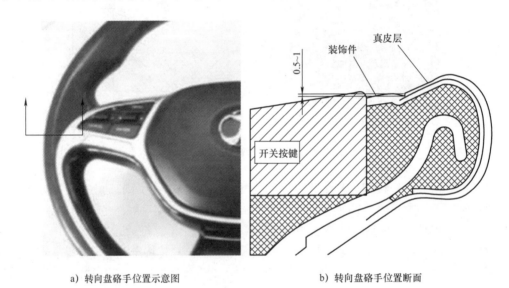

a) 转向盘硌手位置示意图　　　　b) 转向盘硌手位置断面

图6-68 转向盘与装饰件的配合

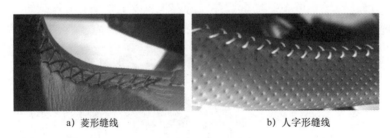

a) 菱形缝线　　　　b) 人字形缝线

图6-69 转向盘缝线样式

转向盘异响问题也极易产生用户抱怨。在紧握转向盘急转弯时，因为转向盘装饰件与发泡或真皮的配合方式设计为过盈配合，当局部支撑不足时，按压此区域，则装饰件会与发泡或真皮产生相对位移，相互摩擦而产生异响。设计时建议装饰件与发泡搭接处每20~

30mm 要设计一组支撑筋来规避异响，如图 6-70 所示。

a) 转向盘异响位置示意图

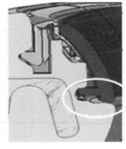
b) 转向盘规避异响的断面

图 6-70 转向盘异响的规避

随着用户对车辆使用时间的增加，会感知到更多关于转向盘的细节，虽然用户需要经过很长时间才能体会到操作舒适性，但这却是建立品牌良好口碑的前提，如防止误操作、按键操作方便性等。设计转向盘时，应关注主气囊与转向盘轮缘的高度差，如高度差较大，则可能存在手臂压到主气囊而导致喇叭响起的误操作。设计时气囊最高点与轮缘的相对距离应不大于 15mm，如图 6-71 所示。转向盘按键的操作方便性在设计过程中也要重点关注，尤其是在用户驾驶车辆的过程中，需要盲操作按键，手握转向盘的 3、9 点钟位置时，需要考虑手握空间及按键操作方便性。按键边缘与轮缘外侧的距离应为 40~50mm，这样既可以保证手握转向盘时不会误按压按键，又可保证手指在按键区域中的灵活便捷操作，如图 6-72 所示。为方便手指的操作，单个按键的宽度不能小于 12mm，拨杆、拨轮的宽度不能小于 10mm。转向盘按键力通常设定为 2.5~4.5N，这样用户操作起来较为舒适。

a) 转向盘操作示意图

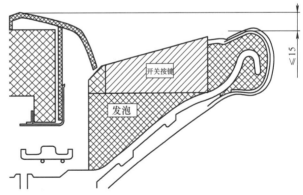
b) 主气囊与轮缘高度差的断面

图 6-71 主气囊与转向盘轮缘的高度差

2. 空调出风口精致工程设计

空调出风口是一种安装在汽车仪表板上的功能性零部件，其主要作用是将空调的风传送至驾驶室，并具备调解风量大小和送风方向的作用，可实现车内通风、温度调节的功能。同时出风口是汽车内饰中的重要外观件，位于驾驶人视野的高关注区。出风口作为内饰设

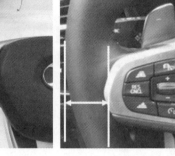

a) 转向盘操作位置示意图　　　b) 按键边缘与转向盘外侧的距离

图 6-72　转向盘按键方便性

计的点睛之笔,给踏入驾驶室的客户以视觉上的冲击。因此,出风口应具有华丽的外观造型、新颖的操作方式及舒适的操作感受。

出风口在视觉上要美观,应与仪表板整体风格相协调,不能看穿内部结构,同时突出出风口的视觉冲击力。传统的出风口设计多为百叶窗形式,中规中矩,没有太多亮点。当代设计师为了达到动感、精致的视觉效果,对出风口的设计赋予了革命性的创新,电镀效果、钢琴漆面板等工艺交互使用,使出风口真正达到了画龙点睛的效果,如图 6-73 所示。

a) 精致的出风口案例一　　　b) 精致的出风口案例二

图 6-73　视觉精致性出风口设计案例

出风口的调节形式通常有拨轮、旋钮、拨钮等。其中拨轮的设计应进行二次包胶注塑,并设计凸点特征,以缓解长时间吹冷风或热风后温度偏低或偏高,手部触摸操作电镀件时产生的冰手或烫手的感觉,如图 6-74 所示。

拨轮拨动时,在起始与终点位置应该有止位感和阻尼感。在运动过程中,利用顶珠与拨轮之间的摩擦力控制拨轮的旋转手感。在起始点与终点,利用壳体上凹陷与顶柱的卡死,进行止位感控制,如图 6-75 所示。拨钮在叶片上的滑动要尽可能顺滑并有一定阻尼感,操作力设定为 (1.5 ± 0.5) N。拨钮与叶片之间应设置硅胶摩擦片,通过摩擦片在两者之间的滚动来获取手感,如图 6-76 所示。

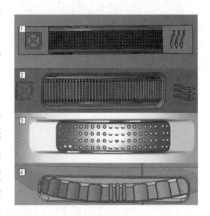

图 6-74　拨轮二次包胶注塑

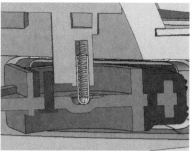

a) 拨轮止位设计　　　　　　　　b) 拨钮设计

图 6-75　拨轮的止位感和阻尼感设计案例

拨钮的旋转手感可利用叶片转轴与壳体之间的卡接力来调节，连杆一般采用 POM 材料，在连杆与叶片转轴配合处做出弱化结构，起到卡紧作用。另外一种处理方式是连杆采用柔性较好的 TPE 材料，对叶片与壳体的卡接仅做较少的预紧，通过叶片将连杆造成的阻滞力传递到拨钮上，从而获得好的手感，如图 6-77 所示。

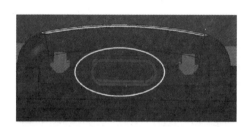
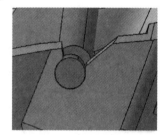

图 6-76　叶片上的拨钮阻尼感　　　　　**图 6-77　叶片转轴设计实例**

出风口作为经常需要操作的零部件，在使用过程中不应有异响。如图 6-78a 所示，为防止风门关闭时塑料件之间的碰撞异响，需要对风门进行包胶二次注塑，以提升用户听觉上的舒适度。同时，由于风门关闭不严漏风而造成的风噪声，也是要坚决避免的。可在出风口壳体内部做出台阶面与风门配合，并在包胶与台阶面的配合处做过盈设计和减薄处理，从而达到密封效果，如图 6-78b 所示。如果是用泡沫密封的风门，则海绵需要与壳体侧面做干涉处理来规避风噪声。另外，出风口内部叶片及壳体边均需做圆角处理，且圆角半径不小于 0.5mm，以保证气体流过时不与锋利的棱边产生尖锐的噪声，如图 6-79 所示。

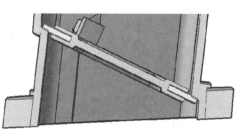

a) 风门二次包胶注塑　　　　　　　　b) 风口与风门的配合

图 6-78　风口叶片设计规避异响

用户在对出风口进行按压及拨动等操作的过程中，不应有松垮、变形严重的现象。因此设计上通常要求出风口叶片长度小于110mm，圆形出风口直径不大于100mm，如图6-80所示。当手指施加50N的力时，叶片的变形量应小于1.5mm，叶片厚度外缘应小于2.5mm，内缘可以渐变成3.5mm，以提高叶片刚度，从而保证用户操作的牢固感。同时在选择材料时，应选用弹性模量相对较高的材料。

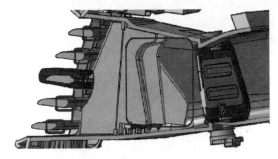

图6-79　风口叶片圆角设计

图6-80　出风口叶片设计

3. 座椅精致工程设计

座椅作为汽车内饰的重要组成部分，不仅要体现美观性、舒适性，在特定情况下还需要提供安全保障；同时作为装饰件，座椅要与整车造型、色彩协调一致。作为用户与整车发生关系的媒介，在保证进出和驾驶操作的前提下，座椅还应该保证可调节性和长途驾驶时的舒适感。舒适的乘坐感觉、美观的视觉效果、便捷的使用、悦耳的操作声，这些要素综合起来营造的高品质氛围是赢得用户的重要手段。

从视觉角度，要求座椅同色调部位的色彩饱和度、对比色部位的亮度要尽量接近，皮纹要具有一定的新颖性和创新感，并且与环境件的皮纹协调一致。座椅缝线要与内饰风格协调一致，根据不同的风格选择不同的缝纫方式，如可采用局部绗缝来增加座椅外观的立体感、层次感，如图6-81a所示。座椅皮质面套除采用传统的规则几何打孔外，也可采用特殊的打孔形式，以营造奢华感受，如图6-81b所示。

a) 座椅绗缝　　　　b) 座椅面套的特殊打孔形式

图6-81　座椅视觉精致性案例

座椅操作区域通常布置在座椅侧面，是打开车门就可以看到的区域，其造型风格应与整车内饰风格统一、协调。对于座椅高感知区域，可采用高亮、镀铬、仿碳纤维等工艺进行装饰，提升整椅的外观视觉效果，如图6-82所示。

某些车型常在其高配或运动风格车型的座椅面套中增加差异色的装饰，凸显视觉冲击

a) 座椅调节按钮　　　　　　b) 座椅背部电镀件装饰

图 6-82　座椅视觉精致性提升方案

感，张扬个性，如图 6-83 所示。

a) 运动风格座椅一　　　　　　b) 运动风格座椅二

图 6-83　运动车型的座椅

座椅是与用户长时间"亲密接触"的零部件，因此其触觉感受是提升顾客口碑的重要指标。如图 6-84 所示，许多豪华车型的面套设计常采用经过特殊工艺处理的面料，如 Nappa 皮、Alcantara（仿麂皮）面料等，其柔软、细腻的手感令人爱不释手，极大地提升了座椅的表面触感水平。座椅缝线中的吊紧线、单明线、双明线等对乘坐触感有较明显的影响，其设计最好避开人体接触区，如臀部正下方、腰部等位置。

a) Nappa 皮座椅　　　　　　b) Alcantara 面料座椅

图 6-84　豪华车型座椅面料案例

在设计开发阶段就要对座椅异响进行规避，如坐垫侧翼皮革受到挤压时，会与护板之间产生摩擦异响。为避免异响带给用户的不舒适感，要将坐垫与护板接触区域用织物面料隔开，并规范织物面料与护板的搭接要求，尽量不使织物外露，以保证外观精致性，如图 6-85a 所示。另外，骨架与发泡间也会有异响产生，为避免摩擦异响，通常会设置消声布，如图 6-85b 所示。调节电动座椅按钮时，其声品质对用户的听觉感受有重要的影响。不同座椅电动机的噪声水平不同，超过 45dB 的噪声水平相当于普通室内谈话水平，对驾驶人有较强干扰。所以通常汽车座椅电动机噪声设计为运行过程中不高于 45dB，起步时噪声不高于 50dB，这样能够有效地提升座椅调节时的品质感。

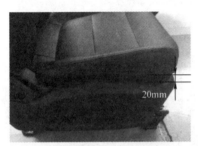

a）坐垫与护板之间增加织物防止异响　　b）骨架与发泡之间设计消声布防止异响

图 6-85　座椅异响规避案例

乘坐舒适性是座椅设计中最重要的指标，同时也是保障车辆安全性能的一部分。座椅的舒适性是指座椅提供给人体的舒适特性，它主要与座椅设计尺寸参数、表面造型、泡沫物性等因素有关。舒适性要求座椅首先能够提供良好的体压分布、舒适的坐姿、优良的侧向稳定感和腰椎依托感，另外在驾乘人员长时间乘坐时，身体与座椅接触部位不能有压迫感和肌肉麻木感。设计合理的汽车座椅能为驾乘人员提供安全、舒适、便于操作和不易疲劳的驾乘感受。

座椅发泡影响着用户的乘坐舒适性，发泡的两个重要的物理性能是密度和硬度。密度对发泡的疲劳性能有影响，硬度则与可承受载荷和控制压陷量有关系。发泡的密度控制得不好，会在座椅使用一段时间后有僵硬的感觉，密度越大，耐久性越好。发泡硬度（ILD）就是发泡压缩其厚度的 50% 所需要的载荷，用它来定义假人嵌入发泡的程度，发泡越硬，嵌入量就越小。通常座椅发泡硬度值设置为 $45\sim55kg/m^3$，可根据不同主机厂的要求进行调整。对于相同成分的发泡，发泡硬度也受发泡厚度的影响。发泡硬度的测量（50%、40%、20% 或 70%）也会因用户的要求而有所差异。

座椅的乘坐舒适性与其泡沫厚度密切相关，根据车型档次及泡沫物性指标，泡沫厚度设计的参考建议是：沿布置假人身体轮廓线向外扩展 50mm 的区域内不能有硬物存在；车型档次越低，该扩展区域越小。

发泡的压陷量会影响座椅的舒适性和实际乘坐时的 H 点位置，坐垫压陷量的推荐值为 40%~50%，而靠背的压陷量推荐值为 25%~35%。

对于座椅设计，用户的操作方便性是另外一个影响乘坐舒适性的因素。它主要是指乘客在系上安全带后仍能够灵活地控制车辆，包括对转向盘、仪器仪表开关等的控制，如对收音机按钮、点烟器、座椅调节按钮的控制等。在操作装置的设计中，必须充分考虑人体的体形、尺度、生理特点、运动特征和心理特征，以及人的体力和能力限度，这样才能保证所设计的操作装置具有较高的宜人性，为操作者能够安全、准确、舒适、持续地操作提供保障。

同时，围绕座椅开发的储物空间功能可以为整车储物空间的多样性做出很大贡献，能够给用户"眼前一亮"的感觉，体现了汽车的人性化设计。例如，除传统的座椅背部地图袋以外，可以设置前排座椅挂钩、前排座椅卡槽等多种功能，以丰富用户的储物选择性，如图 6-86 所示。

a) 座椅挂钩　　　　　　　　　b) 座椅卡槽

图 6-86　座椅的储物功能

汽车技术的飞速发展和人们对汽车各方面性能要求的提高，对汽车座椅的要求也在不断提高。为提升座椅的舒适性，可以增加座椅腰托、座椅加热、座椅通风及多向调节等功能，从而提升用户的舒适性。

6.3 品质精致工程

视觉效果是汽车产品静态感知质量中的第一要素，而色彩材质是汽车视觉效果中不可或缺的重要组成部分，也是一种重要的精致工程设计方法。色彩材质在汽车设计领域的英文简称为 C&T，C（Color）代表色彩，T（Trim）代表材质。但是，在强调纹理和工艺这两个不可或缺的因素时，也简称 CTF，即色彩、纹理（Texture，T）、工艺（Finish，F）。另外，在工业产品设计领域中，又有 CMF 这样的简称，即颜色、材质（Material，M）、工艺。它们都是指在造型设计的基础上，通过色彩、纹理和工艺的组合变化，实现汽车内外饰精致性的提升，如图 6-87 所示。

a) 色彩材质工作坊　　　　　　b) 材质展示

图 6-87　色彩材质概念示意图

6.3.1 色彩的精致设计

汽车色彩设计不仅要与时俱进，还要有品牌历史的传承和发展。马自达 ATENZA 的红色就是品牌历史传承的佳作。这种红色被生动地命名为"魂动红"，在高档车以黑色和白色为主流色系的背景下，红色相当少见。然而这种红色色系的选择并不是偶然的，是对品牌原始设计精神的挖掘。20 世纪 80 年代的畅销车型"FAMILIA"是以红色为代表色，并以世界第一的累计产量创下吉尼斯世界纪录的"双座小型敞篷跑车"；马自达 Roadster 的代表色也是红色。只要是马自达划时代的车型，在登场之际无不披挂着鲜艳的红色。色彩精致性设计的第一步是在选择色系时，挖掘品牌历史中的精神元素，使得色彩故事背景更具文化感和精致感，赋予色彩特有的品牌调性。

自 2010 年 9 月马自达发布了全新设计主题"魂动 KODO—Soul of Motion"以及体现该主题设计理念的概念车 SHINARI（韧）之后，马自达将魂动设计理念注入车型设计的各个细枝末节，漆色首当其冲。将漆色设计与品牌全新设计主题相结合，用漆色体现品牌设计理念是色彩精致性设计的第二步。带有品牌历史背景的红色系，被注入全新设计理念中，既带有延续性，又富有时代感。分析红色如何体现魂动理念，需要让这种颜色在光线照射下鲜艳闪烁的高光部分与阴影部分对比鲜明，并且清晰地体现出其间微妙的过渡。表现跃动感的鲜艳与带来品位的深邃，即动中有静，如图 6-88a 所示。但是要实现这两种矛盾的性质，除了手喷之外别无他法。这样的方式只适用于制作展车，应用于量产则是不可能的，当时的技术团队甚至表示按照现在的量产工序根本无法实现。

但是，通过采用全新开发的涂装工艺使不可能变成了可能。这种涂装工艺分为三层构造，如图 6-88b 所示。最里面的第一层是红颜料与光泽材料铝粉混合的反射层（金属色），第二层是使用的红颜料彩度高于通常的透光层（半透明纯色），第三层是透明层。从一般的三层构造的涂装来说，第一层与第二层的顺序是相反的，而马自达大胆地将其进行了互换，其目的是最大限度地凸显高光部分与阴影部分的色彩变化。在高光部分遇到反射层的铝粉折回的光线时，会令透光层的高彩度红色愈发鲜艳。在阴影部分，透光层与反射层的红色则相互重叠，表现出深邃的红。借助这种涂装结构，随着光线的强弱和角度的变化，新款 ATENZA 就像鲜活的生物一般，呈现出光鲜、丰富的表情。

a) 2018款马自达6

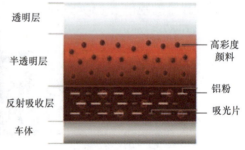

b) 魂动红车漆结构

图 6-88 马自达魂动红车漆

全新涂装工艺实现后的魂动红，高光部分达到了超闪烁度，阴影部分达到了超高彩度。这种效果在漆色的两个部分都做到了极致，并形成反差感，而这种反差感能给用户带来强烈的视觉冲击力。色彩精致设计的第三步是将漆色定位在极致的色域当中，或者是将某一部分的效果做到极致，可以是闪烁颗粒的极致，也可以是色相彩度的极致。这样便能快速吸引用户的第一感知——视觉感知。魂动红案例同时体现了漆色开发流程和命名的重要性。

1. 车身漆色开发流程

色彩设计师需要保持漆色的独一无二，通常不会从标准色号上勾选颜色，他们会基于品牌历史背景、设计理念及特定车型定位，进行漆色色彩开发工作。首先，从自然界搜寻符合的灵感瞬间，并将灵感瞬间通过图片或者能够表达灵感的色板固定下来，形成概念意向板。概念意向板会送至不同的涂料供应商，进行小批量手工试制，并返回色彩设计师进行测评。色彩设计师会在室内、室外或者标准光源下对每一块色板仔细进行观察，以确定是否达到预期的漆色效果。同时，需要多个部门协同合作，通过计算机三维渲染图像的模拟确认，并参考销售相关人员和主任设计师对色彩的意见，直到通过实车喷涂评审之后，产生最终生产应用的设计色板。然后将其传递给涂料工程师，从材料的角度探讨是否能够将其原封不动地再现。除了考虑美感，涂料工程师考虑更多的是在车辆使用过程中如何保持色彩和品质，在至少十年的使用期间内，车漆在全球市场的各种自然条件下都应能抵御外界侵蚀和影响。

在整个开发过程中，首先，色彩设计师需要在灵感设计阶段把握准确的灵感元素，以确保可以体现品牌文化背景、设计理念及车型定位。其次，在小批量试制过程中，对于每一块样板的甄选，都需要以最初灵感元素为指导，并在不同光源下测试样板的呈现效果。第三，借助于VR（虚拟现实）技术，模拟漆色在实际车身上的三维渲染效果，检查漆色放大后的车身效果是否能够体现外形设计师的造型理念和品牌的整体设计风格。第四，在设计色板转化生产的过程中，涂料工程师要秉持严谨的开发态度，尽可能地实现原始设计色板的状态，在工艺上存在限制的条件下，转换开发思路，以最大的努力实现设计初衷。整个开发环节中，各环节环环相扣，在每一个阶段，都应以设计初衷、品牌文化背景、设计理念和车型定位为指导进行开发工作，而不能够仅侧重考虑某一环节，这样才能保持漆色色彩的精致性。

2. 车身漆色的命名思路

漆色色彩的精致设计除了漆色本身以外，漆色的命名也是能够体现精致性和档次感的重要部分。如何通过漆色名称来体现精致感，不同的汽车品牌有不同的命名思路。第一种命名思路是采用与颜色相对应的宝石、矿石或者金属来命名，如白云石棕、铂金、珠光白、红宝石黑、锆石英红、祖母石绿等，多用于有金属质感的金属漆。此类命名思路侧重表现涂料本身的质感和效果，让用户第一次听到名字的时候，就马上产生质感的联想，从而提升对漆色品质的印象。第二种命名思路是采用具有独特色彩意向的自然现象，特别是宇宙天体，如地平线蓝、宇宙黑、土星红、山脉灰等。此类命名思路着重通过自然现象的意向，借用宇宙、山脉这种能够让用户产生美好联想的对象，提升漆色呈现效果的品质。第三种命名思路是采用具有与颜色相对应意向的地名命名，如孟加拉红、撒哈拉米黄、圣托里尼黑、西西里黄、毛里求斯蓝等。此类命名思路，主要表达漆色开发灵感的来源，或者是通过与名称对应的地名突显车漆表达的美好意向。丰富漆色色彩背后的设计故事，使漆色在宣传时更加饱满立体。第四种命名思路是采用颜色所模拟的高档物品命名，如绸缎银、瓷器白、钻石银等。此类命名思路与上一种命名思路的表达方式类似。第五种命名思路是采用设计理念来命名，如6.3.1节中提到的魂动红，是采用这种命名方式的先驱代表。这种命名方式一般仅用于品牌重点漆色的命名，且一般只能运用一次，不会重复运用在不同色系中。此类命名思路，一则是强化和传播品牌设计理念，二则将设计理念全面阐释到车型设计当中，从漆色角度保持设计理念的一致性，能够给用户带来强烈的品质暗示。

例如，奔驰的漆色命名思路见表6-2。分析具体车型，如奔驰C200L一共有六款颜色，即磁铁黑、火蛋白石红、北极白、钯银、铱银、钻石银。磁铁黑的灵感来源于带有吸引力的磁铁；火蛋白石红的灵感来源于火蛋白石，全球九成的蛋白石产自覆盖百万年的内陆海域的澳大利亚，石头内部好像有火一样，随着光线的改变，火蛋白石的火光色彩也会改变，非常精妙；北极白的灵感来自于北极漫无边际的冰雪和漫长的冬日；剩下的三种颜色很接近，钯银灰就是灰色偏暖，铱银灰就是亮银色，钻石银灰是偏浅蓝色的灰色。

表6-2 奔驰漆色命名思路

非金属	北极白色	黑色	火蛋白石色	木星红色	卷云白色	夜晚黑	粉笔白
金属	宇宙黑	动感绿	极地银	莲花蓝	草原棕	山脉灰	地平线蓝
	土星红	曜岩黑	铱银	水晶棕	钻石白	水硅钒钙石蓝	宝石蓝
	钻石银	月光石灰	锆石英红	炭灰蓝	磁铁黑	红宝石黑	祖母石绿
	山灰色	宝石棕	珍珠黄	黑铜灰	赤铜棕	光玉髓红	钯银
	电气石蓝	镁石绿	燧石灰	宝石褐	烙铁黑		

近年来，奔驰的色彩命名更加精炼和细致，已经看不到之前的珍珠黄、动感绿之类的常见名称，整体色彩规划更高端、更专业，最多的两个方向还是相应颜色的宝石、亚宝石、矿石、宇宙天体，趋向更有质感，更神秘，更遥远，更具有科技感和未来感。参考奔驰的思路，漆色的命名需要在整体品牌定位的基础上，选择具有精致质感和高端品位的色彩意向，通过色彩意向提升漆色本身的品质感和精致感，并且将漆色命名整体规划，选择统一一致的漆色命名思路应用于整个品牌，从而加强用户印象，使其在听到漆色名称时，就能反映出是什么品牌，同时这样也能够体现出系统性和专业性。当然，也可以通过采用不同的漆色命名思路，来区分品牌中细分的车型系列。

3. 内饰配色的基本原则

汽车内饰配色，按照类别区分为彩色系列和非彩色系列，彩色与非彩色会使用户产生不同的心理感受，具体内容见3.2.4节。这里重点介绍内饰配色的基本原则。

（1）必须有主色调　主色调即内饰配色的总倾向，这样才能显得整体协调统一，色彩越少，色调越容易统一，反之则容易造成色彩分割，配色混乱。主色调的选择要考虑车型的定位、功能、使用环境及流行色趋势。总体来说，运动型车、越野车的内饰配色应粗放、夸张，更加活跃；轿车则应偏于柔和、细腻。当然细分的人群和市场定位，也会影响配色的细节设计。

（2）符合美学原则　即均衡与稳定，统一与变化，调和与对比，节奏与韵律，主从与重点，过渡与呼应等。这些美学原则在配色设计中同样适用，但必须灵活运用。

（3）均衡与稳定　均衡是指前后左右的平衡，稳定是指上下的平衡。这里的平衡主要是指感觉上和视觉上的平衡，应用在配色上，就是配色的轻重感、虚实感、大小与厚薄感。对于左右的平衡，在内饰配色上主要是采用对称的方式。为了达到视觉上的平衡，要合理应用水平装饰线条，慎用垂直装饰线条，要弱化垂直的线或面，因为垂直的线或面容易造成割裂效果，造成视觉上的整体散乱。

(4) 统一与变化 统一与变化是指配色的色相、彩度和明度三要素的统一与变化，应做到在变化中求统一，在统一中求变化，其中以统一为主，统一的目的是实现整体协调，变化则为点睛之笔。

(5) 比例与尺度 比例是指整体与局部、局部与局部的大小关系。尺度则是指整体或局部与人所常见的标准之间的大小关系。在色彩设计时，要考虑各个面体的色块比例及尺度，对于不合适的色块区域，可采用分割的方式使其与整体协调。大面积的色会过于沉静或刺激，用色块或色带对其进行比例分割，可以得到既有变化，又成比例的协调美。目前，很多汽车内饰采用双色内饰，从腰线处分成上下两部分，实际上就是一种比例分割。上下两块采用不同的色彩，可以达到既有整体协调感，又不单调的色彩效果。另外，在门护板中间部位采用与主色调不同的色彩，在仪表板或门护板上采用长条形的装饰条（如仿桃木条或金属条），实际上都是一种色彩分割效果，可避免大面积的色过于单调。

(6) 符合流行趋势 流行色具有强烈的时代气息，因而能在一个时期内特别引人注目并成为广泛使用的颜色。汽车配色设计也应该充分考虑流行色的因素，但是绝非简单的直接借用，而是需要分析流行色的成因，再考虑其在汽车上使用的可能性。

(7) 符合民族习惯与爱好 由于文化、宗教与风俗的不同，世界各地对颜色的好恶差别很大，这是客观事实，在设计汽车内饰颜色时应充分考虑。例如，中国、韩国、印度等东亚国家普通喜好红色、黄色、绿色，不喜欢黑色；而沙特阿拉伯、伊朗等阿拉伯国家则比较喜欢绿色，而不喜欢黄色、紫色。设计者必须认识与运用配色的规律与美学原则，把客观事物和主观愿望及消费者的喜爱、市场发展趋势等有机地结合起来，达成一个统一协调的效果。

(8) 形质色艺的统一 即造型、材质、色彩和工艺的统一性。内饰的美观取决于造型、材质、色彩、工艺设计的统一。在配色设计时要充分考虑材料的质地，汽车内饰件多采用工程塑料，而工程塑料本身可以选用不同的颜色，要充分利用这一特性，将色彩与材质结合起来。另外，目前表面喷涂、电镀、表面印刷等表面处理工艺技术已发展得相当完善，要充分利用这些工艺技术做好汽车内饰色彩配置的完美协调，如可以增加镀铬件、金属漆喷涂件、仿桃木件等。

6.3.2 材质与纹理的精致设计

除了漆色色彩和内饰色彩以外，材质与纹理设计也是品质精致工程的一个重要组成部分，其中精致感是设计师和工程师对于细节品质的严格控制，以及品牌对于细节处理的经验积累。例如，劳斯莱斯的设计师选择的牛皮是来自欧洲的高山平原，大多数牛皮都来自西门塔尔牛品种，它们生长在气候温和的潮湿地区，牛皮会给人温润的柔软亲肤感。而劳斯莱斯的工程师十分注意的是，对牛皮表面与人的皮肤和各种材质的衣物摩擦时产生的异响的控制，这两者的结合，即是精致感。

1. 软质材质的分类

皮革分为真皮和人造革，其中真皮是自然原生态的动物纹理，经过表面处理之后使用；而人造革是使用人工化学纤维材料制作而成的。真皮的头层皮按照表面处理方式，分为粒面皮、半粒面皮及修面皮。粒面皮选择表面有极少量伤痕的牛皮，表面不做打磨处理，保留牛皮最真实的状态，最后只在表面做非常薄的涂层。粒面皮也就是常说的头层皮，因其特性，手感最佳，经常使用在转向盘与手接触的关注度高的部分，细腻的表面可以在触觉感知上提升用户体验。半粒面皮采用的是有少许伤痕的牛皮，所以要进行表面轻微打磨处理，但还是保留了牛皮表面最自然的状态。而修面皮，顾名思义是采用表面伤痕较多的皮，进行打磨并在表面涂上有色树脂层，所以最后需要进行人工压花。这样虽然失去了天然纹理，但通过人工压花可以获得更好的使用率。半粒面皮、修面皮与粒面皮相比，表面效果缺少了天然质感，但是从视觉感知上仍然可以给用户良好的体验。

人造革按照化学成分不同分为PVC、PU、超纤。PVC是用聚氯乙烯树脂混合其他配合剂，涂覆或贴合在织物基布上，再经过压花或者贴覆离心纸以获得真皮纹理。PU则是利用聚氯胺的合成革。超纤是超细纤维PU合成革的简称，是在由超细纤维构成的基布的基础上，涂覆PU涂层。因其极其优异的耐磨性能，良好的耐寒、透气等性能，几乎可以替代真皮，所以应用广泛。

除了皮革本身的表面效果，通过表面再设计，可以丰富皮革在车内的表现方式，极大地增加了皮革的附加值，提升了车内的品质感和精致性。目前，针对皮革的再设计方式有打孔、绗缝、镭射及压花，可以有效提升皮革的装饰性。

（1）打孔　皮革上可以通过打孔来增加丰富的设计细节，提升豪华感。以前比较常见的是圆形孔，现在出现了菱形、方形孔等，并且因为打孔技术的提升，孔型出现了渐变或者图形式的排列。过往打孔的目的是增加座椅皮革的透气量而提升舒适性，但是就目前的趋势来看，打孔更多是成为一种装饰手段，是为了提升座椅细节的精致感，如图6-89和图6-90所示。

a) 均匀孔型　　　　　　　　b) 渐变孔型

图6-89　孔型对比

（2）绗缝　皮革表面利用缝线进行图案设计，一针一线与皮革相交织，可以增加皮革表面的触感，从而带来强烈的手工艺感。目前，打孔和绗缝相结合可以带来更加丰富的组合变化，如图6-91和图6-92所示。

（3）镭射　镭射也就是激光雕刻，利用激光雕刻精密的准确性，可以实现非常复杂的图案。而通过调节激光的温度，可以获得不同深浅的效果，以获得丰富、精致的图案，如图6-93所示。

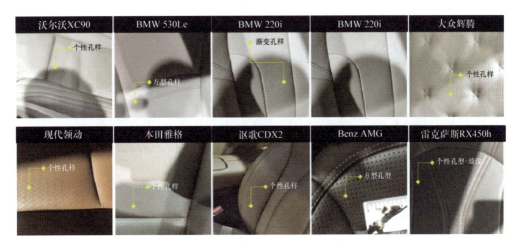

图 6-90 花式孔型参考车型

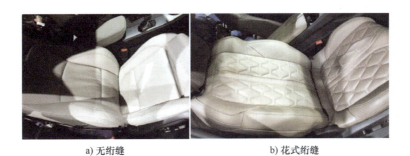

a) 无绗缝　　　　　　　　b) 花式绗缝

图 6-91 绗缝样式

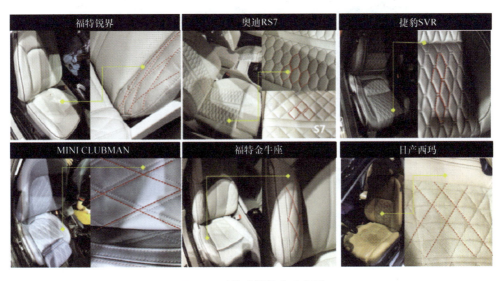

图 6-92 花式绗缝参考车型

（4）压花　利用高温压制皮革，高温磨具或者压花滚上的纹理可以反映到皮革表面。

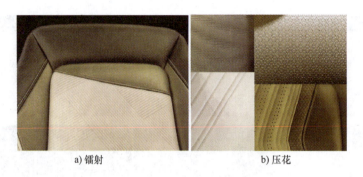

a) 镭射　　　　　　　　　　　　b) 压花

图 6-93　镭射及压花示意图

压花过后的表面会呈现非常强烈的凹凸感。通常设计师会用来压制 LOGO 图案，或者设计有特征的图案压制到皮革上，用来提升细节的精致感。

（5）麂皮的应用　麂皮是野生动物麂的皮，其粒面伤残较多，比羊皮厚实，纤维组织也较紧密，是加工绒面革的上等皮料。而汽车中经常提到的麂皮，实际上是一种叫 Alcantara 的超细纤维人造革。1970 年代，一个叫冈本三宣的日本人发明了这种材料，组成成分是 68% 的涤纶和 32% 聚氨基甲酸乙酯。从最初的专业赛车到超跑，再到现在的普通 B 级车甚至 A 级车上都能看到 Alcantara 的应用，如图 6-94 所示。随着消费者的年龄结构越来越多样，年轻人对于这种非真皮材质的接受度越来越高。它们通常运用在座椅、门板嵌饰板、转向盘、仪表板及顶篷等区域。Alcantara 之所以得到了广泛的应用，是与其自身材料的优越性能密不可分的。

a) 整车应用　　　　　　　　　　b) 座椅应用

图 6-94　Alcantara 应用案例

1）阻燃性和质量小。Alcantara 有良好的阻燃性且质量小，这是它首先被应用于赛车中的重要原因之一。而这两个特性让它后续在汽车设计、航空设计及航海设计中都有其他材料不可比拟的优势。

2）色彩丰富多样。Alcantara 可以提供更为丰富的色彩选择。可以把 Alcantara 想象成一块画布，能实现丰富的颜色，而且可以达到极高的饱和度。

3）再设计的方式多样化。Alcantara 的再设计方式，也就是在基材上的后续加工工艺种类很多，极大地丰富了车内的细节，这种后加工与真皮处理的方式类似，如图 6-95 ~ 图 6-100 所示。

图 6-95　压花工艺

图 6-96　印花工艺

图 6-97　绗缝工艺

图 6-98　电焊工艺

图 6-99　打孔工艺

图 6-100　激光镭射工艺

（6）汽车织物的应用　汽车织物按照其在汽车内的作用，可分为装饰性织物和功能性织物。装饰性织物主要有座椅面料、顶篷面料、门护板面料、地毯等，其特点手感柔软、透气性好。功能性织物主要有安全气囊、安全带、过滤材料等，其特点强度高、韧性好、抗紫外线、耐磨等。本节以座椅装饰性织物为例进行介绍，常用的座椅织物结构类型主要有以下两种：

1）机织织物。由 2 条或者 2 条以上的纱线，沿经、纬向成织脚交错编织而成，如图 6-101a 所示。机织织物又细分为缎纹织物、平纹织物和斜纹织物。缎纹织物是由单独的、互不连续的经组织点（或纬组织点）在组织循环中有规律地均匀分布而形成的。其特点面料相对僵硬，延伸率低，花纹比较少，缝纫问题少，面料档次感高。平纹织物由经纱和纬纱一上一下相间交织而成，特点是采用普通织法，多数辅料使用此类织法。斜纹织物中经组织点（或纬组织点）连续成斜线，表面纹路为斜向。

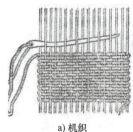  

a) 机织　　　　　b) 针织经向　　　　c) 针织纬向

图 6-101　座椅织物结构

2) 针织织物。针织织物由纱线相互串套循环而成，分为经编和纬编两种。经编织物如图 6-101b 所示，是由一组或者几组平行排列的纱线分别排列在织针上，同时沿纵向编织而成的。其特点是脱散性和延伸性比纬编织物小，结构和外形的稳定性较好。纬编织物如图 6-101c 所示，是将一根或者数根纱线由纬向喂入针织机的工作针上，使纱线顺序弯曲成圈，且加以串套而形成的，其特点延伸率大，成本低，日韩系车型采用得较多。

座椅通常用来区分车型的高低配置，而在大部分消费者眼中，真皮座椅带来的优秀的包裹性、耐磨性及优越的质感，都是织物座椅无法替代的。不过随着汽车内饰设计的发展，真皮座椅不再是高端的专属。从一些豪华车型上面甚至可以看到，织物将成为下一阶段的高端代名词。在一项调查统计中，欧洲市场有 80% 的汽车座椅都采用织物面料，皮质的占比相对较少，主要是消费者认为织物面料可以通过多种布料和颜色进行拼接搭配，可塑性及选择性比皮质更强。另一方面，织物座椅相对而言透气性更好，夏季尤为明显。所以，在推崇环保概念的背景下，近几年豪华品牌不再一味强调真皮座椅的高端性，而是将织物的概念进行包装升级。例如，路虎推出的全新款豪华 SUV 星脉就将织物作为车型序列中的最高端配置，如图 6-102 所示。只不过，星脉的织物采用的是高端织物面料，在选材和工艺上更加复杂。座椅外侧使用由英国当地羊毛做成的混纺材料，内侧是软触性材料和由回收塑料瓶做成的麂皮布料。如此既能彰显独特的精致感，又符合当下环保和天然的概念。这是织物精致设计的一种新的设计思路和手法。

图 6-102　路虎星脉

缝线，即在内饰中两块皮质或者皮革面料需要拼接时产生的痕迹。露在外面的缝线称为明线；隐藏在面料内的看不到的缝线，通常叫作暗线。明线和暗线一般是搭配使用的。例如，座椅靠背侧面两块不同皮料缝合处同时使用明线和暗线的缝合手法，双保险的目的是确保座椅在长时间使用后不会出现开线的情况。而过渡区域则使用暗线的方式，为的则是美观。明线通常使用的样式有单缝线和双缝线。缝线另一个最重要的作用是装饰，随着用户审美情趣的提高，装饰性的缝线样式越来越多，绝对不仅仅止于单、双缝线。各种各样的彩色缝线和特殊样式的缝线，能有效地提升座椅细节的立体感和精致感，如图 6-103 ~ 图 6-105 所示。

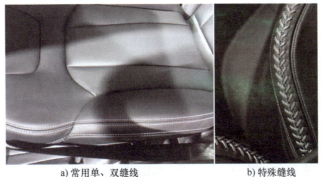

a) 常用单、双缝线　　　　b) 特殊缝线

图 6-103　缝线样式

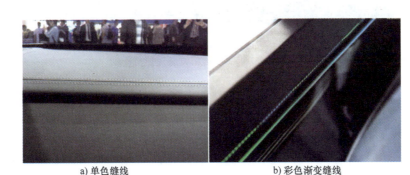

a) 单色缝线　　　　b) 彩色渐变缝线

图 6-104　缝线颜色

2. 硬质材料的分类

木饰从汽车诞生以来一直被用来彰显尊贵与品位，所以现代汽车只要不是主打运动或者廉价风格，基本上都有木饰内饰。常见的内饰实木并不是真正意义上的整块实木，而是整块实木切片之后压制而成的，提高了强度、韧性与燃点，最后在表面覆以多层漆面，使其抗磨、耐蚀，再被切割成需要的形状。采用真正的实木皮，对于树种的要求高，价格昂贵，通常用于少量高端车。

图 6-105　特殊样式缝线

另一种是工程木，就是把其他木皮打碎后与胶水混合，重新热压成木皮，再通过染色等一系列工艺，制成目标纹理图案，可以简单地理解为刨花板。这种工艺价格适中，有质感，多用于中高档车。第三种是水转印，材料成形后转印木纹，对于基材形状实用性较强，同时价格优势大。更加优异的工艺还有 IMD、INS，这两种工艺都可以模仿出良好的木纹图案和精致的手感，应用也非常广泛。

（1）水转印　水转印（Hydro Transfer Printing）的全称为水转印印刷技术。一般常见的水转印表面效果为亮光，但是随着水转印工艺的转型升级，也逐渐开始出现了亚光的表面效果。在纹理方面，由于工艺易变形的限制，只适合做不规则的大花纹，如大花型的仿木纹，如图 6-106a 所示；或者随机感较强的科技纹，如图 6-106b 所示，这样可以比较好地规避变形问题。但是，如果要利用水转印工艺实现规则的小花型纹理，则对转印工件的形状有比较大的限制，要求表面平整且转角弧度小。由于水转印膜的基材伸缩率非常高，图案很容易紧密地贴附于物体表面上，在印刷和转印过程中，柔性的图文载体与承印物在接触时难免会发生拉伸变形，在转角或拉伸一定深度的情况下，就会产生变形。基于这种情况，则会选择 INS 或者 IMD 这些膜内转印技术，以控制变形问题。所以在选择水转印纹理之初，首先需要对饰件的造型做预判，以便于选择适合的纹理和工艺，而不是在生产阶段才发现纹理缺陷。

a) 仿木纹　　　　　　　　　b) 科技纹

图 6-106　水转印纹理对比

（2）IMD 和 INS　两者只在工艺上存在区别，实际上都是采用同一种类型的薄膜。与 IMD 工艺相比，INS 工艺可以适应的工件造型曲面更大，能够有效地控制纹理变形的问题。在造型上，INS 和 IMD 的薄膜效果更好，可以做多种薄膜叠加的效果。目前非常流行的金属效果，可以通过两种手段来实现：第一种，可以通过印刷拉丝纹理实现强质感的金属效果，再通过 IMD 或 INS 工艺成形；另一种是首先对真金属进行预处理，并挤出成形为薄膜状，再同带有纹理的薄膜层一起进行成形处理。这两种方法的表面效果差异很大，如图 6-107 所示，真金属效果能够带来强烈的科技感和未来感。除了真金属的反光度，还可在真金属薄膜上印刷带有 3D 机理的纹理，使得工件表面又多了一层触感，增强了感光质量的体验感。

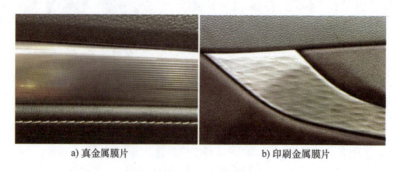

a) 真金属膜片　　　　　　　　b) 印刷金属膜片

图 6-107　金属饰件效果对比

除了木饰工艺的选择，实木的种类或模仿的木纹纹理，各大汽车品牌都有着不同的风格。针对不同的内饰氛围和主色调进行木饰纹理的选择是非常关键的。例如，奔驰品牌在木纹的选择和设计上都十分考究，样式也很丰富。在售的 S 级车型提供多种木饰供用户选择，包括白杨木木饰、多疤胡桃木木饰、岑木木饰等。而北欧风格的极致推崇者沃尔沃，其内饰强调北欧风格的优雅简洁，天然木纹是其重要的组成元素。全新的沃尔沃 s90，内饰提供深色火焰纹桦木木饰与直纹胡桃木木饰。超级豪华品牌劳斯莱斯，对于实木装饰的运用和追求达到了极致的境界。为了强调劳斯莱斯的定制专属性，设计师与木材专家会前往西班牙、意大利和法国各地寻找珍贵木材。因为树的唯一性和每棵树木的唯一性，让每一辆劳斯莱斯都变成独一无二的艺术作品。现在，劳斯莱斯品牌储备的不同木纹大概有两万多种，为了保证木纹一致性，车内每一片区域的木纹都来自同一棵树木。劳斯莱斯在中国马年推出的古思特典藏版，有一个非常迷人的精致细节：仪表板上面，设计师采用美国胡桃木、红影木、枫木及橡木共同拼接成骏马的图案，运用木纹本身的明暗色彩和纹理走向，让平面的骏马呈现出栩栩如生的3D效果，如图6-108所示。除了强调木饰本身的价值性，这种巧妙地运用木纹本身特性而产生的效果，正是材质纹理设计中精致的体现。

a) 普通实木　　　　　　　　　　b) 3D实木

图 6-108　实木效果对比

金属效果饰件的运用，能够提升汽车内饰的档次感和精致感，也是现代感和科技感的体现，如图6-109所示。汽车金属效果装饰部分主要运用在出风口、音响、拉手、灯眉、装饰条、挡位和倒车镜等部分。常见的金属效果有电镀、金属氧化、金属拉丝、喷涂金属色等工艺。例如，中网、后视镜等醒目的部分采用镀铬，迎宾踏板等对抗压性要求高的部位则采用钢板冲压的金属，而扶手箱等次要位置则采用喷涂金属色的方法。近年来，除了常见的银色金属效果，铜色、金色这些特殊金属颜色，从电子产品、时装消费品中传递到了汽车内饰当中。其实，这也是另外一种精致性的体现，用户不仅仅把汽车当成是交通工具，更是把汽车当成一种时尚电子消费品，在颜色和质感方面的需求不断提升。

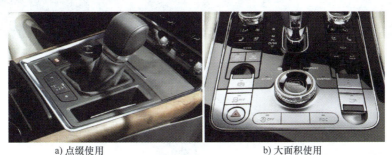

a) 点缀使用　　　　　　　　　　b) 大面积使用

图 6-109　金属饰件运用对比图

3. 纹理设计思路

纹理在材质分类的皮革中已经提及，是指天然真实动物表皮的纹理。而本节主要阐述的是非天然纹理，即人造纹理设计的思路。这种纹理是广义上的人造纹理，可以是塑料产品表面的纹理，也可以是转印薄膜的纹理，亦或是金属基材的纹理。这些纹理设计思路是源于汽车用户对于汽车内外饰的精致化和个性化关注度的提高。

纹理设计跨过天然纹理之后，出现了各种各样的人工纹理，这些纹理都采用了不同的设计思路。第一种纹理设计思路是从自然界挖掘符合设计灵感的物体，通过模拟其天然的表面，来获得纹理样式。例如，MINI COOPER 的仪表板主纹理如图 6-110a 所示，是通过压制一片咖啡豆而得来的，其目的是体现 MINI COOPER 的用户随性自然、追求惬意的生活态度。第二种纹理设计思路，通常适用于强调个性的车型，选用几何规则图案并通过组合变化，表现出一种强烈的力量感和潮流感。例如，福特翼博的主仪表板纹理如图 6-110b 所示。第三种纹理设计思路，是不选用单一的表现手法，而是通过组合和重组多种纹理类型，以获得复合型的纹理效果，如几何纹理与自然纹理重叠的沃尔沃 XC60，如图 6-110c 所示。第四种纹理设计思路不同于以上三种，是以品牌 LOGO 作为设计元素，演变成纹理效果。例如，DS6 的内饰和前照灯上都采用 DS 的 LOGO 纹理，如图 6-110d 所示，极富个性化，同时突显了品牌识别性。第五种纹理设计思路，在最初并不是应用在汽车领域，而是在建筑行业风靡，是参数化的纹理设计思路。参数化设计思路是指将各种指标或者尺寸的具体数值，通过形体生成规则。建筑领域参数化设计的代表就是扎哈，她的许多建筑作品都运用了高超的参数化设计，如图 6-111 所示是扎哈为广州市设计的广州歌剧院。而在汽车领域，参数化设计也日渐兴起。在现阶段，参数化设计主要是运用在纹理设计上，它赋予了汽车内外饰表面新的定义。例如，图 6-112 为捷豹 I-PACE 座椅效果图，这辆车在 2016 年发布，在座椅表面皮质主料部分以及座椅装饰件上都有参数化的纹理，座椅主料处的参数化镂空纹理为镭射工艺，在车内天窗上同样附满参数化纹理，与自然光结合，使车内的光影效果十分迷人。再如，图 6-113 为宝马 Vision Next 100 Concept 的造型效果图，其内饰型面比较简单，但是具有科技感的三角形纹理分布在仪表板及座椅处。在利用参数化吸引用户的眼球，达到提升精致感的目的后，越来越多的汽车品牌开始利用参数化设计来获得竞争优势。

a) MINI   b) 翼博   c) XC60   d) DS4

图 6-110 纹理展示图

a) 环廊图   b) 剧场内景

图 6-111 广州歌剧院

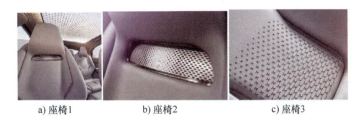

a) 座椅1　　　　　b) 座椅2　　　　　c) 座椅3

图 6-112　捷豹 I – PACE

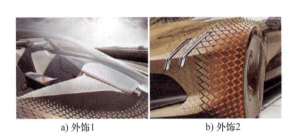

a) 外饰1　　　　　b) 外饰2

图 6-113　宝马 Vision Next 100 Concept

4. 硬质内饰纹理的豪华感设计

硬质内饰纹理通常采用塑料,塑料的质感经常被用户作为选购车型的一个重要指标。而塑料感,确切地说是塑料廉价感,是经常用来形容硬质内饰纹理质感的贬义词。这种硬质塑料廉价感与软质蒙皮的豪华感形成了对比。首先来了解一下这种差异的对比,如图 6-114 所示。通过直观的目视,明显可以看到,塑料的廉价感来自于高光泽度、高反光,并且光泽度不一致。而蒙皮的低光泽度、反光较弱、均匀的光泽度能够模拟皮质的豪华感。通过触摸进一步感知,塑料触感生硬、敲击噪声大,而蒙皮触摸柔软、舒适。所以,为了提升硬质内饰纹理的豪华感,需要从目视和触感两方面进行设计。

a) 某车型硬质表面的"廉价感"　　　　　b) 宝马6系4门轿跑的"豪华感"

图 6-114　内饰纹理质感对比

目视方面,首先在硬质纹理的选择上,需要体现豪华感,这就需要选择仿皮纹,如图 6-115 所示。因为真正的豪华品牌都是采用真皮包覆的手段来诠释"豪华"的含义,所以硬质内饰需要达到这种豪华感,就需要使用仿皮纹,它能够比较直观地被用户感知到。并且仿皮纹能够与缝线的装饰性处理和谐搭配,提升豪华质感的细节。使用装饰性缝线的高频率区域为帽檐区域和仪表板特征线区域,缝线的样式有单缝线、单缝线压边及双缝线,如图 6-116 所示。

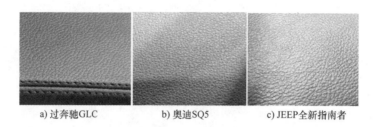

a) 过奔驰GLC　　　　b) 奥迪SQ5　　　　c) JEEP全新指南者

图6-115　仿皮纹应用车型

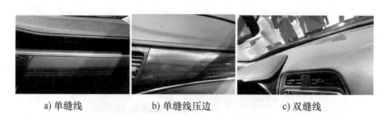

a) 单缝线　　　　b) 单缝线压边　　　　c) 双缝线

图6-116　缝线

其次需要模拟皮质的表面质感，通过图6-114的对比可知，硬质内饰纹理需要降低光泽度，并解决光泽度不均匀的问题。通常为了降低光泽度会采用改性塑料，也就是在PP材料中添加特殊成分，以降低材料表面微粗糙度值，使其表面呈漫反射状的消光效果，能够与蒙皮的光泽度目视效果接近。而造成光泽度不均匀的原因，是塑料注射成型的工艺流程长、壁厚不均匀，易形成明暗相同的虎皮纹，影响了感官质量。同样，换用改性塑料可以达到这个目标。

触感方面，为了达到良好的触感，通常会增加软触漆的喷漆工序，但是成本上会有所增加。另一种方法是直接在PP材料中添加一定量的橡胶和软化剂，赋予材料一定的压缩回弹性，触摸时表面会因拥有微小的变形而具备柔软的触感，并且橡胶微颗粒也降低了材料表面的微粗糙度值，从而降低了光泽度。通过以上各种设计手段和材质改良方式，可以有效地达到硬质内饰纹理具有豪华感的设计目标。

5. 灯光与纹理相结合的设计

随着仪式感设计的崛起，灯光作为亮点设计元素，不仅仅被用在外饰车灯的设计上，也被设计师们考虑应用的车内，车内的氛围灯设计就越来越受到用户的关注。运用灯光这一设计元素，能够营造出科幻、豪华或温馨的氛围。目前，氛围灯主要出现在中高级别车型上，氛围灯主要有以下几种设计方法：

1）采用不同颜色的灯光，可以突显内饰氛围。颜色是氛围灯首要表现元素，不同的灯光颜色，会带来不同的内饰氛围，利用与内饰基调相匹配的灯光颜色，可以加强内饰氛围。例如，图6-117a所示为英菲尼迪SUV QX30 Concept内饰效果图，紫色的灯光表现出鬼魅的内饰效果，同时搭配玫瑰金的金属装饰件和大面积的米色皮革，衬托出一种独特的豪华家居感。还有雪佛兰FNR－X概念车，如图6-117b所示，它运用红色的内饰氛围灯贯穿仪表板、门板，灯光再也不是单一的灯带，而是结合科技感的图案，呈现散射状态，赋予了这款车一个运动激情且鲜活的内在灵魂。这种激情和鲜活正是通过红色灯光所表现出来的。

a）英菲尼迪QX30 Concept　　　　b）雪佛兰FNR-X

图 6-117　氛围灯颜色应用案例

2）通过实时改变氛围灯的颜色，强调内饰的科技感。"呼吸"是对灯光变化的拟人化定义，究其根本是把灯光状态进行了动态化设计，给用户更多的体验和选择。所以增加多种灯光状态和选择模式是提升内饰精致性的一种很好的方式。例如，奔驰 S 级车型内氛围灯有七种颜色可以选择，车主可以通过中控面板自己定制整车氛围灯的颜色及模式，如图 6-118 所示。这种自由的切换如同一个鲜活的生命体一般，用户形象地称它为呼吸灯。另外一种设计也同样体现了汽车生动鲜活的特点，在夜间状态下车主准备上车时，内饰氛围灯会提前开启，迎接车主，体现了强烈的互动感，赋予汽车以生命感。

3）抛开灯光的照明功能，强化其装饰功能，这样可以给用户带来意外的吸引。可以通过以下几种设计思路提升灯光的精致性设计：首先将内饰氛围灯与复杂型面相结合，通过灯光塑造型面。例如，某汽车零部件供应商展出的内饰模型（图 6-119）中，氛围灯照射在 3D 感很强的仪表板和门板上，呈现出建筑的雕塑感，并且使得内饰造型特征线更加突出，流动感增强。其次，将灯光植入织物当中也是一种特别新颖的设计思路。2017 年上海车展上，我国某自主品牌的 MPV 概念车的内饰中，在织物基材的门板上，如 LED 显示屏一样变化着多样的图案，如图 6-120 所示。最后，将灯光做成纹理图案本身，最大限度地放大装饰功能。同样是来自 2017 年上海车展，某汽车零部件供应商展出的趋势展品中，一款皮革包覆饰件白天呈现正常皮革表面状态，在开启灯光后，会呈现渐变图案化的灯光分布。渐变式的虚拟灯光纹理和真实皮革相组合，营造了一种强烈的科幻魅力，如图 6-121 所示。

图 6-118　2018 款奔驰 S 级车型　　　　图 6-119　某汽车零部件供应商的 ID16 内饰模型

图 6-120　某自主品牌 MPV 概念车　　　图 6-121　某汽车零部件供应商展品

6.3.3　整体搭配的精致设计

1. 整体搭配的精致设计方法

感知质量的品质精致工程，除了漆色、材质及纹理本身个体上的精益求精外，整体搭配的协调性也至关重要。精致化的整体搭配设计需要在整体项目开发立项之前，根据目标人群的喜好进行产品定位，并对同级别车型进行调研分析，对电子产品、服饰、家居等流行趋势进行提炼，对新材料、先进工艺的情报进行搜集研究。

（1）消费群体分析　针对消费群体的年龄、学历、收入、价值观、兴趣爱好等方面进行剖析，了解不同消费群体的差异化，精准确立产品的优势，进行更有效的品牌营销，更敏锐地捕捉潜在用户市场，迅速占领市场份额，提高市场占有率。

（2）竞品车型调研　通过对竞品车型进行色彩材质调研分析，收集竞品车型的销售情况。对比同类型车不同年代的设计语言，分析出汽车项目的色彩材质设计趋势，明确色彩材质设计方向。

（3）材料工艺研究　对竞品车型进行拆解及对新材料、新工艺进行搜集分析，对相关零部件用材及制造工艺进行初步梳理。根据不同等级车型，综合产品成本要求，制订切实可行的 CMF 技术方案，与零部件供应商共同探讨，逐步完善技术方案，避免好的色彩材质设计创意成为空中楼阁。

（4）流行趋势提炼　市场变幻莫测，只有了解消费群体的想法，将最新的流行趋势融合到 CMF 设计中，与消费群体的购买欲相应合，才能使产品立于不败之地。

（5）设计灵感来源　灵感是保证产品持续创新力和生命力的关键，人无时无刻都在受自然、环境、建筑、服装、家电等的影响。通过对生活的发掘与思考，从中汲取新鲜灵感，将新的图案、新的颜色、新的创意，融入整体搭配设计。

2. 整体搭配的精致设计技巧

根据不同的主题氛围，整体搭配设计会有不同的设计技巧，通过细节的变化，体现风格迥异的设计风格。

（1）休闲运动　比起强调极致运动感的内饰，该风格更关注休闲与一定的实用性。在车内饰板、细小装饰件、座椅、缝线颜色的设计上，需要对应车身漆色，形成内外饰颜色协同的效果。在某些材质上要保持高度一致的表面处理效果，如同色拉丝、颗粒或者亚光处理。在中控仪表台区域，选择纹理方向性强的科技纹理饰板，或者是碳纤维纹理的演变组合效果。这样在继承了运动感的同时又带入了更多的新鲜感。座椅上点缀异色彩条，或多根平行，或单根点缀，显得更加时尚活泼，如图 6-122 ~ 图 6-124 所示。

图 6-122 大众宝来 200 万辆纪念版

a) 宝马新5系　　　b) 雷克萨斯GS450h　　　c) 沃尔沃V90

图 6-123 饰件

a) 奔驰A200　　b) 斯柯达晶锐　　c) 雪铁龙3008　　d) 丰田皇冠

图 6-124 座椅

（2）年轻趣味　该风格内饰小巧灵活、造型大胆。为突显年轻趣味，整体搭配同样采用协调的内外饰搭配设计方法，但是在彩度上更加鲜艳，对比度高。通过鲜艳的同色呼应处理方式，勾勒出独有的造型特征。在座椅上，选择夸张的纹理图案与普通纹理相搭配，并采用一些特殊的缝线，以增添活力和趣味。例如，雷诺卡缤的车门音响装饰件、出风口装饰件、仪表板装饰件及座椅颜色都与车身做同色呼应处理。同样强调年轻趣味的吉普自由侠，在音响、空调出风口饰件、换挡扶手部位都做了同色呼应处理，如图 6-125 和图 6-126所示。

a) 前舱　　　　　　　　　　b) 副仪表板局部

图 6-125 吉普自由侠

a) 大众甲壳虫　　　　　　b) smart fortwo

图 6-126　年轻趣味内饰案例

（3）大众奢华　在整体搭配上，该风格会通过选用浅色的内饰主基调来体现轻奢的质感，如明度高、色相更加偏冷的米白色。在中控仪表板部分选用更富质感的木纹，通过改变木纹的色相、明度或彩度，多层叠加和金属线条的加入，组合出更加精致的科技质感。座椅上采用图案化的绗缝设计，突显强烈的手工艺感。并在一些特殊造型件上进行表面孔型的参数化设计，点缀内饰氛围，如图 6-127 ~ 图 6-130 所示。

a) 前舱　　　　　　　　　b) 门板

图 6-127　沃尔沃 S90

a) 宝马7系　　　b) 东风风度MX5　　　c) 斯柯达科迪亚克

图 6-128　饰件

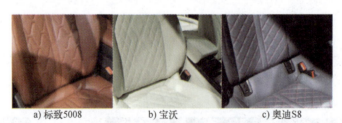

a) 标致5008　　　　b) 宝沃　　　　c) 奥迪S8

图 6-129　座椅

a) 沃尔沃V90　　　　b) 宝马540i　　　　c) 奔驰Ecoupe

图 6-130　喇叭网

(4) 科技生活　为凸显科技主题，该风格在装饰面细节明显处设计显著的光带，而在灯光的颜色上，可以采用与饰件同色调的光带，也可以采用勾勒造型特征的异色光带。在外饰上，可以将灯光设计成图形化的立体结构，可以是几何水晶结构，也可以是纵向点状晶体结构，并使这些立体结构与内饰纹理相呼应，达到内外饰协调的设计效果，如图6-131和图6-132所示。

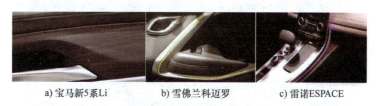

a) 宝马新5系Li　　　b) 雪佛兰科迈罗　　　c) 雷诺ESPACE

图6-131　氛围灯设计

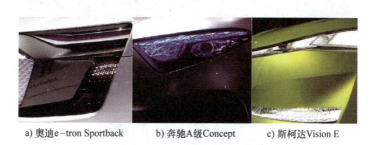

a) 奥迪e-tron Sportback　　b) 奔驰A级Concept　　c) 斯柯达Vision E

图6-132　前照灯设计

3. 精致品质设计案例

通过整体搭配的设计技巧可知，细节的精致度是影响整体搭配的关键。同样的在品牌系列中，同一部件也是通过细节的改变，来区分风格、系列和级别的。例如，奔驰出风口的设计就是很好的案例，通过细节的色彩、纹理、工艺的区分，可以提升整车的品质精致度。奔驰按照级别可依次分为A级、B级、C级、S级、E级。首先，如图6-133所示，A级至E级的整体造型风格是从运动风格转向豪华风格，而出风口的造型语言也是在演变的。从双曲交叉造型到三片百叶式造型，再到增加扬声功能的"外星眼"造型，出风口的造型语言在升级复杂化，并赋予某种功能，使其多样化。色彩材质上，A级车型通过分色的处理方式，将出风口装饰圈分为钢琴黑和高亮红双色（图6-134a），凸显A级车型的时尚感和运动感。B级车型则采用哑光镀铬搭配钢琴黑，更加简约、稳重（图6-134b）。C级车型进行了造型升级，并在三片百叶片上，通过钢琴黑和哑光镀铬相间的双层处理方式来增加层次感，提升精致度（图6-134c）。

S级车型的百叶造型和表面处理与C级车型一致，但是在出风口装饰圈上则采用了更细腻的有金属质感的哑光效果，整体更加优雅、极致（图6-134d）。而E级车型利用造型的特殊性，将细腻的哑光金属效果分散到装饰圈的"小爪子"上，结合"外星眼"设计更加给人一种豪华的科技感（图6-134e）。总结奔驰的细节处理方式，首先通过造型的升级演变区分级别，并利用不同的色彩材质处理方式进行细节优化，区分风格。其中，分层的处理效果能够使造型更加细腻，烘托出整体的精致品质感。

随着汽车工业的发展，汽车已不仅仅作为一种代步交通工具使用，而且体现出多种情

图 6-133 奔驰车型

绪和内涵的诉求，特别是汽车的色彩、纹理和工艺，无疑最能展现消费者的"情绪价值"。另外，中国消费者在购车的考虑上更加理性，除了关注汽车外观造型设计的变化，还越来越重视汽车所带来的舒适性、美观性，而色彩、纹理及工艺的精致设计是提高其舒适性和美观性的关键。造型设计体现的是整体风格，而色彩、纹理、工艺体现的是细节和品位并烘托出格调。因此，融会贯通色彩、纹理、工艺的设计方法和技巧能够更有效地提升汽车产品质量，从而快速获得消费者的好感。

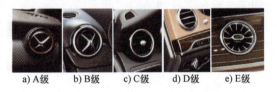

图 6-134　A~E 级车型的出风口

6.4　制造精致工程

设计精致工程和品质精致工程旨在对汽车内饰的各个方面进行"纸面"上的定义，而制造精致工程是使汽车从"纸面"落到"实地"的实践过程。制造过程能否将开发团队的设计智慧生动地体现在产品上，是开展制造精致工程的根本目的和意义所在。

如图 6-135 所示的两款车型的主仪表板，内饰精致性和档次感相差极大。图 6-135a 所示车辆的仪表板主体采用硬质注塑工艺，中控面板采用喷漆工艺，工艺选择简单，整个内饰的塑料感很强，毫无精致性可言。图 6-135b 所示车辆的仪表板整体都采用了软质表皮，提升了触感，并且通过采用不同工艺使仪表板的色彩丰富，真木、真铝等表面装饰工艺的大面积使用也营造了整车的豪华感。

内饰零件的制造精致性，对内饰感知质量的影响极大。本节将分析介绍各类常见工艺的制造过程，并结合其可实现的最终效果，对照说明制造精致性对感知质量的影响。

a)

b)

图 6-135　不同工艺搭配对感知质量的影响

6.4.1　工艺选择对感知质量的影响

内饰制件所选择的制造工艺不同，对制件的整体质量和感知效果有很大的影响。想要完美地展现出产品的设计意图和效果，就必须掌握不同制造工艺的特点和差异，扬长避短，提高工艺与设计的匹配度，这也是制造精致工程的重中之重。对内饰感知质量影响最大的制造工艺主要分为两类：内饰软质表皮的制造工艺和表面装饰工艺。下面就对这两类工艺分别进行介绍，并分析其对感知质量的影响、设计局限性和评价方法。

1. 内饰软质表皮的制造工艺

随着消费者对于内饰舒适性的要求越来越高，内饰的软质化表面的占比也越来越高，实现内饰表皮软质化的制造工艺也越来越多样化，除了传统的手工包覆以外，还有注塑表皮、阳模吸塑表皮、阴模吸塑表皮、搪塑表皮、PU 喷涂表皮等，每种工艺都有其自身的特点和设计上的局限性，可以根据造型需要进行选择。

（1）手工包覆工艺　手工包覆工艺是将带有泡棉的表皮或面料剪裁成需要的形状进行缝制，在骨架上喷涂胶水，用烘枪烘热后，再将表皮或面料人工包覆到注塑骨架上的一种工艺，工艺过程如图 6-136 所示。

手工包覆的表皮材料可以采用真皮、PVC、PU 及针织面料等多种材料，优点是工人包覆过程中对皮革的拉伸有限，皮纹损失较小，手工缝制可以实现多种面料或不同颜色、纹理的真缝线拼接。但是，工人的经验和熟练程度会对包覆的一致性和质量产生影响，生产率也较低，一般不会应用于大规模生产，并且手工包覆复杂形状时，边角及拉伸大的部位效果较差，需要增加缝线缝制处理，造型自由度不高，圆角的大小也与面料的厚度有关。手工包覆工艺大多应用于座椅、门板中饰板、扶手等造型圆角大、形状简单的零件，如图 6-137 所示。手工包覆工艺的特点是：

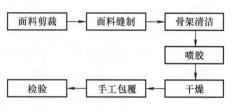

图 6-136　手工包覆工艺过程

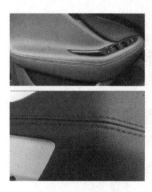

图 6-137　手工包覆的零件

1) 对感知质量的有利影响是皮纹损失小，可实现不同颜色、不同纹理、复杂异色的真缝线拼接。

2) 对感知质量的不利影响是包覆需要大量喷胶，影响气味性；大圆角设计，包覆边角易出现褶皱。

3) 设计局限性。设计圆角半径≥表皮厚度 +0.5mm，拉伸较大处必须增加缝线进行拼接，影响了造型效果。

4) 感知质量评价点。触感舒适性，气味性，缝线工整性，包覆圆角美观性，有无包覆褶皱等。

（2）注塑表皮工艺　注塑表皮工艺的原理与普通注塑类似，利用高压注塑机对 PVC 或 PU 原料进行计量和混合，然后注入模具内成型。但是，由于表皮厚度比通常的注塑零件要小，因此为充模带来了一定难度，要求上下模闭合后要形成密闭的型腔。此外，为了保证产品的最终质量，与 A 面表皮接触的模具部分最好采用镍壳或钢材料，这些都使模具成本明显提高。注塑表皮设计的自由度较大，纹理为模具内转印，纹理还原性较好，形状稳定性较强，不需要喷胶就可直接包覆在骨架上。但是，注塑表皮比一般的包覆表皮厚度大，质量大，触感较硬，需要局部增加发泡，一般应用在低端车型的门板扶手或副仪表板扶手上，如图 6-138 所示。其特点如下：

1) 对感知质量的有利影响是皮纹还原性好，可实现不同纹理、同色假缝线，气味性好（可不喷胶）。

2) 对感知质量的不利影响是触感偏硬，表皮光泽度高，塑料感强，成型表皮不带背泡层，需要单独增加发泡层才能提高弹性的触感。

3) 设计局限性。设计圆角半径≥0.5mm，可设计一定的负角。

4) 感知质量评价点。触感舒适性，纹理的立体感，气味性，假缝线质感，表面光泽度。

(3) 阳模吸塑工艺 将表面带有纹理的表皮加热至成型温度，上升阳模，使表皮与模具贴上，开启阳模真空抽吸系统，在压力作用下，表皮会紧贴阳模而冷却降温，脱模，得到阳模吸塑表皮，如图6-139所示。或者在注塑骨架上开孔，喷胶，代替多孔阳模，直接把表皮吸附在骨架上。

图 6-138 门板扶手的注塑表皮

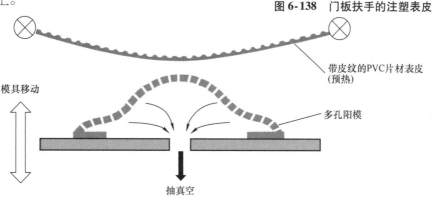

图 6-139 阳模吸塑工艺过程

根据阳模吸塑的工艺过程可以看出，表皮在各个部位拉伸量的不同，会导致表皮厚度的不均匀以及纹理的拉扯变形，严重者会出现表皮纹理消失或表皮破裂的问题，这是阳模吸塑最大的缺点。但是由于其工艺简单，模具低廉，包覆一致性好，在门板上饰板、扶手、仪表板盖板等造型拉伸深度不大的零件上还是得到了较为广泛的应用，如图6-140所示。其特点如下：

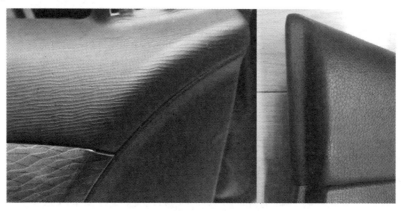

图 6-140 阳模吸塑门板上饰板

1) 对感知质量的有利影响是拉伸深度比手工包覆大,边角的包覆效果优于手工包覆。

2) 对感知质量的不利影响是拉伸较大处皮纹损失严重,无法实现缝线效果,不能设计负角。

3) 设计局限性。设计圆角半径≥表皮厚度(含背泡)+0.5,无负角设计。

4) 感知质量评价点。触感舒适性,纹理在拉延部位的变形或损失,气味性,圆角处纹理等。

(4) 阴模吸塑工艺 阴模吸塑工艺首先将零部件骨架放置于下模中,采用自身不带纹理的柔性表皮,使用带有纹理和极细的多孔阴模型腔,从零部件外部方向进行吸覆,使柔性表皮成型并将模具皮纹复制到零件表面,最后用胶黏剂与零部件骨架进行连接形成最终产品,工艺过程如图6-141所示。不放置骨架,阴模吸塑表皮也可单独成型。

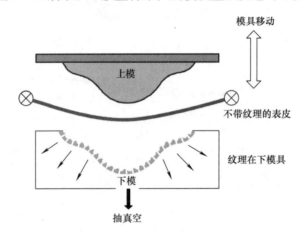

图6-141 阴模吸塑工艺过程

通过阴模吸塑的工艺过程可以看出,表皮的纹理是在模具内实现的,与阳模相比,虽然表皮也由于拉伸而使厚度不均匀,纹理不会随着拉伸而变形,但模具成本会急剧上升,因为需要阴模吸覆表皮并将阴模上的皮纹转"印"到表皮上去,所以在阴模上还要有众多的吸气微孔,如图6-142所示,既要够保证抽真空的需要,又不能影响模具表面的皮纹质量。此工艺广泛应用于仪表板、门板上饰板表皮,效果如图6-143所示。其特点如下:

图6-142 带有吸气微孔的模具表面

1) 对感知质量的有利影响是拉伸深度比阳模大,皮纹还原性好,外观圆角可设计得更小,一个表皮上可实现多种纹理效果,纹理立体感最佳,可以实现异色真缝线或同色假缝线效果。

2) 对感知质量的不利影响是拉伸深度受表皮限制,不能设计负角。

3) 设计局限性。设计圆角半径≥0.5mm,无负角设计。

4) 感知质量评价点。触感舒适性,纹理立体感,真缝线或假缝线效果,圆角处纹理。

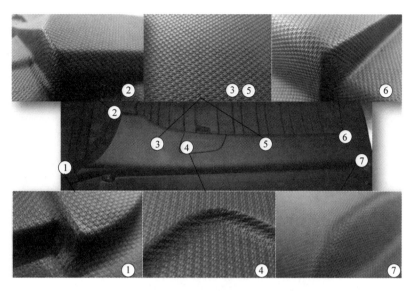

图 6-143　门板上饰板阴模吸塑表皮

(5) 搪塑工艺　搪塑工艺技术起源于日本，制作过程中将塑料粉末倒入开口的中空模具内，直至达到规定的容量。模具在装料前或装料后应进行加热，以便使物料在模具内壁上变成凝胶。当凝胶达到预定厚度时，倒出过量的液体物料，并再行加热使之熔融，冷却后即可自模具内剥出制品，如图 6-144 所示。

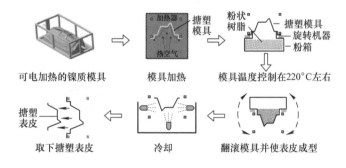

图 6-144　搪塑表皮工艺过程

搪塑表皮的纹理是在模具内实现的，是将粉末熔化成液态，然后均匀地附着在带有纹理的模具上并凝固成表皮。与阳模吸塑表皮相比，搪塑表皮的纹理没有拉伸变形的问题；与阴模吸塑表皮相比，搪塑表皮不会由于抽真空被拉伸而产生厚度上的不均匀，不用考虑拉伸深度，甚至可以实现造型负角。但是，由于模具在生产过程中需要反复加热和冷却，导致模具寿命比较短。目前，搪塑表皮主要应用于中高端车型的仪表板和门板上，其工艺特点如下：

1) 对感知质量的有利影响是皮纹还原性好，一个表皮可实现多种纹理和多种颜色的效果，可以实现异色真缝线或同色假缝线效果，可以在表皮上设计凸起或内凹的字标，如图 6-145a、b 所示。

2) 对感知质量的不利影响是成型表皮不带背泡层，需要单独发泡才能增加弹性的触感。

3）设计局限性。设计圆角半径≥0.5mm，可设计适当的负角，如图6-150c所示。

4）感知质量评价点。触感舒适性，纹理立体感，气味性，真缝线或假缝线效果，光泽度，颜色或纹理拼接效果。另外，PVC成型表皮在低温下易变得脆硬，气囊爆破时可能产生飞溅物。

a) 假缝线槽和真缝线

b) 凸起特征字标和内凹特征字标

c) 负角设计

图 6-145　搪塑表皮实现效果

（6）PU喷涂工艺　PU喷涂表皮是将两组分的聚氨酯原料在经过计量设备的精确计量后增压至高压状态，再经高压混合反应，然后喷涂到镍壳模具上，聚氨酯附着在镍壳上成为一张表皮，如图6-146所示。一般来说，表皮厚度可以通过改变喷涂时间和流量来调节和控制。该工艺过程中，喷涂混合头一般由机器人操纵，为了便于机器人在很小的空间内灵活地移动，通常要求机器人的结构紧凑、体积小。原料从混合头出来时为液态，流动性非常好。此工艺在中高档汽车仪表板表皮上的应用正在逐渐增加。

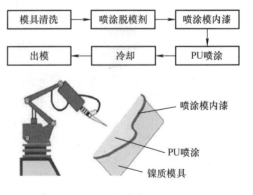

图 6-146　PU喷涂表皮工艺过程

由于PU喷涂工艺采用的是液体聚氨酯材料，因此表皮手感优于搪塑表皮，对纹理的还原性也是目前各种工艺中所能达到的最好效果，皮纹深度可以达到300μm。对于采用隐形安全气囊的仪表板而言，聚氨酯材料在低温下的弹性仍然很好，低温爆破试验很容易满足试验要求。PU喷涂模具的寿命也比搪塑模具的寿命高，比搪塑工艺制造的表皮效果更好。但是，由于其需要使用高性能、体积小、灵活的机器人来控制PU喷涂的一致性，生产节拍也比较慢，前期对设备的投入资金很大，因此一般应用于中高档汽车的仪表板和门板上。其特点如下：

1）对感知质量的有利影响。皮纹还原性最好，更加容易实现一个表皮多种纹理和多种颜色效果，可以实现异色真缝线或同色假缝线效果，可以在表皮上设计凸起或内凹的字标，手感好，光泽度低，低温下弹性仍然很好，具有良好的抗紫外线照射性能，可以嵌入织物、塑料或真皮等其他材料，如图6-147所示。

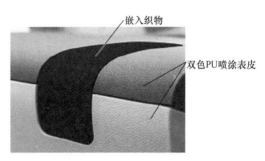

图6-147 双色并嵌入织物的PU喷涂表皮

2）对感知质量的不利影响。成型表皮不带背泡层，需要单独发泡才能增加弹性触感。

3）设计局限性。设计圆角半径≥0.5mm，可设计适当负角。

4）感知质量评价点。触感舒适性，纹理立体感，气味性，真缝线或假缝线效果，其他材料拼接效果，颜色或纹理拼接效果，表皮光泽度等。

综上所述，对于内饰软质表皮的多种制造工艺，可以根据每种工艺的优缺点并结合造型的需要，同时考虑预算再进行合理选择。内饰软质表皮的制造工艺总结见表6-3。

2. 内外饰表面装饰工艺

内外饰表面装饰工艺往往对整个内饰造型的效果起到画龙点睛的作用，一般用于仪表板、副仪表板、门板的装饰条或者开关面板、各种装饰圈等。表面装饰工艺的种类很多，有喷涂、镀铬、水转印这些使用多年的传统工艺，也有热烫印、IMD、INS、TOM等近年兴起的模内转印工艺、免喷涂工艺，还有真木、真铝这些应用于高端车型的昂贵、奢华工艺。每种工艺都有其自身特点，可以根据造型需要进行选择。

（1）喷涂工艺 喷涂工艺是使用专用喷枪并借助压缩空气的压力使涂料呈雾状喷出，使其均匀地粘附在被涂产品的表面或局部。对塑料零件表面喷涂丙烯酸涂层，可以提高塑料件的装饰性和耐久性，掩盖细微的注塑缺陷。喷涂工艺过程如图6-148所示。

喷涂工艺只能实现单一的颜色效果，并且生产环境较为恶劣，环保性较差。此工艺一般应用于保险杠、装饰板等车身外饰件，还有装饰条、装饰面板等内饰件，装饰效果如图6-149所示。其特点如下：

1）对感知质量的有利影响。可以通过喷涂掩盖一些注塑零件的熔接痕缺陷，装饰区域不受分型线影响。

2）对感知质量的不利影响。一般只能设计单一颜色，异色效果需要通过分色槽进行遮蔽喷涂，工作效率极低，气味性差。

3）设计局限性。不受造型面影响，造型自由度较高。

4）感知质量评价点。颜色均匀，光泽度，气味性，装饰表面质量。

表 6-3 内饰软质表皮的制造工艺总结

工艺名称	色彩纹理	缝线	发泡层	设计局限性	缺点	材料	视觉	触觉	嗅觉	感知质量评价项
手工包覆	多种颜色，多种纹理，需缝线拼接；表皮自身纹理，纹理损失小	异色真缝线	可带发泡层	设计圆角半径≥表皮厚度+0.5mm；不受负角影响	拉伸较大处必须增加缝线进行造型，影响圆角美观性等	真皮，PVC，PU，针织面料	★★★★	★★★★★	★★	触感舒适性，气味，缝线，圆角覆盖，美观性，有无包覆褶皱等
注塑	单一颜色，多种纹理；模内成型纹理，纹理还原性好	同色假缝线	不带发泡层	设计圆角半径≥0.5mm；可设计一定负角	触感偏硬，表皮光泽度高，塑料感强	PVC，PU	★★	★★	★★★	触感舒适性，气味，假缝线质感，表面光泽度
阴模吸塑	单一颜色，单一纹理；表皮自身纹理，拉伸处皮纹损失严重	无	可带发泡层	设计圆角半径≥0.5mm；无负角设计	拉伸区域皮纹损失大，造型圆角半径自由度低	PVC，PU	★★	★★★★★	★★	触感舒适性，纹理一致性，圆角处纹理及光泽度
阴模吸塑	单一颜色，多种纹理；模内成型纹理，纹理还原性较好	异色真缝线或同色假缝线	不带发泡层	设计圆角半径≥0.5mm；无负角	模具一次性投入高，小于 R2mm 的圆角加工困难	PVC，TPO	★★★★	★★★★★	★★	触感舒适性，真缝线或假缝线效果，圆角处光泽度
搪塑	多种颜色，多种纹理；模内成型纹理，纹理还原性好；可设计字标	异色真缝线或同色假缝线	不带发泡层	设计圆角半径≥0.5mm；可设计一定的负角	模具成本高，工艺复杂，模具寿命低，触感不及 PU 喷涂表皮；低温脆性影响气囊爆破，一般需单独发泡以提高软质触感，工艺复杂气味性	PVC，TPO	★★	★★★	★★★	触感舒适性，真缝线或假缝线效果，光泽度，颜色或纹理拼接效果等
PU 喷涂	多种颜色，多种纹理；模内成型纹理，纹理还原性最好；可设计字标	异色真缝线或同色假缝线	不带发泡层	设计圆角半径≥0.5mm；可设计一定的负角	设备投入高，生产节拍慢，一般需单独发泡以提高软质触感，工艺复杂性高，影响气味性	PU	★★★★	★★★★	★★	触感舒适性，气味，真缝线或假缝线效果，其他材料拼接效果，颜色或纹理拼接效果，表皮光泽度等

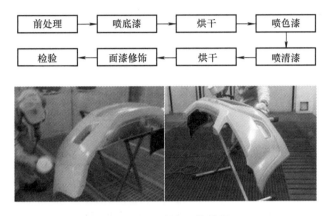

图 6-148 喷涂工艺过程

图 6-149 喷涂的装饰效果

（2）镀铬工艺　镀铬工艺是利用电解作用，在塑料基体表面附着一层金属铬膜的工艺。镀铬可以起到提高耐磨性、导电性、反光性及增加美观等作用。但塑料产品在电镀前必须经过特殊的预处理，工艺过程如图 6-150 所示。

图 6-150 镀铬工艺过程

镀铬工艺能实现颜色单一的高光或亚光金属效果,耐磨性好,化学性质稳定,但生产过程能耗高,环境污染问题严重。此工艺一般应用于外饰进气格栅、内饰转向盘、出风口、开关装饰圈、LOGO 文字等零部件,装饰效果如图 6-151 所示。其特点如下:

1)对感知质量的有利影响。电镀前可以对零件的注塑毛边、分型线进行打磨,这样能够消除一定的注塑缺陷,使装饰区域不受分型线影响。如果不进行局部阻镀,则整个零部件的表面都会被装饰。

2)对感知质量的不利影响。电镀后,零部件会变形、变脆,安装时易损坏周边表面,零部件的安装卡子结构需要局部阻镀。

3)设计局限性。不受造型面影响,造型自由度较高。

4)感知质量评价点。零件变形,光泽度和均匀性,触感,装饰表面质量。

图 6-151 镀铬的装饰效果

(3)水转印工艺 水转印又称立体曲面印刷,先将图案印刷在延展性优良的 PVA 水溶性薄膜上,再将零件与薄膜同步引入水面并进行活化,借助水的均匀压力在活化剂的作用下使薄膜上的图案迅速溶解、剥离并转印至塑料产品的表面,冷却后表面喷涂清漆并烘干,如图 6-152 所示。

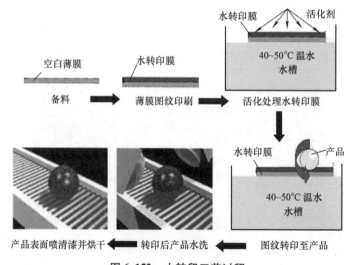

图 6-152 水转印工艺过程

水转印工艺是一种传统的能得到图案纹理的工艺,可使零件的装饰效果更加多彩、丰富。它的设备投入少,工艺难度低,装饰深度大,能装饰到分型线以下,造型自由度高。但是,其图案纹理在生产过程中的活化处理时,纹理会变形,转印至产品上的纹理也会变形,仔细观察零件会发现有明显的纹理印刷感,可以作为一种低端的装饰工艺。多为仿木纹或不规则图形,以规避图案失真带来的问题。水转印工艺在内饰产品上的应用如图 6-153 所示。其特点如下:

图 6-153 采用水转印工艺的副仪表板

1)对感知质量的有利影响。可以装饰复杂造型的纹理表面,装饰区域不受分型线影响。

2)对感知质量的不利影响。装饰深度越大,图案失真越严重;表面喷漆会使气味性变差。

3)设计局限性。不适用于表面凹陷太深(深度 >5cm)的部件;可装饰到分型线以下,装饰深度≤60mm,设计圆角半径 $R \geqslant 1.0$mm。

4)感知质量评价点。图案变形,装饰表面质量,气味性。

(4)热烫印工艺 热烫印工艺通过在零件和烫印膜上施加一段时间的温度和压力,使热烫印膜上的金属层附着在零件表面,然后对剥离层进行分离,经过冷却后即可完成制件。热烫印工艺可分为滚烫工艺和平烫工艺,工艺过程如图 6-154 所示。

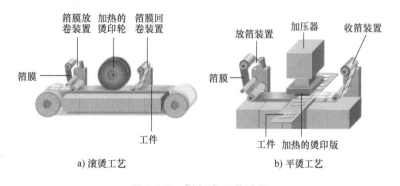

a)滚烫工艺　　b)平烫工艺

图 6-154 热烫印工艺过程

热烫印是指通过将载体上的金属镀层转移到零件表面,实现零件表面特定位置的金属层附着。热烫印可实现的样式较多,汽车产品上主要采用亮银金属膜。热烫印由于工艺简单,成品率高,生产率高,环保性好,多用于替代平整零件的电镀工艺。热烫印工艺加工的零件在不需要进行拆分的情况下,即可实现不同位置有不同的金属效果(金属高亮、金属哑光),轮廓清晰精致,感知效果好,如图 6-155 所示。热烫印的特点如下:

1) 对感知质量的有利影响。可以根据零件形状只装饰部分凸起的位置,可替代电镀效果,可以实现分色效果,环保。

2) 对感知质量的不利影响。只适用于平整零件,装饰深度极浅。

3) 设计局限性。装饰深度≤3mm,设计圆角半径≥0.5mm。

4) 感知质量评价点。装饰表面质量,装饰边界。

图 6-155 热烫印工艺零件

(5) IMD 工艺 IMD(In-Mould Decoration)工艺是预先在薄膜上丝网印刷好图纹后,放入注塑模具内,合模后将熔融塑料注射到薄膜的背面,薄膜随产品表面形状被适当弯折或拉伸,并与塑料产品覆合成一体而得到图案的加工技术,如图 6-156 所示。该工艺可以有效简化生产步骤,提高产品一致性,实现产品的成形制造和表面装饰合二为一。

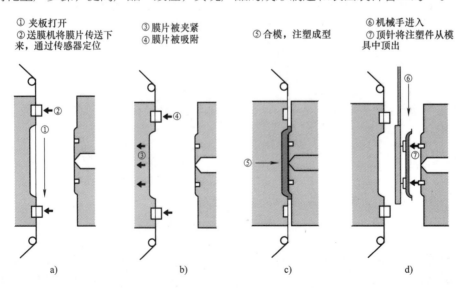

图 6-156 IMD 工艺过程

IMD 工艺可实现多彩、纹理、色彩图案立体感等效果。膜片基膜层的拉伸性能直接影响着该工艺的曲面适应性，目前基膜层所用材料大多伸长率较小，膜片较薄，因此该工艺仅可用于表面拉伸量较小的零件表面。IMD 工艺可以在塑料零件上实现各类材质的外观效果，同时通过在膜片内增加金属粉等成分，可以实现零件表面类似金属的冰凉触感。由于 IMD 工艺在注塑过程中可以对膜片位置进行精确定位，且膜片拉伸量较小，因此其制件表面图案还原度高、变形小，可以实现功能标识的同步体现，以及金属拉丝、木纹、几何图案、碳纤维等效果，从而可大幅提升内饰感知水平，目前已经作为主流工艺被广泛应用于内饰饰条、面板等零件，如图 6-157 所示。其特点如下：

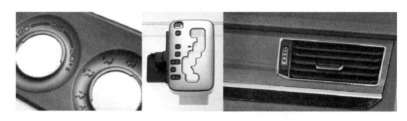

图 6-157　采用 IMD 工艺的饰板

1）对感知质量的有利影响。装饰效果多样，图案变形小，可以精确定位膜片实现 LOGO 文字效果，可实现透光效果，气味性比水转印、喷漆好。

2）对感知质量的不利影响。装饰深度浅，对造型面拉伸深度及圆角都有较高要求。

3）设计局限性。只能装饰到分型线以上，适用于扁平零件，拉伸深度≤5mm，A 面与侧面翻边之间的圆角半径≥0.5mm，两侧面翻边之间的圆角半径≥1.5mm。

4）感知质量评价点。图案变形，装饰表面质量，LOGO 文字位置准确性，分型线。

（6）INS 工艺　INS（Insert Moulding）又称为嵌片注塑，是将产品图纹预先丝网印刷在薄膜上，然后将印刷好图纹的薄膜通过加热并吸附预先成型、裁切成与产品一样大小和形状的"胶片"，再将"胶片"放置在注塑模具内，合模后将熔融塑料注射到薄膜的背面，薄膜与塑料产品覆合成一体后便可得到预设的图案，工艺过程如图 6-158 所示。

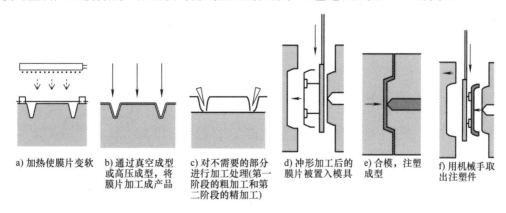

图 6-158　INS 工艺过程

INS 工艺相比于 IMD 工艺，膜片更厚，需要对膜片预先真空成型，所以可实现的拉伸深度更大；对于复杂曲面零件也可实现良好的图案和纹理效果，但膜片不能精确定位，所以无法实现 LOGO 文字；工序较多，产品合格率也稍低，生产率没有 IMD 高。INS 工艺也可实现金属拉丝、木纹、几何图案、碳纤维等效果，目前已经作为内饰零件的主流工艺被广泛应用于内饰饰条、面板等零件，如图 6-159 所示。其特点如下：

1）对感知质量的有利影响。装饰效果多样，装饰深度比 IMD 大，可实现有触感的图案，可以通过对不同效果的膜片分别成型，实现在一个零件上得到不同图案效果，可实现透光效果，气味性比水转印、喷漆好。

2）对感知质量的不利影响。无法精确定位 LOGO 文字，拉伸深度大的位置会有纹理变形。

3）设计局限性。能装饰到分型线以下，A 面与侧面翻边之间的圆角半径≥0.5mm，两侧面翻边之间的圆角半径≥1.5mm；拉伸深度增大，圆角和拔模角也需要增大。

图 6-159　采用 INS 工艺的饰板

4）感知质量评价点。图案变形，纹理的质感，装饰表面质量，分模线，触感。

（7）TOM 工艺　TOM（Three-dimensional Overlay Method）工艺是利用真空压力或者大气压力，把已加工并涂有黏着层的薄膜紧密贴附于加工物表面的新一代加工方法，工艺过程如图 6-160 所示。

从 TOM 工艺过程可以看出，该工艺可以包覆到分型线以下，拉伸深度大，比 INS 工艺节省了膜片吸覆和裁切模具，一步成型，工序简单。但是其膜片是通过黏着层吸覆在零件表面的，膜片的附着性比 IMD 和 INS 工艺差。目前，此工艺的应用范围还不是很广，应用效果如图 6-161 所示。其特点如下：

1）对感知质量的有利影响。装饰效果多样，装饰深度可以比 INS 工艺大，可实现有触感的图案，气味性比水转印、喷漆好。

2）对感知质量的不利影响。无法精确定位 LOGO 文字，一个零件不能实现多种纹理。

3）设计局限性。能装饰到分型线以下的深度更大，A 面与侧面翻边之间的圆角半径≥0.5mm，两侧面翻边之间的圆角半径≥1.5mm，且拉伸深度增大，圆角和脱模斜度也需要增大。

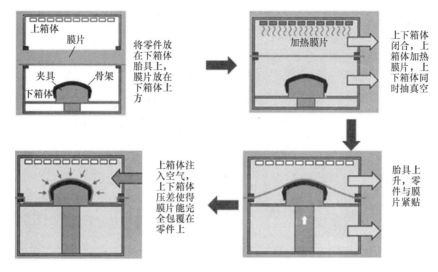

图 6-160 TOM 工艺过程

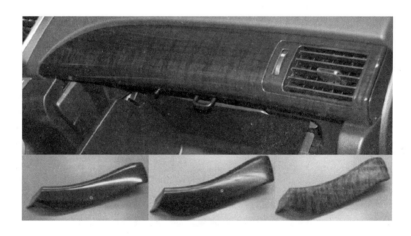

图 6-161 采用 TOM 工艺的零件

4）感知质量评价点。图案变形，膜片附着性，装饰表面质量，分型线，触感。

（8）免喷涂工艺　免喷涂工艺是在塑胶原料（PP、ABS、PC 等）中通过熔融共混的方式加入具有不同显示效果的金属粉末、珠光粉、陶瓷粉、高光色粉等。此工艺需要改善颜料粒子在基体中的浸润和分散问题，使得注塑成型出来的产品自身就带有靓丽的颜色，免除了后续的喷涂工艺。该工艺的难点在于前期材料的研发，主要还应克服传统注塑成型中的耐刮擦和耐候性问题。为了避免熔接痕的出现，模具的浇口也需要采用特殊设计，免喷涂工艺和注塑纹理相结合，也能获得较好的装饰效果，如图 6-162 所示。其特点如下：

1）对感知质量的有利影响。不需要喷漆，气味性较好，可以在模具上成型纹理。
2）对感知质量的不利影响。只能实现单一颜色，表面容易产生熔接痕等缺陷。
3）设计局限性。同注塑工艺一样，无法掩盖注塑缺陷。
4）感知质量评价点。零件表面质量，光泽度，颜色均匀度。

图 6-162　采用免喷涂工艺的零件

（9）真木工艺　真木工艺由厚度为 0.6mm 的木质薄片（共 3~8 层）压制而成，每层中间粘合相同形状和厚度的铝片，使其具有高强度。经过这道工序成型后的真木内饰板，还要经过细砂纸打磨两遍，然后再用上等蜂蜡按照最原始的方法手工打磨抛光，高光饰条还需要 PUR 注塑，工艺过程如图 6-163 所示。

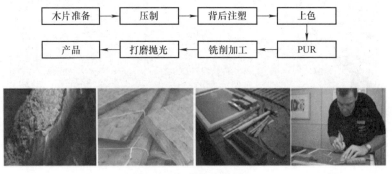

图 6-163　真木工艺过程

真木工艺过程复杂，为了保持真木不变形，还要加入铝板，背面还有 3mm 厚的 PC/ABS 骨架，其成本高、质量大，一般应用于豪华车型的仪表板和门板装饰条，效果如图 6-164 所示。其特点如下：

图 6-164　采用真木工艺的零件

1) 对感知质量的有利影响。真实木质纹理触感，奢华。
2) 对感知质量的不利影响。一个零件无法实现多种纹理。
3) 设计局限性。造型面应尽量平整，以防止压制木片时破坏纹理。
4) 感知质量评价点。装饰表面质量，触感。

（10）真铝工艺 真铝工艺使用丝刀滚刷铝板表面形成拉丝效果，喷涂胶状保护层，冲切成型，放入模具复合注塑成型，工艺过程如图6-165所示。

图 6-165 真木工艺过程

真铝工艺需要预先在铝板上拉丝，再冲切成型，背面一般也需要有3mm厚的PC/ABS骨架，其成本高、质量大，但是可以实现真实金属效果，多应用于豪华车型的仪表板和门板饰条，效果如图6-166所示。其特点如下：

1) 对感知质量的有利影响。真铝质感，可以在一个零件上实现多种纹理、多种颜色效果，可以实现LOGO字体。
2) 对感知质量的不利影响。冲压圆角过小，容易有褶皱或撕裂，冬季接触有极冷触感。
3) 设计局限性。设计圆角半径≥1.5mm。
4) 感知质量评价点。装饰表面质量，纹理视觉效果，触感，圆角。

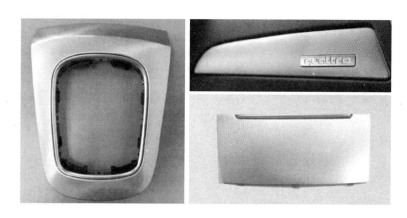

图 6-166 采用真铝工艺的零件

内外饰表面装饰工艺总结见表6-4。每种工艺的表面质感与图案种类的关系以及零部件成本与表面复杂程度的关系分析如图6-167所示。可以根据每种工艺的优缺点结合造型的需要，同时考虑成本进行合理的选择。

表 6-4 内外饰表面装饰工艺总结

工艺名称	色彩纹理	设计局限性	缺点	基材	视觉	触觉	嗅觉	感知质量评价项
喷涂	单色或多色，工艺本身无纹理	不受造型面影响，造型自由度较高	不环保，气味性差；需要通过遮蔽喷涂和分色槽实现多色，工序多，节拍长	PC+ABS；ABS	★★	★★	★	颜色均匀，光泽度，气味性，装饰表面质量
电镀	金属高光或亚光质感；无纹理	不受造型面影响，造型自由度较高	镀后零件会变形，变脆，安装时易损，零件的安装卡子结构需要局部阻镀	PC+ABS；ABS	★★★★	★★★★	★★★	零件变形，光泽度，触感，装饰表面质量
水转印	多种颜色；多种无触感纹理	不适用于表面凹陷太深（深度>5cm）的部件，可装饰到分型线以下，装饰深度≤60mm，设计圆角半径≥1.0mm	装饰深度越大，图案失真越严重，表面喷漆也会使气味性变差	PC+ABS；ABS	★★★	★★	★	图案变形，装饰表面质量，气味性
热烫印	多种颜色，金属高光或亚光质感；多种无触感纹理	装饰深度≤3mm，设计圆角半径≥0.5mm	只适合平整零件，装饰深度极小	PC+ABS；ABS	★★★★	★★★★	★★★★	装饰表面质量，装饰边界
IMD	一个零件上实现多色，效果优于水转印；能实现LOGO文字；可实现透光效果	只能装饰到分型线以上，拉深深度≤5mm，A面与侧面翻边的圆角半径≥0.5mm，两侧面翻边之间圆角半径≥1.5mm	适用于扁平零件；多色效果和LOGO文字的膜片需要定制，成本较高	PC+ABS；ABS	★★★★	★★★★	★★★★	图案变形，装饰表面质量，LOGO文字位置准确性，分模线位置
INS	一个零件上实现多色，效果优于水转印；可实现带触感纹理；可实现透光效果	能装饰到分模线以下，A面与侧面翻边之间的圆角半径≥0.5mm，两侧面翻边圆角半径≥1.5mm，同侧圆角和拔模深度增大时，拉伸深度增大，模角也需要增大	无法精确定位LOGO文字，拉伸量大的位置会有纹理变形；模具多，工序多，单件合格率比IMD低	PC+ABS；ABS	★★★★★	★★★★★	★★★★	图案变形，装饰表面质量，分型线位置处理，触感

第6章 内外饰精致工程设计

（续）

工艺名称	色彩纹理	设计局限性	缺点	基材	视觉	触觉	味觉	感知质量评价项
TOM	一个零件上下可实现多色，效果优于水转印；可实现带触感纹理	能装饰到分模线以下的深度比INS更大，A面与侧面翻边之间的圆角半径≥0.5mm，两侧面翻边之间的圆角半径≥1.5mm，且拉伸深度增大，圆角和拔模角也需要增大	无法精确定位LOGO文字，大量拉伸的位置会有纹理变形；膜片的附着性比IMD和INS差	PC+ABS；ABS	★★★★★	★★★★★	★★	图案变形，膜片附着性，装饰表面质量，分型线位置处理，触感
免喷涂	单色；纹理同注塑	同注塑工艺一样，无法掩盖注塑缺陷	只能实现单一颜色；型面复杂，容易产生格接痕缺陷	POM；PMMA	★★	★★	★★★	零件表面质量，光泽度，颜色均匀度
真木	真实木质纹理触感	造型面尽量平整，防止压制木片时破坏纹理	只能实现单一的木质纹理	PC+ABS；ABS	★★★★★	★★★★★	★★	装饰表面质量，触感
真铝	真实金属纹理触感	设计圆角半径≥2mm	冲压圆角过小，容易有褶皱或撕裂，冬季接触时有极冷触感	PC+ABS；ABS	★★★★★	★★★★★	★★★	装饰表面质量，纹理视觉效果，触感，圆角

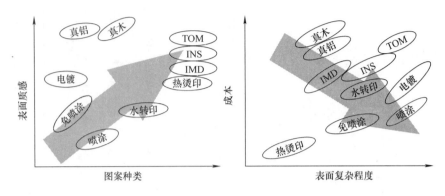

图 6-167　表面装饰工艺分析

6.4.2　新工艺对感知质量的提升

除上文介绍的传统内饰工艺方式，经过近年来不断的技术升级与迭代，出现了越来越多的新工艺、新技术。一些新工艺可以低成本替代原本的高端方案，使消费者花费更低的成本即可获得更好的感知体验。另一方面，也诞生了更多的高感知工艺，颠覆着消费者对于内饰精致效果的认知，引领着消费者向新的观念进行转变和升级。

1. 提升纹理层次感的新工艺

纹理层次感在一定程度上决定了用户对内饰感知质量的主观感受，以下新工艺可以将内饰纹理层次感提升至新的高度和水平。

（1）镭雕喷涂工艺　通过对真铝饰板进行镭雕加工，使真铝饰板表面随光线角度的不同呈现出不同的方向性，立体感更强，且视觉效果更加多样化，如图 6-168 所示。配合表面喷涂，使其整体色调和光泽度与整车内饰风格更加协调。

图 6-168　采用镭雕喷涂工艺的饰条

（2）金属实木工艺　传统实木工艺多用于表现内敛优雅的内饰风格，随着目前汽车向着科技、智能的理念方向发展，实木工艺也在传统基础上增加了新的元素，如在实木表面增加金属线条，使其在保留传统风格的同时，增加了科技感和未来气息，如图 6-169 所示。

图 6-169　采用金属实木工艺的饰条

（3）多层模具印刷 INS 工艺　传统 INS 薄膜多以表面纹理和图案的明暗设计来提升整体感知水平，而通过多层模具印刷而成的 INS 薄膜，则是在透明基材上对图案进行多层印刷，从而构建真实的物理层次。当以一定角度观察该零件时，即可呈现出高低层次的视觉效果，如图 6-170 所示。

2. 增加光影效果的新工艺

随着汽车内饰风格向着智能、科技的方向发展，灯光设计也逐渐成为各汽车厂家关注的重点之一，除了传统的氛围灯，借助新工艺实现内饰饰板发光效果的案例也不胜枚举。

图 6-170　采用多层模具印刷 INS 工艺的零件表面

透光 IMD、INS 工艺是指通过对传统的 IMD、INS 膜片基材进行改进，使用如 PC 或 PMMA 等透明材料，在膜片正面采用多层镂空印刷技术，并在其背面使用遮光涂料定义透光区域，即可实现其零件在特定位置的透光效果，大幅提高了内饰零件的档次感和立体感，如图 6-171 所示。

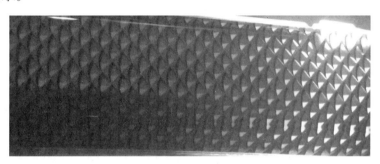

图 6-171　采用透光 IMD、INS 工艺的饰板

需要注意的是，对于透光 IMD、INS 工艺所用膜片，在印刷过程中，需要对各个印刷层的位置进行准确定位，而传统的滚轴印刷方式难以实现这一点。因此部分高端透光膜片采用的是模具套印方式，以实现各个印刷层之间的位置精确无误，如图 6-172 所示。

3. 提升结构精致化的新技术

随着 3D 打印工艺的发展和成熟，该工艺的制造成本正在稳步降低，作为增材制造最具代表性的一种工艺，近年来已逐渐出现在概念展车上，并成为个性化定制生产的有效手段。通过采

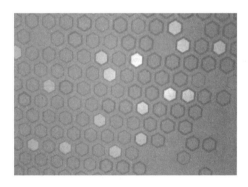

图 6-172　采用模具套印方式的透光 IMD、INS 工艺

用 3D 打印工艺，可使内饰零件形成独特而精巧的镂空结构，立体感强，视觉感知精细度极高，如图 6-173 所示。

图 6-173　采用 3D 打印工艺的镂空饰条

6.5 本章小结

本章主要介绍了汽车内外饰精致工程的设计方法，通过对内外饰精致工程设计的影响因素，即视觉因素、听觉因素、触觉因素、嗅觉因素和使用方便性的具体诠释和阐述，提出了汽车内外饰精致工程设计的概念。

从设计精致工程、品质精致工程、制造精致工程三个维度着手，对内外饰精致工程的设计方法进行了详细的介绍，为内外饰产品的精致工程设计提供了一种新的思路。在项目开发阶段，通过采用这些设计精致化、品质精致化和制造精致化的设计方法，使内外饰产品设计在前期就对缺陷风险和感知质量问题进行规避，并最终达成感知质量目标。

内外饰精致工程是一项系统化和综合性都比较强的工作，涉及面比较广，如造型、产品设计、尺寸工程、品质设计、制造工艺等内容。由于各个领域和专业的沟通和同步开发模式还不够成熟，不够深入，因此，此项工作仍需要工程师们在工作中不断进行探索和总结，不断钻研业务深度和广度，以提高整车的感知质量。

参 考 文 献

[1] 曹渡, 苏忠. 汽车内外饰设计与实战手册 [M]. 北京: 机械工业出版社, 2017.
[2] 崔倩文. 汽车内饰塑料件表面发粘现象的研究 [J]. 化工管理, 2017 (11).
[3] 王如德. BQ 公司汽车感知质量评价研究 [D]. 北京: 北京工业大学, 2016.
[4] 周敏, 杨勇. 座椅材料的热舒适性及其评价 [J]. 人类功效学, 2009, 15 (1): 28 - 30.
[5] 段文君, 候宝树, 杨新明. 汽车内饰件异响问题诊断及设计优化 [J]. 汽车工程师, 2015 (10): 49 - 52.
[6] 松冈由幸, 洪淑华. 关于内饰材料的触感——天然皮革与代用皮革手触感的比较 [J]. 世界汽车, 1986 (6): 44 - 48.
[7] 谭刚平, 等. 车内噪声的声品质优化 [J]. 吉林大学学报 (工学版), 2012, V.42 (s1): 51 - 56.
[8] 张荣伟. 汽车噪音产生原因及解决对策探讨 [J]. 黑龙江交通科技, 2013, 36 (3): 147 - 148.
[9] 刘勇. 汽车乘员舱储物空间设计 [J]. 汽车工程师, 2013 (7): 56 - 58.
[10] 姚锐, 丁文俊. 浅谈汽车方向盘的造型设计 [J]. 科技资讯, 2015 (31): 105 - 106.

第7章 车内绿色环境设计

近年来,随着汽车普及率的升高,汽车已超越单纯的交通工具,成为用户继家和办公室之后的第三居所,车内环境的健康性和舒适性也越来越受到人们的重视。尤其是在国家标准 GB/T 27630—2011《乘用车内空气质量评价指南》发布后,消费者的绿色环保意识和维权意识空前提升,车内环境品质也已成为汽车行业内的竞争焦点,且成为影响消费者选车的主要因素之一。各车企若想在现有的竞争格局中突出重围,就必须做好车内绿色环境设计。本章将针对如何提升车内绿色环境设计技术,如何开展车内绿色环境正向设计,以及如何搭建绿色设计体系等相关重要问题进行论述。

7.1 车内绿色环境概述

车内绿色环境通常是指对人体健康无危害,并能使驾乘人员产生舒适嗅觉感官的健康驾乘空间,它是基于我国可持续化发展战略方针,为打造生态汽车而提出的。由于环境污染日益严重,人们的环保意识逐渐提高,消费者对车内环境的关注度也在提升。为避免车内环境对驾乘人员造成身体危害,同时进一步提高嗅觉感官舒适性,本章在车内环境设计中引入了绿色设计的概念,并对新车开发时绿色用材、绿色生产以及车辆绿色后处理等相关内容进行了介绍。

7.1.1 车内绿色环境设计因素

车内绿色环境设计主要是指对车内气味性能、挥发性有机化合物(以下简称 VOC)含量以及车内细颗粒物(以下简称 PM2.5)自净化性能等生态环境品质的综合设计与管控,属于静态感知质量中嗅觉感知的范畴。

1. 车内气味

气味是指人体嗅觉所感受到的味道,是挥发性物质刺激人体的鼻腔嗅觉神经而在中枢神经中引起的一种感觉,能非常直观地反映车内空气质量的优劣,是一种基于人体嗅觉感官和舒适度的主观评价。车内空气中含有多种挥发性物质，不同物质产生的气味也不同，因此车内气味是一种较复杂的混合型气味。行业内通常从两个方面共同描述气味特征：一是气味强度，即气味浓烈程度；二是气味性质，即挥发物本身所持有的气味类型。

车内气味主要由车内饰非金属零部件中所含挥发性物质产生，主要包括苯系物、醛酮类物质、硫化物、醇醚类物质、胺类物质等。除此之外，在车辆使用过程中，非金属材料降解产物、车内微生物代谢物、车外空气带入的污染物、驾乘人员在车内吸烟等均会产生气味。

车内气味会刺激人体嗅觉器官，其危害与散发性气味物质的种类、性质和浓度有关，不但会给人体感官造成刺激，更重要的是会影响驾乘人员的心情及舒适感。不舒适的气味环境会危害人体呼吸系统、循环系统和消化系统，使人产生恶心、呕吐的现象，甚至会造成失眠、神经衰弱，严重影响了驾乘人员的身体健康及出行安全。

2. 挥发性有机化合物

按照世界卫生组织的定义，广义的挥发性有机化合物（Volatile Organic Compounds，VOC）主要为熔点低于室温而沸点在 50~260℃ 之间的挥发性有机化合物的总称。汽车行业中提到的 VOC 是指狭义的 VOC，主要是指 GB/T 27630—2011 中规定的苯、甲苯、乙苯、二甲苯、苯乙烯、甲醛、乙醛、丙烯醛共八项挥发性有毒有害物质，见表 7-1。

车内 VOC 主要由汽车内饰零部件的非金属材料中所含的挥发性物质释放产生，包括塑料、橡胶、发泡、皮革、织物、毛毡、纤维、胶黏剂、油漆等材料。这些材料在生产和加工过程中使用的有机溶剂、催化剂、添加剂、助剂等是车内 VOC 的主要来源，主要包括芳香烃、烷烃类、烯烃类、醛类、酮类、醚类、硫类、胺类等，这些物质在汽车的使用过程中不断释放到车内空气中，造成车内空气污染。

VOC 已经成为一个隐形的杀手，长期接触会危害人体呼吸系统、循环系统和消化系统，轻者使人感到头痛、四肢乏力等，重者可导致癌症、畸形、贫血、白血病及其他血管和呼吸道疾病，严重影响着驾乘人员的身体健康。

表 7-1 VOC 的危害及气味特性

分类	名称	危害性及气味特性
苯系物	苯	有毒，致癌，芳香气味
	甲苯	有毒，致畸形，刺激性，芳香气味
	乙苯	有毒，致畸形，刺激性，芳香气味
	二甲苯	低毒，刺激性，臭味
	苯乙烯	有毒，刺激性，芳香气味
醛酮类	甲醛	有毒，致畸形，致癌，强烈刺激性
	乙醛	有毒，致畸形，致癌，强烈刺激性
	丙烯醛	高毒性，恶臭感

多数汽车消费者会认为车内气味大就是甲醛等有害物质含量高，其实是混淆了气味和 VOC 两个概念。汽车行业中常说的气味和 VOC 都是由车内空气中的挥发性物质造成的，其中有些挥发物是带有气味属性的，有些挥发物会影响人体健康，也有一部分挥发物同时具备这两种属性。气味和 VOC 的区别在于，气味关注的是那些能够刺激人体嗅觉神经，使人

感受到气味的挥发物；而 VOC 关注的则是那些对人体有毒、有害的挥发物。两者的关系如图 7-1 所示。GB/T 27630—2011 管控的 VOC 仅是少数几项，即苯、甲苯、乙苯、二甲苯、苯乙烯、甲醛、乙醛、丙烯醛，它们既能产生气味，又对人体有危害。因此，虽然有的车内气味很大，但是 VOC 却合格；而有的车内气味不明显，但是 VOC 却是超标的。

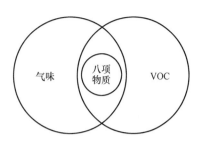

图 7-1 气味和 VOC 的关系

3. 细颗粒物

细颗粒物即 PM2.5（Particulate Matter 2.5），是指空气动力学当量直径≤2.5μm 的颗粒物，也称为可入肺颗粒。其直径相当于人的头发直径的 1/20，这些颗粒如此细小，肉眼是看不到的。PM2.5 成分复杂，主要成分是元素碳（EC）、有机碳化合物（OC）、硫酸盐、硝酸盐、铵盐，其他常见成分包括各种金属元素，既有钠、镁、钙、铝、铁等地壳中含量丰富的元素，也有铅、锌、砷、镉、铜等主要源自人类污染的重金属元素。与较大的颗粒物相比，PM2.5 粒径小、比表面积大、活性强、易附带有毒有害物质（重金属、微生物等），在大气中存留时间长、输送距离远，对空气质量和可见度有重要影响。

大气中 PM2.5 的来源包括自然来源和人为排放。自然来源包括火山灰、森林火灾、风扬尘土、漂浮的海盐、花粉、真菌孢子、细菌等。人为排放包括直接排放的 PM2.5 和由排放的某些气体污染物在空气中转化生成的 PM2.5，其中直接排放主要来自燃烧过程，如化石燃料（煤、汽油、煤油、柴油）的燃烧、生物质（木柴、秸秆）的燃烧、垃圾焚烧等；在空气中转化成 PM2.5 的气体污染物主要有二氧化硫、氮氧化物（汽车尾气）、氨气、VOCs 等。除此之外，其人为来源还包括道路扬尘、建筑施工扬尘、工业粉尘、厨房烟气等，这些人为污染是 PM2.5 的主要来源。当大气环境中的 PM2.5 含量高时，在打开车门时 PM2.5 会进入车内，造成车内 PM2.5 的污染。除此之外，在车内抽烟也可导致车内 PM2.5 含量的上升。

由于 PM2.5 粒径小，可通过呼吸道进入人的细支气管和肺部，长期接触较高浓度的 PM2.5 可引发呼吸系统和心血管系统疾病，包括呼吸道刺激、咳嗽、哮喘加重、呼吸困难、肺功能降低、慢性支气管炎、心律失常、心脏病等，还可导致心肺病患者早死。通常情况下，颗粒物的粒径越小，其进入呼吸道的部位越深，对人体危害越大。

7.1.2 我国车内绿色设计技术水平现状

我国已成为汽车产销第一大国，市场上销售的汽车品牌繁多，各品牌的车内环境品质各不相同。汽车消费者对车内环境品质的关注度在不断增加，政府及相关部门的法律法规日渐严格，汽车企业在车内环境管控方面所面临的压力也越来越大。

根据市场研究机构 J. D. Power 发布的 2015 - 2017 年 IQS 报告关于"车内异味"的问题统计（数据如图 7-2 所示，以 PP100 为单位）：在 2015 年，"车内有令人不愉悦的气味"是最频繁出现的问题；2016 年"车内有令人不愉悦的气味"问题连续第二年成为消费者反映最多的问题，并且该问题的 PP100 值呈现上升趋势；2017 年"车内有令人不愉悦的气味"问题的 PP100 值与 2016 年相比，依然有小幅度上升。可见，由于消费者对自身健康的关注度和车内环境的舒适度要求的提升，使得"车内异味""车内空气质量"等话题越来越多地被消费者所关注，也成为汽车行业重点研究和需要解决的课题之一。

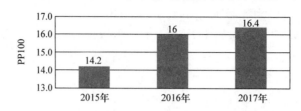

图 7-2 "车内有令人不愉悦的气味"问题反馈率

中国汽车生态评价（China New Car Assessment Program，C-ECAP）对国内外不同品牌车内 VOC 散发量的调查结果（表 7-2）显示，我国自主品牌与合资品牌平均水平相比并无明显的差别。此外，不同车型之间车内 VOC 性能略有差异，轿车的 VOC 性能较好，SUV、MPV 略差，这是因为 SUV、MPV 车内空间相对较大，内饰件用量较多，从而导致车内 VOC 的散发量大于轿车。

表 7-2 国内外汽车 VOC 挥发物水平 （单位：mg/cm^3）

编号	VOC	国标限值	自主品牌均值	日韩系均值	欧美系均值
1	苯	0.11	0.082	0.015	0.017
2	甲苯	1.1	0.571	0.552	0.625
3	乙苯	1.5	0.173	0.155	0.187
4	二甲苯	1.5	0.46	0.301	0.361
5	苯乙烯	0.26	0.047	0.047	0.045
6	甲醛	0.1	0.049	0.047	0.049
7	乙醛	0.05	0.075	0.076	0.075
8	丙烯醛	0.05	ND	ND	ND

为保证汽车行业可持续发展，就必须遵从车内绿色环境设计方针，改进汽车内饰非金属材料的环保性能，降低 VOC 等有害物的散发。我国各车企已经开发出了各自的车内环境检测标准及新车材料环保性能开发流程，明确供应商产品环保性能；并在整车涂装、总装等工艺中做了改善，例如，在涂装工艺中增加机器人使用，以提高用胶效率、减少用量；改善零部件储存环境加速 VOC 散发。零部件及原材料供应商也在通过不断调整材料配方、生产工艺等方式降低其产品中 VOC 的散发量；同时也研发出了一些新型环保材料，如由植物提取物制成的椰壳纤维等。除此之外，政府主管部门也在不断完善汽车行业的 VOC 相关法律法规及管控方案。在各方的努力下，我国汽车行业中 VOC 性能有了很大提升，但现有车内环境水平依然无法满足消费者的满意度需求。

在工业高度集中的城市，雾霾天气已经是司空见惯。在这类环境中使用车辆，高浓度雾霾或者 PM2.5 会通过开门、开窗以及空调通风系统进入车内。由于汽车结构特性所致，外界污染物易进不易出，使车内污染物浓度比外界环境还高，导致车内环境对驾乘人员健康危害更大。使用车载空气净化器可有效净化车内空气中的 PM2.5，同时也可对有毒有害气体（如甲醛、苯系物、TVOC 等）、车内异味、细菌、病毒等起到净化作用。在汽车行业内车载净化器主要分为空调高效净化系统（AQS）、扶手箱净化器、顶篷嵌入式净化器、衣帽架嵌入式净化器及综合智能净化系统（综合利用空调系统、扶手箱净化器等，并进行智能控制）。同时，车载空气净化器正朝着智能化方向发展，如根据车内外环境状况自动开启和选择净化模式、实现人机交互、通过互联网使用手机 APP 远程控制等功能。

7.1.3 车内绿色环境设计需求及相关法规解析

在我国汽车行业中，以国家标准 GB/T 27630—2011《乘用车内空气质量评价指南》为车内空气质量法规。此外，世界其他主要汽车产销国均制定了相关法规要求。本节重点论述绿色环境品质设计需求及我国的法规要求，并分析不同国家和地区对车内空气质量控制的差异点，为车企应对各国车内空气质量法规、制定车内绿色环境设计目标及相应管控措施提供依据。

1. 车内绿色环境设计需求

研究表明，人们在车内的时间仅次于室内时间。因此，车内绿色环境设计需求也越来越迫切，主要体现在市场需求、法规需求及车企社会责任感需求三个方面。

近些年来已发生多起消费者投诉车内存在异味事件，甚至出现由于车内空气导致重大疾病的案例。因此，消费者的消费理念逐渐趋于健康、绿色、环保，维权意识也明显增强。针对此情况，部分车企已制定了绿色研发理念，车内环境品质已成为汽车行业新的竞争焦点。消费者在购车时，不仅考虑品牌、外观、价格、动力等因素，车内绿色环境品质也已经成为影响消费者购车的主要因素之一。

2011 年 10 月 14 日，国家环境保护部和国家质量监督检验检疫总局联合发布了国家标准 GB/T 27630—2011《乘用车内空气质量评价指南》，该标准主要适用于新生产汽车，自 2012 年 3 月 1 日正式实施。此标准对车内空气中的苯、甲苯、二甲苯、乙苯、苯乙烯、甲醛、乙醛、丙烯醛共八项有机物设定了限值要求，自此我国乘用车车内空气质量标准将有法可依。

在行业法规不断严格的环境下，我国车内绿色环境水平要求将走向更高的标准，我国车企以及行业供应链势必会全面开展创新研发。作为车企不仅要对消费者的安全负责，还需要为消费者提供一个绿色、环保、舒适的驾乘环境。车内绿色健康的环境应建立在提升材料、零部件环保性设计的基础上，加强管控等环节，力争做到车内污染物含量降至最低。车企应以实际行动为我国环保事业出力，体现对消费者身体健康的人性化关怀，实现良心造车，彰显车企社会责任感，更能反映出车企的品牌形象。

2. 车内绿色环境法规解析

在迫切的市场需求下，我国政府及各相关部委均加强了对汽车产品 VOC 的管控力度，并依据自身职权，采取了切实可行的控制办法，具体管控措施及手段见表 7-3。

表 7-3 我国车内空气质量法规标准

机构名称	管控办法
环境保护部	2007 年 12 月制定 HJ/T 400—2007《车内挥发性有机物和醛酮类物质采样测定方法》
	2011 年 10 月联合国家质量监督检验检疫总局制定了 GB/T 27630—2011《乘用车内空气质量评价指南》
	2016 年 12 月发布了 GB 18352.6—2016《轻型汽车污染物排放限值及测量方法（中国第六阶段）》，标准中增加了车内空气质量管控要求

(续)

机构名称	管控办法
中国汽车研发中心	在健康、节能、环保领域开展"中国生态汽车评价",采取车企自愿申请与抽车评价相结合的形式,并公开评价结果
中国质量认证中心	制定 CQC 9205—2014《汽车乘员舱内挥发性有机物和醛酮类物质采样测定方法》及 CQC 9206—2014《乘用车车内气味检测认证技术规范》等认证依据,内容涉及车内 VOC、气味及 PM2.5 等多个方面
	编制《乘用车内饰件产品环保认证技术规范》,为开展零部件 VOC 自愿性认证奠定了基础
汽车标准化技术委员会	推动《车内非金属部件挥发性有机物和醛酮类物质检测方法》的相关研究工作,并积极推动相关国标立项

除中国外,欧盟、德国、美国、日本、韩国等主要汽车生产国家及地区也根据自身的国情及已有的室内挥发性有害物质法规,制定了符合本国国情的车内挥发性有害物质法规标准和车内 VOC 的标准限值,其对比分析见表 7-4。

表 7-4 国外车内空气质量法规标准

法规名称	法规内容	国家、组织
ISO 12219	包含五个部分:整车检测室、袋子法、微室法、小室法和静室法。详细制定了从整车到零部件再到原材料三个层级的样品采集和分析方法	欧盟、国际标准化组织
VDA(270、275、276、277、278)、DZN75201	内容包括:内饰材料气味性能、雾化性能、甲醛释放、有机物散发等的测试方法	德国
德国汽车车内环境标准	装饰材料中的苯、甲醛、丙酮、二甲苯等的含量必须低于"德国三级车内环保标准"	
GOST R 51206—2004	根据不同的发动机燃料制定不同汽车的 VOC 标准;规定了怠速和匀速两种工况的检测条件、检测方法和样本分析方法。相应污染物的含量必须满足其限值要求	俄罗斯
美国汽车 VOC 法令	列出受控制材料清单,强制要求车企及零部件供应商凡是使用清单材料的必须进行申报,通过环保部门审查并接受定期检查,违者将负法律责任	美国
《降低汽车内 VOC 的自主举措》《汽车车厢 VOC 检测方法(乘用车)》	详细制定了整车 VOC 检测方法,并规定出限值标准	日本
JASO M 902—2007	详细制定了关于零部件和车用材料的检测标准,具有操作简单、周期短的特点,被广泛采用	
《新规制作汽车的室内空气质量管理标准》	规定车内 VOC 的限值、测试方法、新规缩小限值范围和抽检年限	韩国

通过对国内外车内空气质量法规的对比分析,可以得出以下结论:

1)对于车内 VOC 的管控,主要从整车、零部件和材料三个角度制定法规标准,重点围绕 VOC 的检测方法和限值进行规范。虽然各大汽车产销国都出台了针对车内空气质量的管控法规，但国际上还欠缺一套完善的、统一的管控规则。值得一提的是，世界车辆法规协调论坛第 68 次污染与能源专家工作组（简称 GRPE）工作会议正式批准由韩国组织成立了车内空气标准工作组，承担全球统一法规的起草工作。

2）我国法规 GB/T 27630—2011《乘用车内空气质量评价指南》在修订之后，进一步严格要求部分苯系物（如苯、甲苯、二甲苯、乙苯）的挥发量，且明确规定后续销售车辆必须满足要求。修订后的标准将对车企形成更强的约束力，同时还能达到对汽车产业链整体管控的目的。通过对比其他国家及地区的相关法规，我国在车内空气质量管控方面已建立了世界上最为严格的管控制度。但在我国汽车行业内，还缺乏统一的零部件、材料的检测方法及限值要求，各车企均按自己的企业标准进行检测，以内部经验数据作为合格依据来管控零部件、材料的环保性能。

3）日本汽车工业协会（JAMA）推行的《降低汽车内 VOC 的自主举措》以此作为日本企业的目标，是车企及其供应商的自主行动计划而并非强制实施，因此不具有任何约束作用。韩国政府建设部颁布《新规制作汽车的室内空气质量管理标准》来规定新车甲醛、苯系物等挥发性污染物的检测方法及限值。由韩国汽车检测研究院（KATRI）对新生产汽车进行抽样检查，对于未达标的企业，韩国政府采取劝告的方式促使其达标。从整体来看，日韩地区对车内环境管控的严格程度要低于中国。

4）欧盟在 1999 年起先后发布了多条指令（如 1999/13/EC、2009/544/EC、2009/543/EC 等），规定了原材料在使用过程中的 VOC 排放标准。2012 年由国际标准化组织制定的 ISO 12219《道路车辆的内部空气》，是欧盟各成员国普遍执行的标准。美国环保署（EPA）列出不可用及受控制材料清单，凡使用清单内的材料必须经过申报等一系列的审查，以确保其对环境和人体危害程度达到最低后才能使用，否则会受到巨额罚款，并强令召回不合格产品，甚至追究法律责任。在美国也有严苛的基础材料标准，因此有关政府部门并没有推动建立整车环境管控制度。但由于中国市场的影响，美国某些车企一直在自发性地推进 VOC、气味改善工作。综上所述，欧美地区在材料管控方面制定了很完善的管理措施及惩罚制度，但在整车空气质量管控方面还未做明确要求。

为了能有效地改善车内空气质量，积极推动各项管控法规的有效落实，各大汽车产销国还制定了相应的管理措施并取得了一定成效，见表 7-5。

表 7-5 国内外车内空气质量管控措施

国家或组织	主要措施	实施成果
中国	初步建立了自愿性认证机制，通过企业自愿申报，定期开展抽检及信息披露制度	处于起步阶段，目前已初见成效
欧盟	"清洁车厢工程"	总耗资 477 万欧元，耗时 3 年，研发了一款全新的车内空气质量管理集成系统
德国	1. 创立了德国"蓝天使"环境保护标准 2. 鼓励企业为汽车配备天窗、蜂窝回流式车载空气净化器和光触媒处理技术	1. 汽车企业使用满足"蓝天使"环境保护标准的汽车内饰和材料 2. 一些车企在销售前经过有毒空气释放期 3. 通过技术手段提升了汽车内部环境品质
美国	主要借助市场的力量	充分调动了通用、福特等本国车企的积极性

(续)

国家或组织	主要措施	实施成果
日本	JAMA和标准协会调研了本国国情,发布了汽车VOCs限值标准和检测标准	公布了一套操作简单、周期短的检测方法,并被广泛应用
韩国	1. 建立了一套车内空气质量抽检及信息披露制度 2. 鼓励装配高科技空气质量自动监测设备	1. 采用一年一次的抽检方式,使车企更加严格地要求自己 2. 开发车内空气质量传感器(AQS),能监测空气污染物并自动切断出风口开关,防止废气流入车内

在我国,汽车行业的技术领头羊"中国汽车研发中心"参考国外成功经验并结合中国实际情况开展C-ECAP,基于健康、节能、环保的原则,制定了近乎严苛的评价标准。C-ECAP采取车企自愿申请与随机抽样评价相结合的形式,既给企业自由选择的空间,又保证了公平、公正的原则。评价以白金、金、银、铜牌划分等级,结果会在网络上公布,竞争对手及消费者都能够查询到参评车型的评分结果。对比其他国家和地区的车内环境管理措施,中国生态汽车评价措施不仅可以给消费者购车提供参考信息、引领绿色消费,也能督促车企不断提高车内绿色环境品质的竞争力。这种综合性的车辆测评及环保管控模式,在全球行业内处于领先行列。虽然我国在车内绿色环境品质管控方面取得了一定的成效,但有些方面仍然需要继续完善。例如,还应制定整车气味测试方法、评价准则及限值要求;车内非金属材料的挥发物要求、禁用原材料清单等。在今后的行业发展道路上,各车企仍需依据自身国情制定管理路线,并借鉴国外先进绿色设计技术及优秀管理理念。

7.2 车内绿色环境设计要素分析

车内绿色环境品质的影响因素很多,主要包括零部件用材、加工工艺、整车生产的涂装、组装及后处理等环节,下面重点介绍相关影响因素及其提升思路。

7.2.1 车内绿色环境的影响因素及其提升思路

影响车内环境品质的因素主要包括:车内非金属材料本身含有的挥发物、非金属材料在生产过程中额外产生的挥发物、外界环境进入车内的污染物、驾乘人员吸烟产生的污染物、车内产生的微生物及细菌代谢物、车内装饰品产生的污染物。

1)车内使用的织物、皮革、聚氨酯发泡、塑料、橡胶、涂料、胶黏剂等材料,以及生产中所添加的有机溶剂、添加剂、助剂等均含有大量的VOC。因此对于新车而言,内饰非金属材料挥发物是造成车内空气污染的主要因素,而且内饰越豪华的汽车,VOC散发量也就越大。

2)在汽车内饰件生产过程中,由于温度变化、添加助剂或改性原料等因素,导致原材料发生化学反应,会额外产生或带入一部分化学物质,从而增加成品件的挥发物含量。

3)车外空气中的污染物,如雾霾、粉尘、汽车尾气中的碳氢化合物、一氧化碳等,会通过开闭门窗或汽车通风系统进入车内,致使车内空气被污染。

4)车内驾乘人员吸烟,不仅会大大增加挥发性有机化合物、一氧化碳和PM2.5之类的空气污染物，其所散发出的物质也可能会吸附到汽车内饰件上，并长期停留在车厢内。

5）空调系统长时间不清洗护理，会滋生微生物、细菌。微生物产生的可挥发性代谢物或者相关代谢物在空气中氧化或与其他物质发生反应，导致车内空气质量变差甚至缺氧。由于车内空气流通不畅，这些代谢物会散发到车内空气中，从而导致车内空气污染。

6）很多车主在购买新车后，势必会对车内进行一番"美容"，车内增加了很多装饰物，如玻璃贴膜、座套、脚垫、挂件等。这类装饰物同样使用非金属材料制成，也会散发大量的VOC。然而，现在行业中只是加强了对车辆的管控，还没有相关法规来规范车内装饰物的污染。有些生产商为了降低成本，使用非环保材料，导致车内空气进一步被污染。

在了解上述汽车污染源之后，可以采取针对性的方案进行车内环境品质的治理，行业内主要依据"少带入、少产生、速排出、速净化、气味类型优化设计"五项措施，从设计、生产、存放及售后各个环节加强管控，具体措施如下：

1）研究现有整车、零部件、材料的VOC及气味性能，各零部件对整车VOC性能的贡献度，改善重点管控零部件的原材料及配方，多开发和使用低VOC、低气味的绿色环保材料，如胶黏剂材料采用水性胶替代溶剂胶、喷涂材料采用水性漆替代溶剂漆、吸声材料采用双组份吸声棉替代废纺毡、备胎盖板本体采用PHC或PP玻纤板材料替代木粉板等，从源头上减少有机污染物的带入。

2）改进模具结构、优化生产工艺，如降低塑料件注塑温度、采用卡扣链接或摩擦焊接或超声波焊接替代胶黏剂粘结工艺、采用免喷涂材料或IMD工艺替代喷漆工艺、采用水切工艺替代顶篷包边工艺等，从而达到减少VOC产生的目的。

3）对零部件的生产车间和仓库、样品包装及存放方式也应加强管控，通过采取相关措施加速VOC的散发。例如，保证生产车间和仓库通风良好，必要时增加强制通风设备，确保生产和仓储环境清洁、无污染、无异味；避免使用密封材料进行包装，可采用打孔材料或无纺布透气材料进行包装，加速VOC和气味散发；合理存放零部件，避免零部件叠放，可采用货架放置零部件，增加空气流通，加速VOC和气味散发；针对胶水使用量较大的软质包覆件，可在生产线末端增加烘烤和通风工艺，强制加速VOC和气味散发等。

4）在车内配备车载空气净化器，可实时快速净化车内VOC、PM2.5，并在一定程度上减少车内气味，实现快速净化车内空气的目的。

5）在部分内饰零部件用材料中进行气味植入（添加香氛）或在车内设计气味发生器等，使整车能够持续散发好闻的味道，为用户创造清新、舒适的驾乘空间和感官体验，让用户产生愉悦、兴奋的心理情绪，可提升产品质感、品位，吸引消费者对车型的关注，并刺激其购买欲望。

7.2.2 绿色材料技术

在车内绿色环境品质设计中，绿色环保用材是最主要的影响因素，因此提高材料环保性能的意义重大。汽车内饰非金属材料中，使用量较大且对车内绿色环境品质影响较大的非金属材料主要有塑料、皮革、发泡材料、胶黏剂等，下面对几种车内常用的材料进行VOC及气味性能分析，并提出改进方案。

1. 传统塑料

汽车工业在向轻量化发展的道路上，使用了大量塑料类材料。从某种程度上来说，汽车上塑料的用量能直接反映出该国家的汽车工业水平。近30年来，塑料类产品在汽车行业中的用量还在不断增加。为了在不改变塑料原有性能的基础上降低内饰VOC排放，国内外企业、研究机构研究出了如下改进方案。

（1）聚丙烯（PP）　　PP材料由于具有良好的刚性、耐热及耐冲击性，且容易加工和回收再利用，因此在汽车上被广泛使用。但是，PP材料中甲醛等挥发物含量较高，在应用时需要尽量对其进行改性处理，以减少有机物的含量。在此提出两点改进方案：

1）添加活性炭及多孔氧化铝等多孔材料，尤其是孔铝硅酸盐无机材料，这种材料对低分子有机物具有非常强的吸附能力，且在较高温度条件下仍不会解吸，因此可使材料中的挥发性有机物的含量达到标准要求。

2）采用自然和真空脱挥相结合的形式，使用专业的设备和适当的工艺在PP改性过程和注塑前进行脱挥处理。使用此种脱挥方式后效率有很大提高，但是成本也会有所提高。

（2）丙烯腈-丁二烯-苯乙烯三元共聚物（ABS）　　ABS是五大合成树脂之一，其因具有抗冲击、耐热、耐低温等特性，经常用于制作车内装饰板等零部件。在ABS材料的生产中，未完全反应的苯乙烯会残留在产品内，遇热会挥发出来。此外，在材料改性过程中，会加入多种助剂，也会增加ABS树脂的VOC含量。为降低VOC含量，常使用如下两点改进方案：

1）采用乳液接枝-本体SAN混合法与连续本体聚合法制备ABS树脂。乳液接枝-本体SAN混合法的资金投入少、化学反应易于控制，最重要的是产品中杂质含量少、反应残留物少，是行业内主要使用的合成方法。连续本体聚合法具有生产成本低、产品纯度高、工艺流程短等优点，是非常具有前景的生产工艺。

2）在生产过程中使用高沸点、大分子的改性添加剂，可降低VOC散发量。

（3）聚甲醛（POM）　　POM具备非常高的强度、刚度且坚韧耐磨，应用于汽车安全带扣、门拉手及喇叭罩等。加工成型时，聚甲醛中残留或者新产生的不稳定部分极易分解产生甲醛。可通过以下两个方面进行VOC性能改进：

1）减少料粒中残留的甲醛单体，减少分子中的不稳定组分。

2）在混料时添加甲醛吸收剂，此吸收剂在注塑、回料再生使用时可以吸收材料释放出来的甲醛。

（4）聚碳酸酯（PC）　　PC具有良好的抗冲击、耐蠕变、耐老化且透明等特性，主要被应用于汽车内饰开关面板、装饰条等部位。采用酯交换法生产的PC中不可避免地会有苯酚的残留，现阶段主要通过以下两个方面进行VOC性能改进：

1）使用沉析法及后处理工艺除去PC中残留的物质。即将沉析与蒸发相结合，在联合排气式挤出机的路线上，以逆流的方式在汽提塔中除去沸点相对较低的二氯甲烷，再通过薄膜蒸发制得纯度大于80%的聚碳酸酯-甲苯混合物，之后再将此混合物直接送入排气式挤出机脱去残留的甲苯，制得的PC纯度高，甲苯含量少。

2）使用超临界流体法。超临界CO_2具有气体优异的扩散性能和液体良好的溶解能力，是苯酚的优良溶剂。对于双酚A与碳酸二苯酯反应所生成的副产物——苯酚，超临界CO_2能非常有效地将其分散到PC中去，从而减少了有机物的排放。

2. 新型环保塑料

在对传统塑料进行VOC性能改进的同时，行业内基于绿色环保理念也研发出来很多新型环保塑料。

（1）免喷涂塑料　免喷涂塑料可一次注塑即为最终产品，省去了表面预处理、喷漆、干燥及固化等工序，从而提高了 VOC 性能，逐渐得到各车企的青睐。但生产高光免喷涂塑料要求具备较高的生产技术，需同时满足如下几方面的要求：选择高光泽、耐刮擦、耐老化等性能的原材料，并且对模具结构设计、表面粗糙度等方面要求较高，还需要开发全新色彩来替代喷漆效果。

（2）生物塑料　生物塑料以原生态植物作为原材料，如甘蔗等。这种塑料可被分解，更为环保，而且植物自身的低毒害性质会大大降低产品内 VOC 等有毒有害物质的含量。

（3）化学自毁塑料　化学自毁塑料是在塑料产品上喷洒一种特制试剂，使材料与试剂中的有效成分发生化学反应，使塑料逐渐被溶解并转化成可以被水冲洗掉的无害物质。这种塑料对原材料、生产工艺、添加剂等有着严格的限制和要求。

（4）无机纳米复合材料　无机纳米复合材料是由有机聚合物基体与纳米无机分散相组合而成的，具有强度高、耐热性能好及抗紫外线辐射等特性。由于其中添加了无毒无害且化学性能稳定的无机纳米材料，在很大程度上减少了塑料自身剩余 VOC 的散发，因此可以从根源上解决塑料的 VOC 释放问题。

3. 皮革

汽车内常用的皮革有四种：真皮、PVC、PU 及超纤革。一般来说，任何一种皮革在鞣制、复鞣和涂饰等阶段均会使用以甲醛为主的预鞣剂或固定剂，有时也会将甲醛同其他醛酮类物质混合使用。因此，皮革类材料会含有较高的醛类物质，尤其是甲醛。如改用植物鞣剂，则不会导致皮革中醛类物质的增加。皮革厂商需对其供应商所提供的化工材料的性能有充分的了解，在生产过程中，应使用低 VOC、低气味的绿色环保原材料。此外，由于原材料及生产工艺有所差异，每种皮革散发的挥发物也有所不同，也呈现出不同的气味类型。下面对每种类型的皮革提出气味性能改善方案。

1）真皮常见的气味类型是酸味，主要来源于鞣剂中的硫酸铬成分。现代生产工艺中使用植物鞣剂取代硫酸铬，植物鞣质是从植物细胞中提取的。由植物鞣剂制成的真皮气味类型为皮草味，气味小且较为舒适。

2）PVC 的异味来源于增塑剂，增塑剂的主要成分为邻苯二甲酸酯类，此类增塑剂易挥发，致使产生墨臭味。现在，行业中逐步使用环氧化植物油增塑剂替代传统增塑剂。环氧化植物油是提取于农作物中的天然油脂，与有机过氧酸进行环氧化反应制得。因其气味小、无毒环保，且分子量大不易挥发，从而达到了改善气味、降低 VOC 的目的。

3）PU 的主要成分是聚氨酯树脂，其中含有大量的二甲基甲酰胺（DMF）、甲苯等化学溶剂，导致 PU 散发出溶剂味。现代加工工艺中，使用水性聚氨酯树脂代替溶剂型聚氨酯树脂可明显改善气味。水性聚氨酯树脂是以水为分散介质，不含溶剂，挥发出来是水蒸气，不会对人体、环境带来危害。

4）超纤革气味主要来源于表面涂层，涂层由聚氨酯树脂、色浆、溶剂及助剂组成，含有甲苯、二甲苯等有机物质，其气味类型是溶剂味。使用水溶性涂层代替溶剂涂层，可明显改善气味。

4. 聚氨酯（PU）发泡

PU 发泡在汽车软饰制品中占有非常重要的地位，由于具有产品设计自由度高、力学性能优异及可再生使用等优点，使其成为车内必不可缺的材料之一，主要应用于座椅发泡、顶衬总成、遮阳板总成、软质仪表板发泡等内饰零部件。其中用量最大的部位是汽车座椅发泡，这不仅是驾乘人员乘坐舒适性最为敏感的部位，也是对车内环境品质影响较大的材料。因此，对 PU 发泡的环保性能要求也非常严格。PU 发泡以溶剂型为主，固化过程中有机溶剂会产生甲醛、甲苯等挥发性有害物质。主要通过以下三个方面进行 VOC 性能提升：

1）研发生物基多元醇，用于替代现有的石油基聚醚多元醇。生物基聚氨酯的循环再使用率、有机物释放量均优于石油基聚氨酯。福特汽车已经成功研发出大豆油基的聚氨酯泡沫和橡胶，用于座椅发泡和密封件等。

2）开发水性聚氨酯材料。水性聚氨酯是以水为介质，不含 VOCs 和游离的二异氰酸酯单体，可减少挥发物含量，且使用方便。此材料的综合性能与溶剂型接近，广泛使用于固色剂、胶黏剂及涂饰剂等。

3）使用热塑性聚氨酯弹性体，其内部含有的挥发性有机组分少，可降低车内挥发性有机物的含量。

5. 胶黏剂

胶黏剂是可将两种材料粘结在一起，且可填补零部件裂纹、孔洞等缺陷的材料。因具有连接可靠、成本低、工艺简单、不会使零部件产生变形和组织发生变化等优点，胶黏剂成为车内不可替代的材料之一。汽车内饰零部件所使用的胶黏剂多为溶剂型的，这些胶黏剂在使用过程中由于溶剂挥发等原因，会造成甲醛、甲苯及二甲苯等有害物质超标。为降低胶黏剂的 VOC 散发量，行业内开发出多种环保型胶黏剂。

（1）热熔胶　热熔胶是一种绿色环保胶黏剂，在常温下呈固体状态，经加热到一定温度后可熔化为液态流体，实现快速粘结的效果。因为其在使用过程中无溶剂挥发，不会产生小分子挥发性有机物，因此具有低 VOC 甚至不含 VOC 的特性。

（2）无溶剂型胶　无溶剂型胶又称为反应型胶，是把可发生化学反应的两种物质分别涂布在需粘结的材料表面，在一定条件下使两种物质紧密接触即可进行化学反应从而达到粘结的目的。我国已开发出以低相对分子量的聚异丁烯类聚合物为主体，再配以多种添加剂而制得的一种新型的单组分无溶剂型密封胶，此胶成本低、易施工且具备优异的耐候和永久粘结性能。由于无溶剂型胶在使用过程中无溶剂挥发，因此使用时不会有 VOC 物质释放出来。

（3）水性胶黏剂　水性胶黏剂是以水为稀释剂的胶黏剂，又可分成水溶型、水乳型及水分散型胶黏剂。因其固体组分含量较高，不易挥发等特点，可达到降低 VOC 挥发量的效果。如水性丙烯酸酯胶黏剂。

（4）无机胶黏剂　无机胶黏剂是由无机盐、无机酸、无机碱及金属氧化物等组成的一类胶黏剂，是一种新型胶黏剂，具有成本低、耐老化、粘结强度高等特点。无机胶黏剂一般是水溶性的，其原料为无机材料，不包含有机高分子或小分子物质，故其并不存在挥发性有机化合物，更不会释放 VOC。

（5）天然胶和改性天然胶　此种胶黏剂的类型较多，可分为植物、动物、海洋生物及矿物胶黏剂等。由于采用原生态的动植物作为原料，用其生产出的胶黏剂也是低毒害、低 VOC 的。但其性能一般，在粘结性能要求不高的情况下可以使用。

6. 内饰涂料

为了提高内饰感观品质，车内部分零部件仍需要使用涂料赋予其色彩、光泽、保护及手感。涂料由成膜物质、颜料、溶剂和助剂四部分组成。其中溶剂的组分均为有机化合物，最常见的有脂肪烃、芳香烃（甲苯、二甲苯）、醇、酯等。同时为了满足涂料生产、储存、涂装和成膜不同阶段的性能要求，必须使用涂料助剂。溶剂和助剂大多含有挥发性有机物，会释放到空气中，从而污染车内空气。

为了得到汽车内饰配件的环保涂料，水性聚氨酯涂料越来越多地使用在汽车内饰中。水性油漆是以水为溶剂或分散介质，涂料成膜后挥发的大部分都是水。以水性油漆代替油性油漆进行车内装饰可大大降低挥发物的产生量。此外，水性丙烯酸涂料复合乳液、水性纳米改性丙烯酸酯涂料、水性氟碳涂料在环保型汽车内饰涂料中也有应用。

7.2.3 绿色工艺技术

影响车内绿色环境品质的工艺主要包括非金属零部件的生产工艺和整车生产工艺（如涂装工艺和总装工艺）。下面将从如何通过优化非金属零部件成型工艺和改善整车生产工艺方面提升车内绿色环境品质进行阐述。

1. 材料成型工艺

汽车内饰非金属零部件成型工艺主要包括注塑成型工艺、热压成型工艺、真空吸附成型工艺及搪塑成型工艺等。不精确的生产工艺或许不会改变产品的物理性能，但会对产品VOC及气味性能方面造成影响。因此，对于成型工艺的改善，在VOC治理环境中是不可忽略的。

（1）注塑成型工艺　注塑成型是指受热融化的塑料等由高压注射入模具内，再经过固化、冷却及脱模后，制得成形产品的方法。此方法可应用于形状复杂部件的大批量生产，是重要的生产工艺之一。采用注塑成型工艺制备零部件时，需要注意以下两点：

1）建议采用螺杆式注射机取代传统的柱塞式注塑机。生产过程中，柱塞式注塑机易产生层流现象，需经常清洗料筒，残留的清洁剂会增加注塑产品中的VOC含量。

2）确定最佳注塑温度、注塑速度和冷却时间，尽量减少高分子材料的分解和残留，避免造成零部件内部含有易挥发的低分子量化合物。

（2）热压成型工艺　热压成型是将热塑性片材或热固性片材加热并成型的一种方法，适合制造薄壁、小深度的塑料制品，广泛用于车门内装饰板、顶衬总成及前围隔声隔热垫等产品的制造中。此工艺可采用以下方法来降低部件VOC含量：

1）尽可能减少设计形状复杂的凹槽结构，否则产品不易脱模，需增加脱模剂的用量，从而增加了产品的VOC含量。

2）片材加热时间控制在成型周期的50%～80%阶段，片材成型温度在120～240℃之间，此时熔浆具有较好的流动性，且不易分解，小分子化合物易挥发掉，可减少零部件内的VOC存储量。

（3）真空成型工艺　真空成型主要用于容器类产品，其产品风格档次高于注塑，有皮革感，手感软，视觉效果好，主要用于中档车中的产品。在真空成型工艺中，最主要的是实现对真空压力的控制，增加抽真空排气孔数量及真空压力，将成型时产生的VOC尽可能通过真空压力排出模具外，从而降低在零部件内部的残留。

（4）搪塑成型工艺　搪塑成型是把粉末原料均匀地散布在加热的模具表面，通过热传导将粉料熔融并保持一定时间，从而形成一定厚度，并使原料在这期间产生物理、化学反应，在充分塑化后冷却定型而得到产品的过程。此工艺适用于手感、视觉效果要求较高的产品，如高档车仪表板及门饰板等。搪塑成型主要通过以下方法降低VOC含量：

1）所选用的热稳定剂应与其他组分相溶性好，具有内、外润滑性，以减少脱模剂的用量，最好选用无机盐类稳定剂。

2）应选用化学稳定性好、价廉、无毒、质量稳定的填充剂。含水量越低越好，如高于5%则应进行预干燥处理，因为含水量越低，后续加工时零部件的VOC含量越低。

2. 模具工艺分析

（1）模具使用注意事项

1）正确地对模具表面进行处理，保证模具表面干净，尽量减少脱模剂的使用。

2）推荐使用环保型水基模具清洁剂，减少残留在模具表面的清洁剂中的有机成分。

3）模具清洁后，需用适量的模具封闭涂层和调节剂修补模具表面的微孔，经修补后模具表面应恢复均一，并增加单次脱模剂可脱模次数，降低由于频繁喷洒脱模剂而造成的零部件VOC的升高。

（2）脱模剂　脱模剂的稀释溶剂多采用苯、甲苯、乙苯等有机溶剂，是VOC的主要来源，可用以下几种脱模剂替代现有溶剂型脱模剂。

1）无机脱模剂。无机脱模剂包括滑石、云母等，由于其组分为高熔点无机组分，且为固态，不与成型塑料、橡胶发生反应，可作为未来发展低VOC脱模剂的趋势之一。由无机脱模剂所制备的制件表面光滑无残留，很多研究机构、学者都在从事无机脱模剂的改性研究工作，力求提高其在模具上的分散程度。

2）脂肪酸类脱模剂。脂肪酸类脱模剂的原料容易得到且成本低、无毒无害、绿色环保、润滑效果好，是经常使用的一种有机脱模剂。尤其是它用水做溶剂，避免了有机溶剂对零部件的污染，经改良后可重复利用，成本较低。

3）蜡系脱模剂。蜡系脱模剂具有很好的粘合和涂饰的后加工性能，且价格低廉，常用于聚氨酯类零部件的脱模工艺。通过控制乳化温度及乳化剂含量等，可生产低VOC的水性脱模剂，安全环保。

4）硅系脱模剂。硅系脱模剂由于表面张力小，脱模力小，连续脱模次数多，并且耐热、无毒、光泽好，不会粘结模具等优点，可被广泛应用于塑料、橡胶等行业中。

3. 整车生产工艺

在整车生产过程中，影响车内绿色环境品质的主要工艺为涂装工艺和总装工艺。下面将对如何改善涂装工艺和总装工艺进行分析。

（1）涂装工艺　在汽车涂装生产过程中，需采取合理的中间控制，减少内饰件上面漆、中涂漆及清漆的用量，特别是金属漆和清漆的用量。具体包括以下措施：

1）设立颜色编组线并合理安排生产，以尽量减少换色和清洗次数。

2）用机器人喷涂，并改善喷涂工艺参数。

3）使用同色中涂，以减少色漆的使用量。

4）内板也尽量使用机器人喷涂，以提升喷涂效率，减少油漆用量。

5）调整车内非金属零部件设计方案，减少产品喷涂量。

6）在确保效果的情况下，改善喷涂工艺，减小喷涂面积等。

（2）总装工艺　汽车总装工艺对VOC的影响主要来源于胶黏剂，控制胶黏剂的用量是降低VOC含量的主要思路，具体措施如下：

1）使用智能化喷涂设备进行车身用相关胶黏剂的喷涂，提高效率。
2）对喷胶嘴进行改善，避免出现局部用胶量过多的现象。
3）改善工艺，严格把控装配过程，避免大量返修。
4）尽量使用焊接、搭扣。
5）配置通风设施，加强组装车间内的空气流通。
6）增加包覆件烘烤及强制通风处理，加速零部件的VOC散发等。

7.2.4　绿色后处理技术

为优化车内绿色环境品质，可对车内散发出的有毒有害物质、PM2.5等进行净化处理。车内空气净化技术主要有活性炭多层过滤技术、光触媒净化技术、负离子空气清新技术、等离子杀菌除味技术、静电集尘技术、紫外线消毒技术、臭氧消毒技术、车内空气质量监控系统（AQS）等。通过多项净化方式的结合使用，可有效降低车内空气中的污染物含量。车内绿色后处理技术虽不能从根源上解决车内空气污染问题，但可以有效改善车内空气质量，也是一种可取的后处理方案。

1. 活性炭多层过滤技术

活性炭是一种多孔性的具有非常强吸附性的物质，它具有高度发达的孔隙构造，形状类似于极其疏松的固态泡沫。活性炭的多孔结构为其提供了大量的表面积（1g活性炭的内表面积为$100m^2$），能与气体和微小固体颗粒物充分接触，从而可以有选择性地吸附车内空气中的物质，以达到消毒除臭的目的。

2. 光触媒净化技术

光触媒是以纳米级二氧化钛为催化剂的具有光催化功能的特殊材料。这种材料在光的照射下会发生类似于光合作用的催化反应，具有极强的氧化还原能力，能将空气中的甲醛、苯等污染物直接分解成无害、无味的物质。光触媒还具有杀灭细菌并分解菌体的能力，它可以杀灭并分解封闭环境内的大部分细菌和病毒，从而达到净化车内空气的目的。

3. 负离子空气清新技术

由负离子发生器产生直流负高压，将空气不断电离从而产生大量负离子，其具有极强的吸附和氧化作用，能够高效快速地杀灭空气中的细菌和病毒等微生物。负离子被净化系统内的风扇吹出，以改善和调节空气，使空气更加清新、自然。除此之外，负离子还具有定神、降低血压、抑制哮喘、消除疲劳及其他良好的生理调节作用。

4. 等离子杀菌除味技术

等离子发生器同时产生正离子与负离子，两种离子在空气中的能量释放，能导致其周围细菌结构的改变或能量的转换，从而起到杀灭空气中的细菌、霉菌的作用。同时，等离子发生器也能分解部分苯乙烯等挥发性有机物，起到净化空气的作用，在车内营造出清新空气。

5. 静电集尘技术

受污染的空气经过初效过滤网预过滤皮屑、尘埃等较大颗粒，再由静电除尘区除尘杀菌，再经过复合过滤网的等离子催化净化，多层把关，能捕捉小至$0.1\mu m$的微小尘埃，可以有效消除车内镉、铅、铬等的重金属致癌粉尘，6000V高压静电还可瞬间杀灭细菌、病毒。

6. 紫外线消毒技术

紫外线消毒是指利用紫外线专用灯对车内装饰进行照射，以达到消毒灭菌的目的。其原理是紫外线具有波长短、能量高的特性，当紫外线照射到微生物后会发生能量传递和积累，积累的结果会使微生物死亡，从而达到消毒灭菌的目的。但是紫外线在照射的同时也会对座椅、仪表板、门护板、地毯、顶篷、立柱护板等部位产生老化作用。因此，紫外线消毒不可常用，其保持时间也较短，一般在一周左右。

7. 臭氧消毒技术

臭氧具有超强的氧化能力，安装在空调系统中的臭氧发生器生成臭氧之后进入空调循环系统，其所含氧原子的氧化作用可以破坏微生物膜结构，可以杀灭空气中含有的细菌和病毒，消除车内异味，以实现消毒灭菌的作用。但是，当环境中的臭氧浓度偏高时它又是一种污染气体，在杀灭细菌和病毒的同时也对人体细胞造成了损伤，因此臭氧已经开始慢慢淡出市场。

8. 车内空气质量监控系统（AQS）

利用安装在车头部位的空气质量传感器，在车辆行驶过程中实时监控车内外PM2.5、CO_2、CO及挥发性有机物，当车辆行驶到污染较重的区域时，如遇到堵车、进入隧道等情况，AQS将自动关闭空调系统进气门，将循环系统由外循环改为内循环，避免将污染空气吸入车内；当外界空气变得清新后，系统又可以自动打开进气门以纳入新鲜空气。

7.2.5 绿色设计应用案例

汽车内饰件使用的织物、皮革、聚氨酯发泡、塑料、橡胶、油漆涂料、胶黏剂、密封剂等非金属材料，以及生产中所添加的有机溶剂、添加剂、助剂等均含有大量的VOC。因此对于新车而言，内饰非金属材料挥发物是造成车内空气污染的主要因素，而且内部装饰越豪华的汽车，VOC散发量就越大。在保证汽车功能、品质、豪华度、舒适度的前提下，提升车内空气质量，就需要对原材料、辅料及生产工艺等方面进行改进。

1. 车门内饰板VOC及气味性改善案例

（1）采用超声波焊接工艺　传统车门内饰板制造工艺中，会使用胶黏剂连接门板主体与隔声垫。而胶黏剂是车内VOC的一个重要来源，在车辆使用过程中，胶黏剂会不断释放甲醛、苯、甲苯、二甲苯、甲苯二异氰酸酯、氨等挥发物。为减少胶黏剂的使用量，可以使用超声波焊接工艺来取代胶黏剂连接，如图7-3所示。

图7-3　超声波焊接工艺

（2）控制注塑温度　车门内饰板主体部分使用 PP 作为主要原料，在注塑过程中，高温剪切所产生的各种自由基通过 β 断裂以及双分子歧化反应促进 PP 的降解及新的功能基团生成。其中，烷氧自由基和烷过氧自由基分别以 β 断裂及双分子歧化反应产生醛酮产物，其中一部分会直接挥发到环境中。并且注塑温度越高，降解速率越快。因此，适当降低注塑温度，可有效减少塑料件中 VOC 的挥发量。（测试样品为塑料板，规格为 10cm×20cm，50L 袋式法）对比了注塑温度为 230℃ 和 220℃ 条件下，产品的 VOC 散发量，如图 7-4 所示，其中乙醛有明显的减少趋势。

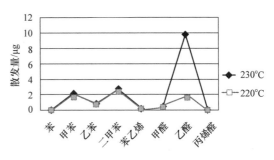

图 7-4　注塑温度改进前、后的 VOC 散发量

（3）增加烘料工艺　在注塑前对 PP 粒料进行烘烤，不仅可以去除水分，提升注塑产品品质，还可以预先挥发掉一部分 VOC。其他车内注塑件也可参考此方法设计烘料工艺。

（4）使用稳定性好的抗氧剂　为了防止 PP 材料在存放中产生变色、发黏、发脆等现象，通常在注塑过程中会添加抗氧剂。在抗氧剂的选择方面，单酚抗氧剂 BHT（4-甲基-2,6-二叔丁基-4-甲基苯酚）分子链中含有苯环，且分子量较小、挥发性大，导致产品注塑后二甲苯等物质极易挥发出来。而多酚类抗氧剂 1010（3,5-二叔丁基-4-羟基苯基）的分子量大，稳定性好，不易挥发，从而达到了减少 VOC 的目的。抗氧剂的改进效果如图 7-5 所示（测试样品为塑料板，规格为 10cm×20cm，50L 袋式法）。

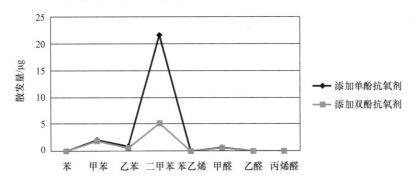

图 7-5　抗氧剂改进前、后的 VOC 散发量

除此之外，对其他塑料制品的助剂也都需要一一改善，如使用水性脱模剂、无机阻燃剂等。

2. 汽车座椅 VOC 及气味性改善案例

（1）汽车座椅 VOC 来源分析　组成座椅的主要非金属部分包括头枕、面料、座椅发泡、塑料饰板。现分别对每部分的 VOC 散发量进行检测，其结果如图 7-6 所示。测试样品选用主驾驶座椅，测试方法为 1000L 袋式法。从测试结果可以看出，座椅发泡中的苯乙烯和甲醛的挥发量很高，应作为重点改善方向。

（2）对挥发物苯乙烯的改进方法　在座椅发泡的生产过程中，常常会加入接枝聚醚多元醇来提高发泡的开孔性、泡沫的硬度及压陷负荷性能。而接枝聚醚多元醇是以高活性聚

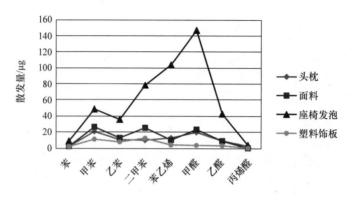

图 7-6　座椅主要部分的 VOC 散发量

醚多元醇或者分子链中含有不饱和键的聚醚多元醇为母体，与乙烯基单体进行接枝共聚合得到的。目前座椅中使用的乙烯基单体为苯乙烯，是座椅发泡苯乙烯残留的来源。

现采用苯乙烯-丙烯腈混合单体来代替苯乙烯单体，其化学稳定性有明显的提高。经验证，使用苯乙烯-丙烯腈制成的改进发泡比使用苯乙烯制成的发泡，在苯乙烯挥发量方面下降了约 80%，测试基于 1000L 袋式法，数据如图 7-7 所示。

(3) 对挥发物甲醛的改进方法　聚醚多元醇中含有醚键，对氧的作用十分敏感。在高温时，醚键会被氧化生成酸、醛、酮等物质。为防止聚醚多元醇在生产、运输和储存过程中被氧化而生成醛类物质，往往会在原材料中加入抗氧剂来减少此类现象的发生。因此，还需研究不同类型的抗氧剂对普通聚醚多元醇所制发泡中甲醛挥发量的影响。分别用两种不同的抗氧剂配方生产发泡，并用 1000L 袋式法进行 VOC 测试，结果如图 7-8 所示。测试数据表明，改进的抗氧剂能使产品中甲醛的挥发量下降 75% 左右。

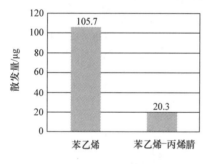

图 7-7　苯乙烯散发量对比

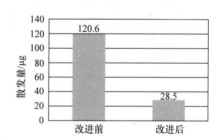

图 7-8　苯乙烯散发量对比

3. 车门密封条 VOC 及气味性改善案例

(1) 车门密封条 VOC 来源分析　车门密封条材料大部分都是采用三元乙丙橡胶 (EPDM) 作为主要原料，由三元乙丙生胶、炭黑、碳酸钙、石蜡油、氧化锌、硬脂酸、聚乙二醇、硫磺、促进剂、发泡剂等混炼而成。其中石蜡油属于石油馏化产品，含有大量苯环、芳香烃、多环芳烃类物质，增加了成品中甲苯的散发量。此外，为了提高密封条的物理性能，还会对产品增加表面喷涂处理，表面涂层又增加了产品二甲苯的挥发量。针对甲苯、二甲苯的超标问题，对原材料进行了改进设计。

(2) 对石蜡油选材的改进　改进材料选用高闪点的石蜡油（橡胶专用填充油），其低分子易挥发物质含量较低。芳香烃含量越低，产品在高温下苯类物质的挥发量就越少。分别取闪点为241℃和284℃的两种石蜡油与轻质碳酸钙混合后涂抹在 10cm×10cm 的铝箔上，放入 50L 袋子里进行测试，测试结果如图 7-9 所示。从数据中可以看出，高闪点石蜡油的甲苯散发量降得很低，对改善车门密封条甲苯散发量有明显效果。

(3) 对橡胶涂层的改进　为了提高密封条的耐磨性，会采用聚氨酯涂料喷涂的方式对密封条表面进行处理。涂层以二甲苯、丙酮等有机物作为分散剂，喷涂后密封条表面残留物会散发出二甲苯，致使 VOC 超标。现采用水基型涂料（即水性聚氨酯）取代溶剂型涂料，其二甲苯散发量降低，对减少车门密封条 VOC 散发量有明显效果。图 7-10 所示为测试数据，分别取 5g 溶剂型涂料和水基型涂料，喷涂在 10cm×10cm 的铝箔上固化后，放入 50L 袋子中进行测试。

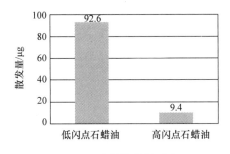

图 7-9　甲苯散发量对比

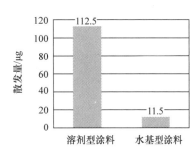

图 7-10　二甲苯散发量对比

4. 针刺地毯 VOC 及气味性改善案例

目前汽车使用的地毯主要为针刺地毯，根据地毯结构不同，可分为针刺背胶地毯和针刺复合地毯两类。通常针刺背胶地毯由毯胚及背面附件，如 PET 复合棉、丙纶毡及 EPP 垫块组成；针刺复合地毯由毯胚及背部聚氨酯发泡组成。下面就两种不同结构的地毯，分别阐述气味来源及材料设计方案。

(1) 针刺背胶地毯材料设计方案

1）PE 淋膜。针刺背胶毯坯是用 SBR 胶（丁苯胶乳）定型 PET 纤维外观面料层，将 PE 淋膜涂覆于 SBR 胶的另外一侧制成的。其中 SBR 胶处于面料与底涂之间的夹层中，因此气味散发量相对较少。PE 淋膜在生产过程中需要加入抗氧剂（一般采用 168 亚磷酸酯类抗氧剂），抗氧剂在毯坯烘烤过程中降解为小分子物质，导致背胶毯坯带有酸味。现采用复合类抗氧剂，它由多酚型抗氧剂与亚磷酸酯类抗氧剂等不同品种的抗氧剂复配而成，由于复合类抗氧剂能防止高温氧化，不易降解，从而减少了气味物质的挥发。

2）PET 复合棉。PET 复合棉本身没有明显气味，但其多孔、疏松的材料特点，极易吸附环境中的气味因子并产生异味。因此，应对其储存环境进行重点管控，保证仓库环境清洁、无异味，并保证定期通风。

(2) 针刺复合地毯材料设计方案

1）ES 纤维。针刺复合毯坯底层的 ES 纤维经热处理后，纤维之间相互粘着，形成不需要胶黏剂的纤维毡。如果毯坯烘烤温度超过170℃，会导致 ES 纤维熔化，并散发出焦糊味。因此，在保证 ES 纤维软化程度满足成型要求的前提下，适当降低烘烤温度可以减少异味的产生。

2）聚氨酯发泡。在发泡过程中，如果氨类催化剂使用不当，将导致产品上残留催化剂，会散发出鱼腥味；如果原材料添加比例不当，则会导致组分反应不完全并产生残留，也会散发出醚类物质的气味。因此，在发泡过程中合理规划各组分、助剂的比例，在生产中严格控制使用量成为控制异味的关键手段。

5. 织物面料 VOC 及气味性改善案例

织物面料是汽车内饰大量使用的材料之一，主要应用于座椅面料、顶篷面料、立柱、行李舱垫、遮阳板等。织物面料通常是由织布和海绵复合而成的，生产中还会加入一些添加剂，来提高产品的柔软感、阻燃性、防腐性、耐光性、抗静电性能等，但同时也增加了产品中 VOC 的散发量。在改进添加剂、助剂的同时，还可以从改善生产工艺和存储环境的角度来加速 VOC 的散发。

（1）海绵在复合前进行通风处理　海绵本身就是高 VOC 含量的材料，其多孔的特性，易于吸附周边环境中的 VOC，因此需要在加工前对其进行预处理来降低 VOC 含量。海绵原材料采购后，应单独存放并远离其他污染源；需保证仓库周边环境无污染；仓库保持通风，如增加排风扇，一方面保证仓库内的 VOC 及时排出，另一方面可以加快海绵释放挥发物。

（2）改进复合工艺　传统面料复合工艺会使用大量胶黏剂，现采用火焰复合工艺取代胶黏剂，可减少 VOC 在生产过程中的带入。

（3）增加后处理工艺　在常规生产线的最后增加一道烘烤处理，可以加速 VOC 的排放，而且不会降低生产率，如图 7-11 所示。

（4）改善包装物　使用透气的无纺布代替塑料膜对成品进行包装，也能使其在储存期间散发 VOC，同样还需保证仓库环境及通风处理，否则会得不偿失。

6. 湿法顶篷本体 VOC 性能改善案例

湿法工艺顶篷主要由 PU 板、顶篷骨架、胶黏剂、针织面料几部分材料构成。对这几种主要材质分别进行 VOC 散发量分析，发现 PU 板中二甲苯的散发量高，胶黏剂中乙醛的散发量高。下面分别分析这两种材质的改善方案。

（1）PU 板改善方案　PU 板在生产过程中会添加硅油，而硅油生产商往往会用清洗剂清洗硅油反应釜。这种清洗剂的主要成分为二甲苯及其衍生物，是导致 PU 板二甲苯超标的源头所在。将二甲苯清洗剂替换成脂肪烃清洗剂可以从根本上解决此问题，图 7-12 所示为测试数据，测试时取 50cm×50cm 的样品，放置在 50L 袋子中测试 VOC 散发量。

图 7-11　烘烤生产线

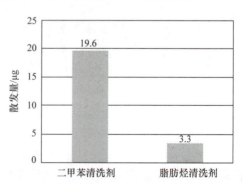

图 7-12　二甲苯散发量对比

(2) 胶黏剂改善方案　在顶篷用胶里,有一种是双组分聚氯酯胶黏剂。其乙醛含量超标的主要原因,是在生产中原材料发生交联反应时,羟基被氧化成醛基,从而产生了醛类物质。因此,改善方案设计为原料中添加缩醛剂。其原理是缩醛剂的主要成分为带有活泼氢基团的化合物,活泼氢具有极强的还原作用,可以阻止羟基被氧化,抑制醛类物质的产生。分别取 5g 改善前、后的胶黏剂均匀地喷涂在铝箔上,放置在 50L 袋子里测试,其改善结果如图 7-13 所示。

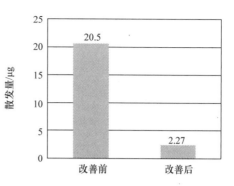

图 7-13　乙醛散发量对比

7.3 车内绿色环境正向设计方法

通常主机厂的车内绿色环境设计思路是半逆向的,即在车型研发中后期,对工装样件和工装样车进行 VOC、气味性能验证。若整车 VOC、气味性能不满足标准要求,再依据主机厂企业标准对不合格的内饰非金属零部件进行整改,整改合格后再装车进行整车 VOC、气味性能验证,如此反复,直至整车 VOC、气味性能符合要求。由于按照该方法只能在车型研发中后期开展车内空气质量控制工作,但此时零部件选材、模具及生产工艺等已基本确定,再改善 VOC、气味性能的难度相对较大、成本较高、周期长,甚至还会影响到整车开发周期。为了提高整车的研发效率,缩短车内环境品质的设计开发周期,应打破事后整改车内环境品质的思路,从零部件材料及生产工艺选择环节进行源头管控,采用正向设计的方法,从整车立项阶段开始,一步步地完成指标制订、材料及工艺设计、模拟验证以及最后的实车验证。

7.3.1　车内绿色环境品质整体设计思路

整车开发流程一般分为产品立项、概念开发、设计开发、试制试验与认证、生产准备、量产与投产六个阶段。车内绿色环境正向设计思路如图 7-14 所示,即车内环境品质管控工作需要依据整车开发流程在各个研发阶段进行分级设定目标(即 VOC、气味性能合格限值)、逐级模拟验证、全程系统管理,在正式的工装样件、工装样车生产前,完成零部件 VOC、气味性能的模拟验证工作,从而初步确定零部件的用材方案及工艺,以达到预期目标。具体实施方案如下:

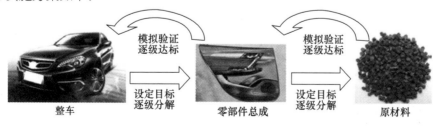

图 7-14　技术路线示意图

(1) 设定开发目标　在车型开发初期，根据车型在市场上的预期定位设定车内空气质量性能指标，再科学地将整车指标逐级分解至零部件总成及材料，这是关键的一步。

(2) 材料选择及用材组合方案搭建　正向设计过程中最核心的环节是依据零部件及材料的 VOC、气味性能指标，分别对车内绿色环境品质重点管控零部件总成开展用材组合方案及生产工艺的设计。

(3) 模拟验证　开展零部件及整车 VOC、气味性能模拟验证。如不合格，则应立即查找原因并制订改善对策，反复验证直至满足设计要求，最终确定零部件用材及工艺方案。

(4) 实物验证　对工装样件、工装样车进行 VOC、气味性能验证。

7.3.2 零部件用材及工艺方案正向设计方法

开展车内绿色环境品质的设计工作，应具体落实到车内重点非金属零部件总成环保性能设计上，包括环保材料、工艺的选择。一般情况下，需要重点设计的零部件主要包括座椅、前围内隔声隔热垫、地毯、顶衬、门内饰板、主副仪表板等，见表7-6。

表7-6　重点设计零部件

序号	零部件名称	序号	零部件名称
1	前/后排座椅	14	立柱及装饰条
2	地毯	15	风道
3	前围内隔声隔热垫	16	密封条
4	顶衬	17	空调
5	备胎盖板	18	仪表板线束
6	遮物帘	19	阻尼板/补强胶片
7	遮阳板	20	仪表
8	转向盘	21	门窗开关面板
9	仪表板	22	衣帽架
10	副仪表板	23	换挡装置
11	前/后门内饰板	24	安全带
12	后背门饰板	25	搁脚板
13	行李舱侧饰板	…	…

1. 零部件用材及工艺设计思路

零部件正向设计思路与半正向设计思路不同的是，在前期设计阶段开展重点零部件用材及工艺方案的设计及验证工作，即在新车工作样件生产之前完成零部件 VOC、气味性能的模拟验证工作，从而初步确定零部件的用材及工艺方案。前期设计工作内容及开展时间如图7-15所示。

2. 零部件用材及工艺设计流程

内饰非金属零部件用材方案的开发流程如图7-16所示。

3. 零部件及整车 VOC、气味性能模拟验证方法

(1) 试验设备简介　若要开展零部件及整车 VOC、气味性能模拟验证，则需要使用专用的试验设备，如图7-17所示。图中包括 $2m^3$ 零部件试验舱和 $5m^3$ 整车模拟试验舱，其中 $2m^3$

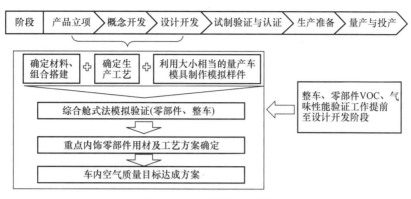

图 7-15 正向设计示意图

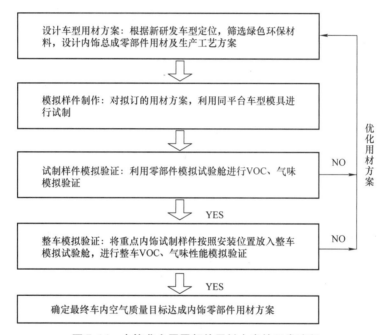

图 7-16 内饰非金属零部件用材方案的开发流程

零部件试验舱可容纳任何一个零部件总成,可用于进行单一零部件 VOC、气味性能验证;$5m^3$ 整车模拟试验舱是依据乘用车内部体积设计的,可用于模拟整车 VOC、气味性能验证。

图 7-17 VOC、气味模拟验证舱

（2）模拟样件制作　使用现有量产车型类似模具及生产线，并结合新开发产品设计用材方案及生产工艺制作模拟样件。

（3）零部件 VOC、气味性能模拟验证　将前期计划管控的所有零部件总成模拟样件逐一放置于 $2m^3$ 零部件试验舱中，开展 VOC、气味性能验证，如图 7-18 所示。如果验证结果不符合设计要求，则需在重新优化零部件用材方案后再次进行模拟验证。

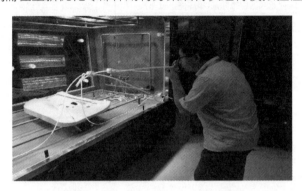

图 7-18　零部件气味评价过程示意图

（4）整车 VOC、气味性能模拟验证　将上述满足设计要求的模拟样件按照其在车内所处位置放置在整车模拟试验舱中，开展整车 VOC、气味性能模拟验证，如图 7-19 所示。如模拟验证结果符合设计要求，则可确定最终内饰零部件的用材组合及生产工艺方案；应排查出对整车 VOC、气味性能贡献较大的几个风险零件，并重新设计其 VOC、气味性能开发指标，然后再次按照正向设计流程进行模拟验证。

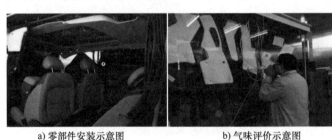

a) 零部件安装示意图　　　　　　b) 气味评价示意图

图 7-19　整车模拟验证示意图

7.3.3　车内环境品质全流程链管控方法

为有效地开展车内空气质量管控工作，车企应开展车内绿色环境设计全流程链管控，对材料选择、零部件加工、整车装配等各环节进行严格管控。还应规范车型从研发至量产的全生命周期的车内绿色环境设计管控，明确研发、生产、采购、质量、销售等部门的职责，确保车内绿色环境设计全流程链管控工作顺利开展，同时也保证了车型在研发阶段和量产阶段的生产一致性。全流程链管控示意图如图 7-20 所示。

车内绿色环境设计工作需要依据整车开发流程在六个关键阶段进行分步管控，各阶段具体工作内容如下。

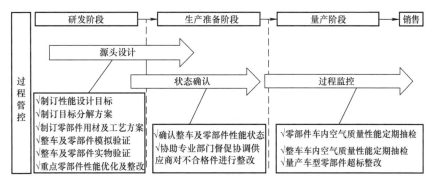

图7-20 全流程链管控示意图

1. 产品立项阶段的主要工作

（1）标杆车分析 对标杆车整车、零部件的VOC、气味性能及零部件用材情况进行系统对标，并编制标杆车绿色环境品质对标分析报告。

（2）指标制定 依据开发车型的市场定位、国家法规要求及标杆车的车内绿色环境品质状态，制定车内空气质量性能指标，用于指导后续车内空气质量控制工作的开展。指标的制定应保证设计车型在市场上具有绝对的竞争优势。

2. 概念开发阶段的主要工作

（1）目标分解 依据整车车内绿色环境品质设计目标，并结合车内非金属零部件对车内绿色环境品质影响的大小，将整车开发目标分解至各内饰零部件。

（2）制定开发方案 依据整车和零部件设计目标，制定出具体的车内绿色环境开发方案，明确相关研发人员的工作职责。

3. 设计开发阶段的主要工作

1）依据车型开发计划，制定车内绿色环境品质管控的沿用件（老车型用零部件）和专用件（新开发车型用零部件）清单，并制定零部件总成的技术要求，明确VOC、气味性能限值要求。

2）对于专用件应依据设计指标，在已认可材料库中选择合格的绿色环保材料，并选择合格的材料牌号和设定工艺参数要求。

3）对于沿用件应进行VOC、气味性能摸底测试，如不满足设计指标，则应与供应商制定整改方案，或者重新进行材料开发工作。

4）进行零部件模拟验证。依据零部件用材和工艺方案，使用相似且已量产车型模具生产出零部件，再使用零部件试验舱对其VOC、气味性能进行模拟验证，并出具零部件模拟评估报告。如不满足设计要求，则需在重新调整用材和工艺方案后再次进行验证。

5）整车模拟验证。依据模拟样件在车内所处位置，放置在整车模拟试验舱中，开展整车的VOC、气味性能模拟验证，评估整车VOC、气味性能，并出具整车模拟评估报告。如不满足设计要求，则需在调整重点零部件用材和工艺后再次进行验证。

4. 试制验证与认证阶段的主要工作

1）制定工装样件的VOC、气味性能验证计划。

2）零部件供应商按照试验计划对工装样件进行验证，如不符合设计要求，则需及时对零部件进行整改。

3) 对 PPV（产品和工艺验证）阶段不同内饰配置的整车 VOC、气味性能进行实车验证，并根据验证结果对重点零部件的用材进行优化。

5. 生产准备阶段的主要工作

1) 对管控零部件的 VOC、气味性能验证结果进行确认，并对符合设计要求的零部件进行 PV 验证（生产验证），最后对通过 PV 验证的零部件进行工程认可。

2) 分别对 PP（预生产）阶段和 P（试生产）阶段不同内饰配置的整车 VOC、气味性能进行实车验证，如果验证结果不满足设计指标，则需排查该阶段的零件状态是否与开发阶段一致。

3) 总结在车型开发过程中出现的问题和经验，并编制车内绿色环境设计目标达成总结报告。

6. 量产与投产阶段的主要工作

1) 车内绿色环境品质管控工作由研发单位移交至生产单位，生产单位质量部门应制定整车及零部件抽检计划，并按照抽检计划开展抽检工作，确保车型车内绿色环境品质在研发阶段和量产阶段的一致性。

2) 在抽检过程中，如果发现不合格的零部件，必须要求供应商进行整改，并提交整改计划和整改方案。

3) 依托 J. D. Power、售后服务系统等渠道收集客户关于车内绿色环境品质方面的抱怨信息，并制定相关后处理和应急方案。

7.3.4 新型气味性能评价方法

由于气味这种主观的印象评价会受个体差异等因素的影响，并且我国尚未制定出统一的标准来规定整车、零部件的气味评价方法及要求，因此车内气味的检测方法及性能要求主要是由各车企自行把控的。如何提升车内气味性能已成为各车企必须攻关的重要课题，本节将重点介绍如何开展车内气味评价。

1. 人工气味评价的意义

车内气味性能评价的最佳方法是人工嗅辨，即依靠专业的气味评价员进行主观嗅辨。其优势是可直观感受混合气味给人体带来的感官刺激，也更贴近消费者的感觉。因此，市场上的人工智能嗅觉系统，如电子鼻等气味检测设备，还不能完全取代人的主观评价。

2. 传统气味评价方法

汽车行业中较成熟的气味评价方法主要分为以下三类。

（1）德系标准　是指由德国汽车行业协会编制的标准 VDA270，其具体方法是将样品分别加热至三个温度（23℃、40℃、80℃），其中 23℃、40℃ 条件需要在气味瓶中加入 50mL 去离子水后并保温 24h，80℃ 条件直接加热并保温 2h，随后由试验人员分别进行嗅辨。气味等级判定都是按照 6 级气味强度来评定的，1 级为最好的无气味等级，6 级为最差气味等级。很多车企以标准 VDA270 为基础编制自己的企业标准，但在评价准则、等级描述等方面稍有差异。在众多企业标准中，由依据 VDA270 编制的气味测试方法最为广泛。

（2）美系标准　是指由美国机动车工程学会编制的标准 SAE J1351，其具体方法是将样品按照在车内的位置分为直接照射和非直接照射，直接照射的样品是在 105℃ 下恒温 2h，非直接照射的样品是在 40℃ 或 70℃ 下恒温 24h。该方法是按 10 级气味强度等级来评定的，评判等级和德系标准是相反的，10级为最好的无气味等级，1级最差。大部分美系车企均依据此行业标准编制企业标准。

（3）中国车企评价方法　我国多数车企主要参考上述德系、美系行业标准编制其气味测试企业标准，还有部分车企依据合资品牌的测试方法来编制标准。由于我国车企众多，各车企的气味测试企业标准也大为不同。除了上述材料气味评价方法以外，各大主机厂还参照国家标准 GB/T 27630—2011 中的车辆预处理条件，制定了整车级气味评价方法，即整车在标准环境（温度为25℃，湿度为50%）下密闭16h后进行气味评价。

3. 新型气味评价方法应用

上述传统气味评价方法从材料和整车两个角度对车内气味性能进行了管控，也是目前各主机厂管控车内气味性能的有效手段。但随着人们对气味性能要求的提高，原有的气味评价体系已经越来越无法满足车内气味设计的需要，如何评价零部件总成级气味性能，如何模拟整车验证气味性能等问题越来越突出。针对汽车研发设计新需求，提出了一系列新型气味评价方法来解决上述问题。

（1）新型气味评价设备　传统的气味评价设备已无法满足零部件总成气味评价及车内异味来源排查的需求，本方法使用图7-17中的零部件试验舱及整车模拟试验舱开展零部件总成气味评价工作。为保证测试的准确性，零部件试验舱和整车模拟试验舱均需放置在洁净室内，由洁净室为其提供稳定的外部温湿度条件。该综合气味评价舱为车内气味性能设计、零部件总成级气味试验等提供了验证手段。

（2）新型零部件总成气味试验方法　传统的车内气味性能控制主要通过材料气味评价验证来实现对整车气味性能的管控，缺乏零部件总成气味性能验证环节，导致整车气味与材料气味无法对应。这主要是因为车内气味为混合气味，是由塑料、橡胶、发泡、胶黏剂等多种材料造成的综合气味，仅用单一材质气味评判方法来开发气味性能，难以与整车气味设计目标进行对应，因此国内先进企业均在探讨增加零部件总成气味评价方法，实现"材料–零部件–整车"三位一体的气味性能开发模式，如图7-21所示。

图7-21　新型整车气味性能开发方案

由于行业内没有成熟的零部件总成气味评价设备，有些企业使用VOC测试的袋子法做零部件总成气味试验。但由于做VOC测试用的袋子本身含有残余气味、袋子内部温度可控性较差，且无法开展高温状态下的模拟验证，因此在行业内的应用效果一般。此新型气味评价方法综合了袋式法、瓶式法等各种试验方法的优点，并解决了汽车行业零部件总成气味评价的难题。

（3）新型车内异味来源排查方法　车内气味是一种混合型气味，是由车内 20 余种零部件总成、几十种材料的挥发性有机物构成的，气味挥发物多达上百种。而传统的气味评价方法仅检测单一材料，很难将整车气味类型直接和材料对应上，不能准确地排查到车内异味来源。新型气味评价方法是在传统的异味排查环节中加入了零部件气味的排查，可有效地将整车、零部件、材料串联起来，通过验证多种零部件组合及单一零部件，逐步缩小可疑零部件范围，从而提高了异味排查的准确性。其原理是评估整车与零部件总成的气味类型相似度，将相似度分成 4 个等级：十分相似、相似、有点相似、不相似，找到与整车味型十分相似的零部件总成作为整改对象。某车型气味排查项目具体方案如下：

1）对有异味的实车进行整车气味性能评价，并记录评价结果及气味类型。

2）将车内重点关注内饰零部件总成分别置于 $2m^3$ 零部件气味模拟验证舱中，使用与整车相同的前处理条件储存后进行气味评价，记录其气味等级及气味类型，并与整车气味类型进行对比，统计气味类型的相似度并对其进行排序。评价结果见表 7-7，其中座椅气味类型与整车气味相似度最高。

表 7-7　整车及单一零部件气味性能评价结果

项目	整车	座椅	顶篷	地毯	前围	备胎盖板	仪表板	…
气味类别	苦涩味、墨水味	苦涩味、墨水味	轻微鱼腥味	轻微灰尘味	轻微鱼腥味	轻微灰尘味	塑料味	
与整车气味类型相似度情况	—	十分相似	有点相似	不相似	有点相似	不相似	不相似	
相似度排序		座椅 > 顶篷 > 前围 > 地毯 > 备胎盖板 > 仪表板…						

3）根据上一步评价结果，先将气味类型最相似的零部件置入 $5m^3$ 综合气味模拟验证舱，按照同样的方法进行气味评价。之后按照相似度顺序每次增加一个零部件总成，并重复上述方法进行气味评估。不同零部件组合后的评价结果见表 7-8，确认座椅是造成车内异味的主要零部件。

表 7-8　组合零部件气味性能评价结果

评价样品	座椅	座椅+顶篷	座椅+顶篷+前围	座椅+顶篷+前围+地毯	座椅+顶篷+前围+地毯+备胎盖板	座椅+顶篷+前围+地毯+备胎盖板+空调	座椅+顶篷+前围+地毯+备胎盖板+空调+仪表板	…
主体气味主要来源	座椅	座椅	座椅	座椅	座椅	座椅	座椅	…

4）进一步排查座椅气味来源，对座椅的各组成材料进行气味性能评价。通过对比气味类型找到座椅中苦涩味、墨水味的主要来源是皮革和背覆海绵，见表 7-9。

表 7-9　座椅各组成材料气味性能评价结果

项目	革护面（带覆棉）	织物护面（带覆棉）	主体发泡	调角器	侧护板	线管
气味强度	4.5	4.5	4.0	3.5	3.5	4.0
气味类别	苦涩味、墨水味	轻微鱼腥味、苦涩味	轻微鱼腥味、霉味	轻微塑料味	轻微塑料味	略带酸味
与座椅气味类型的相似度	十分相似	相似	有点相似	不相似	不相似	不相似

新型异味排查方法可以精准地找到造成车内异味的问题零部件及材料，整改后可在 $5m^3$ 综合气味模拟验证舱中进行整车模拟验证，合格后再进行实车验证。此方法避免了多次装车、多次整车气味验证的过程，可缩短整改周期、节约成本。

7.4 本章小结

"绿色、健康、环保"的车内环境品质是全球汽车行业持久发展的方向之一，也将深刻地影响消费者的购车理念。车内绿色环境设计应从源头抓起，在车辆的设计、选材、生产等各个研发阶段，均需关注车辆的环保、节能、可回收等性能，开展车内绿色环境正向开发，在车内嗅觉感官方面提升到一个新高度。综上所述，车内绿色环境品质的设计与管控是汽车行业内一项长期而艰巨的任务，责任重大而光荣，需要由政府、行业有关部门、车企及供应商等多方协作，为消费者构建一个安全、舒适的车内环境。

参 考 文 献

[1] 李俊贤，满似伟，袁磊磊，等．车内环境品质正向设计方法研究 [J]．汽车工艺与材料，2015 (11)，55 – 58.

[2] 李俊贤，周建明，满似伟，等．汽车内饰件的加工工艺和仓储条件对其 VOC 含量的影响 [J]．汽车工艺与材料，2015 (2)，50 – 52.

[3] 朱培浩，董长青，徐耀宗，等．我国汽车 VOC 检测标准法规现状、问题及措施 [J]．天津科技，2014，41 (4)：31 – 33.

[4] 薛振荣，韩红飞，王晓虎，等．车门密封条 VOC 性能的改进 [J]．橡塑技术与装备，2017，43 (4)：56 – 58.

[5] 薛振荣，王晓虎．车门内护板 VOC 性能的改进 [J]．汽车零部件，2017 (4)：70 – 72.

[6] 薛振荣，郭青，陈冲．改善针刺地毯总成气味的措施 [J]．汽车工艺与材料，2017 (3)：6 – 8.

[7] 薛振荣，王浩，顾雪．座椅皮革生产工艺介绍与气味改善的研究 [J]．西部皮革，2017 (5)：56 – 59.

[8] 薛振荣，韩红飞．浅谈车内空气净化技术 [J]．轻型汽车技术，2017 (3)：40 – 42.

[9] 马文耀，严瑾．汽车内饰件气味试验方法的分析比较 [J]．科技创新与应用，2014 (22)：87 – 88.

[10] 薛振荣．座椅总成 VOC 挥发性能的改进 [J]．化学推进剂与高分子材料，2017，15 (2)：81 – 83.

[11] 薛振荣，郭青，孟超，等．湿法顶篷本体 VOC 性能的改进 [J]．汽车工艺与材料，2016 (11)：15 – 18.

[12] 陈炳基．浅谈汽车车内空气污染来源及影响因素 [J]．环境科学与管理，2008，33 (12)：142 – 145.

[13] 赵绍伟，闵照源，刘一鸣．车内空气污染物的危害及其检测方法的研究 [J]．客车技术与研究，2014 (6)：52 – 55.

[14] 孙建亮，董长青．车内空气质量的管理现状及控制措施分析 [J]．绿色科技，2012 (12)：17 – 19.

[15] 杨超．汽车车内空气质量标准法规现状 [J]．客车技术与研究，2010 (1)：48 – 51.

[16] 曹昱．汽车工业产品新材料的应用研究 [D]．天津：天津科技大学，2013.

[17] 韦孔辉，杨武森．绿色环保的汽车内外饰非金属材料研究 [J]．科技资讯，2014，12 (19)：200.

[18] 王岩．浅析车内空气污染 [J]．企业标准化，2008 (14)：27 – 28.

[19] 黄燕娣，赵寿堂，胡玢，等．车内空气挥发性有机物污染水平调查 [J]．环境科技，2006 (22)：33 – 34.

第8章

汽车静态感知质量发展理念与趋势

近年来，随着科技的发展和经济实力的提升，人们对汽车的要求已经不满足于出行代步，对车辆的造型做工、舒适豪华、绿色健康等要求也在迅速提高。在科技成果的跨界运用上，汽车早在20世纪末就完成了从机械设备向机电一体化设备的转变，最近这十年，随着移动互联和移动支付以及云计算技术和新视听娱乐科技的普及，车辆装置再度向具备一定人工智能水平的数字设备方向进行转变。驾驶人和乘客更加依赖车辆在行驶中提供的辅助信息和辅助操作，以至人们对车内的装置和功能要求也越来越趋于完善和严苛。本章围绕汽车静态感知质量，立足于用户对车辆感知的发展，对车辆造型、功能设计、智能化、定制化、视听感受、健康环保等维度的发展趋势做相关介绍。

如图8-1和图8-2所示，从苹果手机及车载屏幕的发展历程可以看到，用户的需求和对品质的追求是一个不断提升的过程，原地踏步终将会被市场淘汰。汽车产品的发展也是如此，用户对汽车品质不断上升的需求，是汽车感知质量研究与发展的核心，静态感知质量的提升更是美化用户的第一感知印象、激发用户消费欲望的重要环节。

型号	iPhone1代	iPhone3/3G	iPhone4/4S	iPhone5/5S	iPhone6/6plus	iPhone7/7plus
年代	2007	2009	2011	2013	2014	2016
尺寸/in	3.5	3.5	3.5	4	4.7/5.5	4.7/5.5
图片						

图8-1　苹果手机尺寸的发展历程

图 8-2 汽车车载娱乐系统屏幕的发展历程

8.1 造型

在造型趋势上,伴随家族化设计的日趋成熟,外部造型也会越来越大胆,设计语言能够通过更加多元的手段进行表达。新金属材料和复合材料的研发,以及工艺、设备制造水平的突飞猛进,也让车身外观原本无法展现的造型变得越来越容易实现;复合材料的面积占比也在逐渐增加,车辆的外观变得越来越"柔性",进而更符合美学要求。如图8-3所示,新光源的运用让车辆在夜晚的辨识度更高,提升美感的同时也提升了车辆的主动安全性。这些改善促进了用户对车辆外观感知的品位提升,同时静态感知质量也将围绕这些变化对车辆外观有着更加严格的评价。

图 8-3 新光源的使用将带来车辆外观设计的巨大改变

内部造型方面,由于智能驾驶技术的飞速发展,驾驶人的作用正在被"弱化",相比原来的内饰设计,驾驶人位置的布局会更加简洁合理。当汽车完全实现无人驾驶时,车内乘坐体验将更倾向于主题化风格,如航空航天、航海旅游、家居设计甚至科幻风格,如图8-4~图8-6所示。内饰设计的趋势也会朝着"银河战舰""移动客厅"或者"移动办公室"方向发展。追求科技感、速度感的车辆将引入飞行器元素,如座舱如同战斗机座舱,如果追求极致的舒适感,将优质的家居和办公元素直接引入车内,乘员座椅极具豪华感及"沙发"感,座椅腿拖、脚拖、按摩功能以及名贵木材、高档织物的运用,极大地提升了车辆内饰的感知水平。内饰质感由"模拟、模仿"向"真材实料"延伸,车辆的豪华感也由"感觉豪华"向真正的豪华贴近。因此,也需要适当地导入针对"真材实料"的感知质量评价手段。

图8-4 战斗机风格的内饰设计

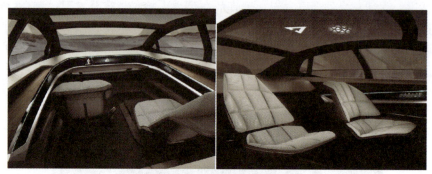

图8-5 豪华游艇风格的内饰设计

图8-6 追求极致的豪华家居氛围

8.2 车联网与人工智能

在功能设计上,车辆对移动设备的兼容度越来越高,能够和移动设备"无缝对接"的车辆必然会受到追捧,以互联网为载体促使车辆与车辆进行间接互动必然是未来发展的趋势,如图8-7所示。如图8-8所示,去往相同、相近目的地的车流自主排成一列按序行驶,避免无意义的超车变道,将有效缓解交通拥堵。评价这些互动水平也是感知质量未来的研究方向,人工智能将基于上述互联能力带来的信息流及更加丰富的车内外传感设备调整车辆行驶状态,让车辆更加高效地服务于车内用户,让用户获得更加舒适、完善的用车体验。

图8-7 信息通过互联设备无缝传递给车内乘员是必然趋势

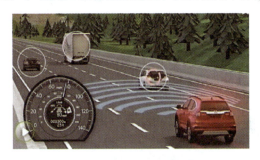

图8-8 人工智能辅助驾驶以及调整车辆工况也是未来趋势

丰田汽车将推出一款无人驾驶的电动出行平台——e·Palette,如图8-9所示。e·Palette不是一辆普通的电动汽车,而是一款全新的无人驾驶平台。它将有三种尺寸:大巴车、城市穿梭小巴和可在人行道上行驶的小型货物运送车。e·Palette很像电影里的未来移动空间,自动往来于城市之间,用户可以通过手机自行下单约车,通过预设平台选择出行所需的e·Pallette功能,即共享乘车、商品零售、货物运送、办公、就餐、住宿等多方面的用途。e·Palette的精妙之处不只是脑洞大开的出行

图8-9 e·Palette无人驾驶平台

理念革新,还有其背后庞大软件的支持。这些新技术和服务可以让e·Palette出行平台灵活转变。试想,通过手机或计算机预约一辆"共享e·Pallette"在早上八点钟出门上班,十点钟为公司包一辆"商务e·Pallette"在去机场的路上开会,下班时再约一辆"超市e·Pallette"顺便把菜买回家。这个平台可以是交通工具、移动的商店、移动的办公室,甚至移动的餐厅或宾馆,而且e·Palette是无人驾驶的纯电动环保车,如图8-10所示。

未来智能型汽车将更深入发展,走向智慧型汽车,在达到简单智能型汽车的基础上,汽车将成为能独立分析和思考的智慧型汽车,它不仅能够执行人的简单命令,还能在此基础上进行深层拓展,借助其他外部条件完成自主学习、自主思考、主动推荐。它能分析出场景情况,调整自身的动作以达到使用者所提出的全部要求,能拟定所希望的动作,并在信息不充分和环境迅速变化的条件下完成这些动作。例如,当用户在登上汽车时,对用户进行分析和判断,根据年龄、身体情况、情绪等诸多因素,来调整适合的车内环境或行驶

图 8-10　e·Palette 无人驾驶平台功能展示

模式、路线等，带给每个用户不同的感受，即使是同一个人，在不同的时间、情绪和其他复杂情况下也会有更好的感知体验。

8.3 绿色与生态环境

车内绿色环境设计要从源头抓起，在车辆的设计、研发阶段就要关注车辆的健康、节能、环保、可回收等性能，开展绿色生态设计正向开发。但绿色环境设计工作不能仅限于车辆制造时期，在消费者使用车辆阶段，也有充足的空间来进一步提高车内环境品质。

1. 车内环境智能控制系统

车内环境智能控制系统是基于互联网及手机应用（APP）开展的，以车辆为平台安装智能控制系统来实现远程控制功能，如图 8-11 所示。车辆使用者可提前通过手机、计算机软件来实时监控车内温湿度、空气中的 PM2.5、有毒有害挥发物含量等，并通过软件来远程遥控车内空调、车内外通风系统、车载净化系统、香氛系统等设备，根据自身需求进行车内环境的优化，包括调节车内温湿度、净化车内污染物、释放香氛气味等。同时可开发车顶太阳能供电系统，为车辆在非启动状态下提供电能，从而降低汽车蓄电池的损耗。车内环境智能控制系统及太阳能车顶的应用，使车内环境更加安全，车辆使用更加智能、舒适、便利。

图 8-11　APP 实现车内环境控制

2. 车载新风系统

对于空气污染严重的地区，车内经常保持密闭状态也会让人感觉不舒服，但是开窗通风又会造成车内空气污染加重。为了解决这一难题，汽车行业内引入了新风系统。车载新风系统是另外一类用于车内空气净化的系统,可用于净化 PM2.5、甲醛、苯、TVOC 等污染物,同时还能调节车内温度、湿度、气流分布,如图 8-12 所示。其原理是车内一侧用专用设备向车内送新风,再从另一侧由专用设备向车外排出,在车内形成"新风流动场",在吸入外界空气的同时对空气进行净化,过滤掉 PM2.5、臭氧等污染物,将净化后的新鲜空气引进车内,同时将车内的污浊空气排出车外。与普通车载净化器相比,车载新风系统可吸入外界氧气含量较高的空气并将车内二氧化碳排出,不仅能净化车内空气,还可以提高车内空气的氧浓度。

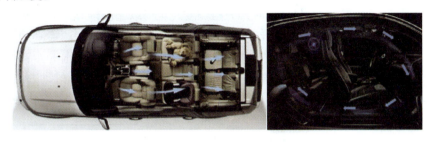

图 8-12 车内新风系统示意图

3. 车内气味设计

(1) 车载香氛系统　我国汽车市场的多元化发展在日益增强,车企需通过产品视觉、触觉、嗅觉等多方面塑造品牌个性。各车企为提高竞争力,希望通过多种渠道吸引客户的注意,其中就包括车内环境的专属个性设计。在提升车内环境嗅觉品质方面,车企将香氛系统引入车内基础配置中。

车载香氛系统是在车内配备车内空气调节组件,包含负离子发生器、增强型空气滤清器及香氛喷雾发生器等装置,将香氛精油中的香味均匀地扩散到车内空间中。车内搭载香氛系统后,能进一步提升车内氛围,具有以下重要意义:

1) 进一步提高车内环境品质,提升驾乘人员的舒适感。
2) 可根据驾乘人员的需求自主开闭香氛系统,并可以随意变更香气类型。
3) 特殊香气可以使驾乘人员缓解压力,放松心情,提神醒脑,降低驾乘人员在长时间行驶过程中产生的疲劳感。
4) 独特的车内味型设计可以增加车辆品牌个性,提高顾客的认知感。
5) 能够提高车辆的奢华感,提高客户的购买欲望。

(2) 内饰件零部件气味植入技术　车内气味设计另外一种常用的方法是气味植入技术,是在材料或零部件生产过程中加入香精、香料,并通过某种方式将其与原材料融合在一起,从而使材料或零部件本身带有香味,经特殊工艺处理后,香味可持久散发。车内主要零部件如立柱护板、门护板、仪表板、座椅面料、顶篷面料、地毯等统一选用植入香味的材料,也可达到改善车内环境的目的。与车载香氛系统相比,其优势在于不用额外加装设施,制造成本低,普遍应用于低端汽车市场。

总之,车内绿色环境品质的设计与管控是汽车行业内一项长期而艰巨的任务,责任重大而光荣。它是给交通出行提供干净空气的保护伞,担当着保护用户及其家人的重任,它会让用户更愿意"躲进"车里来逃避外部的环境污染。车内气味及空气质量也要积极考察车辆在污染空气环境下,净化并保持车内空气质量的能力。当然,这也需要由政府、行业有关部门、车企及供应商等多方协作,共同提高车内环境品质。

8.4 听觉感知

随着汽车工业的发展和人们对汽车舒适性要求的提高,制造出带有自己声品质特色的汽车,是各大汽车制造商追求的目标,如图8-13所示。声品质改善的趋势将是既满足一般意义上的声学舒适性要求,又能够充分体现车型档次并强化品牌特色。除了整车NVH(Noise 噪声、Vibration 振动和 Harshness 声振粗糙度,也可以通俗地理解为不平顺性)要强调更安静外,对于操作反馈声、喇叭声、关门声、点火启动声以及加速轰鸣声等都要考虑用户感受。正如每个人都拥有自己独特的噪声一样,不同类型的车发出的声音可以委婉动听以体现其优雅,或浑厚深沉以体现其尊贵,或豪迈奔放以体现其充沛的动力性。

图8-13 汽车声音发展三个阶段

车内声音控制方面,由于街道越来越喧嚣,对车舱系统噪声隔离能力的要求越来越高,音响系统也从5.1声道向7.1声道以及更加高级别的声场设计迈进。现在,一部分车辆已经开始在市场上普及12+声场及主动降噪功能;另外,动力系统声音的控制也逐渐由专业的声学团队介入研发。未来的音响系统将不需要和扬声器连接,而是直接从整个车内全方位出声,车内的"音色"不再是从前收音机或者简单车载音响夹杂着发动机噪声和来自外界的环境声,而是由发动机的轰鸣和高质量音响经过专业调和输送到乘客耳朵里的动人旋律,如图8-14所示。

提到视觉感知,就不得不提到虚拟现实(VR)技术。它是一种可以创建和体验虚拟世界的计算机仿真系统。它利用计算机生成一种模拟环境,是一种多源信息融合的、交互式的三维动态视景和实体行为的系统仿真,使用户沉浸到该环境中。虚拟现实技术主要包括模拟环境、感知、自然技能和传感设备等方面。模拟环境是由计算机生成的实时、动态、逼真的三维立体图像。感知是指理想的VR应该具有一切人所具有的感知。除计算机图形技术所生成的视觉感知外,还有听觉、触觉、力觉、运动等感知,甚至还包括嗅觉和味觉等,也称为多感知。自然技能是指人的头部转动,眼睛、手势或其他人体行为动作,由计算机来处理与参与者的动作相适应的数据,并对用户的输入做出实时响应,分别反馈到用户的五官。传感设备是指三维交互设备。随着VR技术的普及,VR结合全车无死角摄像头以及车联网技术和人工智能技术的互动,将给驾驶者带来全方位无障碍的驾驶视野,以及相应的主动安全策略,驾驶将成为更加轻松、安全的事情,如图8-15所示。车辆通过VR穿戴设备完成和人体的实时互联也将成为车辆智能化的发展趋势,车辆根据驾驶者的体征变化调整适当的行驶策略,车、人之间的互动是否流畅、合乎用户的生理和心理习惯,也将是感知质量要考虑的方向。

图 8-14　由专业声学研究团队联合开发的多声道立体声音响系统

图 8-15　车辆应用 VR 技术概念

8.5　视觉感知

视听娱乐方面，结合 VR 和全息投影技术，以及前文提到的声场设备，将给客户带来前所未有的极致视听体验。这些先进的设备在不久的将来，也一定会被搬进车舱，车辆也从"移动的家庭影院"向"移动的真实情景"转变。感知质量也要充分接受这些新科技的运用，评价这些视听设施的使用效果。从娱乐设施的清晰度、还原度、操作便利性、视频文件的兼容性等方面，考察视频娱乐设备的感知质量，保证用户能够得到"身临其境"的娱乐感受，如图 8-16 所示。

a) 全息投影音乐会

b) VR技术

图 8-16　身临其境的虚拟现实技术

8.6 迎宾与仪式感

未见其形,先闻其声;还未入门,便已触控打开;轻身入座,座椅自动后退——尊享宜人的迎宾功能让用户体验非凡。仪式感可拆分成两个部分,仪式顾名思义是在某一段时间内发生的特定事件,而仪式感是体验仪式之后所获得的感受。现在流行的一种解释,是用一种庄重认真的态度去对待生活中看似平淡无奇的事情,换一种说法就是,把看似平淡无奇的事情,通过精心设计来达到某种意义。人们向来是注重"仪式感"的,汽车仪式感的营造,能给用户出乎意料的惊喜,从而提升消费者的满意度。

宝马的迎宾光毯功能用灯光在地上投射出两条黄带,让用户有走红毯般的仪式感,如图8-17所示;特斯拉 Model X 在用户从侧后方45°的位置接近前门的时候,车门就会自动开启,而当用户坐入驾驶位之后,车门自动关闭,就像一个尽职尽责的门童,随时履行着为贵宾开门的职责。许多车辆还配备了舒适进入功能,当驾驶人踏入指定范围时,该系统即可自动识别出你就是授权的驾驶者并自动开门。当驾驶人侧车门打开时,座椅会向后移动,转向盘会上抬,就像一位优雅侍者,为尊贵的客士拉开座椅,方便客人体面入座。

图 8-17 宝马的迎宾光毯

当用户踩着阿斯顿马丁 DB11 的制踏板时,发动机起动按钮就会被一圈红色灯光包围,如图8-18a所示;捷豹 XJL 圆形换挡旋钮在点火之后会缓缓升起,如图8-18b所示,给用户的感觉是"我已经准备好了,快来按下去",引导用户进入下一个状态。

a)　　　　　　　　　　　　　　b)

图 8-18 发动机开关的仪式感设计

第8章 汽车静态感知质量发展理念与趋势

奔驰 S63 AMG 的柏林之音音响面罩在起动之后也有自转的动态效果，如图 8-19a 所示；奥迪 S8 起动之后，仪表台靠近风窗玻璃位置的两个高音头会徐徐升起，如图 8-19b 所示，给用户的感觉是"音乐的盛宴即将开始"，使原本播放音乐的简单动作有了非同凡响的效果感受。

图 8-19　音响的仪式感设计

按下雷克萨斯 IS 车型转向盘上的一个按键，中间的圆形仪表将整体向右侧机械移动，如图 8-20a 所示；宝马 i8 从普通驾驶模式切换到运动模式的时候，仪表主色调会马上变成红色，像是进入战斗状态的战士，如图 8-20b 所示；迈凯伦 720S 仪表盘总成的两个面上装了一大一小两块屏幕，仪表盘可以整体旋转，在大屏和小屏模式之间进行切换，如图 8-20c 所示，当驾驶者不想被其他信息打扰时，可以按下一个按钮将液晶仪表盘折叠成一个只显示车速、转速等基本信息的液晶条，折叠后的仪表盘可以释放更大的视野以便驾驶人观察路面。这些仪表上的变化，都给用户一种"准备好，比赛即将开始"的仪式感，提升了驾驶者的驾驶乐趣。

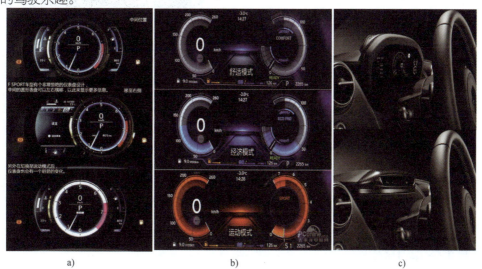

图 8-20　仪表盘的仪式感设计

从以上各种迎宾和仪式感的体现方式不难发现，通过对某种固定设定的改变，不管是改变颜色还是移动旋转，都是为了达到一种动态的改变，提醒用户状态的切换。而现在灯光、座椅、换挡、音响等部件都是这种状态切换的窗口，同时也是通过这种状态的切换，来营造强而有力的仪式感。目前，这种仪式感不仅仅是为了体现一种与众不同，更多的是为了让车辆富有生机，可以与人在使用过程之中产生更多的互动，是一种感性设计的体现。

8.7 个性化与定制化

中国有世界上在售车型种类最多的汽车市场，中国汽车行业在互联网时代变革的大趋势下和消费者需求升级的市场环境下，消费群体正在向年轻化、个性化和多元化发展。定制化可以最大限度地满足消费者的用车需求，可以根据消费者的不同用车需求和驾驶习惯，提供更多的配置或颜色组合，从而可以更人性化、更准确地匹配消费者的需求以及控制购车的预算。消费者对与众不同、个性化的需求，正在让定制汽车概念从奢华品牌的专属向豪华品牌甚至是合资及自主品牌延伸。

车企如何满足消费者的个性化需求，答案很简单，就是提供更多的、更好的、现成的个性化选择。例如，阿斯顿马丁DB11在上市之初，就推出了6款设计师定制版车型，由阿斯顿马丁自己的设计师在十分复杂的定制列表中甄选出6种组合，让用户可以直接选择自己最心仪的组合，或者在这些组合的基础上进行调整。这样的策略一方面简化了用户的选择流程，另一方面也增加了车型发布时的宣传亮点，并让首批车主拥有了更强的专属感。另外，随着3D打印技术的普及，车辆将越来越方便针对用户个人的身体情况进行定制化服务，如座椅将更加舒适、更具包裹感，驾驶和乘车的姿势也更加轻松自然，如图8-21所示。还有，电动汽车也要求声品质，由于电机磁场

图8-21　3D打印座椅

力波高阶激励，中低速车内噪声频谱成分以200~2000Hz的中高频为主，高速路噪和风噪更明显。人耳对频率为1000~2000Hz的噪声非常敏感，电动汽车噪声虽然不大，但很容易产生恼人的尖锐噪声。相比这些噪声，传统汽车加速时低沉的轰鸣声也是部分驾驶者追求的感受，这一声控开关的功能也有被定制的需求。

个性化、定制化目前在中国还刚刚兴起，而且厂家越来越重视互联网+概念，从消费者的定制化需求到生产线上的连接，加上IT技术的提升及供应链网络的配合，从终端需求直接向厂家的个性化定制趋势是非常明显的。互联网、相关零部件供应商、车企、经销商、消费者都将是这一过程的参与者，只有满足各方的利益需求，一辆定制汽车才能最终问世。

8.8 本章小结

科技在飞速发展，整个汽车产业也正在经历着翻天覆地的变革，以适应广大客户对互

联性、健康舒适性、个性化和可持续性要求日渐严苛的大环境。汽车自动化和互联性的快速发展带来了日新月异的驾乘体验，汽车内部空间也因此焕然一新。越来越多的应用案例表明，无论是驾驶人员还是乘客都有在特定的驾驶模式下完成自己的工作或者享受惬意的休闲活动的需求。

人们的消费需求正在升级，汽车行业已迎来前所未有的智能化、数字化大潮，在这种趋势下，越来越多的高新科技成果被运用在汽车上，成为汽车自身需要的控制策略，不仅可以有效地提升车辆的主动安全性能，同时也使其更加节能环保，对人体健康有利。另一方面，用户也越来越多元地将高新科技装置带上汽车，让汽车变得更有亲和力，更温馨。感知质量的研究方向也要不断吸收这些新技术的评价手段，充分围绕功能设计、智能化、定制化、视听感受等高感知环节代表用户对产品展开评价，让用户获得的产品体验尽可能接近甚至等同于这些装置在他们原本使用场合所预期的效果，以达成满足客户诉求、提升产品魅力的目的。

参 考 文 献

[1] 王文娟. 丰田 e – Palette 概念车型 2018 CES 亮相 [EB/OL]. http：//www.maiche.com/news/detail/1280357.html，2018 – 01 – 09/2018 – 04 – 17.

[2] 极客汽车. 汽车设计师是如何营造"仪式感"的 [EB/OL]. http：//geeker.com/archives/72348，2017 – 10 – 27/2018 – 04 – 17.